Hans Jürgen Heringer Lesen lehren lernen

Hans Jürgen Heringer

Lesen lehren lernen:
Eine rezeptive Grammatik des Deutschen

Studienausgabe
2., durchgesehene Auflage

Max Niemeyer Verlag
Tübingen 2001

Die Deutsche Bibliothek – CIP-Einheitsaufnahme

Heringer, Hans Jürgen: Lesen lehren lernen : eine rezeptive Grammatik des Deutschen / Hans Jürgen Heringer. – Studienausg. – Tübingen / 2. durchgesehene Auflage: Niemeyer, 2001

ISBN 3-484-10642-5 (Studienausgabe)

© Max Niemeyer Verlag GmbH, Tübingen 2001
Das Werk einschließlich aller seiner Teile ist urheberrechtlich geschützt. Jede Verwertung außerhalb der engen Grenzen des Urheberrechtsgesetzes ist ohne Zustimmung des Verlages unzulässig und strafbar. Das gilt insbesondere für Vervielfältigungen, Übersetzungen, Mikroverfilmungen und die Einspeicherung und Verarbeitung in elektronischen Systemen. Printed in Germany.
Satz: epline, Kirchheim unter Teck.
Druck: AZ Druck und Datentechnik GmbH, Kempten.
Einband: Heinr. Koch, Tübingen.

Inhalt

Vorworte		VIII
Wegweiser		X

1. Die Grundlagen ... 1
   1.1 Grundideen ... 1
       1.11 Was ist eine rezeptive Grammatik? Was soll sie? ... 2
       1.12 Das Verstehen ... 4
       1.13 Grammatisches Verstehen ... 8
       1.14 Routinen des grammatischen Verstehens ... 11
   1.2 Formstrukturen ... 15
       1.21 Grammatische Gliederung ... 16
       1.22 Grammatische Struktur ... 20
       1.23 Serialisierung oder Wortstellung ... 26
       1.24 Grammatische Kongruenz ... 31
   1.3 Inhaltsstrukturen ... 34
       1.31 Unterordnung und Rektion ... 35
       1.32 Anaphorische Zusammenhänge ... 40
       1.33 Gedankliche Brücken ... 44
       1.34 Folgerungen und Paraphrasen ... 50

2. Der einfache Satz ... 54
   2.1 Das finite Verb ... 56
       2.11 Die Stellung des finiten Verbs ... 57
       2.12 Strukturen von Verbformen ... 58
       2.13 Funktionen von Verbformen ... 60
       2.14 Verblexeme ... 66
   2.2 Das Subjekt ... 70
       2.21 Stellung des Subjekts ... 72
       2.22 Formen des Subjekts ... 75
       2.23 Subjekt-Prädikat-Kongruenz ... 80
       2.24 Subjektfallen ... 83
   2.3 Mehrteilige Prädikate ... 87
       2.31 Die Satzklammer ... 88
       2.32 Analytische Verbalformen ... 91
       2.33 Modale Prädikate ... 97
       2.34 Prädikative ... 102
       2.35 Verbalkomposita und feste Verbindungen ... 104
       2.36 Funktionsverbgefüge ... 109
   2.4 Valenz ... 110
       2.41 Quantitative Valenz ... 115
       2.42 Qualitative Valenz ... 121
       2.43 Selektionale Valenz ... 128
       2.44 Satzmodelle ... 132

	2.5	Komplemente	137
		2.51 Kasuelle Komplemente	140
		2.52 Präpositionale Komplemente	144
	2.6	Valenzumkehrungen	150
		2.61 Passiv	151
		2.62 Weitere Formen der Valenzumkehrung	159
3.	Der erweiterte Satz		163
	3.1	Supplemente	163
		3.11 Arten von Supplementen	166
		3.12 Ein Wort zur Wortstellung	174
	3.2	Partikeln	181
		3.21 Abtönung und Gliederung	184
		3.22 Graduierung und Negation	188
	3.3	Nominalphrasen: Linkserweiterung	193
		3.31 Attributive Adjektive	195
		3.32 Substantivkomposita	204
	3.4	Nominalphrasen: Rechtserweiterung	211
		3.41 Nominale Attribute	211
		3.42 Satzförmige Rechtserweiterungen	225
4.	Der komplexe Satz		239
	4.1	Subordination: Komplementsätze	242
	4.2	Subordination: Supplementsätze	251
	4.3	Satzverbindungen	259
		4.31 Koordination	260
		4.32 Bindemittel	265
		4.33 Parenthesen und Zusätze	274
	4.4	Infinite Klauseln	279
		4.41 Infinitivklauseln ohne Einleitung	279
		4.42 Infinitivklauseln mit Einleitung	287
		4.43 Partizipialklauseln	290
5.	Der komprimierte Satz		297
	5.1	Nominalisierungen	300
		5.11 Form und Bestimmung der Nominalisierung	301
		5.12 Deutung von Nominalisierungen	304
	5.2	Satzwertige Adjektivphrasen	311
		5.21 Form und Bestimmung von Adjektiverweiterungen	312
		5.22 Deutung der Adjektiverweiterungen	317

Anhang 1	Polyfunktionale Strukturwörter	322
Anhang 2	Häufigste Satzmuster des Deutschen	328
Anhang 3	Tafeln zur Formenbestimmung: Regelmäßige Verben/ Unregelmäßige Verben/Hilfsverben/ Modalverben	330
Anhang 4	Ablautreihen ausgehend von Stammformen	342
Anhang 5	Tafeln zur Formenbestimmung der Artikelwörter	344
Anhang 6	Tafeln zur Formenbestimmung: Personalpronomen/Interrogativpronomen/ Indefinitpronomen/Demonstrativpronomen	348
Anhang 7	Tafeln zur Formenbestimmung: Adjektivflexion	353
Anhang 8	Tafeln zur Substantivdeklination: Die zehn Deklinationstypen	354
Anhang 9	Präpositionale Anschlüsse von Verben und Adjektiven	356

Abkürzungen	360
Literatur	361
Verzeichnis der Texte	368
Register	369

Vorwort zur Studienausgabe

Die ersten Rezensions-Reaktionen auf die rezeptive Grammatik sind erfreulich positiv. Die hilfreiche Kritik kann leider noch nicht in dieser Ausgabe aufgenommen werde. Zu besonderem Dank bin ich Herrn A. Näf (Neuchâtel) verpflichtet für eine Liste von Hinweisen, die in eine Neuauflage eingearbeitet werden. Er moniert zum Beispiel mit Recht die fehlenden Akkusativ-Attribute: *Das Konzert letzten Sonntag.*

Offenkundige Druckfehler sind mir äußerst peinlich (besonders S. 193 Z 3 v. u. „quantifizierende" für „qualifizierende", S. 194 „Satzprosa" für „Sachprosa", S. 221 Dependenzpfeil falsch im Beispiel (34)). Aufmerksame Leserinnen und Leser werden sie aber als solche identifizieren – und hoffentlich Nachsicht üben. Ich hoffe, daß außer einem böswilligen Kritiker nicht mehr Leser meinen, die Lernerhinweise seien direkt an Lernerleser adressiert.

Natürlich bin ich für weitere kritische Reaktionen dankbar.

Augsburg, Mai 1989   H.J.H.

Vorwort

Als – vor nunmehr zwei Generationen – meine Großmutter Katharina noch Deutsch als Fremdsprache unterrichtete, ging es im Sprachunterricht anders her als heute. Nicht nur, daß sie natürlich eine der ersten DaF-Lehrerinnen überhaupt war, oft hat sie mir auch von ihrer methodischen Unbekümmertheit erzählt: „Eine Sprache zu lernen ist die natürlichste Sache von der Welt. Man muß halt die Grammatik lernen, und dann muß man eben viel reden und viel lesen."

Ja, ist das heute denn anders? Einiges ist schon anders. Der Zweitspracherwerb wird immer besser erforscht; wir eruieren täglich mehr über Erwerbsabfolgen und Erwerbsbedingungen. Die didaktischen Methoden der Sprachvermittlung sind entscheidend verbessert worden; der kommunikative Sprachunterricht ist erfunden und macht offenbar beständig Fortschritte. Erstaunlich nur, daß wenig getan wurde für das Lesen in der Zweitsprache und ebensowenig für die rezeptive Grammatik allgemein.

Dies mag ein Reflex dessen sein, was June Phillips beklagt: „The teaching of the reading skill has been neglected in foreign language methodology... Many language activities that purport to deal with reading actually emphasize productive skill outcomes and fail to develop the decoding aspect of the reading process. The goal of the reader is to assign meaning to a printed message, and a delineation of the strategies and skills that enable him to solve that problem will clarify the teaching role." (Phillips 1975:227). Umso erstaunlicher, daß sogar Linguisten wie Fries – wenn sie sich mit dem Lesen befassen – der Grammatik wenig Aufmerksamkeit schenken (cf. Fries 1962; a. Hallet 1975:301). Möglicherweise erklärt sich das Manko auch durch die Wertschätzung des kommunikativen Unterrichts, der eher die kommunikativen Fähigkeiten und die aktive Kompetenz in den Vordergrund rückt. Dagegen ist nichts einzuwenden. Aber gerade ein kommunikativer Unterricht muß die Tatsache anerkennen, daß für die passive Kompetenz weitergehende grammatische Fähigkeiten nötig sind als für die aktive. Genügt aktiv eine Grundgrammatik, so muß man passiv auch die schwierigsten Konstruktionen aller Textsorten verstehen. In der Rezeption hat man weder die Möglichkeit, wie als Sprecher den Schwierigkeitsgrad selbst zu bestimmen, noch wird man sich auf Dauer mit präparierten didaktischen Texten begnügen wollen. Als Rezipient steht man dauernd vor dem Problem, auch den Sinn schwieriger Texte zu eruieren. Und das gilt nicht nur für den Zweitsprachenlerner. Auch der Muttersprachler hat mit vielen schriftsprachlichen Konstruktionen Schwierigkeiten.

Dies ist der erste Versuch einer rezeptiven Grammatik. Viele haben mich dabei angeregt, und viele haben mir geholfen. Zu den Anregern gehören: C. Fabricius-Hansen/B. Ahlgren, P. von Polenz; zu den Helfern gehören: S. Krejci, R. Mehlich, M. Rauschenberg, B. Remmers und nicht zuletzt W. Mayerhauser; kritisch helfende Leser waren: H. Bisle-Müller, C. Fabricius-Hansen, P. von Polenz, D. Rall, M. Rall, H. Wegener.

Ihnen allen danke ich herzlich. Möge ihnen das Ergebnis der Mühe wert sein!

Augsburg, Mai 1986   H.J.H.

Wegweiser

Diese Grammatik ist in erster Linie für den Lehrer gedacht. Sie vollzieht streckenweise den Gang einer Satzanalyse nach, ist aber insgesamt systematisch nach grammatischen Erscheinungen aufgebaut. Obwohl ihr keine Lernprogression oder eine Progression der Textschwierigkeit zugrundeliegt, sollte sie für den Unterricht nützlich sein. Sie enthält viele (Sach)Prosatexte, die eingehend analysiert werden. Einzelne Portionen können so herausgegriffen und zum Gegenstand des Unterrichts gemacht werden.

Außerdem ist sie eine Zugriffsgrammatik, mit Schnappschüssen aus dem Analyseprozeß. Für die punktuelle Orientierung enthält sie ein ausführliches Register, das auch zur Definition der Termini am systematischen Ort im Text führt, ein Verzeichnis der wenigen Abkürzungen, Literaturhinweise, die eher weiterführen als dokumentieren. Für den schnellen Zugriff sind auch die vielen Übersichten und Schemata gedacht.

Diese Grammatik ist in rezeptiver Perspektive geschrieben. Sie wählt darum auch aus, etwa nach Gesichtspunkten der Häufigkeit und der Schwierigkeit. Dennoch ist sie ein Abriß einer zusammenhängenden und vollständigen Grammatik des Deutschen. Der Übersichtlichkeit halber sind die Formenbestimmungstafeln in einem Anhang gegeben.

1. Die Grundlagen

Zur sprachlichen Verständigung gehören bekanntlich wenigstens zwei: ein Sprecher und mindestens ein Hörer, oder ein Schreiber und mindestens ein Leser. Jeder wird mit seiner Rolle entsprechende Zielsetzungen verbinden: Der Sprecher will etwas sagen, der Hörer will verstehen, was der Sprecher sagt. Typisch ist auch, daß diese Gesprächsrollen wechseln können. Wer jetzt Sprecher ist, kann gleich darauf Hörer sein und umgekehrt. Als Sprachteilhaber haben wir darum beides gelernt: Wir können Äußerungen, Sätze, Texte produzieren, und wir können sie rezipieren. Wir haben eine aktive Kompetenz und eine passive Kompetenz, weil wir alle einerseits Produzenten und andererseits Rezipienten sind.

Die rezeptive Kompetenz erscheint uns natürlicher und unproblematischer, weil wir beim Verstehen selten Mühe haben. Es stellt sich eben ein – oder auch nicht. Verstehen ist so leicht, daß wir es sogar unseren Hunden unterstellen. Wir halten so die Ansicht für normal, daß es beim Spracherwerb besonders darum gehe, sprechen zu lernen, also die aktive Kompetenz zu entwickeln. Aber diese Ansicht kann irreführen:

- Sie läßt die linguistische Binsenwahrheit außer acht, daß die rezeptive Kompetenz stets größer ist als die aktive Kompetenz. Wir alle verstehen viel mehr Wörter, viel mehr Sätze, als wir je selbst verwenden. Das ist sogar notwendig so: Sprache lernen fängt mit dem Verstehen an, weil wir als Kind beim Spracherwerb erst einmal – zumindestens ungefähr – verstehen müssen, was andere sagen. Erst dann kann ein Kind selbst die entsprechenden Wörter und Sätze verwenden. Es lernt die Sätze von den Erwachsenen, darum muß es sie zuerst verstehen – um es einmal angemessen zweideutig zu sagen.
- Uns scheint vielleicht das Auffälligere an der Sprache, daß wir mit ihr aktiv sprachlich handeln können: fragen, bitten, Hinweise geben, Auskünfte verlangen, Witze erzählen usw. Im praktischen Gebrauch der Sprache sind wir aber viel häufiger Rezipienten. Das gilt bei der Einweg-Kommunikation der heutigen Massenmedien wie Funk und Fernsehen, es gilt aber besonders für die schriftliche Kommunikation. Mir ist nicht genau bekannt, wieviel mehr ich lese als schreibe, wieviel mehr ich höre als sage, aber ich bin überzeugt, daß die Waage sich weit auf die rezeptive Seite hin senkt.

1.1 Grundideen

Von diesen Überlegungen her erscheint die übliche Zielsetzung des Sprachunterrichts – besonders auch des kommunikativen Unterrichts – vielleicht fehlgeleitet. Förderung aktiver Kompetenz ist nicht alles. Förderung rezeptiver Kompetenz geht vor. Aber wir wollen nicht schwarz-weiß malen – wie es in der Reflexion über den Sprachunterricht Tradition hat. Genügt nicht, daß Förderung rezeptiver Kompetenz jedenfalls ein wichtiges Ziel des Sprachunterrichts ist und daß die Verwirklichung dieses Ziels auch der Förderung der aktiven Kompetenz dient? Besonders im kommunikativen Sprachunterricht, der ja aktiv nur auf den Kern der grammatischen Kompetenz abzielt, ist die Förderung der rezeptiven Kompetenz wichtig. Denn in der Rezeption ist ja letztlich keine Auswahl, keine Schonung möglich. Der Rezipient ist in die freie Wildbahn schwierigster grammatischer Konstruktionen entlassen.

1.11 Was ist eine rezeptive Grammatik? Was soll sie?

Perspektive Eine rezeptive Grammatik ist eine Grammatik aus der Perspektive des Rezipienten. Die kommunikative Aufgabe des Rezipienten ist aber, aus der lautlichen oder graphischen Form einer Äußerung zu einer Deutung zu kommen. Die rezeptive Grammatik muß darum explizit den Weg von der sprachlichen Form zum Sinn nachzeichnen. Man kann sich diesen Weg als eine Treppe denken, die man je nach metaphorischem Geschmack hinaufsteigt auf die Höhen des Sinns oder hinab zu den tiefer liegenden Sinnstrukturen. Die einzelnen Stufen werden immer darin bestehen,

- die Formen wahrzunehmen,
- die Struktur zu erkennen,
- die Bedeutung aufzubauen,
- den Sinn zu erfassen.

Ist es aber nicht eigentlich egal, ob ich einen Weg hin oder zurück gehe? Bleibt es nicht der gleiche Weg? Was könnte denn die Unterscheidung einer produktiven und einer rezeptiven Perspektive für eine Grammatik bedeuten? Nun, sie bedeutet einerseits einen Sichtwechsel und andererseits eine Berücksichtigung des realen Verstehens. Die Unterscheidung erinnert ja an eine methodische Unterscheidung der Lexematik, wo man die onomasiologische Forschungsrichtung absetzt von der semasiologischen. Die Onomasiologie sucht ausgehend von Bedeutungen oder Begriffen deren verschiedene Bezeichnungsmöglichkeiten, sie verfolgt die Perspektive des Sprecherschreibers. Die Semasiologie ermittelt ausgehend von sprachlichen Formen deren Bedeutung, sie verfolgt die Perspektive des Hörerlesers (Baldinger 1964:270).

Einen Sichtwechsel erfordert die rezeptive Grammatik deshalb, weil die existierenden Grammatiken selbstverständlich die Perspektive des Sprecherschreibers eingenommen haben. Sie verstanden sich ja traditionell als Anleitungen zum richtigen Schreiben und Sprechen. Und die modernen deskriptiven Grammatiken waren dann eher bemüht, die Frage der Perspektive ganz zu vergessen. Sie strebten die eine Beschreibung an, verstanden sich als neutral, auch als sprecher-hörer-neutral. Und sie hielten das für selbstverständlich, für einen stillschweigenden Konsens ohne methodische Diskussion (Ausnahmen: Hockett 1961; Straight 1976). Gerechtfertigt wurde diese Haltung insbesondere damit, daß die Grammatik eben nichts zu tun habe mit den tatsächlichen Vorgängen der Kommunikation (Chomsky 1965:9). Die Frage der Perspektive gehöre nur in eine Theorie der Sprachverwendung, Grammatik sei aber eine Theorie der idealen Sprachkompetenz. So als leite sich eine Theorie der Kompetenz nicht ab von einer Theorie der Performanz.

Daß aber der Sichtwechsel auch für die grammatische Darstellung Konsequenzen hat, lehrt vorläufig die Betrachtung eines verbalen Paradigmas. Traditionell könnte es so aussehen:

	sg	pl
1	ging	gingen
2	gingst	gingt
3	ging	gingen

Das Paradigma ist onomasiologisch angelegt. Die grammatischen Kategorien bilden das begriffliche Raster, die Formen werden dessen Leerstellen zugeordnet. Das Paradigma beantwortet direkt eine typische Sprecher-Schreiber-Fragestellung: Wie heißt das Präteritum der 3. Person sg des Verbs *gehen* etwa? Die Darstellungsform hat zur Folge, daß für jede begriffliche Stelle genau ein Feld vorgesehen ist, während die gleiche sprachliche Form mehrfach auftaucht, wenn sie mehrere Stellen besetzt. Mehrdeutigkeit wird also durch Mehrfachnennung dargestellt.

Ganz anders die rezeptive Perspektive für den gleichen grammatischen Sachverhalt. Wir geben sie in Form eines Netzwerks, das den Weg des Hörerlesers von der Form zur Funktion wiedergibt:

ging ── sg ⟨ 1 / 3   *gingen* ── pl ⟨ 1 / 3

gingst ── sg ── 2   *gingt* ── pl ── 2

Hier ist der Orientierungspunkt die sprachliche Form, jede Form taucht nur einmal auf. Gleiche Bedeutungszüge zeigen sich in gemeinsamen Wegen, Bedeutungsunterschiede zeigen sich in Verzweigungen. Die Mehrdeutigkeit wird dargestellt durch die Zuordnung mehrerer Bedeutungen. So macht auch die Darstellungsform schon deutlich, wo Mehrdeutigkeiten liegen.

Bemerkenswert ist noch, daß beiden Darstellungen einiges gemeinsam ist. Sie verwenden die gleiche semantische Beschreibungssprache, die gleichen grammatischen Kategorien und Merkmale, sind also nicht radikal verschieden, wie öfter in der Onomasiologie behauptet wird. Und sie stellen auch den gleichen Sachverhalt dar, nur aus unterschiedlicher Perspektive. Es ist also nicht egal, ob man einen Weg hin oder zurück geht. Man sieht doch etwas anderes.

Die Bezugnahme auf das reale Verstehen und die Verständigung erzwingt einerseits den Anschluß an die empirischen Arbeiten der Psycholinguistik, die ja den Verstehensprozeß – wie es heißt – empirisch untersuchen. Andererseits rückt sie den Hörerleser in den Vordergrund und berücksichtigt, daß er andere Probleme hat als der Sprecherschreiber, daß auf ihn ganz andere grammatische Schwierigkeiten lauern. Eine rezeptive Grammatik ist darum nicht schlicht eine Produktionsgrammatik im Rückwärtsgang. Sie soll vielmehr eine methodische Anleitung liefern für das Verstehen jedes x-beliebigen

Verstehensprozeß

Satzes, der dem Hörerleser unterkommen kann. Sie kann sich also nicht beschränken auf Darstellung des grammatischen Inventars, etwa in Form von Netzwerken, sondern sie muß auch eine Vorgehensweise anbieten, eine Analyseprozedur, die zeigt, wie die Analyse eines schwierigen Satzes richtig und ökonomisch zu bewerkstelligen ist und wie diese Analyse sich auswirkt auf das Verständnis des Satzes.

Eine rezeptive Grammatik ist in diesem Sinn praktisch orientiert. Sie soll zum verständigen Lesen führen, das von der äußeren, wahrzunehmenden Form über die grammatische Analyse vordringt zu einer Deutung. Dieses verständige Lesen kann man lernen, aber es gibt keinen fertigen Algorithmus dafür, keine völlig explizite, narrensichere Anleitung, mit der man schrittweise, kontrolliert und sicher immer zum richtigen Ziel käme. In der freien Wildbahn gibt es keine Kontrolle, keine verläßlichen Karten. Vielmehr ist die rezeptive Grammatik Teil einer Interpretationslehre, wo es solche Algorithmen nicht geben kann, wo deutende Intuition und Reflexion den Ausschlag geben. Interpretieren ist bekanntlich eine Kunst.

Aber jede Kunst setzt Handwerk voraus. Dieses Handwerk bietet die rezeptive Grammatik. Sie vermittelt Methoden für die Deutung, kann allerdings – wenngleich rezeptiv – kein Rezept bieten, das für die Entschlüsselung jedes einzelnen Falles taugt. (Es wäre ja auch kaum vorstellbar, daß man zum Verständnis eines einzigen Satzes oder auch eines Textes eine ganze Grammatik zu Rate zöge.) Sie ist eher eine Art Heuristik, die allgemeine Anleitungen und Leitsätze aufstellt, auch exemplarische Vorführungen enthält und spezielle grammatische Regeln und Phänomene darstellt. Sie hat so die Rolle einer methodischen und systematischen Vorübung, skizziert eher Übungsanalysen, und zeichnet damit explizit den Weg vor, den man später routinisiert und automatisiert gehen muß. Denn das ist ja das Charakteristikum des Spracherwerbs, daß vieles explizit und bewußt gelernt wird, was dann implizit und automatisch zu beherrschen ist.

1.12 Das Verstehen

Verstehen Anerkanntes Ziel des Rezipienten ist das Verstehen. Aber was ist unter Verstehen zu verstehen? Ist der Begriff als theoretisches Fundament nicht allzu vielschichtig und mit allerlei theoretischen Reflexionen imprägniert? Schauen wir auf einige gängige Verwendungsweisen des Wortes *verstehen* (Grice 1969; Heringer 1978a:111–128):

– Verstehen, was jemand meint (seine Intentionen erkennen),
– einen Text verstehen (seinen Sinn erfassen),
– einen Satz verstehen (seine Bedeutung verstehen),
– ein Wort verstehen (wissen, was es heißt),
– eine Sprache verstehen (sie können),
– eine Handlung verstehen,
– eine (z.B. eine grammatische) Theorie verstehen,
– ein Phänomen verstehen (seine Ursachen kennen),
– einen Menschen verstehen (Verständnis für ihn haben).

Die ersten fünf charakterisieren das sprachliche Verstehen, wenngleich die übrigen hiervon nicht unabhängig sind. Zentral erscheint der erste Aspekt, insofern er den eigentlichen Sinn menschlicher Verständigung charakterisiert und insofern er jedem Erwerb anderer Verstehensfähigkeiten vorangeht. Intentionen erfassen muß logisch unabhängig sein von konventionellen Zeichen (Grice 1968). Man kann ja bekanntlich auch verstehen, was jemand meint, ohne daß man seine Worte genau versteht, oder man kann verstehen, daß er etwas anderes meint, als er sagt. Und so kann man auch Texte verstehen, ohne alle Wörter zu verstehen. Die Deutung geht über die Bedeutung hinaus. Um zu verstehen, was jemand meint, und um den Sinn eines Textes zu erfassen, muß man die Bedeutung der Sätze verstehen, aber man muß auch über die Bedeutung hinauskommen. Die langue-autorisierte Bedeutung ist nur ein Aspekt, der zum Verstehen beiträgt. Und wenn man es recht überlegt, ist sie eigentlich nur eine Versteinerung aus dem, was früher und öfter im Gebrauch der Zeichen gemeint war. Andrerseits ist das Verstehen, was jemand meint, ohne zu verstehen, was er sagt, was seine Sätze bedeuten, oft vage und undifferenziert. Verstehen ohne Sprache bleibt rudimentär. Sprachliche Zeichen – in der Regel Texte – sind das entscheidende Medium, einen Partner zu verstehen. In einem einfachen, wohlgeformten Modell kann man darstellen, wie wir uns die Verständigung denken.

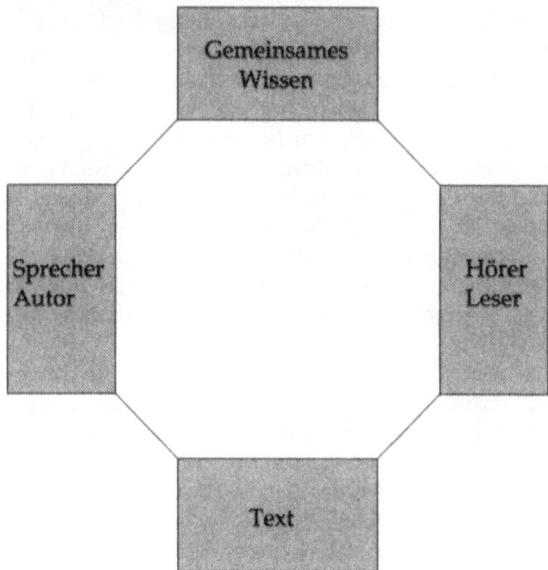

Es gibt keine direkte Kommunikation zwischen Sprecher und Hörer. Die Verbindung ergibt sich über den Text. Aber auch der Text allein enthält noch kein Verständnis. Er ist totes Material, das erst durch das Wissen der Sprachteilhaber zum Zeichen mit Sinn wird. Stellte man sich den Sinn eines Textes vor als verborgenen Schatz, so kann dieser eben nur vom deutenden Hörerleser gehoben werden. Wie er den Text versteht, ist aber nicht bloß von dem Text abhängig. Der Text ist nur scheinbar eine objektive Größe, in Wirklichkeit kommt es doch wesentlich darauf an, was der Hörerleser aus ihm macht. Im Verstehen trifft der Text sozusagen auf die Fähigkeiten und das Wissen

Gemeinsames Wissen

des Hörerlesers, und daraus entwickelt sich ein Verständnis. Der Text ist der Samen, der auf dem Boden des Wissens aufgeht zum Textverständnis.

Die Verstehenskompetenz des Hörerlesers – das gemeinsame Wissen – hat dabei wenigstens vier Komponenten:

grammatisches Wissen	lexikalisches Wissen
Weltwissen	Kontextwissen

Das grammatische Wissen besteht in der Kenntnis der grammatischen Regeln, die charakterisieren, welche Wortkombinationen, welche Konstruktionen zulässig sind und wie sie zu verstehen sind. Hierzu gehören insbesondere die Analyse der Wortformen, die Abfolge der Zeichen im Satz, die Beziehungen zwischen ihnen und die Verwendungs- und Deutungsmöglichkeiten von Strukturwörtern, die den grammatischen Aufbau kennzeichnen.

Das lexikalische Wissen besteht in der Kenntnis der Bedeutung der Lexeme. Dazu gehört nicht nur, welche Bedeutung die Lexeme in Isolation haben, sondern auch, in welchen Konstruktionen und Sätzen sie verwendbar sind und welche ihrer möglichen Bedeutungen dann realisiert ist.

Das Weltwissen ist – wie sein Name sagt – Wissen über die Welt, allerdings nicht nur im engeren Sinn der physikalischen Welt, des Sach- und Fachwissens, sondern auch der sozialen Welt: Wissen über Kultur, soziale Gepflogenheiten, Wertsysteme und Normen, das erst das volle Verständnis von Texten ermöglicht.

Das Kontextwissen schließlich ist laufendes Wissen. Es nährt sich aus Kontext und Sprechsituation. Wie das Wort *rechts* jeweils zu verstehen ist, wissen wir, weil wir uns in der Sprechsituation mit unserem Partner als orientiert ansehen. Und was *danach* heißt, wissen wir nur, wenn wir den Kontext kennen und einen darin angegebenen Zeitpunkt, auf den sich das unschuldige Wort relativ bezieht. Das laufende Kontextwissen ist ständig in Veränderung, es muß ständig auf der Höhe der Kommunikation sein, während grammatisches, lexikalisches und weltliches Wissen sich nur langsam verändern.

Zu diesen vier Komponenten gesellt sich eine fünfte, die wir eher als universal und nicht an eine einzelne Sprache gebunden ansehen. Wer schon eine Sprache kann, braucht sie also nicht wieder zu lernen. Es sind allgemeine Grundsätze und Strategien der Kommunikation und des Verstehens überhaupt. So verhalten wir uns etwa grundsätzlich kooperativ: Wir nehmen an, daß unser Partner etwas Sinnvolles sagt, wir gehen davon aus, daß er zusammenhängend redet, und wir wählen nicht so leicht Deutungen von Texten, die widersprüchlich sind (Grice 1975).

Vielleicht hat diese fünfte Komponente eine Art Kontrollfunktion über die andern. Aber im Grunde beherrscht keine Komponente die anderen: Sie wirken gemeinsam, und mal hat die eine den Vorrang, mal die andre. So mag der Hörerleser einmal sein Weltwissen ändern aufgrund von Deutungen, dann aber wird er vielleicht die Deutung aufgrund des Weltwissens ändern. So kann er manchmal der lexikalischen Komponente den Vorzug geben und dann wieder der grammatischen, wenn beide konfligieren. Auch sollte uns die erwähnte Stufung des Verstehens nicht zu der Annahme verführen, die verschiedenen Komponenten des Verstehens würden schön der Reihe nach abgearbeitet; erst das Wahrnehmen, dann das Deuten etwa. Es spricht einiges dafür, daß diese Teilprozesse zusammenwirken, teils synchron ablaufen können und teils sukzessiv (Bierwisch 1983).

Unser Modell weist auf die beiden Grundgrößen einer rezeptiven Grammatik: den Text und die Welt im Kopf der Sprachteilhaber. Es erklärt uns, wieso der Hörerleser nicht nur belangloser Rezipient ist, sondern Deutungen und Verständnisse von Texten erzeugt, wenngleich er dabei nicht eigentlich aktiv ist, wie in manchen Theorien behauptet (Hörmann 1976:467; Hörmann 1980:27). Das Verstehen ist nicht so sehr gelenktes Schaffen, sondern eher passive Genese.

Unsere bisherigen Überlegungen sind vorwiegend analytisch begründet. Sie nähren sich aus Kommunikationsanalyse, Diskursanalyse und Textanalyse. Diese Forschungsgebiete haben den Wert des gemeinsamen Wissens für das Verstehen präzise bestimmt. Verstehen ist durch das gemeinsame Wissen ermöglicht und begrenzt. Verstehen besteht im Sehen von Zusammenhängen, die das Wissen uns erschließt (Heringer 1978a:84–96; Fritz 1982:78–82). Aber die Rezeption hat noch eine andre, eher empirische Seite, die in der Psycholinguistik und Kognitionswissenschaft untersucht wurde. Hier gehen zwar begriffliche Grundlagen und Fragestellungen der Linguistik ein, aber es stehen – wie es heißt – die realen psychischen Prozesse im Vordergrund. Die Ergebnisse dieser Forschungen passen erfreulich gut zu den linguistischen Forschungen. So auch, was die Organisation des Wissens betrifft. Man nimmt heute oft an, daß das Wissen in assoziativen Netzen organisiert ist (Collins/Quillian 1972; Deese 1976; Norman/Rumelhart 1976). Schon beim Lesen eines einzigen Wortes wird ein ganzer Assoziationsraum von semantischen und prototypischen Merkmalen aufgemacht. Außerdem werden ständig allgemeine Muster aktiviert, die aufgrund von Präzedenz gelernt wurden. Solche Schemata (Rumelhart 1977) gestatten die Subsumption des Einzelfalles unter ein allgemeines, stehendes Wissen. Sie ermöglichen auch, für das Verstehen wichtige, aber nicht explizite Bestandteile des Textes zu erschließen und zu ergänzen. So bestehen wir etwa Lückentests oder erraten als Fremdsprachenlerner die Bedeutungen unbekannter Wörter. Wir erschließen Zusammenhänge, sie entstehen im Wissen.

Mit der Aktivierung von Assoziationen und Schemata geht der Hörerleser ständig über den wahrgenommenen Text hinaus, und er eilt ihm voraus; er läßt sich von einer so aufgebauten Vorerwartung leiten. Dies gestattet ihm, eine plausible Deutungshypothese – naiv und spontan sozusagen – zu verfolgen, ohne ständig alle Deutungsmöglichkeiten in Betracht zu ziehen. Und nur so ist die Sicherheit und Leichtigkeit des Verstehens zu verstehen.

Die allgemeinen Überlegungen und Erkenntnisse bestätigen auch praktische Erfahrungen. Sie können Lernziele des Leseverstehens rechtfertigen und vielleicht auf Dauer in einer kohärenten Theorie plazieren. Rechtfertigt es

Lernziele

diese Hoffnung, an den Schluß einige Lernziele einer rezeptiven Grammatik zu stellen? Wir wollen es wagen, hier sind einige Fähigkeiten, die der Leser erwerben muß:

- Grapheme, Vokabeln und Wortformen erkennen,
- kontextuell angemessene Wortbedeutungen aktivieren,
- grammatische Strukturen erkennen,
- Satzbedeutungen aufbauen,
- der Textorganisation folgen,
- Schlußfolgerungen ziehen,
- Hauptgedanken erfassen,
- Inhalt wiedergeben (auf Fragen oder durch Paraphrasieren),
- Intentionen des Autors erfassen.

1.13 Grammatisches Verstehen

Das grammatische Verstehen ist natürlich nur ein Aspekt des Verstehens, allerdings ein sehr wichtiger (Heringer 1984b). Da die menschliche Verständigung sich in Sätzen und Texten und nicht in Wortbrocken vollzieht, können wir als Rezipienten mit Vokabelkenntnissen allein nicht auskommen. Wir müssen erkennen, wie die Vokabeln sich zu Sätzen verbinden und wie der Sinn der Sätze sich aus den Wortbedeutungen ergibt. Das ist das grammatische Grundprinzip. Schon dies zeigt, daß die Grammatik nicht autonom ist. Vor allem ist sie nicht unabhängig von der Bedeutung, sondern bezieht sich auf die Bedeutung, zielt auf die Bedeutung. Dennoch ist die Grammatik offenbar aus theoretischen Gründen ein abtrennbarer Teil einer Sprachbeschreibung, und das grammatische Verstehen ein in der Betrachtung isolierbarer Aspekt des Verstehens.

Man geht heute davon aus, daß beim Verstehen verschiedene kognitive Module – entsprechend den Komponenten des gemeinsamen Wisssens – interagieren: Sie sind geprägt durch die linguistische Aufteilung der Teildisziplinen und beziehen sich etwa auf Grammatik, Lexik und Weltwissen. Wie diese Module zusammenwirken – ob etwa sukzessiv oder simultan – ist nicht entschieden (Schlesinger 1968: 140f). Früher hat man zum Teil selbstverständlich angenommen, daß die Module sukzessiv arbeiten, etwa zuerst die syntaktische Analyse, dann die semantische (Katz/Fodor 1963; auch Hockett 1961:221 scheint von einer zeitlichen Trennung auszugehen). Jetzt weist viel darauf hin, daß das grammatische Modul nicht unabhängig von den andern arbeitet. Aber wie arbeitet es?

Grammatische Analyse

Unsere Vorstellung vom grammatischen Verstehen ist geprägt durch die lange abendländische Tradition der grammatischen Analyse (cf. Karttunen/Zwicky 1985). Schon die bemerkenswerte Homonymie des Wortes *Grammatik*, das einmal auf eine grammatische Theorie oder Beschreibung bezogen ist und dann auf die Kompetenz des Sprachteilhabers, ist ein Indiz dafür, wie weitgehend beides gleichgesetzt wird. Man kann entsprechend eine direkte strukturelle Abbildung der zeichenorientierten grammatischen Analyse auf die Auffassung vom Verstehensprozeß definieren.

Grammatische Analyse	Grammatisches Verstehen
Die grammatische Analyse ist eine menschliche Tätigkeit.	Das grammatische Verstehen ist ein menschlicher Denkprozeß.
Die grammatische Analyse operiert auf sprachlichen Ausdrücken, insbesondere auf Sätzen.	Das grammatische Verstehen operiert auf sprachlichen Ausdrücken, insbesondere auf Sätzen.
Die grammatische Analyse hat als Resultat eine Darstellung der grammatischen Struktur.	Das grammatische Verstehen hat als Resultat eine mentale Repräsentation der grammatischen Struktur.
Die grammatische Analyse ermittelt hinter der linearen Struktur die mehrdimensionale grammatische Struktur. (Nacheinander als Miteinander)	Das grammatische Verstehen konstruiert aus der linearen Abfolge eine mentale Repräsentation. (Nacheinander als Miteinander)
Die grammatische Analyse basiert auf einem verallgemeinerten Verfahren, auf einer Grammatik(theorie).	Das grammatische Verstehen basiert auf grammatischem Wissen.
Die grammatische Analyse wird erlernt.	Das grammatische Verstehen wird erworben.
Die grammatische Analyse hat zum Ziel das Verstehen der Sätze.	Das grammatische Verstehen hat zum Ziel das Verstehen der Sätze.

Diese strukturelle Homologie nährt den Verdacht, daß es sich bei unserer Auffassung vom grammatischen Verstehen um ein theoretisches Artefakt handeln könnte. Doch etwas wissenschaftstheoretische Reflexion lehrt uns, daß die Darstellung des Verstehensprozesses in Termen der grammatischen Analyse plausibel ist, weil wir immer und überall auf ein begriffliches Raster angewiesen sind, innerhalb dessen wir unsere empirischen Erkenntnisse formulieren. So kann die Untersuchung des grammatischen Verstehens nicht unabhängig werden von der grammatischen Analyse. Nur, wenn wir ein alternatives und empirisch überlegenes Begriffsraster haben, sind wir bereit, dieses Artefakt aufzugeben – und ein anderes anzunehmen.

Die Frage bleibt: Funktioniert das grammatische Verstehen tatsächlich so, wie es dieses Bild suggeriert? Ist die gängige grammatische Analyse als theoretische Fähigkeit wirklich übertragbar auf die Kompetenz des Hörerlesers? Hat die grammatische Analyse überhaupt etwas mit den mentalen Prozessen zu tun? Die wissenschaftstheoretische Vorüberlegung hat sich im Grunde bestätigt in der langen Diskussion dieser Fragen, kristallisiert in der Frage nach der psychischen Realität der grammatischen Kategorien, Analyseprozeduren und Strukturdarstellungen. In dieser Diskussion, die sich vor allem auf die generative Grammatik kaprizierte, wurden anfänglich – wie könnte es anders sein – zwei extreme Positionen vertreten, die man als Korrespondenzthese und als Independenzthese voneinander unterscheiden kann:

– Die Korrespondenzthese, deren Vertreter ihr gern das wertende Adjektiv „explanativ" zuschreiben, postuliert, daß die grammatischen Kategorien

Psychische Realität

mentale Einheiten wiedergeben oder doch zumindest wiedergeben müßten, damit die Grammatik erklärungsadäquat sei.
- Die Independenzthese ist eher konventionalistisch und besagt, daß die grammatische Theorie nichts mit den psychischen Vorgängen und Kategorisierungen zu tun habe. Sie sei rein theoretisches Konstrukt, und das sei auch gut so.

Wissenschaftsgeschichtlich interessant ist, daß die frühen Psycholinguisten Anhänger der Korrespondenzthese waren, während damals die Linguisten eher meinten, sich ihre theoretische Freiheit bewahren zu müssen. Im Laufe der Zeit sind aber die Psycholinguisten doch mehr oder weniger von ihrem anfänglichen Optimismus – wie sie wohl jetzt sagen würden – abgerückt; insbesondere ging ihr Interesse dann weniger auf ganz bestimmte Darstellungsmittel der generativen Grammatik, etwa auf die Frage, ob Transformationen psychisch real seien. Hingegen scheint bei einigen Linguisten heute die psychische Realität als Kriterium der Erklärungsadäquatheit doch attraktiver.

Und wie ist die Diskussion ausgegangen? Nun, wie wissenschaftliche Diskussionen so ausgehen. Entschieden ist eigentlich nichts, teilweise weil die Auseinandersetzung eher kryptisch, über unveröffentlichte, unzugängliche und wohl auch überinterpretierte Arbeiten geführt wurde (Presch 1977:27), teilweise weil man sich im Nachweis der psychischen Realität immer mehr vom Grundproblem entfernte, indem man weiter weg von den grammatischen Oberflächenstrukturen zu tieferliegenden Strukturen überging.

Mit einer gewissen Rechtfertigung könnte man als ein Fazit ausgeben, daß die korrekte grammatische Analyse – wie aus wissenschaftstheoretischen Gründen zu erwarten – eben korrekt das darstelle, was die Hörerleser letztlich im Verstehensprozeß erreichen müssen – denn eine andere Darstellung hiervon kann es ja schwerlich geben –, daß die Hörerleser aber, um dies zu erreichen, nicht den systematischen Weg der grammatischen Analyse gehen müssen, sondern zumindest teilweise abkürzende Rezeptionsheuristiken anwenden, unsystematisch, von Rezipient zu Rezipient anders vorgehen können (Fodor 1971:135).

Dieses Ergebnis ist nun für eine rezeptive Grammatik äußerst relevant. Einmal, weil es in gewissem Sinn die Rolle der grammatischen Analyse bestätigt, dann aber auch, weil es uns aus dem didaktischen Traum eines methodisch sicheren Algorithmus reißt, wie er etwa in der systemorientierten Forschung entwickelt wurde, wo man ja keine Rücksicht auf den Hörerleser nehmen mußte.

Entscheidend für eine rezeptive Grammatik ist aber, daß in dieser Diskussion auch wichtige Einsichten in den grammatischen Verstehensprozeß gewonnen wurden. Die Grundfrage war ja: Wie kommt der Hörerleser von der linearen Struktur des Satzes und Textes zu der zweidimensionalen grammatischen Struktur, die die grammatische Analyse postuliert? Wie konstruiert er aus dem Nacheinander das Miteinander? Geht er schrittweise linear (on line) vor, oder läßt er sich eher von den Schemata seines grammatischen Wissens leiten (off line)? Ist das grammatische Verstehen eher datengeleitet oder eher schemageleitet?

1.14 Routinen des grammatischen Verstehens

Man könnte sich vorstellen, daß der Rezipient systematisch und überwiegend on line vorgeht. Denken wir uns etwa, daß wir als Rezipienten so, wie wir systematisch den Ausgang aus einem Labyrinthgarten suchen, unseren Weg durch das Satzlabyrinth suchen. Indem wir alle Möglichkeiten nacheinander durchprobieren: Wir wählen an der ersten Verzweigung den linken Weg, an der nächsten wieder und so weiter. Enden wir in einer Sackgasse, so gehen wir eine Kreuzung zurück und wählen jetzt den rechten Weg und so weiter. Mit diesem systematischen Vorgehen finden wir den Ausgang bestimmt. Aber der Aufwand ist hoch. Man fühlt sich erinnert an einen systematisch konstruierenden Lateinunterricht (cf. Maier 1981) oder an eine Maschine, die in ihrer Satzanalyse ganz systematisch vorgeht, allerdings auch schematisch: Sie sucht für jedes Wort, für jedes Morphem alle möglichen Funktionen und Kategorien, in die es gehören kann. Dann sucht sie Übergänge, die nach den grammatischen Regeln möglich sind. Jeder Pfad, der nicht weiterführt, wird als grammatische Sackgasse ausgeschieden. Für die Nominalphrase *unseren systematischen Ansatz* könnte das wie folgt aussehen:

Schematische Analyse

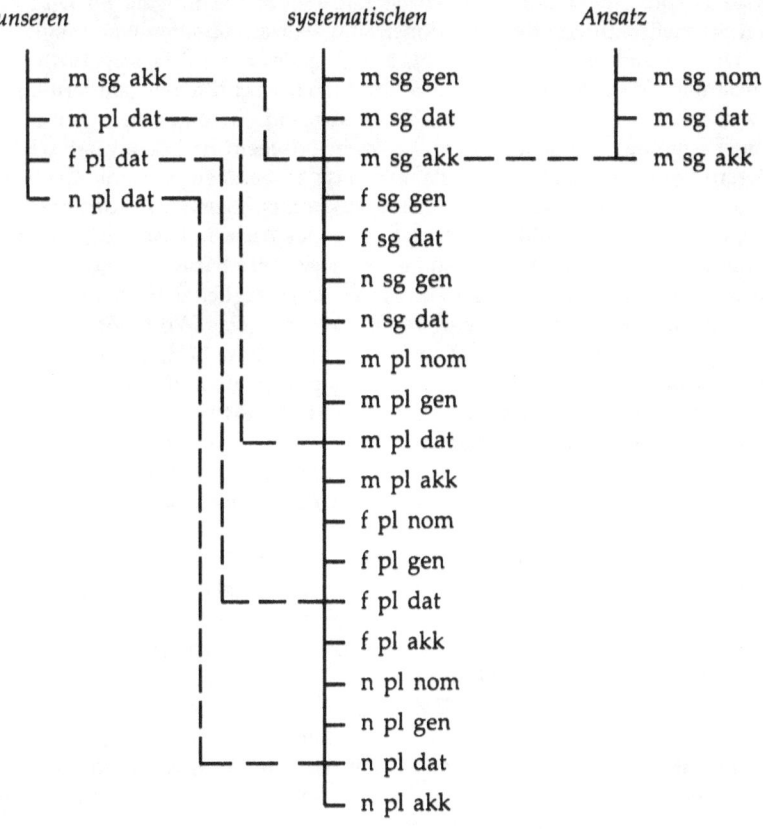

Diese Maschine würde an jeder Stelle der linearen Kette, für jede Wortform eine ganze Batterie möglicher Deutungen konstruieren. Aus denen will sie dann die möglichen Übergänge kalkulieren. Beim Übergang vom Artikel zum Adjektiv würde sie annehmen, daß ihr alle vier Wege offenbleiben. Die äußerst vieldeutige Adjektivform bringt nämlich keinerlei Beschränkung. Kommt die Maschine aber endlich zu *Ansatz* so erkennt sie, daß die Mehrzahl ihrer Wege Sackgassen waren, nur ein einziger führt weiter. Das Substantiv *Ansatz* kann zwar auch mehrere Funktionen wahrnehmen, in der Kombination schränkt es aber die Möglichkeiten drastisch ein. Die Auswahl der Wege wird also von rechts her gesteuert, im nachhinein reduziert.

Verständige Analyse

Nach allem, was wir heute wissen, geht der verständige Leser so nicht vor. Er macht einige entscheidende Dinge anders:
- Er geht mit einer Vorerwartung, einer Voreinstellung an den Text heran. Kommt er an eine Alternative, so hat er meistens seine Entscheidung schon vorher getroffen, weil er seine vorgefaßte Meinung hat über die Fortsetzung (Schlesinger 1977: 110). Darum hat er auch oft das Gefühl, daß er den angefangenen Satz fortsetzen könnte. Mit seiner Routine hat er früh eine Alternative gewählt, die er erst in Frage stellt, wenn sie nach allgemeinen Verstehensprinzipien unverträglich ist mit andern Deutungen. So wird er auch bei mehrdeutigen Konstruktionen und Wörtern spontan eine Möglichkeit wählen und weiterverfolgen bis zur Gegenevidenz (MacKay 1970).
- Er liest nicht Wort für Wort, nicht Schrittchen für Schrittchen, sondern eher so wie Tarzan von Insel zu Insel sich schwingend. Er folgt einem grammatischen Rhythmus, macht Einschnitte, sieht Nischen. Er konstruiert schon Teilganzheiten (Phrasen) und entsprechende Sinneinheiten. Dann sieht er, wie sich die Phrasen zu einem Ganzen zusammenfügen. Auch das mag in Sackgassen, zu Fehldeutungen führen, aber der Aufwand ist viel geringer.
- Er wendet gewisse Grobstrategien an. Beispielsweise hat er schemageleitete Erwartungen über die übliche Reihenfolge der Satzglieder (SUBJEKT – VERB – KOMPLEMENTE). Er wird, wenn er ein zweitrangiges Wort hört, auf ein erstrangiges warten. Er wird, wenn er Strukturwörter liest, auf Vollwörter warten. Darum wird er bei unserer Nominalphrase nicht gleich die Artikelform analysieren oder gar die insignifikante Adjektivform und alle ihre Deutungen aktivieren. Das wäre sehr ineffektiv. Er wird eher auf das Substantiv warten, so daß er nicht erst – wie die untrainierte Ratte – alle Irrwege läuft, sondern im fortgeschrittenen Stadium auch von rechts her einschränken kann.

Dieses allgemeine Bild stützt sich auf psycholinguistische Untersuchungen der Tendenzen und Routinen des grammatischen Verstehens. Sie ergaben vor allem, daß der Rezipient sowohl schemageleitet wie auch datengeleitet vorgeht. Seine schemabestimmten Erwartungen werden sozusagen geweckt durch Elemente on line, und sie beziehen sich auf Elemente on line. So wird er etwa nach dem ersten Wort davon ausgehen, daß ihn ein ganzer Satz erwartet, und er wird durch allgemeine und kontextuelle Hinweise vielleicht davon ausgehen, daß als erstes das Subjekt kommt. So wird er vom ersten Wort ausgehend eine entsprechende Phrase konstruieren wollen. Wird diese Erwartung enttäuscht, gibt es Schwierigkeiten.

Grundtendenz des Rezipienten ist auf jeden Fall, Phrasen zu konstruieren (Clark/Clark 1977:50). Davon leiten sich viele Einzelroutinen ab (Kimball 1973). Man sollte aber diese Routinen nicht mißverstehen als Strategien, nach denen der Rezipient bewußt oder halbbewußt verfährt. Sie sind eher unbewußt, mühsam und früh erworben oder genetisch hinterlegt. Man brauchte ausgeklügelte Versuchsanordnungen, um sie zu ermitteln, und sie sind eher als extreme Zeitlupen dessen zu sehen, was beim grammatischen Verstehen vor sich geht:

Analyseroutinen

1. Der Rezipient integriert, was kommt, in die laufende Phrase. Er wird also nicht annehmen, es gehöre noch in eine frühere, schon abgeschlossene Phrase. Denn das würde für ihn heißen, daß er eigentlich keine Phrase abschließen dürfte, ehe der ganze Satz vorliegt. Eine Auswirkung dieses Prinzips ist, daß das Adverb *gestern* im folgenden Beispiel ohne weiteres in die letzte Phrase integriert wird:

(1)   Ich erinnerte mich an das Spiel gestern.

Eine andere Deutung müßte mündlich durch Intonation gesichert werden, schriftlich durch Umstellung:

(2)   Ich erinnerte mich gestern an das Spiel.

Ebensowenig wird der Rezipient annehmen, ein neues Wort eröffne eine neue Phrase, falls er nicht on line Evidenz dafür hat. Dies ist sozusagen eine Folge dessen, daß er schemageleitet vorgeht und bei dem Schema für die begonnene Phrase erst mal bleibt. Folge dieses Prinzips kann aber sein, daß der Rezipient fälschlich etwas integriert und die Grenze verpaßt. Wenn der Satz dann am Schluß nicht aufgeht, muß er sich revidieren wie etwa nach der Integration der Phrase *seines Freundes* in die vorangehende:

(3)   Er hat durch ein Versehen seines Freundes Ehefrau geküßt.

2. Der Rezipient erwartet, daß Strukturzeichen neue Phrasen eröffnen, also Einschnitte markieren. Dies ist eine Ergänzung zum ersten Prinzip, ohne die der Rezipient dauernd falsche Wege ginge. Er braucht also Wegmarken, die ihm Ausnahmen vom Grundprinzip signalisieren. Eine gewisse Evidenz für dieses Prinzip besteht darin, daß fast alle Phrasen durch charakteristische Strukturwörter eingeleitet werden (→1.22) und daß Strukturwörter gerade die Verbindung zwischen Phrasen herstellen. Im übrigen wird öfter angeführt, daß fehlende Strukturwörter die Rezeption erschweren (Kimball 1973:29; Clark/Clark 1977:60).

3. Der Rezipient versucht, sobald wie möglich die Phrase abzuschließen. Das erleichtert ihm das Leben, weil er jetzt die Teile nicht mehr isoliert im Gedächtnis behalten muß. Dieses Prinzip steht nicht im Widerspruch zum ersten. Es besagt nur, daß er die laufende Phrase abschließt, wenn dies nach seinem Schemawissen möglich ist. Er tut dies schon, bevor das nächste Wort kommt. Darum kann er auch manchmal auf Holzwege geraten. Ein solcher Holzweg ist beispielsweise im folgenden Beispiel der Aufbau einer Präpositionalphrase *vor seinem Ende*, die der Rezipient beim Adjektiv dann wieder rückgängig machen muß:

(4) Vor seinem Ende 1978 gehaltenen Vortrag ...

Offenbar sind aber normalerweise die Abschlußkriterien so gut, daß Holzwege sich selten auftun.

4. Der Rezipient ordnet eine abgeschlossene Phrase einer andern abgeschlossenen Phrase unter. Abgeschlossene Phrasen dürfen ja nicht wie Findlinge in der Satzlandschaft stehen bleiben, vielmehr muß der Rezipient ein Ensemble aufbauen. Auch dabei schweift er nicht gern in die Ferne. Er bevorzugt Verbindungen zu nahen Nachbarn. So wird er in (5) die Phrase *in kaltem Wasser* eher der unmittelbar vorangehenden zuordnen und nicht weiter nach vorn gehen:

(5) [Der Patient] nimmt [die Tabletten] [in kaltem Wasser].

Von dieser Routine können ihn allerdings allgemeine Verstehenskriterien abhalten:

(6) Zu Weihnachten bekam er [ein Buch von Goethe].

(7) Zu Weihnachten bekam er [Geld] [von mir].

In (6) wird man Goethe aufgrund des Weltwissens als Autor, nicht als Geber des Buches ansehen, in (7) hingegen mich nicht als Hersteller, sondern als Geber.

5. Der Rezipient nimmt an, daß Phrasen höchstens durch untergeordnete Phrasen unterbrochen sind. Daran tut er einerseits gut, weil – im Deutschen zum Beispiel – unterbrochene Phrasen fast nie die untergeordneten sind. (Ausnahme sind einige Verschränkungen). Andererseits kann ihm das Prinzip Probleme bringen, wenn nämlich unterbrochene Phrasen den unterbrechenden gleichgeordnet sind. Schon darauf ist er selten gefaßt:

(8) Von Paul habe ich die Grammatik auch.

Hier wird der Rezipient nicht so leicht die Phrase *von Paul* der Phrase *die Grammatik* unterordnen, so daß etwa das Verständnis von (9) zustandekäme:

(9) Die Grammatik von Paul habe ich auch.

Er wird vielmehr Gleichstufigkeit bevorzugen und damit vielleicht auf dem Holzweg sein.

<small>Verstehens-
schwierigkeiten</small>

Diese Routinen sind Grobtendenzen. Oft intervenieren andere Prinzipien, etwa aus andern Modulen. Das muß dem Rezipienten keine Probleme bereiten. Wahrscheinlich wird er etwa im folgenden Beispiel nicht auf den Holzweg gehen:

(10) Ich kaufe ein Buch von Goethe.

Die Bedeutung des Verbs und sein Weltwissen werden ihn davor bewahren. Probleme bekommt der Rezipient aber besonders dann, wenn die Routinen ihn durch unglückliche Konstellationen im Satz in die Irre führen oder aber wenn in der Sprache gewisse Regelhaftigkeiten den allgemeinen Prinzipien widersprechen, auf denen die Routinen aufbauen. Da beginnt die rezeptionelle Tragik, daß gerade die hilfreichen Routinen den Rezipienten in Fallen locken. Wer diese Erfahrungen erlitten hat, kann schon in Rezeptionsneurosen fallen.

In einer rezeptiven Grammatik müssen die Routinen des Rezipienten in einem größeren Zusammenhang plaziert und ausgefaltet werden, so daß Lehrer und Lerner sich ihrer versichern können. Es müssen aber auch bei vielen grammatischen Phänomenen Warntafeln aufgestellt werden, weil sie den Routinen zuwiderlaufen. Solche Warntafeln müssen dem Hörerleser zugleich explizite Subroutinen skizzieren, die ihn gegen Schwierigkeiten wappnen oder zumindest einen Ausweg zeigen, wenn sie auftreten. Die schwierigen grammatischen Phänomene ermitteln wir nicht nur durch eher punktuelle empirische Untersuchungen, sondern auch aus unserm theoretischen grammatischen Wissen und den Erfahrungen im didaktischen Umgang mit der grammatischen Analyse, aus bewußtem Erleben von Verstehensschwierigkeiten, wo Lerner oder wir selbst in Fallen gelaufen sind. Die Summe all dessen, soweit es denn eine solche gibt, kann eine gute Basis für eine rezeptive Grammatik abgeben, mit der wir das didaktische Ziel realisieren können, daß die explizite grammatische Analyse im automatisierten Verstehensprozeß aufgeht, daß wir über die bewußte Reflexion und analytische Vorführungen verbunden mit Übung letztlich die unbewußte Routine des Verstehens erreichen und daß der Lerner nur, wenn kein Verstehen sich einstellt, wieder die Ochsentour der grammatischen Analyse gehen muß. Aber, daß schiere Übung ohne theoretisches Beiwerk die beste Lehrmethode des Sprachunterrichts sei, daran glauben wir nicht.

1.2 Formstrukturen

Eine rezeptive Grammatik befaßt sich vorderhand – wenn auch nicht notwendig – mit schriftlichen Texten. Also braucht sie die Reflexion auf deren Form und Eigenheiten. Prinzipiell gegenüber mündlichen Texten ist nur der Unterschied des Mediums, alle andern Unterschiede scheinen eher akzidentiell, seien dies nun für schriftliche Texte die bessere Haltbarkeit, die größere Sorgfalt der Abfassung, die höhere Normiertheit, die größere Anzahl von Adressaten, die größere Einseitigkeit und Indirektheit. All dies ist letztlich graduell und historisch bedingt (Knoop 1983:25).

Trotz widersprechender Behauptungen bleibt die Doktrin der Väter korrekt, daß Sprache und Schrift zwei unterschiedliche Zeichensysteme sind, daß unsere Buchstabenschrift sekundär sei und ihr einziger Zweck darin bestehe, Phoneme abzubilden (de Saussure 1984:45). Für diesen Zweck ist die Schrift sowohl allgemein wie auch speziell defizitär und der Sprache in keiner Weise adäquat (Paul 1920:374). Was dem schriftlichen Text fehlt gegenüber dem mündlichen, sind etwa Intonation, Akzentuierung, Pausen, Ausdruck, begleitende Gestik und Mimik. Und dennoch bieten schriftliche Texte dem Rezipienten erhebliche Vorteile. Der Leser

– kann das Lesetempo bestimmen,
– hat alle Zeichen vorliegen,
– kann den Text mehrmals lesen,
– kann im Text vor- und zurückspringen,
– findet eine visuell wahrnehmbare Gliederung vor.

1.21 Grammatische Gliederung

Die Aufgabe des Lesers, die grammatische Gliederung zu erkennen, denken wir uns in einer linguistischen Hierarchie gestuft von den einfachen zu den komplexen Einheiten:

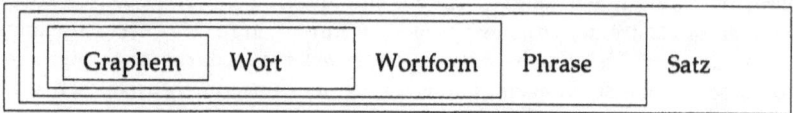

Auf jeder Stufe geht es darum, die Formgestalt wahrzunehmen, ihre Gliederung zu erfassen und ihre Bedeutung aufzubauen. Wenngleich der Hörerleser nicht so stufenweise vorgehen muß, wird prinzipiell die Deutungsarbeit von Stufe zu Stufe größer. So sind Vokabeln – vielleicht weil sie ohne Endungen und Morpheme gelernt werden – leichter zu erkennen als Wortformen (Günther 1983:158), von Phrasen und Satzstrukturen ganz zu schweigen.

Gliederungssignale

Es ist nun aber bemerkenswert, daß die Schriftform auf den einzelnen Stufen dem Leser wertvolle Hilfe leistet:
- Die Buchstaben bilden Phoneme ab; sie bieten eine diskrete Gliederung;
- die Wörter und Wortformen sind durch Lücken getrennt;
- Großschreibung kennzeichnet manche Wörter und Satzanfänge;
- Satzzeichen gliedern den Text in Sätze und die Sätze oft in Teile;
- gedankliche Abschnitte sind durch Zeilensprünge und Überschriften gekennzeichnet.

Neben der Wortabgrenzung, die der Leser schnell routinisiert, scheint – weil der Teilsatz eine wichtige Verstehenseinheit ist (Hurtig 1978) – für das grammatische Verstehen am wichtigsten die Beachtung der Satzzeichen und die Kenntnis ihrer Funktionen. Satzzeichen sind nämlich die wichtigsten Signale der grammatischen Gliederung, weil sie im Deutschen weitgehend nach grammatischen Prinzipien gesetzt sind (cf. Baudusch 1981). Sie dienen der Übersichtlichkeit, markieren grammatische Einschnitte, wenngleich nicht alle grammatischen Einschnitte durch Satzzeichen markiert sind. Damit bewahren sie den Leser auch öfter davor, falsche Wege zu gehen, auf falsche Alternativen abzufahren:

(1a)　Man bat ihn zu essen.
(1b)　Man bat, ihn zu essen.

(2a)　Er sagte ihr, es regnet, am Abend.
(2b)　Er sagte ihr, es regnet am Abend.

(3a)　Ich weiß, nie regnet es.
(3b)　Ich weiß nie, regnet es.

(4a)　Auch du wirst langsam eingehen an lohnstreifen und lügen, reich, stark, erniedrigt (Enzensberger).
(4b)　Auch du wirst langsam eingehen, an lohnstreifen und lügen reich, stark erniedrigt.

Das typische grammatische Satzzeichen ist das Komma. Es dient der Binnengliederung von Ganzsätzen und hat zwei Funktionen: Es bezeichnet die

Einschnitte zwischen Teilsätzen oder satzwertigen Konstruktionen einerseits, andererseits grenzt es Phrasen in Sätzen aus. Beide Funktionen sind rein grammatisch. Punkt, Fragezeichen, Ausrufezeichen hingegen markieren tiefere Einschnitte, sie kennzeichnen den Abschluß von Ganzsätzen, sie haben neben der grammatischen Funktion auch eine inhaltliche, da sie den ausgeführten Sprechakt anzeigen. Die Leistungen der einzelnen Satzzeichen stellt ein orthographisches Wörterbuch dar. Auf S. 18 ein Überblick mit Beispielen.

Soweit die konventionellen Gliederungssignale der Schrift. Das Erstaunlichste daran ist – und das könnte man durchaus als Manko unserer Schrift ansehen –, daß die wichtigste Einheit der grammatischen Rezeption, die Phrase, nicht eigens markiert ist. Wer aber Phraseneinschnitte nicht sieht, kommt leicht aus dem Tritt: Denn der verstehende Leser wird den Satz nicht wie einen Bandwurm von Wörtern sehen, er wird ja zwischen manchen Wörtern tiefere Einschnitte erkennen als zwischen andern, wird im Satz Komplexe von Wörtern bilden, die mehr oder weniger eng zusammengehören, zwischen denen er im Geiste Luft holen kann. Diese Komplexe bilden grammatische Einheiten, die für sich strukturiert sind und auch in ihrer Bedeutung zusammengehören (cf. schon Fodor/Bever 1965:415 in dem berühmten click-Experiment und Just/Carpenter 1980 auf der Basis der Augensprünge). Es sind insbesondere Phrasen, die gekennzeichnet sind durch Kerne, um die sich andere Wörter lagern. Substantive oder Pronomen als Kerne bilden Nominalphrasen, Verben als Kerne bilden Verbalphrasen, Adjektive als Kerne bilden Adjektivphrasen und Präpositionen als Kerne bilden Präpositionalphrasen. Mit den linguistischen Operationen der Kommutation und Permutation definieren wir sie leicht.

Phraseneinschnitte

Die Zusammengehörigkeit der Phrasen hat – wenn man so will – psychische Realität (Jarvella 1971). Aber sprachlich sind die Phrasen nicht markiert. Sind sie vielleicht durch eine unsichtbare Kraft, durch Magnetismus etwa zusammengehalten (cf. die Zitate bei Fries 1962:68)? Wie erkennt sie der Leser? Und warum verharrt er in den Phraseneinschnitten?

1. Der Leser erkennt Phrasen, weil sie nach bestimmten wiederkehrenden Mustern gebaut sind. Die Muster hat er als allgemeine Schemata gelernt, die zur Strukturierung des Einzelfalles taugen und seine Vorerwartung leiten. Dementsprechend erkennt er Phrasen oft schon daran, daß bestimmte Wörter sie typischerweise einleiten:
- Artikel kündigen Nominalphrasen an;
- Präpositionen kündigen Präpositionalphrasen an;
- Hilfsverben kündigen Verbalphrasen an;
- Relativpronomen kündigen Relativsätze an;
- Subjunktionen kündigen Nebensätze an;
- Konjunktionen kündigen Teilsätze an.

2. Die Frage, warum der Leser in den Einschnitten verharrt, ist nicht definitiv beantwortet. Bemerkenswert ist, daß Phrasen-Enden wie Weichen sind, an denen die größten grammatischen Umschwünge möglich sind. Am Ende einer Phrase stehen viel mehr strukturelle Alternativen offen als innerhalb der mustergeprägten Phrasen. Plausibel und hiermit gut verträglich scheint die These, daß der Leser verharrt, weil er die Bedeutungen der Phrasen aufbaut. Die Phrasen sind also inhaltlich bestimmt, sie sind Teilganzheiten oder

Satzgliedernde Funktion der Satzzeichen

Satzabtrennung		Phrasenabtrennung
Zum Schluß sei ein kurzer Blick auf den Gang einer Strukturbeschreibung geworfen.	.	
Wie aber wurde dieses Geld in Augsburg in einer Zeit der politischen Krise aufgebracht?	? — !	
Das muß man aber!		
Dieses Verfahren setzt keine Straftat voraus; es kann aber z.B. eingeleitet werden, wenn Straftaten die Ungeeignetheit zum Führen von Kfz. ergeben haben.	;	
Dieses Detektorprinzip wird kommerziell noch nicht verwendet, es leistet aber zusammen mit Energiefiltern eine Auflösung im RE-Mode von 3 nm. (zwei Hauptsätze)		Die Entziehung wird bei geistigen, körperlichen und sonstigen Mängeln angeordnet. (Koordination)
Man tut der Geschichte der Mathematik keine Gewalt an, wenn man sie in eine vor- und nach-Cantorsche einteilt. (Hauptsatz, Nebensatz)	,	Hooke, der Entdecker des Mikroskops, leitete eine neue Phase ein. (Apposition)
Man tut der Geschichte der Mathematik keine Gewalt an, wenn man sie in eine vor- und nach-Cantorsche einteilt: mit der Cantorschen Mengenlehre beginnt die eigentliche Moderne. (Hauptsatz: Hauptsatz)	:	Mögliche gesundheitliche Beeinträchtigungen: Allergien und Resistenzbildungen.
Eine kreative Tat ist keine Schöpfung im Sinne des Alten Testaments – sie erzeugt nicht etwas aus dem Nichts – sie ist eher Umordnung. (Parenthese)	–	Mit der Cantorschen Mengenlehre beginnt für die Mathematik – kurz vor einer ähnlich folgenschweren Wende in der Physik – die eigentliche Moderne.
Endokrinologen sind sehr überrascht, daß Hormone in allen möglichen Lebewesen auftauchen. (Ursprünglich hat man gemeint, Hormone kommen nur in höheren Tieren vor). (Zusatz)	( )	Der Rückgang auf das sinnlich Wahrnehmbare (die feststellbaren Tatsachen), die Deutung des Ich als einer besonderen Verknüpfung von Empfindungen...

semantische Bausteine für die Satzbedeutung. Die entsprechende Routine ist ebenfalls inhaltlich begründet, wenigstens sind – außer Kongruenz (→ 1.24) – die äußeren grammatischen Anhaltspunkte spärlich.

Der Sprecherschreiber überblickt vielleicht den ganzen Satz, ehe er ihn geäußert hat. Aber für den Hörerleser ist die grammatische Gliederung in Phrasen deshalb so wichtig, weil man davon ausgehen kann, daß er nicht den Satz als Ganzes rezipiert, sondern Phrasen erfaßt, deren Struktur und Bedeutung aufbaut, ihre Funktion und Stellung im ganzen Satz ermittelt.(Darum ist es auch angenehm, wenn Zeilenumbruch und Phraseneinschnitt zusammenfallen, cf. Graf/Torrey 1966, und darum initiiert man auch im Erstlesen das Lesen in Wortgruppen, Harris 1972:413). Deshalb ist es auch in der Übungsanalyse wichtig, daß der Lerner diesen Rhythmus routinisiert. Erster methodischer Schritt dazu ist, Zusammengehöriges zusammenzufassen. So verschafft man sich einen Überblick über die Satzstruktur.

Wir verwenden hierfür – wie in fast allen syntaktischen Theorien üblich – Klammern, die man nachträglich in den Text einfügen kann. Einfache Striche wären auch geeignet, aber die Klammern zeigen nicht nur die Einschnitte, sondern darüber hinaus noch die Zusammengehörigkeit.

Phrasenklammern

[Man] tut [der Geschichte der Mathematik] [keine Gewalt] an, [wenn man sie in eine vor- und nach-Cantorsche einteilt]: [mit der Cantorschen Mengenlehre] beginnt, [nach einer Phase vornehmlich der kritischen Prüfung des Überlieferten], [für die Mathematik] – [kurz vor einer ähnlich folgenschweren Wende in der Physik] – [die eigentliche Moderne], [als deren auffallendstes Kennzeichen eine geradezu ungeheuerliche Stoffausweitung anzusprechen ist]. [Indiz einer bis dahin nicht gekannten Freiheit mathematischer Begriffsbildung], [die es ermöglichte], [daß in diesem Jahrhundert mehr mathematische Entdeckungen gemacht wurden als in der gesamten übrigen Geschichte].

Die grammatische Gliederung des Satzes ist ein Aspekt seiner grammatischen Struktur. Andere Aspekte sind, daß die Teile einzelnen grammatischen Kategorien angehören und daß sie unterschiedliche Rollen im Satz spielen. Diese Kategorien und die Satzrollen kann man – falls nötig – durch Indexe der Eckklammern angeben oder unter dem Text, vielleicht auch am Rand des Textes.

Hier einige Möglichkeiten:

Präpositionalphrase

(Als Mathematiker) ist [Cantor] nicht nur der Geschichte [seiner eigenen
                        Subjekt   NP

Wissenschaft], sondern der ganzen europäischen Geistesgeschichte
  NP

verbunden. So ist es auch kein Zufall, daß Cantor, wohl ohne gleich die

Folgen abzusehen, [auf die ersten mengentheoretischen Vorstellungen]
                         PP   PP
stieß.   Substantiv

Für den Unterricht wird man sich möglicherweise auch ein Abkürzungssystem der grammatischen Kategorien und Satzrollen entwickeln. Es sollte aber sprechend, nicht zu umfänglich oder gar unverständlich sein. Bekanntlich darf der Hebel nicht schwerer sein als die Last.

Möglicherweise sind zusammengehörige Komplexe auch unterbrochen durch andere Teile, die nicht direkt in diesen Komplex gehören, ein notorisches Problem der IC-Analyse und der Phrasenstrukturgrammatik (Chomsky 1957:38–42; Zierer 1964; → 1.23). Die unterbrochenen Komplexe kann man für sich klammern und ihren Zusammenhang kennzeichnen, indem man die Klammern numeriert oder die Zusammenhänge durch verbindende Linien über der Zeile darstellt:

Dabei [ist] CANTOR, der diese stürmische Entwicklung nicht nur auslöst, sondern wesentlich verursacht hat, [ein Konservativer gewesen], dem seltenen Typus eines konservativen Revolutionärs zugehörig, zu dem man auch schon einmal MOZART gezählt hat.

Ratschläge für Lerner

> Lies rhythmisch!
> Beachte beim Lesen die Satzzeichen!
> Gliedere den Satz in sinnvolle, grammatische Komplexe!
> Unverständliche und schwierige Stellen laß vorerst beiseite!
> Bleib locker!

1.22 Grammatische Struktur

Grammatiker haben gern die Markierung der grammatischen Struktur überschätzt. Sie glaubten, daß fast immer auch Zeichen da seien für die Kategorisierungen, die sie vornahmen, und für die grammatischen Beziehungen, die sie sahen. Da hat ihnen ihre Grammatikerphantasie oft etwas vorgegaukelt. Als Grammatiker sind auch wir in dieser Gefahr, als Rezipienten aber schlägt uns die Stunde der Wahrheit. Dann erfahren wir schmerzlich, daß es beispielsweise kein eigenes und spezifisches Bezeichnungsmittel für Phrasen gibt. Die Kennzeichen sind nur Surrogate, die bereits die definierte Phrase voraussetzen. Die Phrase selbst aber ist inhaltlich bestimmt. Und so geht es mit vielen grammatischen Erscheinungen. Wir dürfen deshalb die Grammatik und die grammatische Markierung nicht überbewerten. Viele grammatische Strukturen sind kommunikativ und semantisch begründet, und vieles wird in der Rezeption auch so entschieden.

Strukturzeichen

Dennoch werden auch semantisch begründete Strukturen das Verstehen letztlich als grammatische Muster leiten können, und vor allem gibt es tatsächlich Strukturzeichen, die den grammatischen Zusammenhalt sichern.

Formstrukturen

Etwa dreißig Prozent der vorkommenden Textwörter sind Strukturzeichen, und diese grammatischen Mittel sind oft so mächtig, daß wir auch ein Verständnis von Sätzen bekommen, ohne daß wir die Sinnwörter eigentlich verstehen. Das vermitteln Texte mit Kunstwörtern besonders schön.

>Der Zipferlake
>
>**Verdaustig wars, und** glasse Wieben
>Rotterten gorkicht **im Gemank;**
>**Gar** elump **war der** Pluckerwank,
>**Und die** gabben Schweisel frieben.
>(L. Carroll übers. von H. M. Enzensberger)

Wer hegt die düftsten Wollsäck   Wer hat die schönsten Schäfchen

Wer hegt die düftsten Wollsäck?   Wer hat die schönsten Schäfchen?
Die hegt das fuchsne Licht,   Die hat der goldne Mond,
das achter unserm Höhling   der hinter unsern Bäumen
am Blauspreit drogen pficht.   am Himmel droben wohnt.

Es baut **an** irter Kille,   Er kommt am späten Abend,
wenn hack **ins** Sänftchen gein,   wenn alles schlafen will,
araus **aus** seiner Winde   hervor aus seinem Hause
am Dröbern stick **und** schein.   am Himmel leis und still.

No rodelt **es die** Kühnstöck   Dann weidet er die Schäfchen
auf seine blohen Fläch;   auf seiner blauen Flur;
denn kohl **die** lohen Glänzer   denn all die weißen Sterne
sind seine Hüferlech.   sind seine Schäfchen nur.

Die fettgedruckten Teile sind Strukturzeichen des Deutschen. Sie repräsentieren ein formales grammatisches Gerüst, eine mögliche grammatische Struktur, die wir diesen Sätzen geben, und demgemäß verstehen wir sie auch. Doch: Obgleich wir eine recht eindeutige grammatische Analyse geben könnten, geht dieses Verständnis nicht sehr tief, weil wir die Lexeme, die Sinnwörter nicht verstehen. Diese Situation – in milderer Form – kennen wir als Lerner, wenn wir Vokabeln nicht verstehen. Die Möglichkeit, ihre Bedeutung zu erschließen, lebt geradezu davon, daß wir andere Sinnwörter kennen und auch gute Hypothesen über die grammatische Struktur haben. Einem solchen oberflächlichen Verständnis steht ein anderes oberflächliches gegenüber, das an der umgekehrten Einseitigkeit krankt. Als Leser achten wir zu oft nur auf die Sinnwörter. Kennen wir eines nicht, so schlagen wir im Wörterbuch nach. Aber was hilft es, wenn man alle nachgeschlagen hat, und doch die Struktur des Satzes nicht erkennt! Sinnwörter allein geben kein gesichertes Verständnis. Wer nur brockenweise Sinnwörter liest, müßte sich etwa mit folgendem Text abfinden:

Demonstration Paragraph 218
Abtreibungsparagraph 218 Polizeischätz Köln 1500 Frau
demonstrier ersatzlos Streich Strafgesetzbuch forder
Anlaß Kundgeb zehn Jahr Bundesverfassungsgericht
verfassungswidrig verwerf Fristenlösung Schwangerschafts-
abbruch drei Monat Wunsch Frau Transparent „Ja Leben,
Nein Abtreibung" demonstrier Köln parallel Kundgeb
Paragraph 218 250 Mensch Schutz menschlich Leben.

Sicherlich verstehen wir die einzelnen Wörter, wir können beispielsweise aufgrund der Bedeutung von *demonstrier* auch vermuten, welche andern Wörter in welcher Weise grammatisch mit ihm zu verbinden wären. Aber ein rechtes und genaues Verständnis stellt sich nicht ein. Offensichtlich haben 1500 Frauen (in Köln?) demonstriert. Oder werden sie demonstrieren? Für oder gegen den Paragraphen 218? Uns fehlen entscheidende Informationen über die grammatische Struktur der Sätze, weil alle grammatischen Funktionswörter und Morpheme unterdrückt sind. Gerade der Rezipient von Fachtexten erliegt oft dem Wort-Brocken-Sammeln, weil er ja als Fachmann die Termini kennt. Er sollte aber nicht vergessen, daß es auch hier, gerade hier, auf die grammatische Struktur ankommt. Denn Fachtexte haben auch schwierige Konstruktionen, lange und komplexe Sätze.

pragmatical/
syntactical
mode

Die beiden rudimentären Verständnisse beruhen auf zwei unterschiedlichen Prinzipien des Verstehens, die möglicherweise in der sprachlichen Evolution gründen (Givón 1979:231): dem grammatischen Prinzip und dem semantischen Prinzip.

1. Das grammatische Prinzip blickt auf grammatische Gliederung und grammatische Muster, die formal repräsentiert sind. Es geht davon aus, daß die grammatische Struktur durch besondere Zeichen verdeutlicht sein muß, sei es morphologisch oder durch besondere Strukturzeichen. In der sprachlichen Evolution ist dies sicherlich das jüngere Prinzip. Es greift nur bei elaborierten Sprachen und Texten mit formelleren Anforderungen, insbesondere bei schriftlicher, indirekter, geplanter Kommunikation. Es ist aber darum auch spezifischer auf einzelne Sprachen bezogen und insofern das fortgeschrittenere Lern- und Entwicklungsstadium.

2. Das semantische Prinzip erscheint urtümlicher. Es sieht die Sinnwörter als Machtzentren, die – ohne die Hilfstruppen der Strukturzeichen – inhaltliche Ordnung halten. Dies gelingt einerseits durch die assoziativen Höfe der Lexeme und ihre semantischen Solidaritäten untereinander, die bestimmte Zusammenhänge nahelegen, andererseits durch die allgemeine Verstehenskompetenz – die fünfte Komponente des gemeinsamen Wissens –, die uns erratene Zusammenhänge beurteilen läßt nach ihrer kommunikativen Angemessenheit. Sind sie wahrscheinlich? Passen sie in die Situation? Kann der Partner dies meinen? Ist es korrekt, ist es relevant?

Beide Prinzipien wirken im Verstehen zusammen, und der verständige Leser wird keines zugunsten des andern verschmähen. Aber die Tendenz, Sinnwörter zu sammeln, scheint irgendwie natürlicher, sie kann den Hörerleser so auch leicht irreführen. Denn wir alle sind vom Spracherwerb her (vielleicht sogar von der Phylogenese her, Givón 1979: Kap. 5) gewöhnt, daß wir schon mit einzelnen Wortbrocken etwas anfangen können, weil sie gewissermaßen Töne auf unserem Vorstellungsklavier anschlagen. Aber eine Melodie wird's erst mit den Strukturzeichen. Darum scheint auch das Kind in der Ontogenese schnell diese Erfahrung zu machen, daß es auf Strukturwörter und Morpheme entscheidend ankommt (Slobin 1973:191f; Schlesinger 1975:207). Kein Rat wäre deshalb schlechter als der, auf die großen Wörter, die Sinnwörter zu achten. Gerade die kleinen Wörter erleichtern dem Hörerleser das Leben und Lesen.

In der grammatischen Forschung haben die Strukturzeichen natürlich einige Beachtung gefunden. Tesnière hat die sogenannten mots vides als grammatische Instrumente von den mots pleins abgehoben und beide auch in ganz unterschiedlicher Weise in seiner Theorie berücksichtigt (Tesnière 1959: Kap. 28, 38); Fries hat ihre Rolle für das Englische hervorgehoben und sie auch kategorisiert. Man kann die Strukturzeichen unterschiedlich eingrenzen: Eine enge Definition wäre, daß es sich um leere Hilfswörter handelt, die rein die Funktion haben, grammatische Zusammenhänge im Satz zu bezeichnen, also keine Eigenbedeutung tragen (dagegen mit Recht schon Fries 1952:88). Eine umgreifende Definition wäre, daß es sich um Zeichen handelt, deren grammatische Kategorie verhältnismäßig überschaubar und abgeschlossen ist, was den Wandel und die Anzahl der Elemente betrifft, die aber im Text sehr häufig vorkommen. Dann würden auch Artikelwörter, Subjunktionen usw. dazugehören, die eigene und volle lexikalische Bedeutung haben.

Arten von Strukturzeichen

Für den Rezipienten ist diese Unterscheidung so erheblich nicht. Für ihn sind alle nützlich, auch diejenigen, die Bedeutung tragen und Bedeutungen modifizieren. Eher sollte er vielleicht unterscheiden zwischen selbständigen und unselbständigen Strukturzeichen: den Strukturzeichen auf der einen Seite und den Fixen und Morphemen auf der andern. Während die Strukturwörter eben selbständig grammatische Zusammenhänge herstellen und Muster charakterisieren, variieren die unselbständigen die Vokabeln in verschiedene Wortformen. Man muß also den Blick unterschiedlich schärfen, um sie zu erkennen.

Für das Erkennen der grammatischen Struktur sind die Strukturzeichen aus vier Gründen ausschlaggebend:
- Sie kennzeichnen grammatische Strukturen.
- Sie leiten oft Phrasen ein.
- Sie bestimmen die grammatische Funktion von Vollwörtern und Phrasen.
- Sie sichern die Verbindung zwischen Phrasen.

Funktionen der Strukturzeichen

Diese vier Funktionen müssen nicht unabhängig voneinander sein. Beispielsweise ist der Kasus einer Nominalphrase typisches Kennzeichen für ihre Einbettung in der grammatischen Struktur, er ist durch Morpheme markiert, die die grammatische Funktion von Vollwörtern bestimmen.

Die Ankündigungsfunktion der Strukturzeichen (→ 1.24) sollte den Hörerleser entsprechende Fortsetzungen erwarten lassen:
- Nach einem Artikel erwarte ein passendes Substantiv.
- Nach einer Präposition erwarte eine Nominalphrase.
- Nach einem Hilfsverb erwarte einen Verbalteil.
- Nach einem Relativpronomen erwarte einen Nebensatz.
- Nach einer Subjunktion erwarte einen Nebensatz.
- Nach einer Konjunktion erwarte einen Teilsatz.

Überblick: Selbständige Strukturzeichen mit Beispielen

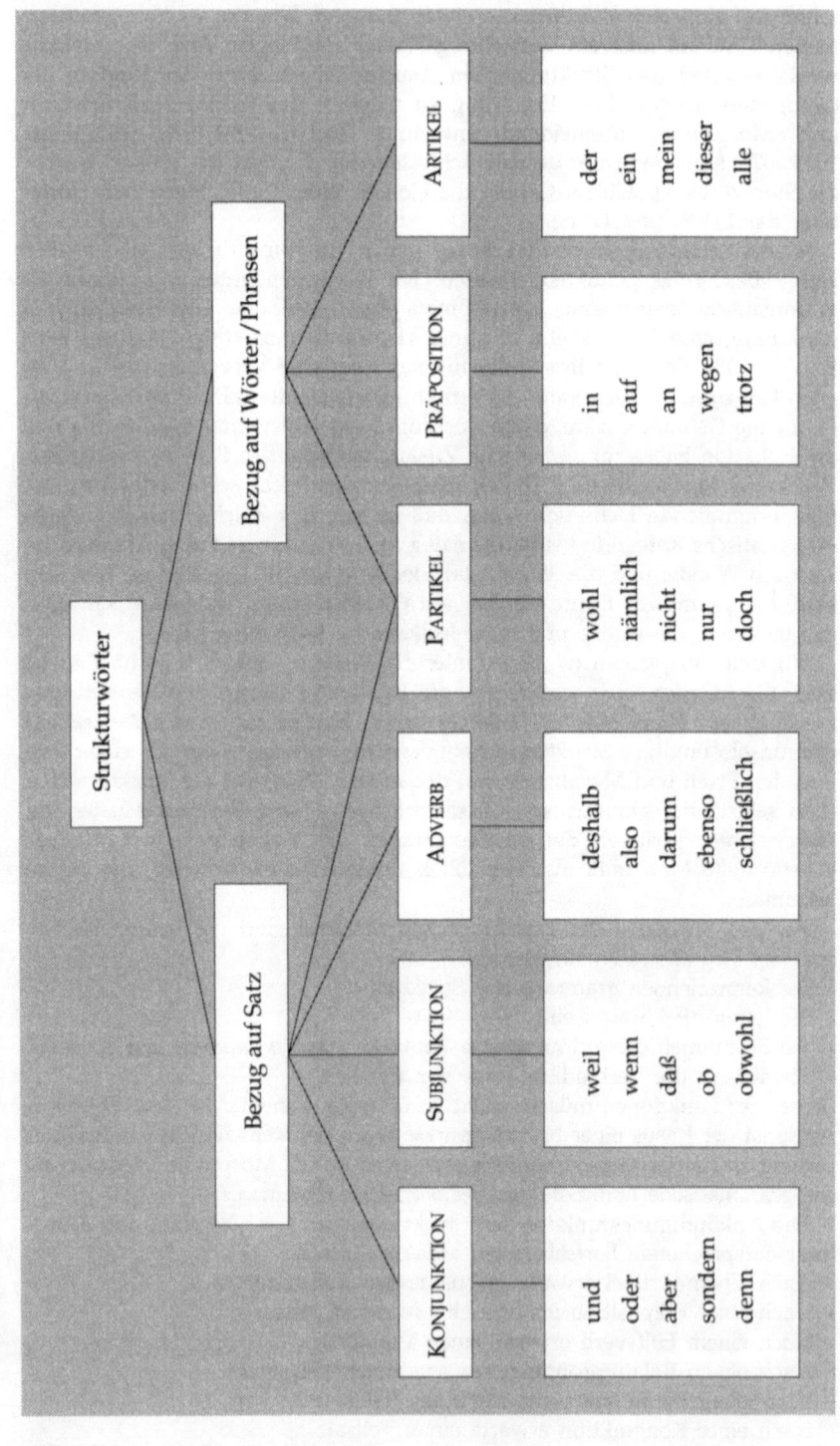

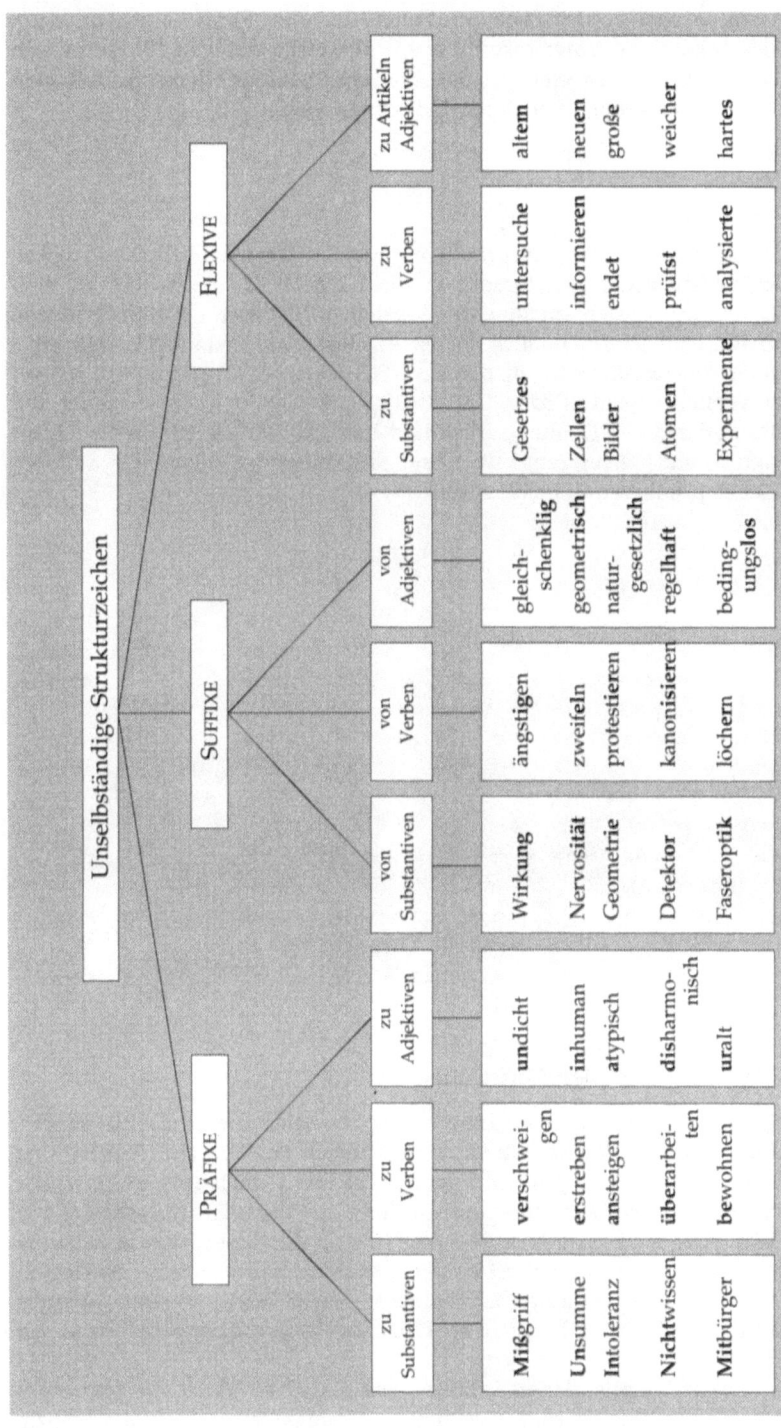

Überblick: Unselbständige Strukturzeichen mit Beispielen

Wenn solche charakteristischen Strukturwörter eine Phrase einleiten, dann lösen sie schon eine Vorerwartung aus, um welche Art von Phrase es sich handeln wird. Es wird eine geistige Klammer geöffnet, deren Schluß man zwar noch nicht kennt, aber deren Index man weiß:

[ART......]$_{NP}$
[HV.......]$_{VP}$
[SUB......]$_{NS}$

Verglichen mit einer fiktiven, primitiven Sprache, die nur mit Lexembrocken arbeitet, bedeuten die Strukturzeichen einen erheblichen Fortschritt. Sie sind hörerfreundlich, erleichtern ihm das Verstehen. In unserer fortgeschrittenen Grammatik sind sie unerläßlich. So ist es auch nicht erstaunlich, daß etwa Varianten von Satzübergängen, die ohne Strukturwörter auskommen, schwerer zu verstehen sind (Fodor/Garrett 1967). Fehlende Kennzeichnung der Struktur verlangt viel Deutungsarbeit und Verstehenskreativität, und sie führt zu Vagheit und Mehrdeutigkeit. Ohne Strukturwörter fallen wir auf den Level jener primitiven Sprache zurück.

Ratschläge für Lerner

> Zum Verstehen mußt du die Lexeme identifizieren und ihre Bedeutung kennen. Eine lexikalische Lücke kannst du durch Raten und Vermuten schließen. Du mußt aber auch die grammatische Struktur erkennen. Sie erst ermöglicht ein volles Verständnis. Die grammatische Struktur ist markiert durch Strukturwörter und Morpheme.
> Darum:
> Achte auf Strukturwörter! Sie kündigen Phrasen an und bestimmen ihre Einpassung.
> Achte auf Morpheme! Sie kennzeichnen die Wortart und bereiten die Sinnwörter auf ihre grammatische Verwendung vor.

1.23 Serialisierung oder Wortstellung

Sprachliche Zeichen sind – im Unterschied zu vielen andern Zeichenarten – charakterisiert durch Linearität: Sätze sind Folgen von Wörtern, Wörter sind Folgen von Lauten. Im Sprechen folgt ein Zeichen zeitlich aufs andre, in der Schrift ist die Linearität wiedergegeben durch die räumliche Anordnung auf der Zeile. Also bleibt das grundlegende Prinzip der Linearität (de Saussure 1984:103) auch in unserer Schrift erhalten, wiewohl das Medium – im Gegensatz zur zeitlich organisierten Lautsprache – diese Einschränkung gar nicht notwendig macht. Wir haben eine Folge des sekundären Charakters der Schrift vor uns.

Funktionen der Serialisierung

Die Serialisierung ist das natürlichste und einfachste Mittel, die grammatische Struktur zu markieren. Leider hat die Grammatikforschung das Prinzip der Linearität seit eh und je unterschätzt. Insbesondere die neueren Theorien springen sehr leicht auf die postulierte zweidimensionale Struktur, sie erliegen damit vielleicht schon einer Illusion und sitzen einem theoretischen Artefakt auf, dessen Begründung in der Vermengung von Texteigenschaften mit Eigenschaften des gemeinsamen Wissens zu suchen ist. Der Text ist linear, das gemeinsame Wissen ist assoziativ. Die realisierten Zeichenketten des Texts werden also gedeutet in einem Netzwerk von Alternativen, die der Hörerleser kennen muß. Denn, nur wer das aktualisierte Zeichen in seinem paradigmatischen Zusammenhang sieht, wird es deuten können. Hinter dem Realisierten liegt stets der offene Raum der Möglichkeiten, aber der realisierte Ausdruck ist linear.

So kann eben die Stellung in der Kette entscheidend dafür sein, welche grammatische Funktion ein Wort oder eine Phrase erfüllt, ohne daß dies durch Strukturzeichen gekennzeichnet ist. Der Hörerleser kann die Abfolge deuten:

Seien A und B Mengen und jedes Element von A
auch Element von B, so sagen wir:
A ist Teilmenge von B oder
die Menge B enthält die Menge A oder
die Menge B umfaßt die Menge A oder
A ist enthalten in B.
Man darf die Mengeninklusion und die Elementbeziehung nicht verwechseln. Die Inklusion ist
reflexiv, während mit Sicherheit nicht für
irgendeine vernünftige Menge gilt $A \in A$. Die
Inklusion ist außerdem transitiv, die Elementbeziehung auf jeden Fall nicht.

In dem Text werden terminologische Redeweisen der Mengenlehre eingeführt, allerdings weitgehend in normalen deutschen Sätzen. Die abkürzenden Buchstaben haben keinerlei grammatische Merkmale. Trotzdem erkennen wir, daß die nahe beieinander stehenden Wörter *die*, *Menge*, *A* eine grammatische Einheit bilden. Aber leider gilt nicht generell, daß alles nahe beisammen stehen muß, was eng zusammengehört. Und ebensowenig hat jede Phrase ihren festen Platz. In unserem Text sind die Sätze zentral, in denen Subjekt und Objekt formal nicht unterschieden sind: *die Menge A* oder *die Menge B* könnten jeweils Subjekt oder Objekt sein. Nur aufgrund der Reihenfolge nehmen wir an, daß *die Menge B* in (1) tatsächlich Subjekt ist:

(1) Die Menge B enthält die Menge A.
     SUBJEKT

Wir orientieren uns an einer Regel, daß die erste Nominalphrase das Subjekt sei, eine Regel, die wohl oft eingehalten wird, die aber eigentlich so allgemein nicht gilt. Denn in (1) kann *die Menge A* Subjekt sein. Trotzdem ist für die Deutung der Sätze die Reihenfolge in der Kette von entscheidender Wichtigkeit, wie sich auch daran zeigt, daß bei Verwendung eines anderen Prädikats die Reihenfolge gerade umgekehrt werden muß, damit das gleiche gesagt wird:

(2)   Die Menge B enthält die Menge A.

    A ist enthalten in B.

Die Serialisierung wirkt auch in der grammatischen Ordnung mit. Sie bestimmt, um welche grammatische Konstruktion es sich handelt und wie sie zu deuten ist. So kann das Negationswort in unserem Text jeweils an verschiedene Stellen wandern. Dabei verändert sich sein grammatischer Bezug und damit die Bedeutung des Satzes.

(3a)   ... während nicht [mit Sicherheit für irgendeine vernünftige Menge gilt]...
(3b)   ...während mit Sicherheit nicht [für irgendeine vernünftige Menge gilt]...
(3c)   ...während mit Sicherheit für irgendeine vernünftige Menge nicht [gilt]...

Das Negationswort bezieht sich vorrangig auf die nachfolgende Phrase oder das nachfolgende Segment, und die Bedeutung des Satzes verändert sich entsprechend.

Prinzipien der Serialisierung

Wie kommen aber solche Stellungsregeln zustande? Wie sind sie begründet? Von welchen Prinzipien sind sie geleitet? Stellungsregeln könnten prinzipiell begründet sein durch irgendwelche Faktoren, die mit der Organisation des gemeinsamen Wissens und dem grammatischen Verstehensprozeß zu tun haben. Diese plausible Grundidee darf aber nicht naiv weiterverfolgt werden, so als seien die üblichen Stellungen direkter Ausfluß solch eher perzeptioneller oder mentaler Prozesse. Sprachliche Regeln sind immer konventionell, und das heißt historisch vermittelt, durch das gemeinsame Wissen gegangen. Alles Natürliche geht in die Sprache nur so ein, und damit kann alles Natürliche auch umgeformt sein. Wir werden also auch hier davon ausgehen können, daß ein Konglomerat von eher natürlich erhaltenen und konventionellen Komponenten vorliegt, das man erst historisch wieder auflösen müßte. An eine solche Auflösung ist derzeit aber überhaupt nicht zu denken. Die Wortstellungstheorie ist darum eher auf allgemeine Grundsätze, auf einzelne Beobachtungen und auf heuristische Regeln angewiesen.

Ein perzeptionell begründetes Grundprinzip der Serialisierung ist: Was grammatisch eng zusammengehört, steht auch nahe beieinander. Ohne ein solches Prinzip wäre jeder Satz ein Chaos, das wir mit unseren Wahrnehmungs- und Gedächtnisfähigkeiten nicht beherrschen könnten. Aber schon dieses Grundprinzip gilt nicht allgemein und konsequent. Neben spezifischen Abweichungen müssen wir einige allgemeine Präzisierungen beachten:

1. Das Prinzip wurde von Behaghel (1932:4) sprecherorientiert formuliert. Es gilt aber nicht in seiner rezeptiven Umkehrung, daß etwa alles, was beieinander steht, auch grammatisch eng zusammengehört. So kann es grundsätzlich nicht sein. Denn jedes Wort hat sozusagen zwei Gesichter, eines blickt nach hinten, eines nach vorn; es kann sich aber in der Regel nur in eine Richtung orientieren. Beispielsweise orientiert sich das *nicht* in (3a) nicht zu *während* hin, obgleich räumliche Nähe besteht. Nur so sind auch die tieferen Einschnitte in der Satzstruktur möglich, die wir bei der Satzgliederung durch

Klammern darstellen. Und so sind auch Zweideutigkeiten zu erklären, wo man ein Wort mal als grammatisch in diese Richtung orientiert sehen kann, dann aber auch als in die andere orientiert:

(4a) Dabei wurde [durch ein Versehen Bühlers] Ausdrucksfunktion falsch gedeutet.
(4b) Dabei wurde durch ein Versehen [Bühlers Ausdrucksfunktion] falsch gedeutet.
(5a) Ich habe ein Päckchen [versiegelt] und [eingeschrieben abgesandt].
(5b) Ich habe ein Päckchen [versiegelt und eingeschrieben] abgesandt.

2. Das Grundprinzip kann sich nicht in direkter Nachbarschaft erschöpfen. Da ein Wort höchstens zwei direkte Nachbarn hat, könnte es sonst nur mit höchstens zwei andern grammatisch zusammenhängen. Der gesamte grammatische Zusammenhang wäre also nur schrittchenweise im Übergang von einem Wort zum andern begründet. Wir erkennen aber durchaus auch weitere grammatische Zusammenhänge, so daß wir deutend über Wörter hinweghüpfen müssen. Damit ist also auch die räumliche Nähe nicht mehr nur direkte Nachbarschaft und nicht absolut, sondern graduell.

3. Das Grundprinzip wird natürlich von konventionellen Regeln durchbrochen; öfter wird die sozusagen natürliche Serialisierung nicht eingehalten. Diese Fälle bereiten für das Verständnis große Schwierigkeiten (Bever 1970; Slobin 1973:199), sie sind bevorzugter Gegenstand einer rezeptiven Grammatik. Im Deutschen gibt es einige solcher Bereiche:

Satzklammer	Bei Lupus und Tuberkulose hat die Behandlung mit den verschiedenen Bakteriostatika örtliche chirurgische und ätzende Maßnahmen fast völlig überflüssig gemacht.
Schachtelung	Die, die die, die die Bänke beschmutzen, kennen, schweigen.
Rechtsversetzung	Wer die Strukturbeschreibung kennt und ihren Gang...

Das allgemeine Grundprinzip trifft in unserer lockeren Auslegung auf alle natürlichen Sprachen zu. Es besagt aber nur etwas über räumliche Nähe, nichts über die Reihenfolge. So muß es in seinem Rahmen für das Deutsche noch spezifische Regeln der Serialisierung geben (→ 3.12). Dabei sind zwei Aspekte der Linearität zu beachten: Einerseits ist sie beschränkendes Prinzip, andererseits hat sie selbst Zeichencharakter. So können bestimmte Serialisierungen – eher funktionslos – grammatisch festgelegt sein, es kann aber auch Varianten geben, die jeweils kommunikativ relevant sind. Im Deutschen sind diese beiden Aspekte verhältnismäßig klar verteilt:

- Die Reihenfolge der Wörter innerhalb der Phrasen ist recht fest. Um die Phrasenkerne herum gibt es jeweils Normalabfolgen, von denen kaum Abweichungen vorkommen. So ergeben sich die Muster, die den Hörerleser die Phrasen erkennen lassen und seine Vorerwartung wecken.
- Die Reihenfolge der Phrasen im Satz ist recht frei. Hier gibt es viel Variation, die kommunikativ genutzt wird. Die Stellung wird im schriftlichen Text besonders signifikant, weil die Serialisierung auch die intonatorischen Hinweise mitübernehmen muß.

Die gebundene Wortstellung bereitet dem Produzenten größere Schwierigkeiten, dem Rezipienten ist sie willkommene Hilfe, er kann davon ausgehen, daß die Serialisierung im je vorliegenden Text korrekt ist, muß sie nur für den Lese-Rhythmus beachten. Dagegen ist die freie Wortstellung für den Rezipienten so relevant wie für den Produzenten, da er jede Nuance deuten muß.

Grundfolge mit Variationen

In der neueren Forschung setzt man – aus heuristischen Gründen – eine Grundfolge der deutschen Satzglieder an. Diese Grundfolge ist natürlich ein Konstrukt, das sich bewähren muß in der Erklärung aller möglichen Abwandlungen. Die Grundfolge ist wie jede ihrer Abwandlungen anzusehen als eine Art Versteinerung kommunikativer Tendenzen, die sich weniger an formalen Gesichtspunkten orientieren als vielmehr an funktionalen und wahrnehmungspsychologischen. Solche Tendenzen sind:
- Die alte (textuell eingeführte) Information kommt vor der neuen (Halliday 1967:204). Das heißt, daß am Beginn eines Satzes meistens angeschlossen wird an vorher Gesagtes und dann etwas Neues hinzugefügt wird.
- Das Thema kommt vor dem Rhema (Halliday 1967:212; Beneš 1973:42). Das Thema ist das, worüber etwas ausgesagt wird; das Rhema ist das, was vom Thema ausgesagt wird. Das Thema ist sozusagen der perzeptionelle Ausgangspunkt, von dem aus man zum Eigentlichen, dem Rhema kommt.
- Wichtigeres kommt im Satz weiter hinten (Firbas 1974:15; Behaghel 1932:4; Engel 1977:215). Dies ist seinem höheren Mitteilungswert angemessen; es bleibt dann frischer im Kurzzeitgedächtnis.
- Je länger ein Satzglied ist, desto weiter rechts wird es stehen (Gesetz der wachsenden Glieder, Behaghel 1932:6).

Die Grundfolge ist natürlich eine Fiktion. Als reine Grundfolge kann sie in Realität nicht vorkommen, weil eben in jedem Text die genannten Tendenzen wirken. Zwar mögen manchmal solche Tendenzen zusammenwirken, aber oft wirken sie gegeneinander. Und was dann – sozusagen als Kompromiß – herauskommt, ist schwer vorhersagbar. Mal trägt die eine Tendenz den Sieg davon, mal die andre. So wäre selbst die realisierte Grundfolge durch diese Tendenzen hindurchgegangen.

Die jeweilige Abwandlung – das heißt der Kompromiß – kann eine Art kombinatorischer Variante sein, die sich kontextuell ergibt und selbst nicht zu deuten ist. Sie kann aber auch eine Art freier Variante sein, die kommunikative Intentionen des Sprecherschreibers realisiert. Dann muß sie als eine Möglichkeit unter mehreren gedeutet werden, z.B. als Hervorhebung. Für den Rezipienten ist die Grundfolge erwartbar und unauffällig. Abwandlungen aber muß er erkennen und deuten.

Nachbarschaftsbeziehungen sind durch zeitliche oder räumliche Abfolge in Sätzen repräsentiert. Diese Abfolgen erscheinen genauso in zitierend wiedergegebenen Sätzen, wir brauchen sie darum nicht explizit zu bezeichnen, also auch in der grammatischen Analyse keine Notation für sie einzuführen. Wenn allgemeine Regeln angegeben werden, kann man das Zeichen „<" verwenden, das in Aussagen der Form „X < Y" angibt, daß X vor Y in der Kette steht.

Ratschläge für Lerner

> Wichtige grammatische Informationen gibt die Abfolge der Wörter im Satz.
> Was eng zusammengehört, steht meistens nahe beieinander.
> Darum:
> Achte auf die Abfolge der Wörter, sie kennzeichnet die Zusammengehörigkeit!
> Geh ruhig von einer Normalabfolge aus, aber sei gefaßt auf Abweichungen von der normalen oder erwarteten Abfolge!
> Merk dir wiederkehrende Problemfälle!

1.24 Grammatische Kongruenz

Grammatische Kongruenz ist ein deutliches Mittel der Grammatik, sie macht den grammatischen Zusammenhang von Satzteilen augenscheinlich. Die Kongruenz bezieht sich vor allem auf Morpheme und besteht darin, daß jeweils nur Elemente der einen Kategorie mit Elementen der andern Kategorie vorkommen können. Kongruenz kommt also in erster Linie bei flektierenden Wortarten vor. In deutschen Nominalphrasen beispielsweise kongruieren die Artikelmorpheme, die Adjektivmorpheme und die Substantivmorpheme in Numerus und Kasus, außerdem kongruieren das Artikelmorphem und das Adjektivmorphem im Genus mit dem Substantiv:

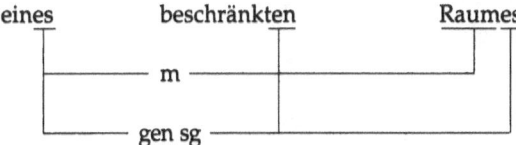

Die Kongruenz findet also in bestimmten grammatischen Dimensionen statt, und sie besteht darin, daß jeweils bestimmte Positionen mit Elementen aus der gleichen Kategorie besetzt werden. Sie könnte uns als Luxus erscheinen, weil vordergründig das gleiche mehrfach ausgedrückt ist.

Die Dimensionen der Kongruenz und die jeweiligen grammatischen Kategorien sind in dieser Übersicht dargestellt.

Dimensionen und Bereiche

Dimensionen und Kategorien, in denen die Kongruenz stattfindet

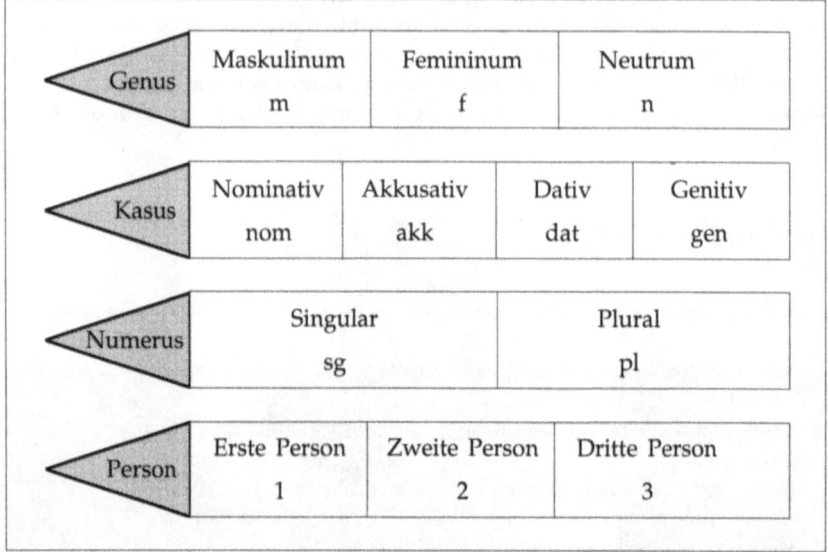

Dies gibt sozusagen das allgemeine begriffliche Raster für die Kongruenz ab. Wichtiger für den Rezipienten ist zu wissen, welche Positionen des Satzes denn im Deutschen nun kongruierend besetzt sind. Denn damit wird er grammatische Zusammenhänge erkennen. Kongruenzen sind nämlich im Grunde formale Reflexe früherer und heute verblaßter semantischer Zusammenhänge. Der vordergründige Luxus ist ein Mittel der Grammatik.

Die wichtigsten Positionen, die durch Kongruenz verbunden sind, gibt die nebenstehende Übersicht.

Kongruenz im Text

Die Kongruenz zieht sich wie ein roter Faden durch den Text und etabliert Zusammenhänge in Satz und Text. Das soll der folgende Text mit eingetragenen Kongruenzen zeigen.

Ach! das ist eben der Jammer mit den Deutschen. Weil
      3sg   m sg nom   m pl dat

sie immer so gründlich sind;
          3 pl

weil sie alles, was sie tun, mit dem Anfange anfangen
        n sg   3 pl   3 pl   m sg dat

und mit dem Ende aller Dinge endigen; weil, sooft sie lehren,
      n sg dat   n pl gen   3 pl

sie alles lehren, was sie wissen über alles; weil sie,
   3 pl n sg   3 pl

wäre auch nur zu reden von der Angelegenheit dieser Stunde,
                    f sg dat   f sg gen

Formstrukturen

Kongruierende Wörter/ Morpheme	Kongruenz in den Dimensionen
SUBSTANTIV – ARTIKEL – ADJEKTIV Alle komplexen Sätze └─ m ─┘ └─ pl nom/akk ─┘	Genus ◄ Numerus ◄ Kasus
SUBJEKT – FINITES VERB Andere legen Protokoll- └─ 3 pl ─┘ sätze zugrunde.	Person ◄ Numerus
SUBSTANTIV – RELATIVPRONOMEN Russell, dessen Schüler └─ m sg ─┘ Wittgenstein war	Genus ◄ Numerus
SUBJEKT/KOMPLEMENT – REFLEXIVPRONOMEN Alle Sätze lassen sich zer- └────── 3 pl ──────┘ legen.	Person ◄ Numerus

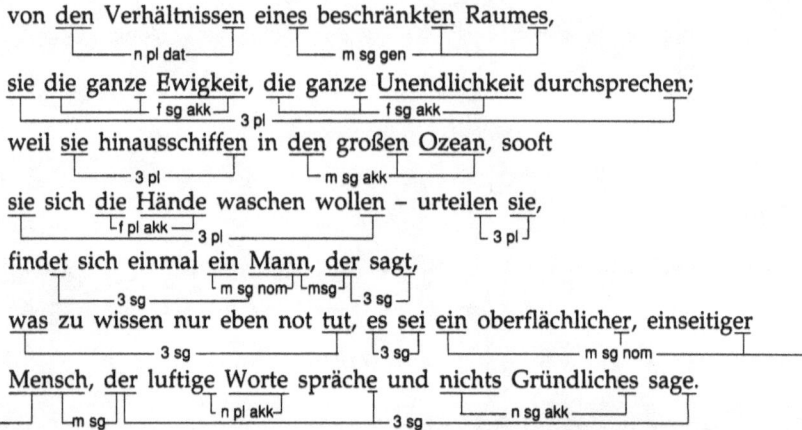

Im Grunde kann man an einem einzelnen konkreten Text nicht sehen, was kongruiert und wie die Kongruenz verläuft. Dazu braucht man das grammatische Regelwissen, daß bei Austausch an einer Position im Satz an einer anderen Position auch ausgetauscht werden muß. Solche Kongruenzen zu kennen, ist nicht nur nützlich für die Ermittlung des grammatischen Zusammenhangs, sondern auch für die Deutung einzelner Strukturzeichen, insbesondere wenn sie mehrdeutig sind. So ist etwa in unserem Beispiel *eines beschränkten Raumes* das Adjektivmorphem *-en* äußerst vieldeutig, über die Kongruenz wissen wir aber, daß es gen sg sein muß, weil die kongruierenden Morpheme (*-es*) eindeutig sind. So mildert die Kongruenz Ambiguitäten. Und das ist absolut nötig. Denn vieldeutige Morpheme gibt es im Deutschen wie Sand am Meer. Eine einigermaßen eindeutige Funktionsbestimmung von Phrasen ist darum nur durch Kongruenz möglich. Was auf den ersten Blick wie Luxus erscheint, erweist sich als funktional.

Ratschläge für Lerner

> Kongruierende Morpheme zeigen grammatische Zusammenhänge an. Kennt man die Wege der Kongruenz, so erkennt man diese grammatischen Zusammenhänge.
> Darum:
> Achte auf die Endungen!
> Achte darauf, wie Endungen zusammenpassen und zusammengehören!

1.3 Inhaltsstrukturen

Selbstverständlich wird ein Linguist und besonders ein Grammatiker sich der Spekulation über Inhaltsstrukturen gern enthalten, wenn er methodisches Bewußtsein hat. Und so haben sich besonders strukturalistische Grammatiker denn auch an den Grundsatz gehalten, daß es auf die Ausdrücke ankomme; alles, was nicht in der Form zum Ausdruck komme, könne auch nicht im Zeichen da sein.

Inhaltsstrukturen

In neuerer Zeit hat man aber mehr über den Anteil des gemeinsamen Wissens beim Verstehen herausbekommen und vor allem erkannt, daß jedes Zeichen nur Zeichen ist per Lizenz des gemeinsamen Wissens. Man hat dann Instrumentarien entwickelt, die es auch gestatten, die sogenannten impliziten Komponenten des Verstehens in eine exakte Beschreibung einzubeziehen, so daß auch der methodischen Hygiene nun Genüge getan werden kann. Allerdings wäre die für manche naheliegende Übertreibung naiv, daß nämlich das äußere Zeichen ein Nichts sei, daß es nur auf das implizite Wissen ankomme. Ohne Zeichen hat das Wissen keinen Kristallisationspunkt, und phylogenetisch würde es eben ohne Zeichen weder Wissen noch Kommunikation geben. Zeichen ohne Sprecher gibt es nicht. Sprecher ohne Zeichen gibt es auch nicht.

Der Rezipient will die sprachlichen Ausdrücke verstehen. Verstehen aber ist per se implizit. Auch die Bedeutung ist in dem Sinn implizit, daß sie nur existiert über das Wissen der Sprachteilhaber. Die Unterscheidung zwischen Formstrukturen und Inhaltsstrukturen ist letztlich nicht haltbar – es gibt eigentlich keine Grenze zwischen dem Expliziten und dem Impliziten. Es gibt nur Übergänge in dem Sinn, daß ein Verständnis usueller ist, weil es sich auf routinisiertem und verbreitetem Gebrauch des Zeichens aufbaut, oder daß ein Verständnis gesicherter ist, insofern die Annahmen wahrscheinlicher sind (oder für wahrscheinlicher gehalten werden), die zu ihm führen. Am Ausgang des Verstehens steht immer der Text, er ist das argumentative Kriterium für das Verstehen, aber wie er zu deuten ist, ist eine Frage von Wahrscheinlichkeit und Gemeinsamkeit.

1.31 Unterordnung und Rektion

Die Klammerung des Satzes in Phrasen, die Beachtung von Serialisierungsprinzipien, die Kongruenzen machen noch nicht die vollständige grammatische Struktur aus. Sie sind nur Etappen auf dem Weg zur vollständigen grammatischen Struktur und zum vollständigen Verständnis. Dieses vollständige Verständnis muß letztlich alle Elemente eines Satzes in einem Zusammenhang integrieren. Das organisierende Prinzip dafür ist die Unterordnung. Sie zeigt, daß eine Phrase einer andern untergeordnet ist und diese semantisch näher bestimmt.

Wir können diesen Zusammenhang in der Textbearbeitung durch Pfeile ausdrücken; ein Pfeil zeigt vom Übergeordneten auf das Untergeordnete. *Unterordnung als Sinnzusammenhang*

Ich unternehme [den historisch gerichteten Versuch] [einer Rekonstruktion] [der Vorgeschichte] [des neueren Positivismus] [in der systematischen Absicht] [einer Analyse] [des Zusammenhangs] [von Erkenntnis und Interesse]. Wer [dem Auflösungsprozeß] [der Erkenntnistheorie], der an ihrer Stelle Wissenschaftstheorie zurückläßt, nachgeht, steigt [über verlassene Stufen] [der Reflexion]. Diesen Weg aus [einer [auf den Ausgangspunkt] zurückgewendeten Perspektive] wieder zu beschreiten, mag helfen, [die vergessene Erfahrung] [der Reflexion] zurückzubringen. Daß wir Reflexion verleugnen, ist der Positivismus.

Mit der Pfeilnotation können wir darstellen, wie Phrasen zu größeren Komplexen zusammengehören, wie sie entsprechend zu verstehen sind. So ist etwa *in der* ... *Absicht* nicht ... *Positivismus* untergeordnet, was einen ganz anderen Sinn ergäbe. Ebensowenig erscheint eine alternative Deutung des vorletzten Satzes wahrscheinlich, nach der *der Reflexion* nicht ... *Erfahrung* untergeordnet wäre, sondern etwa selbst ein Dativobjekt (Empfängerdativ) im Satz wäre.

Die Unterordnung ist nicht durch spezielle grammatische Mittel ausgedrückt. Sie ist das geistige Band zwischen den Elementen des Satzes (Tesnière 1959:12,42). Darum mußten auch die grammatischen Versuche erfolglos bleiben, das formale Pendant der Unterordnung zu entdecken. Die Unterordnungsstruktur ist die Struktur, die wir dem Satz in einem Verständnis unterlegen, sie gibt sozusagen die Struktur eines Verständnisses wieder.

Dennoch gibt es natürlich ausdrückliche Hinweise auf Unterordnungen im Satz:
- Strukturzeichen können auf Unterordnung hinweisen.
- Stellungsabfolgen können Unterordnung anzeigen.
- Kongruenzen können entlang von Unterordnungen verlaufen.
- Rektion kann Unterordnung ausdrücken.

Deutlichster Ausdruck der Unterordnung ist die sogenannte Rektion. Sie verläuft entlang der Unterordnung und besagt, daß ein Wort Morpheme bestimmter Kategorie bei einem untergeordneten Wort verlangt. Wie die Kongruenz grenzt die Rektion eine bestimmte Kategorie in einer grammatischen Dimension aus. Aber im Gegensatz zur Kongruenz ist die Rektion einseitig. Man kann sie sich denken als Unterordnung mit einer einseitigen Kongruenzangabe in Richtung der Unterordnung. So regiert eigentlich das Substantiv in einer Nominalphrase das Genus von Artikel und Adjektiv. (Also kein Fall von bloßer Kongruenz!) So verlangen bekanntlich deutsche Präpositionen bestimmte Kasus des untergeordneten Substantivs oder Pronomens. In der Präpositionalphrase *über verlassene Stufen* verlangt die Präposition *über* den Akkusativ der untergeordneten Nominalphrase, in andern Verwendungen auch den Dativ:

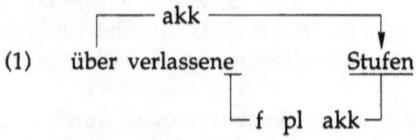

(1)   über verlassene   Stufen

Wenngleich also die Unterordnung eine inhaltliche Beziehung ist, die formal nur unvollkommen ausgedrückt ist, haben wir doch genügend Hinweise darauf, wie die Unterordnungen verlaufen. Wir haben diese Hinweise über erfolgreiche Deutungen von Sätzen gelernt. So zeigt uns die Form von Phrasen Verwendungsmöglichkeiten an, weil wir gelernt haben, das grammatische Potential von Phrasen an ihrer Form zu erkennen. Damit haben wir meistens genügend Hinweise, die uns bei der Einbettung in Unterordnungsstrukturen leiten können. So sind mit der Pfeilnotation auch syntaktische Mehrdeutigkeiten aufzulösen, die sich durch die Möglichkeit unterschiedlicher Unterordnung ergeben. Dies zeigt uns der wortspielerische Slogan auf deutschen Autobahnen (v.Polenz 1985: 58):

(2)   Sie fahren [mit Abstand][am besten].

Inhaltsstrukturen

Geeignete Umstellungen sind jeweils eindeutige Varianten mit nur einer möglichen Unterordnung und Bedeutung:

(3)   [Mit Abstand] [am besten] fahren Sie.
(3a) [Weitaus am besten] fahren Sie.

(4)   [Am besten] fahren Sie [mit Abstand].
(4a) Sie fahren am besten, wenn Sie mit Abstand fahren.

In Version (4) sind die beiden Klammerphrasen gleichgeordnet vom Prädikat abhängig, in Version (3) dagegen ist eine der anderen untergeordnet und modifiziert sie.

Da die Unterordnungsstruktur die inhaltliche Struktur wiedergibt, erscheint es fast trivial, daß Sätze mit mehr Unterordnung schwerer zu verstehen sind als solche mit weniger Unterordnung. Dies postuliert eben nur den Zusammenhang zwischen beiden Strukturen. Als Maß der Schwierigkeit ist das Kriterium sehr grob, ähnlich etwa wie die Satzlänge. Wir verfeinern es, indem wir die Serialisierung einbeziehen. Die Unterordnung führt ja über die Linearität hinaus; das zeigt sich auch daran, daß unsere Pfeile aus der Eindimensionalität herausspringen. Aber die Unterordnung ist dennoch gebunden an die grundlegende lineare Abfolge. So entstehen zwei Möglichkeiten: rechtsorientierte und linksorientierte Unterordnungen. In unserem Text überwiegt bei weitem die Rechtsorientierung. Sie ist im Deutschen üblicher und wahrscheinlich perzeptionell einfacher, obwohl natürlich hier die traditionell konventionalisierten Routinen einer Sprache mitwirken (cf. Forster 1966).

Das Verhältnis von Abfolge und Unterordnung wirkt sich aus auf den Fluß des Verstehens. Dazu gibt es zwar keine empirischen Einzeluntersuchungen, weil die Unterordnung selten psycholinguistischen Untersuchungen zugrunde lag, aber man kann Einzelheiten aus den phrasenstrukturbezogenen Untersuchungen herausdestillieren. Auch didaktische Erfahrung, persönliche Verstehenserlebnisse und theoretische Überlegungen rechtfertigen es, elementare Unterordnungsbilder nach ihrer Verständlichkeit zu beurteilen. Für das Deutsche sind insbesondere vier Konstellationen interessant: *Unterordnungsfiguren*

1. Geschachtelte Unterordnungen sind schwerer zu verstehen als serielle. Demnach wäre (5) einfacher als (6):

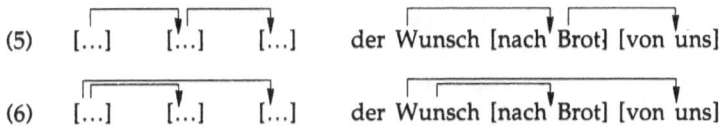

(5)   [...]   [...]   [...]   der Wunsch [nach Brot] [von uns]

(6)   [...]   [...]   [...]   der Wunsch [nach Brot] [von uns]

Für den Rezipienten ist es leichter, Phrasen der direkt vorangehenden unterzuordnen, weil dies ein Sonderfall der verallgemeinerten Routine ist, was ankommt, dem Vorangehenden einzuverleiben. Eine Folge dieses Prinzips ist, daß Rechtsunterordnungen leicht verstehbar sind, selbst wenn sie lange Ketten bilden. Es darf nur in der Stufung nicht zurückgegangen werden (Kimball 1973:24; Hamilton/Deese 1971).

2. Linksorientierte Unterordnungsstrukturen sind schwerer zu verstehen als rechtsorientierte, also (7) leichter als (8):

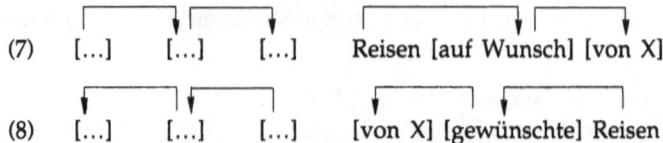

Bei der Rechtsorientierung kann der Rezipient ankommende Phrasen inkorporieren aufgrund der Unterordnung. Bei der Linksorientierung muß er im Geiste wieder zurück, sich vorangegangene Phrasen wieder ins Gedächtnis rufen. Er kann also den Satz erst post festum, von hinten her gedanklich strukturieren.

Diese Tendenz aber ist nicht unabhängig von der Struktur der jeweiligen Sprache. Hat der Sprachteilhaber eine Sprache internalisiert mit vielen Linksstrukturen, wird er gewohnheitsmäßig weniger Schwierigkeiten haben.

3. Umspringende Unterordnungen sind schwerer zu verstehen als monotone, also (9) leichter als (10):

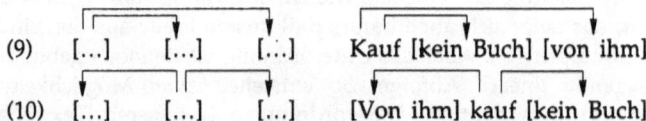

Monotonie entlastet vermutlich das Kurzzeitgedächtnis, man kann als Rezipient in einer Richtung weiterdenken. Ständiger Richtungswechsel hingegen hemmt das Vorankommen, das die Linearität von uns verlangt.

4. Kreuzende Unterordnungen sind schwerer zu verstehen als parallele, also wäre (11) leichter als (12):

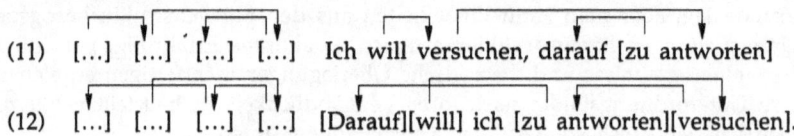

Der Rezipient wird bei Deutungsalternativen sich gern für die einfachere Konstellation entscheiden, falls dem keine gravierenden inhaltlichen Hindernisse im Wege stehen. Das ist sozusagen ein Kriterium für die Schwierigkeit der verschmähten Konstellation. Aber es gibt im Deutschen doch eine Reihe von Konstruktionen, wo diese schwierigere Konstellation zu wählen ist. Solche Konstellationen kommen vor allem zustande oder haben sich etabliert, wo verschiedene rezeptionelle Prinzipien konfligieren; oft sind sie auch Versteinerungen, deren Sinn wir nicht erkennen. Für die Unterordnung gibt es etwa folgende Problembereiche:

Inhaltsstrukturen 39

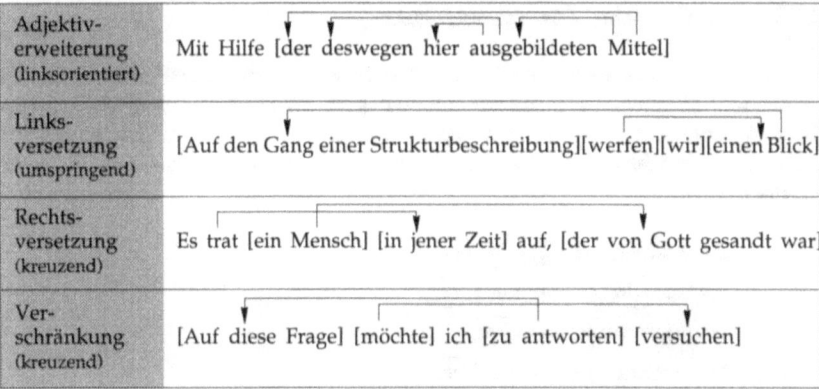

Unterordnungsbeziehungen gibt es nicht nur zwischen den Phrasen, sondern auch innerhalb von Phrasen. Sie organisieren den Satz so systematisch, daß man ganze grammatische Theorien auf ihnen aufgebaut hat oder doch wenigstens aufbauen wollte (Engel 1977; Heringer 1978b). Auch didaktisch schiene diese Darstellung der Satzstruktur vielversprechend, weil die Sprachteilhaber offenbar gute Intuitionen über die Unterordnung haben (Levelt 1974: 51-65). Dennoch dehnen wir hier die Unterordnung nicht auf alle Wortformen aus, denn innerhalb der Phrasen kommt es mehr auf Zusammengehörigkeit der Elemente an, die Richtung der Unterordnung mutet oft eher willkürlich an. Praktischer und realistischer erscheint es deshalb, die Pfeilnotation nur auf Phrasen anzuwenden. Aus praktischen Gründen wollen wir aber auch nicht ins entgegengesetzte Extrem verfallen und alle Unterordnungen über Klammerung darstellen. Das wäre tatsächlich möglich, indem man etwa Phrasen als Teile von komplexen Phrasen darstellt oder als Erweiterung.

(13) Der Versuch [einer Rekonstruktion [der Vorgeschichte [des Positivismus]]].

Die Mischung von Klammern und Pfeilen ist praktischer für die Textbearbeitung. Denn die geschachtelten Klammern sind nur unter großer geistiger Anstrengung in einem Schritt in den Satz einzuarbeiten, während die inneren Klammern und die Unterordnungspfeile leicht in zwei Schritten einzuarbeiten sind. Und dies scheint ja auch gut dem realen Verstehen zu entsprechen.

Ratschläge für Lerner

> Die grammatische Organisation des Satzes besteht auch darin, daß Teile einander untergeordnet sind. Diese Unterordnung bestimmt ihre inhaltliche Beziehung.
> Nicht immer ist die Unterordnung eindeutig bezeichnet, sie wird besonders deutlich durch Rektion.
> Darum:
> Achte auf mögliche Unterordnung und bestimme die Rektion!
> Bedenke, ob die vermutete Unterordnung einen guten Sinn ergibt und ob andere Möglichkeiten der Unterordnung bestehen!

1.32 Anaphorische Zusammenhänge

Die inhaltliche Kohärenz von Texten beruht zu einem Gutteil darauf, daß es einsehbare thematische Zusammenhänge gibt. Deutlichstes und wichtigstes Bezeichnungsmittel hierfür sind die verweisenden Ausdrücke. Sie etablieren durch den Text hindurch ein Geflecht von Vor- und Rückverweisen, die man erfassen muß.

1   Im Anfang war das Wort
    und das Wort war bei Gott,
    und das Wort war Gott.
2   Im Anfang war es bei Gott.
3   Alles ist durch das Wort geworden,
    und ohne das Wort wurde nichts, was geworden ist.
4   In ihm war das Leben,
    und das Leben war das Licht der Menschen.
5   Und das Licht leuchtet in der Finsternis,
    und die Finsternis hat es nicht erfaßt.
6   Es trat ein Mensch auf, der von Gott gesandt war;
    sein Name war Johannes.
7   Er kam als Zeuge, um Zeugnis abzulegen für das Licht,
    damit alle durch ihn zum Glauben kommen.
8   Er war nicht selbst das Licht,
    er sollte nur Zeugnis ablegen für das Licht.
9   Das wahre Licht, das jeden Menschen erleuchtet,
    kam in die Welt.
10 Er war in der Welt,
    und die Welt ist durch ihn geworden,
    aber die Welt erkannte ihn nicht.
11 Er kam in sein Eigentum,
    aber die Seinen nahmen ihn nicht auf.
12 Allen aber, die ihn aufnahmen,
    gab er Macht, Kinder Gottes zu werden,
    allen, die an seinen Namen glauben,
13 die nicht aus dem Blut,
    nicht aus dem Willen des Fleisches,

Die roten Fäden des Zusammenhangs sind charakteristische Verweisketten wie *ein Mensch – er – sein X; das Wort – es – ihm*. Gewöhnlich schränkt man die Verweisbeziehungen ein auf sogenannte definite Verweismittel. Sie setzen voraus, daß der Hörerleser mit der Einführung schon den Verweisgegenstand identifiziert hat. Der Verweis selbst kann nur über das Kontextwissen gelingen, das entweder durch laufendes Situationswissen gesichert ist oder durch den Text. Im letzten Fall sprechen wir von Anaphorik. Die wichtigsten Verweismittel sind Pronomen (*er, sie, es; dieser, jener, der, die, das; welcher, welche, welches*) und Artikel in Nominalphrasen (*der, die, das; dieser, jener, sein, ihr; beide*), die nur mit entsprechendem Kontextwissen zu deuten sind. Inhaltlich kann man unterscheiden zwischen Rückverweisen (Anaphern), wo das Verweismittel dem identifizierenden, einführenden Ausdruck (dem Antezedens) folgt, und den selteneren Vorverweisen (Kataphern), wo das Verweismittel dem identifizierenden Ausdruck (dem Sukzedens) vorangeht:

Rückverweis: Die Deutschen sind immer so gründlich. Das ist eben der Jammer mit ihnen.

Vorverweis: Das ist eben der Jammer mit den Deutschen, daß sie immer so gründlich sind.

Während Rückverweise an Vorangehendes anschließen und so die thematische Kontinuität fortschreitend sichern, sind Vorverweise eher Mittel, um Spannung zu erzeugen. Sie sind ungesättigt und wecken im Hörerleser Erwartungen, die im Sukzedens erfüllt werden.

Anaphorik ist durch folgende Eigenschaften charakterisiert:
- Es gibt ein Antezedens, das ist ein sprachlicher Ausdruck, der etwas textuell so einführt, daß der Hörerleser weiß, wovon die Rede ist.
- Es gibt die Anapher, das ist ein sprachlicher Ausdruck mit wenig deskriptivem Gehalt, der allein nicht ausreicht zur Identifizierung des thematischen Bezugsgegenstands. Anaphern sind also deiktische Ausdrücke, mit denen Bezugnahme (Referenz) nur über das Antezedens gelingt.
- Antezedens und Anapher haben im Normalfall den gleichen Bezug (Koreferenz).

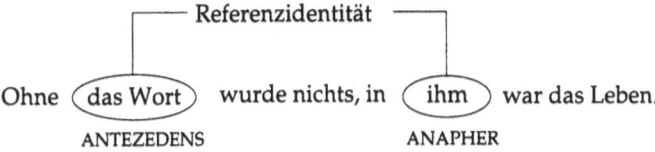

Für das Verständnis der Anapher ist unerläßlich, das richtige Antezedens zu erkennen. Einmal versteht man die Anapher überhaupt nur, wenn man ein Antezedens erkennt, und dann versteht man sie eben nur richtig, wenn man das richtige Antezedens ermittelt. Dabei befolgen wir folgende Regeln (Carpenter/Just 1977:123; Pause 1984):

1. Ist die Anapher ein genus-sensitives Pronomen, so besteht zwischen Antezedens und Anapher Fernkongruenz in Genus und Numerus:

   das Wort .... es   alle .... die
   └── sg n ──┘   └── pl m/f/n ──┘

2. Das Antezedens sollte der Anapher nicht zu fern stehen. Darum ist zu empfehlen: Geh von der Anapher schrittweise nach links, und überprüfe im Rahmen der morphologischen Kongruenz mögliche Vorgänger. Das Relativpronomen *das* in 9 hat das nähere *Licht* als Antezedens und nicht das fernere *Zeugnis*.
3. Als Antezedens wird das Thema vermutet. Je häufiger von einem Gegenstand im Text etwas gesagt wird, umso attraktiver ist er als Antezedens. Das *ihm* in 4 könnte sich ohne weiteres auf das nähere *nichts* beziehen. Dennoch besteht Koreferenz mit dem ferneren, aber thematischen *das Wort*.
4. Das Subjekt wird als Antezedens bevorzugt. Zum einen ist es oft Thema, zum andern hat es eine gewisse Prominenz gegenüber andern Nominalphrasen.
5. Die semantische Rolle der Anapher sollte möglichst der des Antezedens entsprechen. Ist beispielsweise die Anapher ein Agens, so wird man auch ein Agens als Antezedens bevorzugen (Rollenträgheit).
6. Die Wahl eines Antezedens sollte eine sinnvolle Deutung gewährleisten. Sie darf z.B. nicht kommunikative Maximen verletzen, so darf die Deutung nicht inkonsistent werden.

Während die Regeln 1., 2. und 4. eher formbezogen sind, sind die übrigen inhaltbezogen. Offenkundig legen die Formulierungen nahe, daß die einzelnen Regeln nicht klar begrenzt sind, ja einander entgegenwirken können. Welche dominiert dann? Oder sind alle gleich wichtig? Es gibt eine gewisse Hierarchie insofern 1. und 6. die stärkste Leitfunktion haben. Insbesondere ist 6. so stark, daß wir etwa bei Stilblüten entgegen dem Gesagten ein sinnvolles Gemeintes unterstellen. Dennoch gibt es auch zu diesen Regeln Abweichungen. So muß natürlich auch möglich sein, daß der Text tatsächlich widersprüchlich ist, so daß eben Widersprüche nicht aufzulösen sind. Und ebenso kann die starke Kongruenz außer Kraft gesetzt sein, wenn etwa semantische Routinen überwiegen: *das Mädchen – sie*. Die Regel 2. kann so dominant nicht sein, sie enthält schon eine gewisse Flexibilität, insofern nicht der nächstmögliche, sondern ein naher Vorgänger gefordert ist. Auch die Regeln 3., 4. und 5. zeigen bereits Spielräume in ihrer Formulierung. Also ist bei der Anwendung der Regeln eine gewisse Lockerheit angebracht. Aber wenn Regeln konfligieren, gibt es Verstehensprobleme (Carpenter/Just 1977:123). Man muß dann als Rezipient genauer überlegen und wird vielleicht der Deutung den Vorzug geben, die die meisten Regeln auf sich vereint (Pause 1984:47). Möglicherweise sind aber Mehrdeutigkeiten auch nicht aufzulösen:

(3)   Es lernt die Sätze von den Erwachsenen. Darum muß es sie zuerst verstehen.

Letztlich entscheiden wir uns für eine Möglichkeit, die uns die plausibelste Deutung gibt. Aber manchmal ist die Mehrdeutigkeit auch vom Autor gewollt. In jedem Fall behindert ein Verstoß gegen wichtige Regeln das Verstehen (Clark/Clark 1977:65).

Unsere bisherige Darstellung ist in zweierlei Hinsicht zu erweitern: Arten der
Anaphorik

1. Als Antezedens kommen nicht nur gegenständliche Nominalphrasen in Frage, es gibt auch propositionale Antezedentien:

(4) Daß sie immer so gründlich sind, das ist eben der Jammer mit den Deutschen.

So können die Anaphern propositional eingeführte Größen oder einzelne Propositionen oder ganze Folgen von Propositionen (Absätze u. dgl.) wieder aufnehmen:

(Wer nimmt ihn auf)? (Die Aufnahme) wird belohnt.
(Im Anfang war das Wort). (Das) ist unbestritten.
(Im Anfang war das Wort). (Diese Tatsache) ist unbestritten.
(......................). (Dies) glauben wir.

2. Das Antezedens ist der entscheidende Wink für den Rezipienten, wie er die Anapher zu verstehen hat. Diese Hilfe muß nicht darin bestehen, daß wie im Normalfall beide auf den gleichen Gegenstand verweisen. Neben Referenzidentität kommen andere Beziehungen zwischen Antezedens und Anapher vor, so daß man manchmal gar von einem latenten Antezedens sprechen könnte. Es muß ja nur gewährleistet ein, daß der Rezipient auf diesen Zusammenhang kommt, das heißt: im Wissen aktivieren kann. Dazu sind allerdings stereotypische, semantisch begründete Beziehungen Voraussetzung, die man detaillierter herausholen kann (Clark 1977:65).

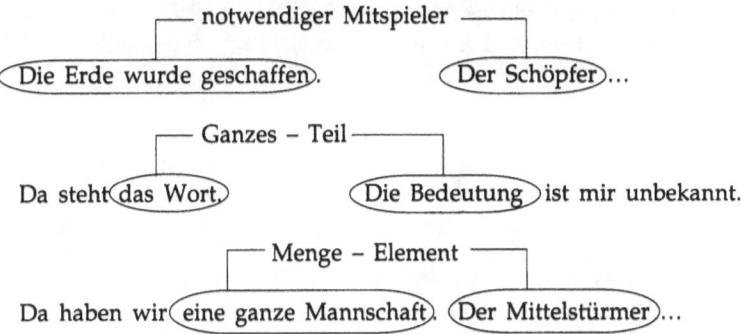

Die anaphorischen Zusammenhänge wirken eher lokal. Durch die Verkettung breiten sie sich aber aus, bedingen durchlaufende thematische Zusammenhänge. So zerfällt unser Schöpfungstext in zwei anaphorische Blöcke. Thema des ersten (1–5) ist das Wort, Thema des zweiten (6–13) ist ein Mensch (Johannes). Eingeführte Themen können unterschiedlich fortgeführt werden, die Fortführungen auch mit unterschiedlichen anaphorischen Mitteln realisiert sein. Man hat mehrere Formen unterschieden (cf. Daneš 1970; Gülich/ Raible 1977:75–85). Die drei wichtigsten thematischen Verknüpfungen sehen wie folgt aus: Themaverknüpfung

1. Konstantes Thema: Ein Thema wird wieder aufgenommen und durch den Text fortgeführt.

Im Anfang war das Wort. (T1)

   T1 *Das Wort war Gott.*

   T1 *Es war bei Gott.*

2. Abgeleitetes Thema: Von einem Thema werden Unterthemen oder assoziativ verbundene Themen abgeleitet.

Im Anfang war Gott. (T1)

   T2 *Sein Wort war der Anfang.*

   T3 *Sein Licht leuchtete in der Finsternis.*

Dies führt zu hierarchischen Themastrukturen (cf. Hinds 1979).

3. Themasequenz: Mehrere über die Aussagen verbundene Themen werden aneinandergereiht.

   T1 *Das Leben war das Licht.* (T2)

   T2 *Das Licht leuchtete in der Finsternis.* (T3)

   T3 *Die Finsternis hat es nicht erfaßt.*

Diese Formen des thematischen Fortschreitens gliedern fast alle Texte. Sie werden uns etwa bewußt, wenn wir in unsere eigenen Texte Gliederungsziffern einfügen, mit denen wir besonders serielles Fortschreiten vom hierarchischen unterscheiden. Und obgleich die Formen im Text oft gemischt werden, können sie als Schemata auch den Rezipienten leiten.

Ratschläge für Lerner

> Die Textstruktur wird verdeutlicht durch Verweismittel, das sind Wörter und Ausdrücke im Text, mit denen auf Gegenstände der Kommunikation Bezug genommen wird, die bereits vorher im Text eingeführt wurden.
> Achte auf textverweisende Pronomen und Artikelwörter!
> Ermittle das Antezedens!
> Bedenke, daß es oft mehrere Möglichkeiten gibt!

1.33 Gedankliche Brücken

Es ist hinreichend bekannt, daß menschliche Verständigung sich in Texten vollzieht und daß Texte Folgen von Sätzen sind. Aber ebenso bekannt ist, daß nicht jede x-beliebige Folge von Sätzen ein Text ist. Nur kohärente Folgen sind als Texte akzeptabel, es muß also einen Zusammenhang zwischen den Sätzen geben. Aber wie sieht dieser Zusammenhang aus?

Die Kohärenz eines Textes kann man sich gesichert denken durch Brücken zwischen den Sätzen. Solche Brücken könnten etwa Bindewörter sein, die den Zusammenhang ausdrücklich formulieren. Aber wie würden wir dann Zusammenhänge sehen, wenn keine Bindewörter da sind? Die Idee, daß dem Text die Kohärenz als Eigenschaft zukomme, greift zu kurz. Kohärenz ist keine Eigenschaft des Textes, sondern sie ist ein Kriterium für das Verstehen überhaupt. Der Text erweist sich nur im gemeinsamen Wissen als kohärent. Folglich müssen wir als Rezipienten die richtigen Brücken aktivieren, um den Text als kohärent zu verstehen.

Zur Verdeutlichung die Kritik eines Beispiels von Ingarden (1972:155):

(1) Die Automobile machen einen unerträglichen Radau.
     Freiburg liegt in Baden.

Ingarden hält diese Folge für inkohärent, weil zwischen den Sätzen kein Zusammenhang bestehe. Damit wird aber etwas den Sätzen zugeschrieben, was ihnen nicht zukommt; Kohärenz ist vor allem eine Frage des Wissenshintergrundes, weniger der Sätze. Auf dem Hintergrund des einschlägigen gemeinsamen Wissens kann diese Folge durchaus kohärent sein. Nehmen wir einmal an, beide Sätze werden von zwei Sprechern gesprochen. Beide Partner sind in Freiburg, der erste beschwert sich, der zweite erklärt ihm, warum die Automobile einen solchen Krach machen. Um dies zu verstehen, muß man aber nur wissen, daß Baden keine Gesetze hatte, die die Phonstärke der angemeldeten Autos limitierten, oder daß die Badenser ein besonders lautes Völkchen sind (sit venia exemplo).

Also: Hintergrundsätze des gemeinsamen Wissens sind es, die die Kohärenz von Satzfolgen sichern. Sie sind die gedanklichen Brücken, die den Zusammenhang herstellen. Solche gedanklichen Brücken baut der Hörerleser bei anaphorischen Verbindungen (Clark 1977; Garrod/Sanford 1977), er baut sie aber auch als Übergänge zwischen Satzpaaren. In schriftlicher Kommunikation wird der Autor seinen Text schon so formulieren, daß der Leser seine Brücken bauen kann. Nur isolierte Satzpaare außerhalb der kommunikativen Verwendung bereiten uns Schwierigkeiten und bringen uns nicht auf die richtigen Hintergrundsätze. Dann haben auch Linguisten Probleme, mögliche Brücken zu sehen.

4.   Der Gedanke ist der sinnvolle Satz.
4.001 Die Gesamtheit der Sätze ist die Sprache.
4.002 Der Mensch besitzt die Fähigkeit, Sprachen zu bauen, womit sich jeder Sinn ausdrücken läßt, ohne eine Ahnung davon zu haben, wie und was jedes Wort bedeutet. – Wie man auch spricht, ohne zu wissen, wie die einzelnen Laute hervorgebracht werden.
       Die Umgangssprache ist ein Teil des menschlichen Organismus und nicht weniger kompliziert als dieser.
       Es ist menschenunmöglich, die Sprachlogik aus ihr unmittelbar zu entnehmen. Die Sprache verkleidet den Gedanken. Und zwar so, daß man nach der äußeren Form des Kleides, nicht auf die Form des bekleideten Gedankens schließen kann; weil die äußere Form des Kleides nach ganz anderen Zwecken gebildet ist als danach, die Form des Körpers erkennen zu lassen...

4.466   Einer bestimmten logischen Verbindung von Zeichen entspricht eine bestimmte logische Verbindung ihrer Bedeutungen; jede beliebige Verbindung entspricht nur den unverbundenen Zeichen.
Das heißt, Sätze, die für jede Sachlage wahr sind, können überhaupt keine Zeichenverbindungen sein, denn sonst könnten ihnen nur bestimmte Verbindungen von Gegenständen entsprechen.
(Und keiner logischen Verbindung entspricht keine Verbindung der Gegenstände.)
Tautologie und Kontradiktion sind die Grenzfälle der Zeichenverbindung, nämlich ihre Auflösung...
5.   Der Satz ist eine Wahrheitsfunktion der Elementarsätze.
(Der Elementarsatz ist eine Wahrheitsfunktion seiner selbst.)
5.01   Die Elementarsätze sind die Wahrheitsargumente des Satzes.

Dieser Text enthält viele unverbundene Sätze, wo die Hintergrundsätze für den Zusammenhang besonders wichtig sind. Wir müssen unsere Brücken sozusagen ohne explizite Fundierung bauen:

(1)   [Es ist menschenunmöglich, die Sprachlogik aus ihr unmittelbar zu
⌐ Begründung⌐
entnehmen]. [Die Sprache verkleidet den Gedanken].

Andererseits gibt es auch ausdrückliche Hinweise auf Brücken. Solche Ausdrücke, die die Verbindung inhaltlich näher charakterisieren, nennen wir Bindewörter.

(2)   Man kann nicht auf die Form des Gedankens schließen ⸺ denn ⸺ die äußere Form ist nach anderen Zwecken gebildet.

Für diese Fälle können wir eine allgemeine Form der Überbrückung angeben:

(3)   [...] ⸺ 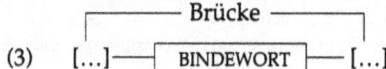 ⸺ [...]

Für das Verstehen von Überbrückungen sind drei Dinge wichtig:

1. Auch wenn ausdrückliche Bindewörter die Überbrückungen anzeigen, sind die Hintergrundsätze entscheidend. Ohne den passenden Hintergrundsatz stehen wir ratlos da, selbst wenn die Brücke explizit bezeichnet scheint. So können wir eine Verbindung wie die folgende schwer deuten:

(4)   Sätze sind Zeichenverbindungen ⸺ denn ⸺ jeder Satz ist ein Zeichen.

Solch tiefe Abgründe können wir nicht überbrücken. Wir erkennen die Intention des Schreibers, allein wir sehen nicht, wie der eine Satz eine Begründung für den anderen sein sollte (→4.2).

2. Die ausdrücklichen Überbrückungen sind für den Rezipienten hilfreiche Winke, um die gedankliche Brücke zu bauen. Es gibt dafür außer Bindewörtern noch andere, wenn auch seltenere grammatische Formen. Wir unterscheiden insgesamt folgende Möglichkeiten:
– Konjunktionen und Subjunktionen:
Man kann nicht auf die Form des Gedankens schließen. <u>Denn</u> die äußere Form ist nach andern Zwecken gebildet.

Man kann nicht auf die Form des Gedankens schließen, <u>weil</u> die äußere Form nach andern Zwecken gebildet ist.

- Partikeln, Adverbien und Präpositionalphrasen:
  Man kann nicht auf die Form des Gedankens schließen. Die äußere Form ist <u>nämlich</u> nach andern Zwecken gebildet.

  Die äußere Form ist nach andern Zwecken gebildet. <u>Deshalb</u> kann man nicht auf die Form des Gedankens schließen.

  Die äußere Form ist nach andern Zwecken gebildet. <u>Aus diesem Grund</u> kann man nicht auf die Form des Gedankens schließen.

- Brückensätze und Brückenverben:
  Daß die äußere Form nach andern Zwecken gebildet ist, <u>ist der Grund dafür</u>, daß man nicht auf die Form des Gedankens schließen kann.

- Ikonische Serialisierung:
  Ich kam, sah, siegte. (*und dann*)

- Sprechakte:
  Wieviel Verbindungen gibt es? Das ist unbekannt. (Frage-Antwort)

3. Inhaltlich kann man verschiedene Arten von Brücken unterscheiden. Zwar wird es für den Rezipienten darauf ankommen, für den jeweiligen Einzelfall die angemessene Deutung zu finden, aber ein Schemawissen über übliche Brücken kann ihn dabei durchaus leiten (cf. Longacre 1983:77–143; v. Polenz 1985:268-286). Leider bleibt eine Typologie der Brücken mit verschiedenen Mängeln behaftet. Einerseits ist die begriffliche Ausgrenzung und Abgrenzung schwierig, insbesondere erscheint jede Etikettierung der Überbrückungen fraglich und schwer verständlich. Andererseits ist die Ausdeutung von Beispielen so schwierig, daß einem im Einzelfall die Kategorien verschwimmen. Aber diese theoretischen Schwierigkeiten der Darstellung spiegeln nur die prinzipielle Schwierigkeit der Interpretation überhaupt. Für didaktische Zwecke sind Beispiele und Hinweise sicher nützlich. Darum wollen wir doch eine vorläufige Typologie wagen und mit Beispielen belegen (differenzierter → 4.32).

Die Idee der gedanklichen Brücken entspricht den Junktionen von Aussagen in der Aussagenlogik. Kann man also die Überbrückungsmöglichkeiten ordnen nach dem Schema der logischen Junktoren? Erschöpfen die logischen Junktoren nicht eigentlich alle Möglichkeiten? Nein, einmal entsprechen bekanntlich die logischen Junktoren inhaltlich nicht genau den natürlichen Verbindungen. Und dann gibt es in natürlichen Sprachen wesentlich mehr Beziehungen. Nicht, daß sie über den logischen Raum hinausgingen, aber es gibt kommunikativ bedingte Ausdifferenzierungen der logischen Möglichkeiten. So hat diese Typologie einiges mit den logischen Junktionen zu tun, aber erreicht sie weder in Einfachheit noch in Präzision.

Man kann drei große und allgemeine Gruppen von Brücken unterscheiden: adjunktive, disjunktive und konklusive (etwas anders Meyer 1975:47). Allgemeine Brücken werden im konkreten Fall meistens eingeschränkt durch kontextliche Hinweise und besonders durch das Weltwissen des Deutenden, so daß die Annahme der allgemeinen Brücke eher den Mangel an spezifischer

Ausdeutung darstellt. Über Feinheit und Bezeichnung der Brücken kann man immer interpretatorische Diskurse führen, die Annahme einer Brücke ist eben Teil der Interpretation.

Die adjunktiven Brücken haben als allgemeine Grundlage die bloße Anreihung mittels *und*. Im einzelnen Fall können wir aber bei der Deutung dem *und* im Geiste noch Zusätze mitgeben, die die einzelnen adjunktiven Brücken charakterisieren.

Adjunktive Brücken (allgemein *und*)

Brücke	Charakteristik	Beispiel
Reihung (kopulativ)	*und*	Der Bund hat die Möglichkeit, mit den Ländern zusammenzuwirken. Seine Zuständigkeit umfaßt Fragen der einzelnen Bildungsbereiche einschließlich der beruflichen Bildung.
Zusatz (additiv)	*und auch*	Diese Anschauungsweise (...) legitimiert nicht nur die Schritte. Sondern mit der Entscheidung für eine bestimmte Anschauungsweise wird auch über die Begriffe entschieden.
Kontrast (kontrastiv)	*aber*	Beugungsstrahlen mit Neutronenstrahlen erfordern einen hohen technischen Aufwand (...). Elektronenstrahlen hingegen werden bei ihrem Durchgang durch die Materie so stark absorbiert, daß (...)
Zeitabfolge (temporal)	*und dann*	Zu Beginn der Behandlung werden meist beide Methoden angewandt. Später werden in erster Linie Medikamente gegeben, welche die Natriumausscheidung über die Nieren fördern.
Spezifizierung Exempel (spezifikativ)	*und zwar*	Der Streuvorgang kann elastisch oder unelastisch erfolgen. Bei der unelastischen Streuung wird Energie von den Elektronen auf das Objekt übertragen.
Erklärung Paraphrase (explikativ)	*und das heißt*	Wir legen den Systemen sog. Protokollsätze zugrunde. Wir bauen Systeme auf Sätze, die unmittelbar verifizierbar sind.
Fazit (summativ)		... Was also Östrogen in Hefe tut, ist ungeklärt.
Einräumung (konzessiv)	*und doch*	Zwar kann man mit Hilfe einer Pulveraufnahme die Struktur einer Substanz bestimmen. Doch ist dieser Weg nur gangbar bei hinreichend kleiner Elementarzelle.

Die disjunktiven Brücken haben als allgemeine Grundlage die alternative Verbindung durch *oder*. Das *oder* kann aber in den einzelnen Fällen in unterschiedlicher Formulierung und Feindeutung auftreten.

Disjunktive Brücken (allgemein *oder*)

Brücke	Charakteristik	Beispiel
Alternative (alternativ)	*oder*	Der Streuvorgang kann elastisch erfolgen, oder er erfolgt unelastisch.
Restriktion (restriktiv)	*und nicht*	Der Streuvorgang erfolgt elastisch und nicht unelastisch.
Erwartungskorrektur (korrektiv)	*aber nicht*	Obwohl Comte es ist, der die Bezeichnung „Positivismus" einführte, ist doch sein System für die Entwicklung der erkenntnistheoretischen Problematik eher von peripherer Bedeutung.

Die konklusiven Brücken haben als allgemeine Grundlage logische Schlußregeln, die wir gewöhnlich in *wenn-dann*-Form formulieren. Bei den einzelnen konklusiven Brücken wird von einer solchen Schlußregel in der einen oder andern Form Gebrauch gemacht (→4.31), meistens ist sie vorausgesetzt. Da die Schlußregel selbst schon eine nicht-umkehrbare Reihenfolge vorgibt, muß man bei den einzelnen Brücken beachten, auf welches Glied der *wenn-dann*-Regel (Vorderglied X oder Hinterglied Y) man Bezug nimmt. Das heißt: Diese Zuordnung muß bei jeder Brücke beachtet werden. Die Abfolge in der Serialisierung steht hier nicht im Vordergrund.

Konklusive Brücken (allgemein *wenn-dann*)

Brücke	Charakteristik	Beispiel
Schlußregel (konklusiv)	Wenn X – dann Y	Wenn die Schmerzen an mehreren Stellen gleichzeitig auftreten, ist ein sofortiger Eingriff notwendig.
Bedingung (konditional)	X Bedingung für Y	Sitzt das Konkrement im proximalen Ureteranteil, so bestehen Koliken, die mehr auf die Lumbalgegend und den Oberbauch beschränkt bleiben.
Konsequenz (konsekutiv)	Y Folge aus X	Bei äußerlicher Gleichschaltung umschloß der NS-Staat von Anfang an eine Fülle unausgetragener institutioneller und politischer Antagonismen (...) Die Zersplitterung der Verantwortlichkeit machte vor der SS nicht halt.

Brücke	Charakteristik	Beispiel
Schluß (inferentiell)	Y Schluß aus X (plus Schlußregel)	Elektronenstrahlen hingegen werden bei ihrem Durchgang (...) stark absorbiert. So sind Röntgenuntersuchungen in erster Linie geeignet, zur Aufklärung von Kristallstrukturen zu dienen (...)
Argument (argumentativ)	X Argument für Y	Sein System ist nur von peripherer Bedeutung für die Entwicklung der erkenntnistheoretischen Problematik des Positivismus. Sein Positivismus war in erster Linie ein solcher einer empirisch-wissenschaftlich verfahrenden Soziologie.
Ursache Motiv (kausal)	X Grund für Y	Die Beziehungen zwischen Sätzen werden auf Elementarsätze reduziert. Sie sollen formaliter kalkulierbar sein.
Zweck Absicht (final)	X Zweck von Y	Ein weiterer Schwerpunkt der Tätigkeit des Ministeriums ist die Ausbildungsförderung. Sie soll dazu beitragen, Schülern und Studenten auch finanziell die Chance zu sichern, eine ihren Fähigkeiten entsprechende Ausbildung zu bekommen.

1.34 Folgerungen und Paraphrasen

Das Verstehen ist bestimmt durch den Text und das gemeinsame Wissen. Der Text, seine einzelnen Sätze und Wörter haben Bedeutungen, im Wissen des einzelnen Rezipienten entsteht daraus eine Deutung. Auch der Text besteht nicht einfach aus den Elementen in praesentia, hinter ihm stehen andere Ausdrücke, die einen riesigen Hof um ihn bilden. So kann man sich Text und gemeinsames Wissen als zwei analoge Netzwerke denken, die in der Deutung zusammenwirken. Das verwundert nicht. Denn: Bedeutungen gibt es nur von Wissens Gnaden. Sie sind Sedimente von Deutungen, die durch das Wissen der Sprachteilhaber gegangen sind. Aber natürlich sind sie nicht individuell (wie das Wissen), sie beanspruchen vielmehr eine prototypische Allgemeinheit. Die Bedeutung ist eher durchschnitthaft, ausschnitthaft, situationsfern und kontextarm gedacht. Der Rezipient muß sie in der konkreten Verwendung füllen, indem er über sein Laufwissen den indexikalischen Ausdrücken Werte beilegt – etwa die konstitutive Dreifaltigkeit des *ich-jetzt-hier* referentiell festlegt –, aus den Verwendungsmöglichkeiten eines Ausdrucks auswählt, die Bedeutungen in den größeren Zusammenhang seines sprachlichen und fachlichen Wissens einfügt, Brücken baut und Übertragungen vornimmt. Mit der konventionell und sicher gedachten Bedeutung gewinnt er so die individuelle und weniger sichere, aber reichere und sinnvollere Deutung.

Die Bedeutung ist ein Potential. Hinter jedem Ausdruck stehen ganze Netze von Zusammenhängen, die in der aktualen Verwendung aktiviert werden können. Die Knoten dieser assoziativen Netze sind andere Ausdrücke, die durch unterschiedliche Sinnrelationen verknüpft sind. Das ist die Grundidee der relationalen Semantik (Lyons 1968:443–446). Jeder Satz steht so in einem immensen Netzwerk paradigmatischer Zusammenhänge, in dem ihm die Hintergrundsätze mehr oder weniger nahe stehen. Wer die Bedeutung eines geäußerten Satzes verstehen will, muß zumindest Teile dieses Netzwerks im Geiste aktivieren. Wer ihn deuten will, muß einen Weg unter allen möglichen finden. Sein Verständnis werden wir danach beurteilen, wieviel er aktiviert (die Tiefe!), und auch, ob er die richtigen Ausschnitte und Wege aktiviert. Dabei wird sich auch erweisen, wie weit sein lexikalisches und grammatisches Wissen reicht.

<small>Bedeutungsnetze</small>

Selbstverständlich sind den Sprachteilhabern diese assoziativen Netze nicht bewußt, und schon gar nicht präsent. Wer aber Bedeutungen und Deutungen explizieren und darstellen will, muß die hintergründigen Elemente hervorholen. Wer über Bedeutungen und Deutungen reden will, muß sie formulieren. Er muß die Sinnrelationen kultivieren, braucht Darstellungsmittel für die verschiedenen Relationen, die das Netzwerk konstituieren.

Was brauchen wir also, um das grammatische Netzwerk, die Bedeutung grammatischer Konstruktionen freizulegen? Die inhaltliche Explikation grammatischer Strukturen ist sehr schwierig, wenn nicht unmöglich, weil diese Strukturen so abstrakt sind, daß unsere Sprache nicht ausreicht, sie zu explizieren. Die Versuche, dafür eine spezielle Metasprache zu schaffen, haben keinen Ausweg gezeigt. Einerseits mußte man zur Einführung und Definition der Metasprache gerade wieder die gleichen grammatischen Strukturen verwenden – mancheiner war übrigens in der Gefahr, den Metasatz für die eigentliche Bedeutung zu halten oder ihn zu hypostasieren zu dem, was der Hörerleser im Geist zu entwickeln habe, in was er ihn eigentlich umkodieren müsse. Andererseits sind solche Metasprachen (wenigstens didaktisch) kaum verwendbar, weil sie eben unverständlich sind und eher durch die zu erklärenden Phänomene beschrieben werden als diese beschreiben. Darum ist eine Explikation, die lediglich die Relationen des Netzwerks ausführt und ansonsten innerhalb der jeweiligen Sprache bleibt, vorzuziehen. Zwar wird auch hier keine letzte Eindeutigkeit erreicht, aber für praktische Zwecke reichen schwächere Mittel wie Hinweise und Vorführungen aus.

Wir beschränken uns hier auf zwei methodische Mittel: erstens die Offenlegung von Folgerungen und Voraussetzungen der Sätze und zweitens das Angeben von Paraphrasen. Folgerungen und Voraussetzungen sind Sätze, deren Wahrheit notwendig ist, damit der Ausgangssatz sinnvoll oder wahr sein kann. Indem wir sie aus einem Satz herausholen, explizieren wir seine Bedeutung. Darum sind sie so wichtige methodische Hilfen. Wir schreiben den Satz und die Folgerungen alinea und kennzeichnen den Zusammenhang durch senkrechte Pfeile in der Richtung der Folgerung:

<small>Folgerungen</small>

- Eigentum verpflichtet. Es soll zugleich dem Wohle der Allgemeinheit dienen.
  - Es gibt jemanden (=X), der Eigentum hat. (1)
    - Jemand besitzt etwas. (2)
  - Es gibt jemanden (=Y), der verpflichtet ist. (3)
  - X = Y. (4)
  - Y ist zu etwas verpflichtet. (5)
    - Jemand (=Z) hat Sanktionsmöglichkeiten gegen Y. (6)
    - Z ist willens und bereit, Sanktionen zu ergreifen. (7)
- Eigentum verpflichtet. Darum soll es zugleich dem Wohle der Allgemeinheit dienen. (8)

Dieses Beispiel ist nur ein kleiner Ausschnitt aus dem realen Netzwerk, in dem auch andere Relationen ihre Rolle spielen. Die exemplarisch explizierten Folgerungen haben unterschiedlichen Status. Mit (1) ist eigentlich eine Sinnvoraussetzung (Präsupposition) formuliert. Würde sie nicht gelten, wäre die Bestimmung witzlos. Denn diese Präsupposition wäre sogar für die kontradiktorische Bestimmung Voraussetzung. (3) ist eine lexikalisch-grammmatische Folgerung aus der Bedeutung von *verpflichten*, die ja einen Verpflichteten verlangt. (5) expliziert eine andere semantisch-grammatische Eigenschaft des Verbs *verpflichten*. Neben diesen eher direkten Folgerungen gibt es indirekte, die aus Folgerungen folgen wie (2), (6), (7). Alle diese Folgerungen scheinen eher langue-autorisiert.

Anders die Folgerungen (4) und (8). (4) gibt offenbar eine Sinnbedingung, die auf unserem Weltwissen gründet. Ohne diese Bedingung würde in unserer sozialen Welt die ganze Bestimmung keinen Sinn machen. (8) hingegen expliziert den inhaltlichen Zusammenhang der beiden Sätze, den der Rezipient ja nach dem Kontext erschließt. Solche unsicheren Folgerungen sind für das Verstehen sogenannter Implikaturen und indirekter Sprechakte entscheidend. Die erwähnten Unterschiede (zwischen Sinnbedingungen, Sinnvoraussetzungen und Folgerungen im engeren Sinn) brauchen wir hier nicht zu berücksichtigen. Wir kommen für unsere Zwecke aus mit einer einheitlichen Folgerungsbeziehung.

Die Herausarbeitung der Folgerungen zeigt, wie verdichtet Formulierungen sein können und wie komplex demgemäß ihr Verständnis. Zugleich erkennen wir an den unbestimmten Formulierungen wie *jemand*, *etwas* die Vagheit des Grundgesetzes, die nur partiell durch Wissen präzisiert wird: Wer ist der Jemand? Wohl jeder dem Grundgesetz Unterworfene, der etwas besitzt. Was unterliegt dem Gesetz? Wohl alles, was einer besitzt. Zum Teil bleibt aber die Vagheit erhalten: Wozu verpflichtet Eigentum eigentlich? Natürlich können wir auch darüber Vermutungen anstellen. Wichtig für uns sind die grammatisch begründeten Folgerungen. Ihnen müssen wir für das Satzverstehen unsere Aufmerksamkeit schenken.

Nun zu den Paraphrasen: Der Witz des Paraphrasierens besteht darin, einen Satz anzugeben, der in der fraglichen Verwendung das gleiche besagt. Die Paraphrase ist also stärker als die Folgerung, aber schwächer als eine Bedeutungsangabe. Denn diese müßte ja alle möglichen Verwendungen erfassen. So kann es für einen Satz auch mehrere Paraphrasen geben, die selbst keine Paraphrasen voneinander sind, und die Paraphrasenbeziehung ist auch ohne weiteres umkehrbar.

Paraphrasen

- Die Würde des Menschen ist unantastbar.
- Man darf die Würde des Menschen nicht antasten.
- Man kann die Würde des Menschen nicht antasten.
- Keiner darf die Würde des Menschen antasten.

In dem Beispiel ist versucht, eine grammatische Paraphrase der Wortbildung *unantastbar* zu geben. In Grammatiken ist die Bedeutung vieler Konstruktionen mit allgemeinen Paraphrasen erklärt. Oft gibt es dabei solche Alternativen, und es zeigt sich, daß man oft auch in der Verwendung nicht unterscheiden kann, welche Alternative gilt. Einzelne Aspekte und grammatische Eigenschaften der Bildungsweise stellen die Paraphrasen jedoch gut dar.

Für den Rezipienten ist es besonders lehrreich, die Folgerungen und Paraphrasen aus grammatischen Konstruktionen zu sehen, die mehrdeutig sind:

- Heute wird ein Experiment von Weaver und Booth besprochen.
- Weaver und Booth haben ein Experiment durchgeführt. Das wird heute besprochen.
- Weaver und Booth besprechen heute ein Experiment.

- [Mädchenhandels]schule
- Schule für Mädchenhandel

- Mädchen[handelsschule]
- Handelsschule für Mädchen

Das Erkennen mehrdeutiger Strukturen ist natürlich für das Verstehen entscheidend wichtig.

Ratschläge für Lerner

> Wer einen Satz versteht, sieht ihn in seinen inhaltlichen Beziehungen, in einem Netz von andern Sätzen.
> Ermittle Folgerungen und Voraussetzungen!
> Für das Verständnis schwieriger grammatischer Konstruktionen merke dir allgemeine Paraphrasenregeln!
> Achte auf mehrdeutige Konstruktionen!

2. Der einfache Satz

Gegliederte Sätze haben unterschiedliche Grade von Komplexität. Ganz unten stehen einfache Sätze. Darüber folgen erweiterte Sätze, mit Hinzufügungen und Erweiterungen einzelner Phrasen. Glieder und Erweiterungen des einfachen Satzes können durch Nebensätze realisiert sein; wir haben es dann mit dem Übergang zur dritten Stufe, dem komplexen Satz zu tun. Solche komplexen Sätze sind Satzverbindungen, inhaltlich bilden sie das Bindeglied zwischen Satz und Text. Schließlich haben wir als vierte Stufe der Komplexität den komprimierten Satz. Der komprimierte Satz erscheint zwar grammatisch oft einfacher als die Satzverbindung, aber komprimierte Sätze sind verdichtete Satzverbindungen. In ihrer äußeren Form erscheinen sie einfach, ihrem Sinn nach sind sie aber komplex. Darum sind sie besonders schwierig zu verstehen.

Wenn auch in der Praxis der Satzanalyse stets Sätze aller Art vorkommen, so empfiehlt sich doch für eine verständliche und didaktische Darstellung, den Schwierigkeitsgraden zu folgen. Dementsprechend ist diese Grammatik gegliedert. Die vorderen Kapitel sind grundlegend und systematisch aufgebaut, die hinteren Kapitel befassen sich selektiv mit bestimmten rezeptionellen Schwierigkeiten.

Entsprechend der Erkenntnis, daß der Hörerleser sowohl datengeleitet als auch schemageleitet vorgeht, kann die Gliederung sich nicht rein an Ausdrucksformen orientieren, wenn sie in etwa eine Heuristik für die Satzanalyse vorgeben möchte. Wir können also nicht einzelne Formen vorstellen, ihre Kennzeichen bestimmen und dann ihre grammatischen Funktionen vorführen. Das gäbe auch als Grammatik ein heilloses Chaos, in dem niemand sich zurechtfinden könnte. Die Formen müssen unter leitenden Gesichtspunkten geordnet werden, und dazu scheint nun insbesondere eine Art von Suchraster angemessen, nach dem der Hörerleser – wenigstens in der Übungsanalyse – schemageleitet vorgeht. Innerhalb dieses Rasters muß die rezeptive Grammatik natürlich dann die unterschiedlichen Phrasenformen für diese Funktionen vorführen, und das sieht dann vordergründig gar nicht mehr rein rezeptiv aus. Aber dieses gemischte Verfahren scheint uns gerade realistisch für den Hörerleser und angemessen für den Benutzer der rezeptiven Grammatik.

Beginn einer Übungsanalyse ist – wie in 1.21 vorgeführt – die Gliederung des Satzes in Phrasen und die entsprechende Klammerung. Gemäß unserer Forderung nach Verständigkeit und Lockerheit ist nicht sklavisch jeder Satz in Phrasen zu zerlegen und nicht jede einzelne Phrase zu klammern. Es empfiehlt sich sogar eine Konzentration auf längere Phrasen und solche, deren Kern Substantive (bzw. Pronomen) oder Verben sind, also Nominalphrasen und Verbalphrasen. Entsprechend werden zuerst auch diese Kernwörter die Haltepunkte unserer Analyse sein, wobei die Substantive im Deutschen ja aufgrund ihrer Großschreibung besonders gut auszumachen sind. Wir klammern dann die untergeordneten Wörter um die Kernwörter herum. Den inneren und äußeren Zusammenhang der Phrasen beachten wir im ersten Schritt nicht. Schwierige Stellen lassen wir beiseite. Vielleicht werden sie sich im Zusammenhang klären! Ebenso werden wir, wenn wir einen komplexen Satz zu analysieren haben, die Nebensätze zurückstellen. Wir werden uns zuerst dem Hauptsatz widmen und versuchen, eine Art Skelett des Satzes zu ermitteln.

Analyseschritte für den einfachen und erweiterten Satz und für die Ermittlung seiner inneren Struktur gibt im Überblick das folgende Flußdiagramm:

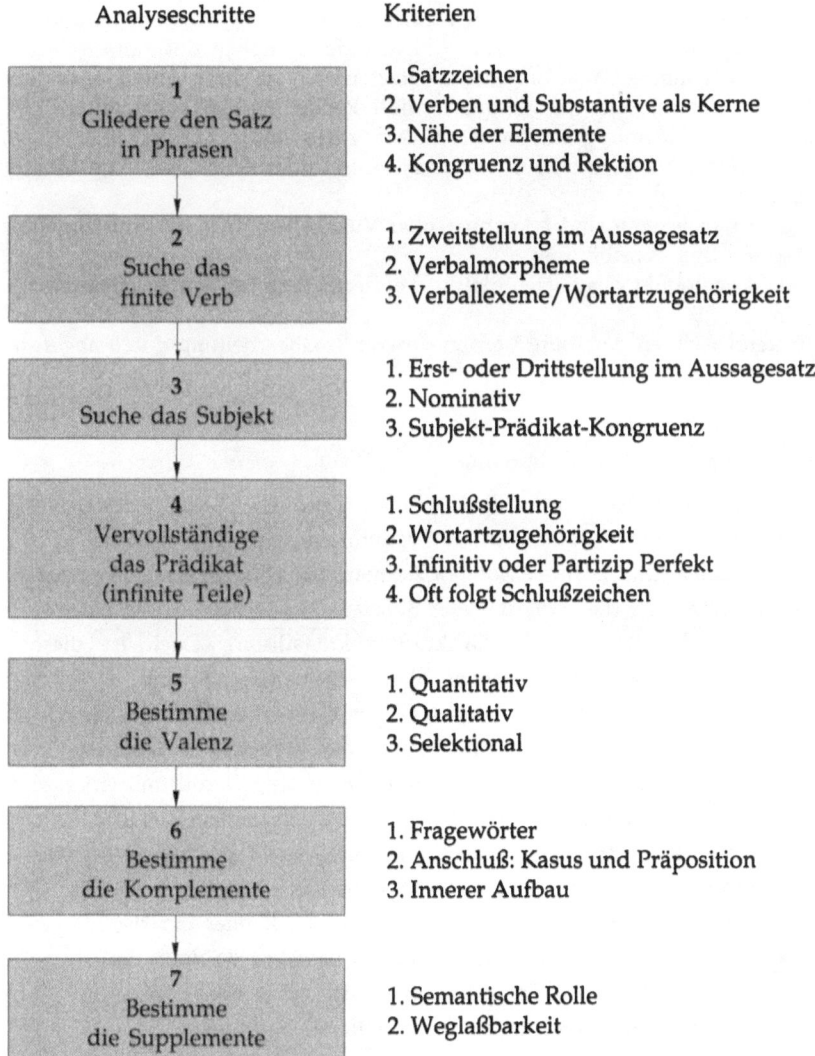

Die genannten Kriterien sind nur erste Hinweise. Ihre Anwendung wird noch präzisiert. Übrigens: Auch hier darf tarzanisch gesprungen werden. Man kann mit Schritt 3 beginnen, man kann auch 4 direkt nach 2 tun, und man kann auslassen, was keine Schwierigkeiten bereitet.

2.1 Das finite Verb

Verbalphrasen sind für die grammatische Struktur und für das Verständnis von Sätzen zentral. Die überwiegende Anzahl der deutschen Sätze ist geprägt durch eine Verbalphrase mit finitem Verb als Kern. Das finite Verb ist eine Verbform bestehend aus Verballexem und Flexiven, die ihm in der Regel am Ende angehängt sind. Diese Flexive haben mehrere Funktionen zugleich. Gemäß der zentralen Rolle des finiten Verbs leisten sie eine Aktualisierung für den ganzen Satz: Sie geben die zeitliche Orientierung im Tempus, und sie bestimmen die illokutionäre Kraft und modale Gültigkeit des ganzen Satzes mit. Für die innere Organisation des Satzes leisten sie ihren Anteil besonders über die Bezeichnung von Numerus und Person (Subjektkonjugation). Die wichtigsten Erkennungszeichen des finiten Verbs sind:
- Seine Flexive bilden eine überschaubare und erlernbare Liste von Morphemen.
- Die Verballexeme sind erkennbar über Vokabelkenntnis (Wortartzugehörigkeit) und Wortbildung.
- Als Angelpunkt des Satzes nimmt das finite Verb bestimmte Positionen ein.

Wir kennzeichnen das finite Verb in unserer Textbearbeitung durch abgerundete Rechtecke.

Gang einer Strukturbestimmung

Zum Schluß (sei) ein kurzer Blick auf den Gang einer Strukturbestimmung geworfen. Für eine Kristallstrukturbestimmung (benötigt) man im allgemeinen Einkristalle. Zwar (kann) man mit Hilfe einer Pulveraufnahme die Struktur einer Substanz bestimmen, die in einem einfachen, bereits bekannten Strukturtyp (kristallisiert). Doch (ist) dieser Weg nur gangbar bei hinreichend kleiner Elementarzelle und dementsprechend wenigen Atomen in der Elementarzelle, hinreichend hoher Symmetrie und einem, höchstens zwei variablen Parametern. Selbst in solchen einfachen Fällen (muß) man noch immer mit einer gewissen Unsicherheit rechnen. Bei größeren Elementarzellen und komplizierteren Strukturen (spielt) die Güte des Einkristalls eine große Rolle, vor allem dann, wenn man mit dem automatischen Aufnahmeverfahren arbeitet. Die Verwendung kleiner Einkristallkugeln (hat) sich für genaue Intensitätsmessungen bewährt, da dann die Absorption für jeden Reflex exakt berücksichtigt werden (kann). In jedem Fall (lohnt) es sich, gute Einkristalle zu beschaffen.

Zahl der Elemente und Kernladung

Die Eigenschaften der Atome (sind) zum großen Teil aus Wirkungen bekannt, welche durch das Verhalten der äußeren Elektronen in der Hauptsache bestimmt (sind). Hinweise für die Struktur der Atomhülle (konnten) insbesondere aus dem chemischen Verhalten der Atome und aus den Resultaten der Atomspektroskopie abgeleitet werden. Mit Hilfe des Moseley'schen Gesetzes der Röntgenspektren (konnte) jedem Element eine Kernladungszahl Z zugeordnet werden, welche ganzzahlig (ist) und die Zahl der Protonen im Atomkern (angibt). Aus massenspektroskopischen Untersuchungen wie beispielsweise auch aus den genauen Massenzahlen der in der Natur beobachteten Elemente (ergab) sich, daß für viele Elemente bei vorgegebener Kernladungszahl mehrere stabile Isotope (existieren), die sich durch die Zahl der Neutronen N (unterscheiden), welche im Atomkern zusammen mit den Protonen vorhanden (sind).

2.11 Die Stellungen des finiten Verbs

Die nackte Anweisung „Suche das finite Verb!" könnte irreführen, zwar enthalten alle gegliederten Sätze ein finites Verb, aber viele enthalten anscheinend mehrere finite Verben, in unserem ersten Text etwa *kann – kristallisiert*, im zweiten Text etwa *ist – angibt*. Dies erklärt sich entweder dadurch, daß wie im letzten Fall Verbalphrasen (durch *und*) koordiniert sind, oder aber es handelt sich um Verbindungen mehrerer Sätze, insbesondere wie im ersten Fall um ein Gefüge mit Nebensatz. Das finite Verb ist also eigentlich für jeden Teilsatz zu bestimmen, und zur Abgrenzung der Teilsätze helfen ja am besten die Satzzeichen (→1.25).

In unserem Text stehen die finiten Verben entweder im Satz drin oder am Ende. Die Endstellung charakterisiert Nebensätze, die wir auf dieser Analysestufe zurückstellen, vielleicht kennzeichnen, aber nicht weiter analysieren. Alle finiten Verben im Hauptsatz stehen in Zweitstellung, also nach dem ersten Klammerausdruck. Diese Klammer haben wir nicht eingefügt, aber sie kennzeichnet das erste Satzglied, so daß Zweitstellung nicht heißt, das finite Verb komme als zweites Wort. Jedenfalls wird man als Leser recht bald auf das finite Verb stoßen, und auch bei der Übungsanalyse empfiehlt sich deshalb, von links her das finite Verb zu suchen.

Gewisse Schwierigkeiten gibt es allerdings, wenn das erste Satzglied so aufgeblasen ist, daß man zu lange und mit Ungeduld auf das finite Verb warten muß:

(1) Bei hinreichend kleiner Elementarzelle und dementsprechend wenigen Atomen in der Elementarzelle, hinreichend hoher Symmetrie und einem, höchstens zwei variablen Parametern (ist) dieser Weg gangbar.

Solche Sätze gehorchen auch nicht gerade dem Gesetz der wachsenden Glieder.

Zweitstellung im Hauptsatz ist für den Hörerleser ein willkommenes Leitschema, aber er darf sie nicht ausnahmslos erwarten, wenn sie auch weitaus am häufigsten ist. Die signifikante Abweichung von dieser Regel ergibt sich nicht durch die ganz seltenen Fälle von Drittstellung, sondern durch die weitaus häufigeren von Erststellung. Die Erststellung bestimmt nun aber zugleich die jeweilige Satzart mit ihrer spezifischen illokutionären Kraft. Erststellung zeigt Frage und Befehlssätze an und korrespondiert deshalb schön mit den typischen Satzschlußzeichen. Einen Überblick gibt die nebenstehende Aufstellung.

Wir sehen, daß Endstellung immer Nebensätze charakterisiert, falls es sich nicht um verkappte Zweitstellung handelt, wo einfach kein weiteres Satzglied da ist. Zweitstellung und Erststellung haben vielfältigere Funktionen, die erst aus dem Zusammenhang klarer werden. Aber die überragende Häufigkeit der Zweitstellung stützt doch die entsprechende Leseroutine.

2.12 Strukturen von Verbformen

Wie immer in der rezeptiven Grammatik geht es auch beim finiten Verb erst einmal darum, Formen zu erkennen, und dann, ihre Funktion und grammatische Einpassung zu ermitteln. Das Deutsche ist bekanntlich weitgehend eine flektierende Sprache. Das wird besonders deutlich beim Verb mit seinen vielen abgewandelten Formen. Eine Verbvokabel begegnet uns fast immer in Abwandlungen, als Wortform. Den allgemeinen Aufbau solcher Verbformen charakterisiert das folgende Schema:

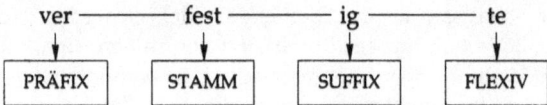

Präfixe und Suffixe können die Identität des Wortes verändern (z.B. aus dem Adjektiv *fest* ein Verb machen); Flexive sind Sprachzeichen für die Einordnung ins Flexionsparadigma. Verbflexive finden wir in dreierlei Gestalt:

1. als Endungsmorpheme: *ergeben*
2. als unterbrochene Morpheme: *gegeben*
3. als innere Abwandlung des Stamms: *gib* (von *geben*)

Die verschiedenen Möglichkeiten können auch in einer Form kombiniert sein. So finden wir in unserem Text folgende Bildungsweisen:

1. Anhängen von Verbalmorphemen: *benötigt, spielt; konnte, unterscheiden.*
2. Ablautformen/innere Abwandlung: *ergab.*
3. Verschmolzene Formen: *ist, hat; sind.*
4. Endungslose Formen: *sei, kann, muß.*

An seiner Endung kann man ein finites Verb recht gut erkennen. Im Deutschen gibt es folgende Verbalmorpheme (nach Häufigkeit):

-*t*: *angibt*
-*en*: *können*
-*e*: *existiere*
-*st*: *gibst*

Hierzu gibt es noch phonologische Varianten: Erweiterungen von -*t* und -*st* nach Dental oder gedecktem Nasal: *reitet, reitest, widmet, öffnest* und Kürzungen von -*en* nach Liquiden, beispielsweise: *segeln*, und Kürzung von -*st* nach s-Lauten: *reist.*

Stellung des finiten Verbs

Satz	Stellung	Zeichen	Satzart
Heute gehen wir diesen Weg.	Zweitstellung	Punkt	Aussagesatz
Welchen Weg gehen wir heute?	Zweitstellung	Fragezeichen	Ergänzungsfrage
Heute gehen wir diesen Weg?	Zweitstellung	Fragezeichen	Entscheidungsfrage
Diesen Weg gehen sie heute!	Zweitstellung	Ausrufezeichen	Befehlssatz
Gehen wir heute diesen Weg?	Erststellung	Fragezeichen	Entscheidungsfrage
Geht diesen Weg heute!	Erststellung	Ausrufezeichen	Befehlssatz
Gehen wir diesen Weg, kommen wir zurück.	Erststellung	Komma	Nebensatz
Daß wir diesen Weg heute gehen, …	Endstellung	Komma	Nebensatz

Im Grunde sind alle Flexive des Deutschen phonologisch einfach. Die Bauformel für Verbalmorpheme ist besonders simpel:

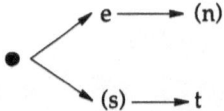

Man baut die Morpheme entlang den Pfeilen, eingeklammerte Phoneme sind fakultativ.

Zu jedem der Verbalmorpheme gibt es die Erweiterung durch das Präteritummorphem -t-, so daß sich folgende zusätzlichen Kombinationen finden (natürlich mit e-Erweiterung nach Dental): -tet, -ten, -te, -test.

Die Morphem-Armut des Deutschen hat zur Folge, daß einzelne Morpheme bei unterschiedlichen Wortarten einspringen müssen: -en etwa finden wir bei Substantiven (*Bestimmungen*), bei Adjektiven (*variablen*), bei Artikeln (*diesen*) und bei Verben (*gehen*). Solche Morpheme sind natürlich nicht geeignet als Kennzeichen einer Wortart. Zwei Verbalmorpheme aber sind charakteristisch für Verben: -t und -st kommen nur mit Verben als Flexive vor. Allerdings genügt es natürlich nicht, daß ein Wort auf diese Phonemfolgen endet; es muß sich tatsächlich um ein Morphem handeln, und außerdem muß natürlich nach Abtrennung des Morphems ein Verballexem übrigbleiben. Irreführen könnten hier also Wörter wie *fast, (aller)liebst, kleinst, halt, Zeit, recht, acht, exakt, spät, sanft, unbefugt, feucht* usw.

2.13 Funktionen von Verbformen

Dimensionen der Verbflexion

(i) Ein finites Verb übernimmt gemäß seiner Wichtigkeit eine große Anzahl von Bezeichnungsfunktionen. Seine Konjugation vollzieht sich in fünf grammatischen Dimensionen, in denen es variiert. Innerhalb der Dimensionen können noch Unterkategorien unterschieden werden. Das begriffliche Raster für die Verb-Konjugation sieht so aus:

Person	1	2	3			
Numerus	Singular		Plural			
Tempus	Präsens	Präteritum	Futur I	Perfekt	Plusquamperfekt	Futur II
Modus	Indikativ		Konjunktiv		Imperativ	
Genus	Aktiv				Passiv	

Demgemäß müßte ein Verb durch Verbformen 144 Möglichkeiten besetzen (ohne infinite und isolierte Formen). Tatsächlich ist das aber nur die onomasiologische Perspektive. Rezeptiv ist zweierlei zu beachten:

1. Es gibt eine große Anzahl sogenannter analytischer Verbalformen (alle im Schema schraffierten Positionen), die eben eigentlich keine Verbformen sind, sondern komplexe Prädikate (→2.32). Die Annahme, es gebe im Deutschen 144 Verbformen wäre also eine onomasiologische Irreleitung.

2. Klammert man entsprechend der Schraffierung Futur I, Futur II, Perfekt, Plusquamperfekt und Passiv aus, so bleiben noch 24 (mit Imperativ 26) Positionen zu besetzen. Aber auch für diese Positionen gibt es nicht eineindeutig zugeordnete Verbformen. Also gilt nicht einmal die onomasiologisch irregeleitete Ansicht, es gebe 26 Verbformen (so Henkel 1973:176). Vielmehr ist das System sparsam realisiert, die Verbalmorpheme sind sparsam eingesetzt.

Die Sparsamkeit äußert sich darin, daß einzelne Kategorien unmarkiert bleiben. Sie sind sozusagen negativ bestimmt. Denn die Abwesenheit entsprechender Morpheme genügt als Kennzeichnung einer Kategorie, wenn in der Dimension nur eine Nullform vorkommt:

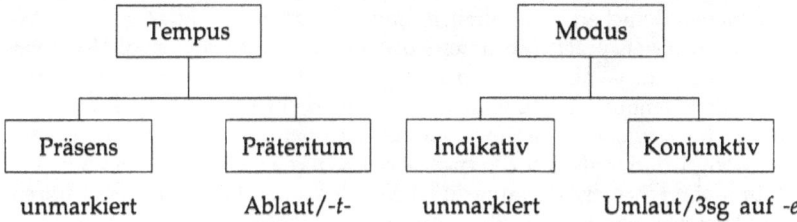

Solche unmarkierten Kategorien sind dem Rezipienten vordergründig willkommen, weil er keine Verbalmorpheme identifizieren und sie auch nicht deuten muß. Die Unmarkiertheit erschwert aber wie alle fehlenden Strukturzeichen letztlich die Erkennung und die Deutung der Verbformen. Denn fehlende Markierung ist oft nicht eindeutig, sie kann mancherlei bedeuten, und da bleibt dem Rezipienten die Entscheidung letztlich nicht erspart. Ja, er muß sogar mit dem Kontext kalkulieren und mehr Aufwand für die Deutung treiben.

(ii) Trotz der Sparmaßnahmen müssen die wenigen Verbalmorpheme noch einen Überhang von Kategorien kennzeichnen. Demgemäß sind die meisten äußerst polyfunktional. Die Funktionen der einzelnen Verbformen und damit der Verbalmorpheme sind im Anhang im Überblick vorgeführt (→Anhang 3; auch Henkel 1973; Richter 1982; van Lessen Kloeke 1982:194-205).

Verbalmorpheme

Die Verbformen sind in unserem Überblick aufgelöst nach der Person, die für die Satzstruktur besonders wichtig ist. Über die Person ist gemäß der Kongruenz das Subjekt erkennbar. Aber in dieser Dimension sind nur zwei Formen eindeutig: *-st* →2 und *-tet* →2; allerdings sind Formen für 3 sg und 2 pl oft durch e/i-Wechsel (*gibt:gebt*) oder Umlaut (*fällt:fallt*) differenziert (Richter 1982:186). Hingegen lauten 1 pl und 3 pl immer gleich, ja die Differenzierung der 1. und 3. Person ist überhaupt gering, wie die häufigen Doppelausgänge zeigen. Dies ist für die Deutung nur tolerierbar, weil über die Kongruenz mit dem Subjekt Eindeutigkeit erreicht wird (→2.23). Erste und zweite Person sind ja leicht zu erkennen, weil sie nur die pronominalen Subjekte (*ich, wir, du, ihr*) haben. Wenn kein *ich* oder *wir* als Subjekt vorliegt, haben wir bei -*te* und -*ten* also immer 3. Person; und auch -*t* kann nur 3. Person sein, wenn kein *ihr* als Subjekt vorliegt. Die Subjekte der 1. Person sind übrigens grundsätzlich selten, so daß in den erwähnten Fällen sehr häufig 3. Person vorliegt. Und nur deshalb kann sich eine Sprache so ein einfaches System leisten wie das Deutsche.

Tempus
(iii) In der Dimension „Tempus" ist die Lage besser: Das Präteritum regelmäßiger Verben ist durch das Infix -*t*- charakterisiert. Eine zusätzliche Abweichung vom Präsens hat nur die Form für 3 sg, die im Präsens auf -*t*, im Präteritum aber auf -*e* endet. Unregelmäßige Verben sind noch weniger durch Endungen markiert, da das Präteritum durch Ablaut gekennzeichnet ist oder besondere Formen hat (→ Anhang 3 *gehen*).

Alle Verbformen sind also eindeutig in Bezug auf Präsens oder Präteritum. Diese beiden synthetischen Tempora sind auch grundlegend für die zeitliche Situierung von Sätzen. Die jeweilige Deutung der Tempora ist allerdings für den Rezipienten nicht immer einfach. Zwar sind die Deutungsroutinen in verschiedenen Sprachen wohl ähnlich, und es dürften hier nicht größere Probleme in der Zweitsprache auftreten. Unterschiedlich sind aber die Tempusbedeutungen, die ja als Rechengrundlage für einzelne Deutungen dienen. Und da die Tempusbedeutungen oft vage sind, bleibt viel zu rechnen. So erscheint die zeitliche Situierung eines Sachverhalts theoretisch zu explizieren, so kompliziert, daß es für Lerner besser sein mag, auf Intuition zu bauen, und für Lehrer besser, Deutungsmöglichkeiten über Beispiele vorzuführen. Darum hier nur eine Skizze dieser Deutung.

Wer eine Aussage zeitlich situiert, baut auf eine Bezugszeit. Diese Bezugszeit ist oft die Sprechzeit. Wer etwa (2) zu einer bestimmten Zeit äußert, bringt gewöhnlich zum Ausdruck, daß die Aussage für diese Zeit gemeint ist:

(2)   Du liest jetzt.

Auch wer (2a) äußert, baut gewöhnlich auf die Sprechzeit als Bezugszeit:

(2a) Du liest bald.

Nur liegt hier die gemeinte Zeit nach der Bezugszeit. Die Zeitangabe *bald* bringt das zum Ausdruck. Eine andere Sprechzeit wird allerdings die Bezugszeit und damit auch die gemeinte Zeit ändern. Wer etwa (2) oder (2a) drei Tage später äußert, wird natürlich eine andere Zeit meinen. Das Jetzt der Sprechzeit läuft durch die Zeit oder die Zeit läuft über es, die Gesprächspartner sind ständig auf der Höhe der Zeit. In ihrem Laufwissen läuft die Zeit mit.

Bezugszeit muß nicht die Sprechzeit sein. Es gibt andere Möglichkeiten:
- Bezugszeit kann die Rezeptionszeit sein, vor allem in schriftlichen Texten. So wird der Leser eines Briefs den Satz *Du liest jetzt diesen Brief* nicht auf der Basis der Abfassungszeit verstehen. Der Schreiber hat schon die Rezeptionszeit als Bezugszeit antizipiert.
- Bezugszeit kann eine Textzeit sein. Die Textzeit mag letztlich durch eine absolute Zeitangabe fixiert sein, sie kann aber auch frei in der Schwebe

bleiben. In fiktionalen Texten wird der Leser sich vielleicht ganz in der Textwelt einleben und die freischwebende Textzeit als letzte Bezugszeit akzeptieren, ohne daß er sie in der realen Welt festmacht.
- Bezugszeit kann eine Variable sein, die es erst zu belegen gilt. Für die zeitliche Situierung einer Gebrauchsanweisung oder eines Kochrezepts beispielsweise ist es gleichgültig, wann sie geschrieben oder gelesen werden. Die einzelnen Akte wird man eben dann ausführen, wenn man kochen will.

Die zeitliche Situierung ist oft erschwert, weil ein Autor Herr über die Zeit ist, er kann die Zeit anhalten, Zeitsprünge machen, neue Bezugszeiten fingieren und setzen. *Versetze dich in eine ferne Zukunft! Du liest jetzt...* Ja, der Autor kann sogar die Bezugszeit spalten. *A sagte: „Jetzt ist es soweit."* In der Regel wird er dem Leser eine Bezugszeit anbieten, und er wird darauf bedacht sein, auszudrücken, wie die Bezugszeit weiterläuft. Denn auch im Text läuft die Bezugszeit im Laufwissen, das sich vom Kontextwissen nährt. Oft wird die gemeinte Zeit eines Satzes zur Bezugszeit des folgenden.

Bei der Etablierung der Bezugszeit und bei ihrer Fortschreibung wie auch bei der zeitlichen Situierung einzelner Aussagen wirken verschiedene Ausdrucksmittel zusammen:
- Tempusformen. Sie dürften das wichtigste Mittel sein. Allerdings sind die Bedeutungen der Tempora recht allgemein und vage. Sie müssen im gemeinsamen Wissen erst ausgedeutet werden.
- Zeitangaben wie etwa temporale Supplemente. Hier gibt es absolute Angaben wie *am 12. 4. 1983* und indexikalische Angaben wie *vorher, vorhin, zuvor*, die referentiell nicht festgelegt sind und erst in der Verwendung fixiert werden.
- Zeitsensitive Verben wie *erwarten, hoffen, sich erinnern*, die Zeitverhältnisse zwischen Obersatz und propositionalem Komplementsatz nahelegen. Ebenso kann sich die Aktionsart des Verbs auf die zeitliche Situierung auswirken, insbesondere die Opposition zwischen durativer und perfektiver Aktionsart.
- Der Sprechakt, der mit der Äußerung ausgeführt wird. Ist das ganze eine Vermutung, eine Prophezeiung oder eine Aufforderung? Dann hat es Affinität zur Zukunft. Ist das ganze eine Erzählung oder ein Bericht? Dann hat es Affinität zur Vergangenheit. Ist das ganze eine Reportage oder eine Beobachtung? Dann hat es eine Affinität zur Gegenwart. Allerdings sind Sprechakt und zeitliche Situierung eher zwei Seiten einer Deutung, nicht eines vom anderen abgeleitet.

Wir wollen der Einfachheit halber überhaupt keine Hierarchie der Ausdrucksmittel in Erwägung ziehen, wenngleich es Anzeichen für eine solche Hierarchie gibt. In der Deutung wirken alle diese Mittel zusammen mit den Komponenten des gemeinsamen Wissens. Der Anteil der Tempora ist dabei nicht leicht zu bestimmen. Beispielsweise erscheint das unmarkierte Präsens als sehr offen und vage, es grenzt sich nur gegen das Präteritum ab als Nicht-Vergangenheit. Daraus können mehrere Deutungen resultieren.

Deutungen des Präsens

gemeinte Zeit um Bezugszeit (Gegenwart)	Wir werfen gerade einen Blick auf die Strukturbeschreibung.
gemeinte Zeit nach Bezugszeit (Zukunft)	Wir werfen morgen einen Blick auf die Strukturbeschreibung.
gemeinte Zeit vor Bezugszeit (sog. historisches Präsens)	Moseley entdeckt 1913 sein Gesetz.
atemporal (zeitlos)	Atome haben folgende Eigenschaften...

Die Gegenwartsdeutung erscheint als die übliche Deutung. Sie bedarf keiner Unterstützung durch textuelle Hinweise oder eines besonders günstigen Zustands des Laufwissens. Sie kann aber dennoch gestützt sein durch allgemeine Grundsätze des Weltwissens wie etwa, daß Handlungen von Personen zu deren Lebzeiten anzusetzen sind und dergleichen.

Die Zukunftsdeutung ist ebenfalls üblich, sie braucht aber Hinweise darauf, daß die Gegenwartsdeutung nicht in Frage kommt. Solche Hinweise können temporale Supplemente geben (*morgen, später, nachher* usw.) oder Obersatzverben wie *hoffen, erwarten*. Im übrigen gibt es Sätze, die sowohl Gegenwart wie Zukunft meinen: *Moseley wird Entdecker*. (Er ist es nicht, aber er wird es sein.) Dabei wirken natürlich Tempusbedeutung und Verbbedeutung zusammen.

Die atemporale Deutung ist nachrangig. Wenn weder Gegenwarts- noch Zukunfts-Deutung plausibel erscheinen, wenn etwa gar keine Bezugszeit faßbar ist, dann greift die atemporale Deutung. Sie geht einher mit sogenannten generischen Zügen, also einer irgendwie gearteten All-Aussage. Auch hier helfen Hinweise wie generische Nominalphrasen (*alle Xe, die X, Xe*) oder generische Supplemente (*immer, ständig, jeden Tag* usw.) oder Prädikate, die bleibende Eigenschaften oder Einstellungen bezeichnen usw.

Die Vergangenheits-Deutung widerspricht der Grundbedeutung des Präsens. Sie ist metaphorisch und beruht auf einer Art offenkundigem Widerspruch: Wir wissen, daß man von einer Entdeckung erst hinterher spricht und daß 1913 vorbei ist, also die angegebene Zeit (1913) vor der Sprechzeit liegt. Das Präsens würde dem widersprechen. Also deuten wir um: Wir nehmen das Präsens als eine Aktualisierung. Vergegenwärtigung ist die stilistische Wirkung des Präsens in sonst präteritalen Erzähltexten. Es signalisiert in Opposition zum Präsens die Vergangenheit.

Deutung des Präteritums

gemeinte Zeit vor Bezugszeit	Moseley entdeckte 1913 sein Gesetz. Heute/jetzt entdeckte er dieses Gesetz.

Das Präteritum ist verträglich mit Zeitadverbien, die Gegenwart umfassen. Es blendet dann aus, was nicht vergangen ist. Die Vergangenheitsbedeutung ist so stark, daß sie auch Zeitangaben dominiert, die ihr zu widersprechen scheinen. Die Bezugszeit für das Jetzt wird einfach zurückverlegt.

(iv) Die Dimension „Modus" ist über Verbalmorpheme kaum differenziert. Die Verzweigungsfiguren (→ Anhang 3) zeigen das in den Waben, die im Modus direkt nach der Verzweigung wieder zusammmmenlaufen oder kurz danach. Kaum diesbezügliche Verzweigung bleibt jedenfalls erhalten für die regelmäßigen Verben. Nur wenn man ein Subjekt 3 sg hat, wird wenigstens das -e eindeutiges Konjunktivzeichen. Bei den unregelmäßigen Verben ist die Lage etwas besser, weil hier noch die Endung -e in 1/3 sg den Konjunktiv II gegenüber dem endungslosen Indikativ Präteritum auszeichnet, wie überhaupt eingeschobenes e öfter als Konjunktivzeichen gedacht ist: *gebt* vs. *gebet*. Bestes Konjunktivzeichen ist noch der Umlaut des Stammvokals: *gäbst* vs. *gabst*, *brächte* vs. *brachte*, *käme* vs. *kam*.

Modus

Die Hilfs- und Modalverben bieten ein differenzierteres Bild, zeigen deutlich weniger Waben. Bei den Hilfsverben gibt es einmal spezielle Stammformen (*sei*, *habest*) und dann Umlaut (*hätte*, *wäre*). Bei den Modalverben finden wir auch Umlaut (*würde*, *könnte*, *müßte*, *dürfte*), und dann ist hier auch die Endung -e signifikanter, weil der Indikativ in 1/3 sg ja endungslos ist: *solle*, *wolle*, *könne*, *müsse*, *dürfe*, *möchte* gegenüber *soll*, *will*, *kann*, *muß*, *darf*, *mag*. Bei der Deutung ist für den Rezipienten entscheidend, daß die Mehrdeutigkeiten, wie sie sich in den Waben ausdrücken, nur auf dem Papier stehen. Normalerweise werden die zweideutigen Formen als die unmarkierten Indikative verstanden. Da im Verständnis der Indikativ dominant ist, muß nämlich der Sprecherschreiber, der einen Konjunktiv verwenden will, schauen, daß er eine eindeutige Form wählt. So hat sich ein sogenanntes Ersatzsystem etabliert, nach dem der überlegte Sprecherschreiber jeweils die undeutliche Konjunktivform durch die nächststärkere ersetzt. Die Skala der Stärken ist dabei *würde*-Umschreibung → Konjunktiv II → Konjunktiv I.

Dieses Ersatzwesen ist nur möglich, weil die Konjunktive keine temporale Bedeutung haben, obwohl man nach ihrer Bildung dies vermuten könnte (Konjunktiv I vom Präsensstamm, Konjunktiv II vom Präteritalstamm). Die Bedeutung des Konjunktivs besteht in der Relativierung der illokutionären Kraft und der Gültigkeit, die der Sprecherschreiber seiner Aussage mitgibt. So kann der Konjunktiv nach Wiedergabeverben als Distanzierung zu verstehen sein oder aber er zeigt gerade an, daß man sich im Bereich einer Redewiedergabe befindet. Er kann sogar über die Satzgrenze weitergeführt werden und anzeigen, daß man im Bereich der Redewiedergabe bleibt:

(2)   Es heißt, man benötige Einkristalle.
(2a) Es heißt, daß der Versuch so gelinge.
(2b) Er konnte nicht promovieren. Seine Versuche seien mißlungen.

Zweideutige Präteritumformen (wie *sagte* usw.) können darum manchmal als Konjunktive zu deuten sein, nämlich dann, wenn eine Vergangenheitsbedeutung ausgeschlossen scheint:

(2c) Es heißt, ich benötigte Einkristalle.

Der Konjunktiv II ist häufig in Bedingungsgefügen und bezeichnet die Irrealität des Gesagten. Dieser Konjunktiv wird auch als kontrafaktisch bezeichnet, weil er als Folgerung enthält, daß das Gesagte nicht der Fall ist:

(3) ┌ Wenn die Güte des Einkristalls eine Rolle spielen würde, wäre das sehr angenehm.
   ├► Die Güte des Einkristalls spielt keine Rolle.
   └► Das ist nicht angenehm.

Solche Bedingungsgefüge gibt es auch in verkappter Form (→ 5.12).

(4) ┌ Bei Regen wäre der Versuch gelungen.
   └► Wenn es geregnet hätte, ...

Schließlich kommt der Konjunktiv noch vor als Ausdruck kontrafaktischer Wünsche:

(5) ┌ Wäre der Versuch doch nur gelungen!
   └► Der Versuch ist (aber) nicht gelungen.

2.14 Verblexeme

Um das finite Verb zu erkennen, ist es natürlich hilfreich zu wissen, ob eine Vokabel ein Verb ist. Das ist in erster Linie eine Frage des lexikalischen Wissens. Dennoch gibt es hier auch grammatische Fragestellungen.

Verb: Identifikation

(i) Voraussetzungen für das Identifizieren des Verblexems sind die richtige Abtrennung der Morpheme und das genaue Erkennen der graphischen Form des Lexems. Beim Abtrennen der Morpheme können die Übergänge täuschen, so daß man fälschlich etwas zum Lexem zieht, was zum Morphem gehört, und umgekehrt. Solche Fehlanalysen klären sich, wenn sie nicht aufgehen oder wenn sie keinen Sinn machen.

Selbstverständlich ist für die Identifizierung von Verbvokabeln entscheidend, das jeweilige Lexem von andern zu unterscheiden. Jedes Graphem kann dabei wichtig sein. Insbesondere wenn die Bedeutungen der Verben nahe beieinander liegen, so daß sie in ähnlichen Kontexten vorkommen können, ist die Verwechslungsgefahr groß (→ Übersicht S. 67).

Selbstverständlich kommen weitere Verwechslungsgefahren bei einzelnen Verbformen hinzu: *machte* vs. *mochte*, *kann* vs. *kannte* vs. *konnte*, *brauchte* vs. *brachte* usw. Sie können nicht alle aufgeführt werden (cf. Orthmann 1981).

Ablaut

(ii) Für die Identifizierung der Verbvokabel ist es nützlich, die verschiedenen Weisen zu kennen, wie deutsche Verben ihre Formen bilden. Wir unterscheiden zwei große Gruppen: die regelmäßigen und die unregelmäßigen. Die regelmäßigen bilden das Präteritum mit dem Infix *-t-*, sie werfen nur das bereits erwähnte Problem auf, daß man die Verbalmorpheme richtig abtrennen muß, also insbesondere die Grenze zwischen dem Stamm und der Endung richtig ziehen muß. Zu den unregelmäßigen zählen die Hilfsverben und Modalverben, die eigene Konjugationen haben, so daß man ihre Formen für sich analysieren muß (→ Anhang 3). Dann gibt es die große Gruppe (ca.

Verben, die leicht zu verwechseln sind

ahnen	– ahnden	nahen	– nähen
befrieden	– befriedigen	nähen	– nähren
beten	– bitten	nähen	– nähern
bitten	– bieten	rationieren	– rationalisieren
brauchen	– gebrauchen	reisen	– reißen
drängeln	– drängen	reizen	– reißen
drucken	– drücken	ringeln	– ringen
einschlafen	– einschläfern	rodeln	– roden
elektrisieren	– elektrifizieren	schauen	– scheuen
entern	– kentern	schütteln	– schütten
fällen	– fallen	spucken	– spuken
feiern	– feuern	spülen	– spulen
fühlen	– füllen	stehen	– stehlen
gelingen	– gelangen	stellen	– stehlen
harmonieren	– harmonisieren	streichen	– streicheln
heißen	– heizen	streuen	– streunen
kennen	– können	stürzen	– stützen
klingeln	– klingen	tauschen	– täuschen
knicken	– knicksen	verbieten	– verbitten
kodieren	– kodifizieren	verlauten	– verlautbaren
kraulen	– graulen	verleugnen	– verleumden
künden	– kündigen	wachen	– wecken
leben	– lieben	wachsen	– waschen
leeren	– lehren	wandern	– wandeln
leiten	– leiden	zeigen	– zeugen
malen	– mahlen	zucken	– zücken

200) der ablautenden Verben, die streng genommen doch regelhaft sind, aber so unübersichtlich, daß die regelhafte Analyse rezeptionell wenig bringt. Und schließlich die Gruppe der rückumlautenden Verben, die zwar regelmäßig Präteritum und Partizip Perfekt bilden, aber den Stammumlaut (der nur noch historisch zu erkennen ist) rückgängig machen (*nennen* vs. *nannte*, *brennen* vs. *brannte*, *kennen* vs. *kannte*, *rennen* vs. *rannte*, *senden* vs. *sandte*, *wenden* vs. *wandte*, *bringen* vs. *brachte*, *denken* vs. *dachte*). Beachtenswert ist auch, daß manche Verben e/i-Wechsel des Stammvokals zeigen: *gebe* vs. *gibst*, *werde* vs. *wirst*.

Der Ablaut kann dem Rezipienten besondere Probleme machen. In der Regel wird ein Rezipient die Verbvokabel in der Grundform kennen, im Text aber wird er viele abgelautete Formen finden, wo das Verblexem so abgewandelt ist, daß man die Grundform nicht leicht wiedererkennt. Als Rezipient muß er aber auch die Grundform erschließen, wenn er die Vokabel etwa im Wörterbuch nachschlagen möchte. Wie findet er den Präsensstamm zum vorgefundenen Präteritalstamm? Nun, die Ablautverben bilden ja eine geschlossene Liste, die jedenfalls nicht erweitert wird im derzeitigen Sprachwandel, und die Abtönung des Stammvokals erfolgt in geregelten Ablautreihen. Aber leider sind diese Reihen nicht eindeutig, so daß man aus einem Vokal der Reihe die andern erschließen könnte. Einen Überblick über die

Ablautreihen geben wir im Anhang (→ Anhang 4). Für den Rezipienten ist aber auch der Weg vom Präteritum zur Grundform wichtig (der Weg vom Partizip Perfekt zur Grundform → 2.32).

Ablaut: Vom Präteritum zur Grundform

Präteritum	Grundform	Verbzahl	Beispiel
-i-	-ei-	23	ritt — reiten
	-a-	2	fing — fangen
	-e-	1	ging — gehen
	-ä-	1	hing — hängen
-ie-	-ei-	16	blieb — bleiben
	-a-	7	fiel — fallen
	-au-	2	lief — laufen
	-ei-	1	hieß — heißen
	-o-	1	stieß — stoßen
	-u-	1	rief — rufen
-a-	-e-	28	barg — bergen
	-i-	27	band — binden
	-ie-	1	lag — liegen
	-ä-	1	gebar — gebären
	-o-	1	kam — kommen
-o-	-ie-	22	bog — biegen
	-e-	12	hob — heben
	-ä-	3	gor — gären
	-ü-	3	log — lügen
	-au-	3	soff — saufen
	-ö-	2	schwor — schwören
	-i-	2	glomm — glimmen
	-a-	1	(er)scholl — schallen
-u-	-a-	10	fuhr — fahren
	-i-	1	schund — schinden
	-e-	1	wurde — werden

Auch diese Wege sind nicht eindeutig, aber die Anzahl der jeweiligen Verben bietet doch Hinweise auf die Wichtigkeit der jeweiligen Vokalfolge. Je mehr Verben einer Art es gibt, umso wichtiger erscheint es, sich den regelhaften Zusammenhang zu merken. Isolierte Fälle wird man nur für die jeweilige Vokabel beachten.

Verb: Wortbildung

(iii) Ein zentrales rezeptionelles Problem ist die Wortbildung der Verbvokabeln. Eine Verbvokabel muß ja nicht ein einzelnes Lexem sein, sie kann über Ableitung aus andern Wörtern gebildet sein oder über Komposition (zur Komposition → 3.42). Die Ableitung zeigt sich im wesentlichen in Suffixen und Präfixen (v.Polenz 1968; Fleischer 1975:313–339). Eine andere Möglichkeit

Das finite Verb

ist, daß Verben aus Substantiven oder Adjektiven gebildet sind, ohne ein Wortbildungsmittel zu verwenden. Der Verbcharakter wird dann nur durch die jeweiligen Verbmorpheme klargestellt. Aus Substantiven: *splittern, eiern, häuten, füttern*, mit zusätzlichen Präfixen: *zertrümmern, vergolden, bewaffnen*; aus Adjektiven: *wachen, bangen, gleichen, kürzen, härten*, mit zusätzlichen Präfixen: *befreien, begünstigen, entleeren*.

Sind Verben aus Substantiven oder Adjektiven abgeleitet mit Hilfe von Suffixen, so kann man sie als Verben erkennen an den entsprechenden Suffixen.

VERB

SUBSTANTIV	SUFFIX
kreuz	ig(en)
zement	ier(en)
automat	isier(en)
räuch	er(n)

VERB

ADJEKTIV	SUFFIX
fest	ig(en)
halb	ier(en)
ion(isch)	isier(en)
fromm	el(n)

Sind Verben abgeleitet mit Präfixen, hat man nicht die sichersten Hinweise, weil viele Präfixe auch bei andern Wortarten vorkommen. Die Präfigierung ändert meist die Bedeutung, aber – was grammatisch wichtig ist – oft auch die Valenz des Verbs (→ 2.4).

(1)   Wer liefert dem Forscher gute Einkristalle?

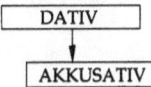

(1a)   Wer beliefert den Forscher mit guten Einkristallen?

be-Verben haben durchgehend akkusativische Komplemente. Sie können also gegenüber dem Grundverb den Anschluß dieses Komplements ändern. Dies bewirken auch andere Präfixe, so daß insgesamt bei Präfixverben das Satzmuster NOMINATIVKOMPLEMENT – VERB – AKKUSATIVKOMPLEMENT häufig ist:

(2)   Jemand läuft durch den Wald.

(3)   Jemand durchläuft den ganzen Wald.

PRÄFIX	VERB
(etwas) be	gehen
(etwas) er	warten
(jemanden) an	zeigen
(jemanden) ver	lachen

Sind Verben abgeleitet mit sogenannten Halbpräfixen (*ab, auf, an, aus, bei, durch, hinter, nach, über, um, unter, vor, zu; ein, wieder, zurück*), so werfen sie besondere Probleme auf, weil diese Halbpräfixe vom Verb getrennt stehen können, so daß erhebliche Unterbrechungen zustande kommen (→ 2.31; 2.35).

Halbpräfixe, insbesondere mit Präpositionen verwandte, können auch als Reduktionen der Valenz auftreten, wo ein Komplement verschluckt ist:

(4) Wir montieren die Reifen an das Auto.
(4a) Wir montieren die Reifen an.

Zum Verständnis muß der Rezipient natürlich das verschluckte Komplement ergänzen. Weitere Beispiele: *über-* (*überlaufen, übersetzen); an-* (*anmontieren, anfahren); durch-* (*durchkommen, durchlaufen*).

Verbkategorien

(v) Zur Einpassung des finiten Verbs in das Gefüge des ganzen Satzes gilt es, die Kategorie des Verballexems zu beachten. Eine grobe grammatische Kategorisierung ist gerade nach dem Verhalten der Verben im Satz möglich. Danach unterscheiden wir:
– Vollverben (*spielt, kristallisiert*),
– Hilfsverben (*hat, sind*),
– Modalverben (*konnten, dürfen*),
– Kopulaverben (*ist, wird*),
– Funktionsverben (*kommen, bringen*).

Vollverben können allein das Prädikat bilden und über ihre Valenz (→ 2.4) die Satzstruktur weitgehend bestimmen. Man erwartet keine weiteren Teile einer Verbalphrase mehr. Bei allen andern Verb-Arten muß der Hörerleser nach weiteren Prädikatsteilen Ausschau halten. Sie sollten also beim Rezipienten einen inneren Alarm auslösen, der ihn von verfrühten Deutungen abhält. Die zu erwartenden Prädikatsteile sind selbst von unterschiedlicher Form je nach der Kategorie des finiten Verbs (→ 2.3).

Ratschläge für Lerner

> Das finite Verb ist ein erster Zugang zum Satz. Es organisiert ihn, bestimmt Tempus und Modus für den ganzen Satz.
> Öfter bietet es schon ein Verstehensschema.
> Darum:
> Bestimme das finite Verb!
> An seiner Stellung kannst du es erkennen:
> Zweitstellung im Aussagesatz, Endstellung im Nebensatz.
> An seiner Endung kannst du es erkennen:
> Typische Verb-Endungen sind: -*t* und -*st*.

2.2 Das Subjekt

Der nächste Schritt in der Satzanalyse ist die Ermittlung des Subjekts. Denn mit dem finiten Verb und dem Subjekt gewinnen wir zwei Grundpfeiler: Sie geben uns eine einfache Aussagestruktur, auf der wir weiterbauen können. Dies verdankt sich der allgemeinen semantischen Struktur jedes gegliederten Satzes: Grob gesprochen kann man unterscheiden zwischen der illokutionären Komponente und der propositionalen Komponente. Die illokutionäre Komponente ist zuständig für das Aktpotential und die modale Gültigkeit des Ganzsatzes (Behauptung, Frage, Vermutung, Antwort usw.). In sie eingebettet ist die propositionale Komponente, in der Sachverhalte ohne Wahrheitsanspruch ausgedrückt sind. Die Proposition besteht darin, daß auf einen Gegenstand Bezug genommen wird (gewöhnlich mit dem Subjekt) und von ihm positiv oder negativ etwas ausgesagt wird (mit dem Prädikat):

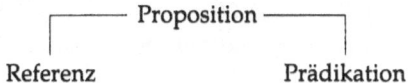

Die Bezugnahme (Referenz) ist eine Grundfunktion nominaler Teile im Satz, die Prädikation eine Grundfunktion verbaler Teile. Das Subjekt ist als referierender Teil dominant und darum im Deutschen prinzipiell obligatorisch für jeden Satz. Diese Prominenz des Subjekts wirkt sich in einigen Eigenschaften aus, die ihm in vielen Sprachen zukommen (Keenan 1976):
- Das Subjekt benennt oft das Thema des Satzes.
- Das Subjekt bezeichnet häufig den Verursacher oder den menschlichen Handelnden.
- Das Subjekt steht im Nominativ (dem unmarkierten Kasus).

[Die Eigenschaften der Atome] sind zum großen Teil aus Wirkungen bekannt, [welche] durch das Verhalten der äußeren Elektronen in der Hauptsache bestimmt sind. [Hinweise für die Struktur der Atomhülle] konnten insbesondere aus dem chemischen Verhalten der Atome und aus den Resultaten der Atomspektroskopie abgeleitet werden. Mit Hilfe des Moseley'schen Gesetzes der Röntgenspektren konnte jedem Element [eine Kernladungszahl Z] zugeordnet werden, [welche] ganzzahlig ist und die Zahl der Protonen im Atomkern angibt. Aus massenspektroskopischen Untersuchungen wie beispielsweise auch aus den genauen Massenzahlen der in der Natur beobachteten Elemente ergab sich, [daß für viele Elemente bei vorgegebener Kernladungszahl mehrere stabile Isotope existieren, [die] sich durch die Zahl der Neutronen N unterscheiden, [welche] im Atomkern zusammen mit den Protonen vorhanden sind].

Während des Mittelalters führten [unterschiedliche Auffassungen und wechselseitige Anerkennung von Christentum und geistigen Leistungen der Antike] zu jahrhundertelangen Diskussionen, [die] in der Scholastik gipfelten. [Die Arbeiten von Aristoteles] waren akzeptiert, und [seine Aussagen] galten als unumstößlich. [Ergebnisse der Naturwissenschaften] durften weder in Widerspruch zu ihnen, noch in Widerspruch zur Schöpfungsgeschichte der Bibel geraten. [Es] wurde [eine Tradition verbindlicher Lehr- und Wissensstoffe] begründet, wodurch [die Wissenschaft] in ein Stadium geistiger Erstarrung geriet. [Eine Auflockerung dieser Einstellung] begann – zunächst in Oberitalien – im 14. Jahrhundert mit dem Beginn der Renaissance. [Man] begann, die

Funktion des menschlichen Körpers zu verstehen, [man] lernte die einzelnen Organsysteme kennen und erkannte, daß zahlreiche Erkrankungen auf pathologische Veränderungen bestimmter Organe zurückzuführen seien. [Das 18. und 19. Jahrhundert] brachte den Aufbruch der modernen Naturwissenschaften. Neben die Beobachtung trat [das Experiment]. Eine neue Phase leitete schließlich ein, [daß der Engländer Hooke (1635-1705) und der Holländer A. v. Leeuwenhoek (1632-1723) das Mikroskop entwickelten.]

2.21 Stellung des Subjekts

Dreifelder-
lehre

(i) Die Subjekte unserer Beispieltexte nehmen überwiegend die erste Position des Satzes ein, stehen also im Aussagesatz direkt vor dem finiten Verb. Dies werden viele Leser erwarten und für den Normalfall halten. Und tatsächlich steht im Deutschen das Subjekt überwiegend in dieser Position (Hoberg 1981:162):

(1) [Die Eigenschaften der Atome] sind aus Wirkungen bekannt.

Man muß aber darauf gefaßt sein, daß diese Serialisierung nicht eingehalten ist. Denn häufig ist der Fall, daß die erste Position anders besetzt ist, etwa durch ein orientierendes Supplement. Dann tritt das Subjekt hinter das finite Verb und nimmt so oft (nicht immer!) die dritte Position im Satz ein.

(2) Während des Mittelalters führten [unterschiedliche Auffassungen
     ⎯⎯⎯⎯⎯⎯⎯⎯⎯⎯⎯⎯⎯⎯ ⎯⎯⎯⎯⎯⎯
           1   2

     und wechselseitige Anerkennung von Christentum und geistigen

     Leistungen der Antike] zu jahrhundertelangen Diskussionen.

Es gibt sogar den Fall, daß das Subjekt noch weiter nach rechts rückt, was aber im Aussagesatz schon seltener ist. Unser Text enthält ein Beispiel für Viertstellung:

(3) Mit Hilfe des Moseley'schen Gesetzes der Röntgenspektren konnte
     ⎯⎯⎯ ⎯⎯⎯⎯⎯⎯
                            1   2
     jedem Element [eine Kernladungszahl Z] zugeordnet werden.
     ⎯⎯⎯⎯⎯⎯⎯⎯⎯⎯⎯
          3

Bei einer Gruppe von Verben (*fehlen, gefallen, unterlaufen, einfallen, passieren, gelingen, gehören, zukommen, ähneln*, cf. Lenerz 1977:114) steht das persönliche Dativkomplement so im Vordergrund, daß es meistens das Vorfeld füllt. Das Subjekt steht dann gewöhnlich in Drittstellung oder später:

(4) Dem Engländer Hooke kam plötzlich [ein guter Gedanke].

Hier ist ein Subjekt im Vorfeld sogar hervorgehoben:

(5) [Ein guter Gedanke] kam plötzlich dem Engländer Hooke.

Die Erststellung des Subjekts ist bedingt durch die allgemeine kommunikative Struktur des Satzes. Es steht möglichst weit vorn, weil es in der Regel das Thema des Satzes nennt. Wenn sich das Thema durch den Text zieht

Das Subjekt 73

(Zubin 1979), wird es auch pronominal und anaphorisch wieder aufgenommen, so daß Subjekte häufig durch Pronomen realisiert sind. Neben der Themafunktion kommt dem Subjekt auch noch eine Anschlußfunktion an das Vorhergehende (das Gegebene!) zu. Die pronominale Realisierung folgt also den Formen der Themaverknüpfung (→ 1.32):

Thema 1: Die Eigenschaften der Atome sind bekannt.

Thema 1: [Sie] äußern sich im Verhalten der Atome.

Rhema 1: Dies führte zu jahrhundertelangen Diskussionen.

Thema 2: [Sie] gipfelten in der Scholastik.

Die Erststellung des Subjekts entpuppt sich als Folge einer allgemeineren Satzgliederung. Man kann nämlich davon ausgehen, daß die kommunikative Grundstruktur des Aussagesatzes sich in drei Felder gliedert (so zuerst Drach 1937:18):

Vorfeld	Mittelfeld	Nachfeld
Eine Auflockerung	begann im 14. Jahrhundert	grob gesprochen

Elemente im Vorfeld haben die Funktion, eine zeitliche oder lokale Orientierung zu geben, das Thema zu nennen oder einen Anschluß zu schaffen, während das Mittelfeld weitgehend dem Rhema vorbehalten ist und deshalb vom finiten Verb eröffnet wird (und unter Umständen von andern Prädikatsteilen abgeschlossen). Aufgrund dieser Tatsache kann es sich auch öfter empfehlen, von links in den Satz einzusteigen und weiter nach rechts zu analysieren. Der Mitteleinstieg über das finite Verb ist eher dann angezeigt, wenn die Gesamtkonstruktion des Satzes unklar bleibt.

(ii) Die verschiedenen Stellungsvarianten des Subjekts hängen zusammen mit der sogenannten Achsenstellung des finiten Verbs. Das finite Verb ist nämlich so etwas wie ein Fixpunkt, ein Standbein, um das herum sich die andern Satzglieder wie Spielbeine bewegen können. Rückt ein anderes Satzglied ins Vorfeld, so dreht das Subjekt sich um das finite Verb herum:

Stellungsvarianten

[Eine Auflockerung dessen]   (begann)   [im 14. Jahrhundert]

Auch hier wirkt das Grundprinzip der deutschen Wortstellung, daß innerhalb der Satzglieder weitgehend eine feste Serialisierung besteht, während die Abfolge der Satzglieder recht frei ist, und demgemäß können sich Satzglieder recht frei auf solchen Bahnen bewegen.

Bei der Subjektbestimmung darf man sich durch zweierlei nicht täuschen lassen:
1. Konjunktionen stehen zwar oft im Vorfeld, besetzen aber keine Position. Sie verdrängen darum auch nicht das Subjekt (oder ein anderes Satzglied) aus dem Vorfeld.

Vorfeldbesetzung im Deutschen

Besetzung	Vorfeld	Mittelfeld
Subjekt	Eine Auflockerung Man	begann im 14. Jahrhundert. entdeckte neue Phänomene.
Supplemente/ Adverbiale	Im 19. Jahrhundert Dann / damals Durch den Aufschwung der Forschung Weil man empirisch forschte,	entdeckte man neue Phänomene.
Komplemente/ Objekte	Neue Phänomene Dies Daß zahlreiche Entwicklungen auf Evolution zurückzuführen sind,	entdeckte man im 19. Jahrhundert.
Prädikatsteile	Entdecken Bekannt	konnte man das erst im 19. Jahrhundert. wurde das alles erst später.

2. Gemäß der Anschlußfunktion des Vorfelds muß nicht immer das Subjekt im Vorfeld stehen. Es gibt andere Möglichkeiten, das Vorfeld zu füllen. Hier können besonders solche Fälle irreführen, wo die Nominalphrase im Vorfeld einem Subjekt ähnlich sieht:

(6) Der weltweit anerkannten Forschung entspricht die Qualität der Lehre.

(7) Das 19. Jahrhundert kennt der Historiker gut.

Während Subjekt und orientierende Supplemente ihren neutralen Platz im Vorfeld haben, sind andere Satzteile hier emphatisch betont oder fokussiert. Wegen der Fokussierung finden wir beispielsweise alle Fragepronomen der Ergänzungsfragen im Vorfeld, das Subjekt tritt hier gegebenenfalls ins Mittelfeld:

(8) Was entwickelte [der Engländer Hooke]?

(9) Wo begann [die Auflockerung]?

(10) Welchen Weg ging [sie]?

Selbstverständlich wirken in der Subjektstellung auch allgemeine Serialisierungsprinzipien mit wie Hervorhebung, Mitteilungswert, Schwere des Satzglieds. Beispielsweise steht das Subjekt – nach dem Gesetz der wachsenden Glieder – in einem Satz unseres Einführungstexts weit rechts.

(11) [Aus massenspektroskopischen Untersuchungen wie beispielsweise auch aus den genauen Massenzahlen der in der Natur beobachteten Elemente] ergab sich, [daß mehrere stabile Isotope existieren ...]

```
                            SUBJEKT
```

2.22 Formen des Subjekts

Subjekte sind unterschiedlich aufgebaut, unterschiedlich lang und unterschiedlich komplex. Sie können dreierlei Formen haben: Nominalphrasen, Subjektsätze oder Infinitivklauseln. In den allermeisten Fällen ist das Subjekt eine Nominalphrase. Diese Nominalphrase kann als Kern ein Substantiv haben oder ein Pronomen. Nominalphrasen als Subjekt stehen immer im Nominativ, das ist ihr unverwechselbares Kennzeichen.

(i) Pronominale Subjekte machen am wenigsten Probleme. Einerseits sind sie meistens kurz und einfach, andererseits ist bei ihnen auch der Nominativ meist gut erkennbar. Die häufigen Personalpronomen *ich, du, er, wir* haben den Nominativ eindeutig markiert, ebenso das Interrogativpronomen *wer*. Die Personalpronomen *sie* und *es* können Nominativ und Akkusativ sein, so daß nur im Zusammenhang erkennbar sein wird, ob sie Subjekt sind. Bei *ihr* ist die Lage noch etwas verwickelter (→ Anhang 1; 6). Eindeutig Nominativ sind auch die Indefinitpronomen *man* und *niemand*. Demonstrativ- und die übrigen Indefinitpronomen werfen die gleichen Probleme auf wie der Artikel, da beide Wortarten in ihrer Deklination weitgehend identisch sind. Nominativ und Akkusativ sind also nicht unterschieden. Enthält ein Satz zwei in dieser Weise mehrdeutige Nominalphrasen, so muß öfter das unscharfe Kriterium der Serialisierung aushelfen oder semantische Überlegungen.

Pronominales Subjekt

Nominal-
phrasen

(ii) Nominalphrasen mit Substantiv als Kern werfen mehr Probleme auf. Das Substantiv erkennt man an der Großschreibung leicht; ob es im Nominativ steht, ist schon schwieriger zu erkennen. Die Substantivdeklination ist im Deutschen recht ärmlich (→ Anhang 8), und so sind die Formen selten eindeutig; zu ihrer Bestimmung kann man oft nur negativ auslesend vorgehen, indem man bestimmte Deutungen für die fragliche Form ausschließt. Die ärmliche Deklination differenziert zwar meist ganz gut den Numerus (Plural-Kennzeichen: *-s, -e, -er* und Umlaut, manchmal auch *-(e)n*), aber die für die grammatische Konstruktion wichtigen Kasus eher schlecht. Ist der Genitiv noch recht gut markiert, so ist der Nominativ oft mit dem Akkusativ identisch, insbesondere im Plural lauten die beiden immer gleich, im Singular sind sie nur bei Typ 10 verschieden.

Der Kasus der Nominalphrase wird natürlich nicht nur am Substantiv sichtbar, sondern auch an den Artikeln, die dem Substantiv als Indikator vorangehen. Dabei ist allerdings vorderhand dreierlei zu beachten:

1. Als Artikelwörter fungieren nicht nur Definitartikel (*der, die, das*) und die Indefinitartikel (*ein, eine*). Die Kategorie der Artikelwörter ist umfänglicher als in der traditionellen Grammatik angenommen, wie man sich leicht überzeugen kann durch Ersatzproben und Ausschlußproben und wie es auch die analoge, wenn auch im einzelnen unterschiedliche Funktion der Artikel nahelegt. Alle Artikelwörter leisten für die Kasusbestimmung das gleiche. Der Rezipient muß also alle Artikelformen nützen.

Artikelwörter

Artikelform	Bezeichnung
der, die, das	Definit-Artikel
ein/eine, irgendein/irgendeine	Indefinit-Artikel
dies/er/e/es, jener	Demonstrativ-Artikel
sein/seine, mein, dein, unser, ihr/ihre	Possessiv-Artikel
welch/er/e/es	Interrogativ-Artikel
alle, kein/keine, beide, jed/er/e/es, einige, manche, mehrere	Quantitativ-Artikel

2. Der Artikel eröffnet die Nominalphrase, er steht also stets links vom Substantiv. Allerdings muß nicht immer der nächste Artikel zum Substantiv gehören:

(1) Auf der Grundlage eines Grundüberzeugungen betreffenden Konsensus.

Zwischen Artikel und Substantiv können nämlich weitere Nominalphrasen mit Artikel eingeschoben sein (→ 5.2). Meistens hilft aber in diesen Fällen die Kongruenz weiter.

3. In selten Fällen können die Quantitativ-Artikel sich von ihren Substantiven trennen (sogenannte floatende Artikel):

(2) Mikroskope gab es vorher keine.

Sie nehmen eine Position ein, in der auch die ganze Nominalphrase stehen könnte, allerdings dann fokussiert wäre. Genau dies leistet auch der verschobene Artikel: Er ist besonders betont.

Wieso kann der Artikel die Mängel der Substantivdeklination kompensieren? Nun, ein Blick auf unsere Netzwerke (→ Anhang 5) zeigt, daß die Artikelfiguren viel weniger verzweigen als die Substantivfiguren. Die Funktionen sind also prinzipiell besser markiert. Dennoch gibt es auch bei den Artikelformen keine eindeutige Nominativform (Ausnahme das seltene *derjenige*).

Wenn man allerdings das Genus des Substantivs – so man es kennt – berücksichtigt und den Numerus, gibt es wenigstens die eindeutigen Nominativformen *dieser, der* usw. Aber auch hier ist Vorsicht geboten, weil im pl dies die Formen des Genitivs sind. Mit Ausnahme dieser -(e)r-Endungen sind in allen andern Fällen Nominativ- und Akkusativmorpheme identisch, so daß der Nominativ meistens morphologisch nicht gekennzeichnet ist. Enthält der Satz nur eine einzige Nominalphrase (oder allgemeiner nur ein Satzglied), die Nominativ oder Akkusativ sein könnte, so gibt es keine Schwierigkeiten: Sie ist fast immer das Subjekt. Enthält er allerdings zwei, wird es schwieriger. Dann kann die allgemeine Regelung greifen, daß man normalerweise mit einer Abfolge SUBJEKT – VERB – OBJEKT rechnen kann:

(3)   Die Menge A enthält die Menge B.

Ob diese Annahme korrekt ist, erweist sich aber erst daran, daß der gesamte Text kohärent gedeutet ist. Bisweilen helfen auch schon semantische Erwägungen im engeren Bereich des Satzes. Denn jedes Subjekt muß auch als Subjekt zu dem Verb passen, und es muß im gegebenen Zusammenhang Sinn machen. So macht eben beim Verb *ableiten* als Subjekt eine Agensphrase guten Sinn:

(4)   Hinweise für die Struktur leiten die Forscher aus dem chemischen
      | AKK KOMPLEMENT | | SUBJEKT |
      Verhalten ab.

Besondere Vorsicht ist geboten bei Eigennamen, da sie nur den Genitiv markieren, alle andern Kasus gleichlauten. Zudem führen sie in der Regel keinen Artikel bei sich.

(iii) Die weiteren Formen des Subjekts, Nebensatz (Subjektsatz) und Infinitivklauseln, belegen wir nur durch ein Beispiel. Sie sind beim komplexen Satz eingehender behandelt (→ 4.1).

Weitere Subjektformen

(5)   Eine neue Phase leitete schließlich ein,
      [daß Hooke (1635-1705) und ... das Mikroskop entwickelten].
      | SUBJEKTSATZ |

(6)   [Gute Einkristalle zu beschaffen], lohnt sich in jedem Fall.
      | INFINITIVKLAUSEL |

Subjektsätze sind ungleich seltener als Subjekt-Nominalphrasen und in ihrer Zuordnung oft problematisch, weil sie keinerlei Kasusmarkierung haben. Allerdings greifen hier semantische Überlegungen ganz gut.

Substantiv: Identifikation

(iv) Ist das Subjekt eine Nominalphrase mit substantivischem Kern, dann ist selbstverständlich die richtige Identifikation des Substantivs für das Verständnis entscheidend. In der Außenabgrenzung hebt es sich gut von andern Wortarten ab durch seine Großschreibung. Nur am Satzanfang ist dieser Unterschied neutralisiert und muß durch genaue Analyse kompensiert werden, beispielsweise bei Wortformen wie *Haut, Rast, Dienst*, die eben auch Verbformen sein können. Beachtenswerter noch ist die lexematische Identität des einzelnen Substantivs. Dazu lohnt es sich, dreierlei zu beherzigen:
- Es gibt Substantive, die gleich lauten, aber orthographisch unterschieden werden.
- Es gibt Substantive, die phonematisch, grammatisch und inhaltlich nahe beieinander liegen und Verwechslungen provozieren.
- Es gibt Substantive, die gleich lauten, aber sich durch verschiedenes Genus oder verschiedene Pluralbildung unterscheiden.

Substantive, die lautlich und graphisch leicht zu verwechseln sind

Affekt	– Effekt	Mal	– Mahl
Akt	– Axt	Müll	– Mull
Amnestie	– Amnesie	Muse	– Muße
Champion	– Champignon	Palast	– Ballast
Ekel	– Egel	Panne	– Pfanne
Exitus	– Exodus	Pils	– Pilz
Fall	– Falle	Posten	– Pfosten
Feile	– Pfeile	Prise	– Brise
Gabel	– Kabel	Provision	– Profession
Gams	– Gans	Rad	– Rat
Geisel	– Geißel	Rum	– Ruhm
Geste	– Gäste	Sack	– Sarg
Gläubiger	– Gläubige	Schrott	– Schrot
Grippe	– Gerippe	Schwamm	– Schwarm
Hülle	– Hülse	Seite	– Saite
Ideal	– Idol	Sklave	– Slawe
Intention	– Intension	Sole	– Sohle
Katheder	– Katheter	Staat	– Stadt
Komma	– Koma	Stadium	– Stadion
Konto	– Skonto	Strich	– Strick
Kram	– Kran	Symptom	– Syndrom
Krippe	– Grippe	Tempo	– Tempus
Kuppe	– Kuppel	Waise	– Weise
Lade	– Laden	Weide	– Weite
Leib	– Laib	Zaum	– Saum

Substantivableitungen

(v) Nicht immer genügt allerdings Identifikation und Vokabelkenntnis. Häufig sind Substantive durch Wortbildung entstanden, und vielleicht gar nicht üblich. Dann muß der Rezipient Bildungsweise und Bedeutung erkennen. Wir unterscheiden dabei abgeleitete und zusammengesetzte Substantive.

Das Subjekt

Gleichlautende Substantive
mit Genusunterschied und verschiedener Bedeutung

m		n	
der Band	Buchband	das Band	schmaler Streifen
der Moment	Augenblick	das Moment	Umstand, Merkmal
der Reis	Nahrungsmittel	das Reis	Zweiglein
der Bund	Bündnis, Rockbund	das Bund	Gebinde, Bündel
der Tor	törichter Mensch	das Tor	große Tür
der Junge	Knabe	das Junge	junges Tier
der Gehalt	Inhalt, Wert	das Gehalt	Arbeitsentgelt
der Schild	Schutzwaffe	das Schild	Erkennungszeichen, Aushängeschild
der Ekel	Abscheu	das Ekel	widerlicher Mensch
der Stift	Bleistift, Stäbchen	das Stift	Kloster, Stiftung
der Laster	Lastkraftwagen	das Laster	Ausschweifung
der Tau	Niederschlag	das Tau	starkes Seil
der Bauer	Landmann	das Bauer	Vogelkäfig

f		n	
die Mark	Geldeinheit, Grenzland	das Mark	Knochengewebe
die Steuer	Abgabe	das Steuer	Lenkvorrichtung

m		f	
der See	Binnengewässer	die See	Meer
der Hut	Kopfbedeckung	die Hut	Schutz, Aufsicht
der Kunde	Käufer	die Kunde	Nachricht
der Leiter	Person in übergeordneter Stellung	die Leiter	Gerät mit Sprossen zum Steigen
der Kiefer	Knochen, Kinnlade	die Kiefer	Baum
der Heide	Nichtchrist	die Heide	weite baumlose Landschaft
der Mangel	Fehlen	die Mangel	große Bügelmaschine
der Alp	Alpdrücken	die Alp	Bergweide
der Flur	Korridor	die Flur	Feld und Wiese

Die abgeleiteten erkennt man an den Suffixen, weil bestimmte Suffixe für Substantive reserviert sind: *-heit, -keit, -igkeit, -ler, -ner, -en, -chen, -lein, -schaft, -tum, -ling, -er*. Die Suffixe erzeugen Substantive aus Grundwörtern anderer Wortart (cf. Fleischer 1975:131–204).

Substantivableitungen

SUBSTANTIV		SUBSTANTIV	
ADJEKTIV	**SUFFIX**	**VERB**	**SUFFIX**
Gesund	heit	Verwend	ung
Wichtig	keit	Auftret	en
Leicht	igkeit	Fahr	t
Größ	e	Lach	erei
Roh	ling	Gab	e
		(Ge)red	e
		Brüt	er
		Zufuhr	–
		Versäum	nis

Substantivableitungen aus Verben sind Mittel der grammatischen Komprimierung. Ihre Deutung und Einbettung in die grammatische Struktur ist für den Rezipienten eine der Hauptschwierigkeiten (→ 5.1).

Charakteristischer noch als Ableitungen sind für das Deutsche die Zusammensetzungen, weil es da sehr viele Möglichkeiten gibt, von denen in der Wissenschaftssprache auch reger Gebrauch gemacht wird. Hier erreichen die Komposita eine beträchtliche Komplexität; Mehrfachzusammensetzungen sind geläufig, deren innere Gliederung es zu beachten gilt (→ 3.32):

[*Grundnahrung*]*smittel*, [*Blutzucker*]*spiegel*, [*Kunststoff*]*industrie*, [*Gallengang*]*wucherung*, [*Ankunftszeit*]*schwankung*, [*Eiweiß*][*baustein*].

2.23 Subjekt-Prädikat-Kongruenz

Numeruskongruenz

(i) Das hervorstechende Merkmal des Subjekts ist die Kongruenz mit den Morphemen des finiten Verbs (sog. Subjektkonjugation). Wenn Stellung und Kasus zur Subjektbestimmung nicht weiterhelfen, tut es oft die Kongruenz zwischen Subjekt und Prädikat, die sich auf Person und Numerus erstreckt.

(1) Wir erkannten zahlreiche Erkrankungen.
     └─ 1 pl ─┘

(2) Bei gegebener Kernladungszahl existieren mehrere stabile Isotope
                                     └─────── 3 pl ───────┘

Diese Kongruenz hilft nicht nur, die vieldeutigen Verbformen zu vereindeutigen oder mehrdeutige Pronominalformen wie *sie* (3 sg vs. 3 pl), sondern in Zweifelsfällen oft auch, das Subjekt zu bestimmen.

Ganz klar, aber weniger hilfreich erscheint die Personenkongruenz. Die Pronominalfiguren (→ Anhang 6) zeigen, daß in der 2. Person klare Zuordnungen bestehen:

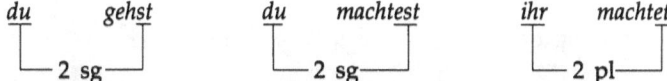

Leider sind diese Fälle relativ selten; unsere beiden Beispieltexte enthalten – wie in der Sachprosa häufig – kein einziges Subjekt der 2. Person. Und der häufigere Fall der Subjekte der 3. Person ist weniger eindeutig, weil diese Formen im Präteritum mindestens auch 1 sg sein können. Subjekte der 3. Person sind aber nicht nur pronominal, sondern auch substantivische Nominalphrasen und satzwertige Subjekte wie Subjektsatz und Infinitivklauseln. Bei den letzteren ist die Situation zwar einfach, weil sie grundsätzlich 3 sg verlangen. Aber sonst ist die Lage verwickelter, weil der innere Aufbau des Subjekts eine Rolle spielt. Im Vordergrund steht dabei nicht die Frage der grammatischen Person, sondern die Frage des Numerus: Verlangt ein Subjekt Singular oder Plural? Bei der Antwort ist zu berücksichtigen, daß im Grunde eine semantisch orientierte Kongruenz vorherrscht, die sich natürlich formalgrammatisch auswirkt. In der langen Tradition der normativen Sprachpflege hat man versucht, die Subjekt-Prädikat-Kongruenz eindeutig formal zu regeln. Das ist aber nicht gelungen, so daß die Verhältnisse hier bunter sind als uns die Grammatiken lehren (Findreng 1976). In norm-orientierten Textsorten ist eher mit Einhaltung der form- und norm-orientierten Grundregeln zu rechnen.

Numeruskongruenz von Prädikat und Subjekt der 3. Person: Grundregeln

Regel:	Subjekt im Singular — Verbform im Singular
Beispiel:	*Neben die Beobachtung trat das Experiment.*
Regel:	Subjekt im Plural — Verbform im Plural
Beispiel:	*Die Eigenschaften der Atome sind zum großen Teil bekannt.*
	Insbesondere, wenn ein koordiniertes Subjekt eine Nominalphrase im Plural enthält:
Beispiel:	*Unterschiedliche Auffassungen und wechselseitige Anerkennung führten zu Diskussionen.*
Regel:	Subjekt *und*-Koordination — Verb im Plural
Beispiel:	*Die Genetik und die Evolutionsforschung entwickelten sich im 19. Jahrhundert.*

Ebenso bei einer Koordination mit *sowohl – als auch*:
Beispiel: *Sowohl die BRD als auch die DDR müssen erhebliche Mengen einführen.*

Ebenso ohne explizites *und*:
Beispiel: *Hooke, Leeuwenhoek, Janssen entwickelten unabhängig voneinander das Mikroskop.*

Regel:	Subjekt *oder*-Koordination von Nominalphrasen im Singular — Verbform im Singular

Beispiel: *War Haeckel oder Darwin der Begründer der Evolutionsforschung?*

Ebenso bei einer Koordination mit *nicht nur – sondern auch*:
Beispiel: *Nicht nur Darwin, sondern auch Haeckel hat der Evolutionsforschung Erkenntnisse gebracht.*

Ebenso ohne explizites *oder*:
Beispiel: *Wann sah ein Biologe, ein Psychologe, ein Genetiker je in ein menschliches Gehirn?*

Numeruskongruenz von Prädikat und Subjekt der 3. Person: Sonderfälle

Regel:	Subjekt Mengenangabe im Singular — oft Verbform im Plural

Beispiel: *Eine Menge sind mißlungen.*

Ebenso: *eine Masse / Reihe / Vielzahl / Anzahl* usw.

Insbesondere, wenn der Mengenangabe eine pluralische Nominalphrase als Attribut folgt:
Beispiel: *Eine Unmenge von Einkristallen wurden für den Versuch benötigt.*

Regel:	Subjekt *und*-Koordination von Nominalphrasen im Singular — oft Verbform im Singular

Beispiel: *Das 18. und 19. Jahrhundert brachte den Aufbruch der modernen Naturwissenschaften.*

Insbesondere,
- wenn das Subjekt dem finiten Verb folgt:
  Beispiel: *Damals begann eine neue Tradition und Forschungsmanier.*
- wenn ein Teil des koordinierten Subjekts abgespalten ist:
  Beispiel: *Eine Tradition wurde in Frage gestellt und eine Einstellung.*
- wenn das Subjekt kein explizites *und* enthält:
  Beispiel: *Eine Tradition, eine Einstellung, eine Forschungsmanier wurde in Frage gestellt.*
- wenn die koordinierten Nominalphrasen gleiche Referenz haben:
  Beispiel: *Jeder Wissenschaftler, jeder ernsthafte Forscher kann sich dem kaum entziehen.*

Das Subjekt 83

(ii) In der Personenkongruenz treten Komplikationen nur insofern auf, als es bei koordinierten Subjekten in mehreren Personen ja keine Verb-Endung gibt, die angemessen wäre. Hier muß also eine Präferenzregel eintreten, die tatsächlich existiert. Sie bereitet aber keine Schwierigkeiten in der Rezeption: Bei Koordination verschiedener Personen wird der Plural und jeweils eine angebbare Person gewählt. Es besteht eine klare Hierarchie der Personen: 1 dominiert 2, 2 dominiert 3. Das bedeutet, daß beispielsweise mit *ich und du* ein Verbalmorphem 1 pl *machen* zusammengeht, mit *du und er* ein Verbalmorphem 2 pl *macht*. Analog bei pluralischen Subjekten: bei *ich und ihr* kommt 1 pl *machen*, bei *wir und ihr* ebenfalls 1 pl usw. {Personenkongruenz}

(iii) Gewisse Schwierigkeiten macht es, das Subjekt zu erkennen, wenn der Satz eine prädikative Nominalphrase enthält, die ja ebenfalls im Nominativ steht: {Prädikative}

(3)   Dies ist das Gehirn.

Oft ist dann nicht zu entscheiden, was Subjekt und was Prädikativ ist. Als Faustregeln sind anwendbar: Das Subjekt steht vor dem Prädikativ, und die semantisch engere, speziellere Nominalphrase ist das Subjekt; ist eine von beiden indefinit, so ist sie Prädikativ. Haben die beiden Nominalphrasen nicht gleichen Numerus und Person, treten auch hier Kongruenzprobleme auf. Üblich ist zwar die Kongruenz mit dem Subjekt, aber zusätzlich sind generell 1. und 2. Person dominant, und beim Numerus der Plural:

(4)   [Dies] sind die Gehirne.
      SUBJEKT
              └─ 3 pl ─┘

(5)   Wir sind das Gehirn.
      └1 pl┘

Das heißt, wenn eine der beiden Nominalphrasen pluralisch ist, werden pluralische Verbformen stehen. Das gilt insbesondere auch, wenn die pronominalen *es, das* Subjekt sind (analog wie in (4)). In der Regel bereiten all diese Fälle aber dem Rezipienten keine Schwierigkeiten, weil die Sätze sowieso Identität aussagen und damit symmetrisch sind. Es spielt also keine Rolle, welche der beiden Nominalphrasen letztlich das Subjekt ist.

2.24 Subjektfallen

Im Vorspann des Subjekt-Kapitels hieß es, das Subjekt sei prinzipiell obligatorisch. Wie in der Rechtssprache ist damit angedeutet, daß es Ausnahmen gibt. Die Ausnahmen tendieren in zwei Richtungen: Es gibt Sätze mit Scheinsubjekten, und es gibt Sätze ohne Subjekt. Zwischen beiden gibt es Verwandtschaften, die sich insbesondere im Gebrauch des Pronomens *es* als Subjekt manifestieren.

(i) Die Pronominalform *es* kann Nominativ oder Akkusativ sein. Nur der Nominativ kommt natürlich als Subjekt in Frage. Aber da beißt sich die Katze in den Schwanz: Subjekt ist sie, wenn sie Nominativ ist, und Nominativ ist {Scheinsubjekte} sie, wenn sie Subjekt ist. Also muß beides zusammen entschieden werden. Dazu sind die Besonderheiten dieses Pronomens zu beachten: Einerseits wird es wie die andern Personalpronomen zur Referenz gebraucht, andererseits aber hat es viele Möglichkeiten des Gebrauchs, wo nicht auf Gegenstände Bezug genommen wird. Ein Überblick über die verschiedenen Verwendungen sieht so aus (cf. Askedal 1985; Pütz 1975):

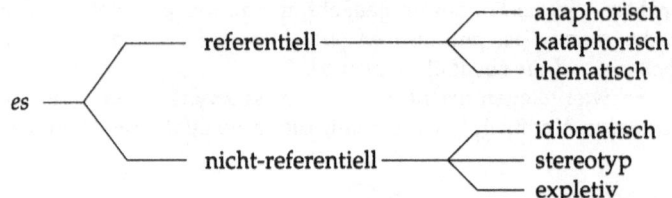

Diese Palette der Verwendungen zieht sich also vom voll Inhaltlichen in Nuancen bis hinüber zum Inhaltsleeren, nur formalgrammatisch Bestimmten:
1. Im referentiellen Gebrauch sind drei Fälle unterschieden:
– Anaphorisch ist das Pronomen *es* bezogen auf ein Antezedens. Dieses Antezedens kann eine Nominalphrase sein, mit der das Pronomen dann in 3 sg n kongruiert:

(1) Hooke entwickelte das Mikroskop. Es bewirkte eine Revolution.

Antezedens kann aber auch ein Satz bzw. eine Proposition sein oder Satzverbindungen, etwa ganze Absätze. Das Pronomen referiert dann globaler:

(2) Man wußte, daß mehrere stabile Isotope existieren. Den Physikern war es natürlich auch bekannt.

Statt diesem propositionalen *es* steht oft *das*.

– Kataphorisch wird das Pronomen *es* als verdeutlichendes Korrelat gebraucht:

(3) Es war bekannt, daß mehrere stabile Isotope existieren.

Die Referenz ist hier auch eher global und propositional, weil diese Korrelate Nebensätze oder Infinitivklauseln vertreten. Von Kongruenz kann man eigentlich nicht sprechen. Die Korrelate sind eine Art Vorläufer-*es*, das nie nach dem Subjekt steht. Das würde ja seine Funktion überflüssig machen. So entfällt es bei der Umstellung:

(3a) Daß mehrere stabile Isotope existieren, war bekannt.

Kataphorisches *es* kann auch auf Supplementsätze vorausdeuten:

(4) Es muß im Lexikon verzeichnet sein, wenn Verben unpersönlich sind.

– Thematisch ist das *es* gebraucht, wenn der Bezug ganz vage ist und das eigentliche Subjekt ungenannt bleibt:

(5)   Es kriselt in der Wissenschaft.

In diesen Fällen ist das *es* in Opposition zu möglichen expliziten Subjekten zu verstehen. Der Sprecherschreiber signalisiert, daß es ihm nicht darauf ankommt, das eigentliche Subjekt zu nennen, vielleicht auch, weil er es nicht weiß. Dieses *es* ist also nicht anaphorisch, wenngleich man unter Referenzgesichtspunkten öfter bemüht ist, es als allgemein auf eine Situation referierend auszuweisen.

Bei thematischem *es* ist übrigens auf Zweideutigkeiten zu achten. Möglicherweise ist das *es* nämlich thematisch oder anaphorisch zu deuten:

(6)   ┌─ Ich mag kein Bier. Es ist zu kalt.
       ├→ Das Wetter ist zu kalt.
       └→ Das Bier ist zu kalt.

Das thematische *es* steht auch im Satzinnern:

(5a)   In der Wissenschaft kriselt es seit langem.

2. Im nicht-referentiellen Gebrauch sind ebenfalls drei Fälle zu unterscheiden:

- Idiomatisch ist das *es* gebraucht in bestimmten Redewendungen, deren Bedeutung man nicht mehr aus den Teilbedeutungen gewinnen kann:

(7)   Wie kam es zu dieser Entwicklung?

Analog: *Es gibt ..., es hapert an ..., es bleibt bei ..., es kommt darauf an.*
Man kann diese *es*-Subjekte vielleicht historisch als verkümmerte Korrelate ansehen, synchronisch sind sie aber so nicht auszudeuten.

- Stereotyp ist das Subjekt-*es* bei sogenannten Witterungsverben wie *regnen, schneien* usw. Diese Verben haben immer *es* als festes Subjekt, das nicht gegen andere Subjektformen ausgetauscht werden kann und darum uninformativ und inhaltsleer ist:

(8)   Es hagelte ungewöhnlich heftig.

Das stereotype *es* hat nur grammatische Funktion, es ist ein formales Subjekt. Das stereotype *es* ist leicht bestimmbar, wenn man die entsprechende Verbklasse kennt; es ist eng verwandt mit dem thematischen *es*.

- Expletiv ist das leere *es*, das nur in Spitzenstellung steht, um das finite Verb abzudecken. Entsprechend kommt es nicht in Fragesätzen oder Nebensätzen vor. Das echte Subjekt folgt dann später:

(9)   Es existieren mehrere stabile Isotope.
(10)   Es passierte ein Unfall.

Das eigentliche Subjekt ist aus der Spitzenstellung herausgegangen, weil es offenkundig rhematisiert ist oder weil es so lang ist, daß es sich nach hinten trollen muß (Gesetz der wachsenden Glieder). Wird das Subjekt vorgezogen, so verschwindet das expletive *es*:

(9a)   Mehrere stabile Isotope existieren.

Natürlich zeigt das Platzhalter-*es* auch keine Subjekt-Prädikat-Kongruenz. Übrigens kann das *es* in Erststellung nie Objekt sein, weil es dann fokussiert sein müßte. Fokussierung ist aber bei *es* unmöglich.

Offenkundig sind alle nicht-referentiellen *es* nur Scheinsubjekte, die inhaltlich nicht auszudeuten sind. Sie können darum das Verstehen behindern.

Subjektlose Sätze

(ii) Ein anderer Stolperstein bei der Subjektbestimmung mag sein, daß es Sätze ohne Subjekt gibt, so daß man bei der Subjektsuche herbe Enttäuschungen erleben kann. Im wesentlichen gibt es drei grammatische Nester von subjektlosen Sätzen, die wir uns im Überblick erobern.

Subjektlose Sätze

Unpersönliche Verben:	Mich friert hier andauernd. Mir ist kalt/mir graut etc.
Unpersönliches Passiv:	Bei uns wird samstags und sonntags gearbeitet. Wem ist damit gedient?
Befehlssätze:	Laß dir nichts befehlen!

Zum Schluß sollte noch erwähnt werden, daß die gängigen Routinen der Subjekterkennung den Rezipienten noch in andere Fallen locken können. Eine Nominalphrase in Erststellung, die eine möglicherweise handelnde Person bezeichnet, wird leicht als Subjekt mißdeutet, auch wenn sie im Satz als Akkusativ-Komplement fungiert:

(11) Eddi Maurer aus München behinderte bei dieser gigantischen Rallye lange Zeit eine Darminfektion.

Man erkennt den Holzweg erst, wenn das späte Subjekt kommt. Wenn dieses – wie hier – auch ein Akkusativ sein könnte, werden nur Zusammenhang und Gesamtsinn die Deutung ermöglichen.

Mit der systematischen Zweideutigkeit von deutschen Nominalphrasen spielte schon das folgende schöne Gedicht, das zur Zeit der Gegenreformation dienlich war, um heil durch die deutschen Lande zu kommen. In katholischen Gegenden trug es der Bekenner in zwei Blöcken vor, in lutherischen eben als Langzeiler:

Ich sage gänzlich ab
Luthero bis ins Grab
Ich lache und verspott
Lutheri sein Gebot
Ich hasse mehr und mehr
Der Lutheraner Lehr
Bei mir hat kein Bestand
Was Luthern ist verwandt
Wer lutherisch verstirbt
In Ewigkeit verdirbt

Der Römer Lehr und Leben
Will ich mich ganz ergeben
Die Mess und Ohrenbeicht
Ist mir gar sanft und leicht
All die das Papsttum lieben
Hab ich ins Herz geschrieben
Ein römisch Priesterschaft
Lob ich mit aller Kraft
Das Himmelreich soll erben
Wer römisch bleibt im Sterben.

Ratschläge für Lerner

> Das Subjekt ist die zweite Stütze des Satzverstehens. Mit Subjekt und finitem Verb hat man schon ein Grundgerüst. Nominale Subjekte erkennt man an Kasus, Stellung und Kongruenz: Sie stehen im Nominativ, häufig an erster Stelle, seltener an dritter Stelle. In unklaren Fällen hilft auch die Kongruenz mit dem finiten Verb – und natürlich der Sinn.
> Darum:
> Suche nach einer Nominalphrase im Nominativ!
> Häufig findest du sie an erster Stelle.
> Sei aber darauf gefaßt, daß sie nicht in Erststellung steht!
> Prüfe die Subjekt-Prädikat-Kongruenz!

2.3 Mehrteilige Prädikate

Der Inhaltsstruktur des einfachen Satzes liegt zugrunde die Zweiteilung in Referenz und Prädikation. Referierende Teile des Satzes sind in der Regel Nominalphrasen unterschiedlicher grammatischer Form und Funktion. Ihre Anzahl im Satz variiert. Die Prädikation wird durch das Prädikat – das ist die finite Verbalphrase – geleistet. Hier gilt der Grundsatz: ein Satz – ein Prädikat. Prädikate fassen im wesentlichen die verbalen Teile des Satzes zusammen. Sie können aus einem einfachen finiten Verb bestehen, aber auch aus komplexeren Verbalphrasen, die neben dem finiten Verb noch andere Teile enthalten, häufig insbesondere infinite Verbalteile, aber auch Adjektivphrasen und Nominalphrasen. In diesen Fällen liefert das finite Verb nicht die volle Prädikatsbedeutung, es ist darum für das Verständnis und die Strukturierung des ganzen Satzes entscheidend, die restlichen Prädikatsteile zu ermitteln.

Für die Textbearbeitung haben wir bei finiten Verben das Prädikatskästchen eingeführt, für die mehrteiligen Prädikate müssen wir dieses Kästchen unterteilen.

Die moderne Antibiotika- und Chemotherapie |hat| auch bei den Nasen- und Nasennebenhöhlenerkrankungen im Laufe der letzten Jahre wesentliche Änderungen des therapeutischen Vorgehens |gebracht|. Die Sulfonamide und die Antibiotika |kommen| auch hier bei zahlreichen eitrigen bakteriellen Infektionen mit großem Erfolg |zur Anwendung|. Bei Lupus und Tuberkulose der Nasenschleimhaut |hat| die Behandlung mit den verschiedenen Bakteriostatika örtliche chirurgische und ätzende Maßnahmen fast völlig überflüssig |gemacht|.
Bei allergischen Erkrankungen der Nasenschleimhäute |sind| in letzter Zeit auch die Antihistaminika und Kortisonderivate mit recht gutem Erfolg |angewandt worden|. Bei Pollenallergie und anderen durch Testung festgestellten Allergien bewirkt eine Vakzination mit den auslösenden Antigenen in vielen Fällen eine De- oder Hyposensibili-

sierung und damit ein Verschwinden oder Nachlassen der klinischen Erscheinungen.

Bei Naseneingangs- und Oberlippenfurunkeln haben sich Kurzwellen-, Sollux- und Röntgenbestrahlung (Reizbestrahlung mit etwa 300 r) neben den Sulfonamiden und Antibiotika sehr gut bewährt. Gute Anästhesierung, Anämisierung und damit Abschwellung der Schleimhaut sind bei operativen Eingriffen wegen der starken Durchblutung der Nase unbedingt notwendig. Wir setzen dazu 1–2%ige Lösungen von Pantocain und Suprareninzusatz ein.

2.31 Die Satzklammer

Formen (i) Unser Beispieltext exemplifiziert, daß die mehrteiligen Prädikate häufig in der Serialisierung auseinandergerissen sind. Diese gespaltenen Prädikate sind eine Besonderheit des Deutschen, die für den Rezipienten besondere Schwierigkeiten aufwirft. Mark Twain hat sich als Geschädigter hierüber lustig gemacht. Er sieht aber nicht, daß es sich weniger um eine Untat der Sprecherschreiber handelt als vielmehr um ein Spezifikum der deutschen Sprache: „Die Deutschen haben noch eine Art von Klammer, die sie bilden, indem sie ein Verb in zwei Teile spalten und die eine Hälfte an den Anfang eines aufregenden Absatzes stellen und die andere Hälfte an das Ende. Kann sich jemand etwas Verwirrenderes vorstellen? Diese Dinger werden „trennbare Verben" genannt. Die Deutsche Grammatik ist übersät von trennbaren Verben wie von den Blasen eines Ausschlags; und je weiter die zwei Teile auseinandergezogen sind, desto zufriedener ist der Urheber mit seinem Werk."

Den Grammatikern ist diese Schwierigkeit natürlich nicht entgangen. Schon Drach (1937:38) hat auf die Satzklammer und die Verstehensschwierigkeiten für Deutschlerner hingewiesen. Bei allen komplexen Prädikaten eröffnet das finite Verb das Mittelfeld, die übrigen Prädikatsteile beschließen es:

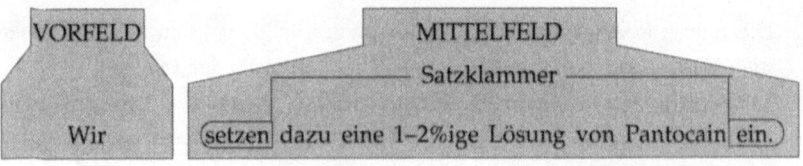

Die Satzklammer umspannt also das gesamte Mittelfeld und verstößt gegen das natürliche Grundprinzip der Serialisierung (was zusammengehört, steht nahe beieinander).

Leider ist die Lage in bezug auf die Satzklammer noch schlimmer, als Mark Twain sie darstellt. Die Satzklammer ist einerseits sehr häufig; wahrscheinlich kommt sie in mehr als der Hälfte der deutschen Sätze vor, wenngleich dies natürlich textsortenspezifisch sein dürfte und von Autor zu Autor variiert (Presch 1977:72). Andererseits tritt die Satzklammer nicht nur bei den trennbaren Präfixverben auf, sondern bei allen mehrteiligen Prädikaten. Wir können entsprechend fünf Arten der Satzklammer unterscheiden.

klammer tritt, so daß hier ein kohärenter infiniter Prädikatsteil entsteht mit linksorientierter Unterordnungsstruktur:

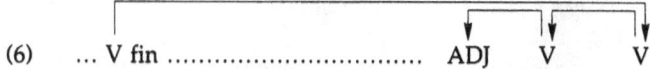

(6)   ... V fin .... ADJ   V   V

Bei den komplexen Prädikaten der Satzklammer haben wir es mit unterbrochenen Phrasen zu tun, die gegen die grammatische Routine verstoßen und schwerer zu verstehen sind (Slobin 1971:352). Dies ist bei der Verbalphrase besonders gravierend, weil sie für-Sinn und Struktur des ganzen Satzes die entscheidende Rolle spielt. Der Hörerleser, der das finite Verb aufgenommen hat, muß darum stets auf den hinteren Prädikatsteil warten, bis er die Struktur des ganzen Satzes endgültig erkennen kann. Das heißt, er muß die übrigen Phrasen so lange im Gedächtnis halten, bis er den Prädikatsrest und damit das ganze Prädikat kennt. Dies widerspricht gravierend seiner Routine, nach der er bemüht ist, die laufende Phrase abzuschließen (→ 1.14). Der Rezipient deutscher Texte muß also eine entsprechende Subroutine entwickeln, die ihn gegen die Satzklammer wappnet. Selbstverständlich wird die Distanzstellung umso lästiger je größer der Abstand zwischen den beiden Prädikatsteilen ist. Und tatsächlich können sie durch mehrere Phrasen und Satzglieder, ja durch ganze Nebensätze getrennt sein. Diese Fälle sind besonders gefürchtet, weil am Ende der Einschachtelungen mehrere Prädikatsteile zusammentreffen, die aber verschiedenen Satzstrukturen zuzuordnen sind. Das ergibt eine empirisch anerkannte Verstehensschwierigkeit.

(7)   All das hat in der Therapie Änderungen, die nicht zu unterschätzen sind, gebracht.

Die Distanzstellung kann außerdem den Rezipienten auf Holzwege locken. Einerseits ist er in der Gefahr, daß er sich beim finiten Verb verfrüht auf eine grammatische Funktion festlegt. Dazu verführen besonders die polyfunktionalen grammatischen Verben wie *werden, sein* (→ 2.34). Andererseits droht dem Rezipienten, daß er das Verb schon früh ausdeutet und sich später revidieren muß, weil der nachfolgende Prädikatsrest nicht eine einfache Modifikation bewirkt, sondern die ganze Bedeutung kippen läßt (→ 2.35).

Schließlich bewirkt die Satzklammer wechselnde Orientierung, weil viele Nominalphrasen dem zweiten Prädikatsteil untergeordnet sind:

(8) Die Behandlung hat [ätzende Maßnahmen] völlig überflüssig gemacht.

Außerdem hat die innere Struktur des Prädikatsrests und die des ganzen Satzes auch viele schwer verständliche Linksorientierungen zur Folge. Dies ist übrigens ein Problem, das auch bei Endstellung des Prädikats auftritt, weil das oberste Verb am weitesten rechts steht, so daß längere linksorientierte Unterordnungen zustande kommen. Die allgemeinen Formen sind etwa:

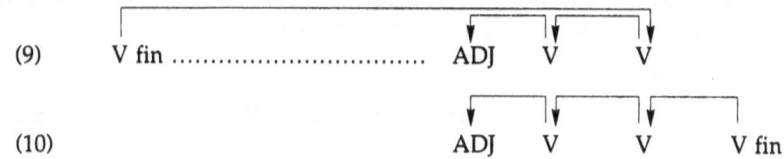

(9)   V fin .... ADJ   V   V

(10)   ADJ   V   V   V fin

Satzklammer im Deutschen

Analytische Verbform	Die Chemotherapie (hat)... wesentliche Änderungen ...(gebracht.)
Modalverb + Infinitiv	Bei Oberlippenfurunkel (sollen) sich Antibiotika gut (bewähren.)
Präfixverb oder Verbalverbindung	Wir (setzen) dazu 1–2%ige Lösung von Pantocain (ein).
Kopula + Prädikativ	Gute Anästhesierung (ist) bei operativen Eingriffen (notwendig).
Funktionsverbgefüge	Die Sulfonamide (kommen) auch hier...mit Erfolg (zur Anwendung).

Die Satzklammer geht allerdings nur mit Erst- und Zweitstellung des finiten Verbs zusammen, bei Endstellung steht der ganze Verbalkomplex am Ende, so daß wir im Nebensatz die Satzklammer nicht zu fürchten haben.

(ii) Deutsche Grammatiker scheinen nicht immer ganz einig mit Mark Twain. Sie haben die Satzklammer nicht als abartig angesehen, sondern als „ein Zeugnis ungewöhnlicher Geisteskraft" der Deutschen (cf. Presch 1977:244). Wie dem auch sei, dem Rezipienten macht die Satzklammer schwer zu schaffen. Verstehensschwierigkeiten bekommt er besonders durch drei Eigenschaften der komplexen Prädikate:

Komplexe Prädikate

– die grammatische Komplexität dieser Verbalphrasen,
– die mögliche Distanzstellung ihrer Teile,
– die wechselnde Orientierung der Unterordnungen.

Komplexe Prädikate sind mit sogenannten rekursiven Regeln gebildet. Das heißt: Stufenweise aufbauend kann die Komplexität eines solchen Prädikats erhöht werden:

(1) ... daß man Antibiotika anwendet.
(2) ... daß Antibiotika angewendet werden.
(3) ... daß Antibiotika angewendet worden sind.
(4) ... daß Antibiotika angewendet worden sein sollen.

Außerdem können alle Formen der mehrteiligen Prädikate gemischt werden, ihr Aufbau ist öfter nicht ganz leicht zu durchschauen:

(5) Sie können zur Anwendung gekommen sein.

Bemerkenswert ist, daß das jeweils übergeordnete Verb ans Ende der Satz-

Mehrteilige Prädikate 91

(iii) Wie wird man als Rezipient mit diesen Problemen fertig? Ein Patent-   Erkennung
rezept gibt es leider nicht. Abweichungen vom Linearitätsprinzip und daraus
folgenden Routinen werden immer Probleme bereiten. Als Lerner und Leser
muß man sich in eine Art Sprungtechnik einüben, die darin besteht, daß man
etwa beim Lesen einen Blick nach rechts riskiert, wo man Prädikatsreste findet.
Dabei bieten dem suchenden Auge öfter Satzzeichen einen Halt, die den
Teilsatz abschließen. Der gesuchte Prädikatsrest steht dann direkt links vom
Satzzeichen. Weiter muß man sich an die Zerrissenheit und den Sprung
gewöhnen und immer darauf gefaßt sein, daß noch ein Prädikatsteil folgt.
Dafür gibt es dann ja auch massive Anzeichen, die man sich merken kann. So
sind etwa klammerverdächtig die Hilfsverben zur Tempusbildung *haben, sein,
werden* und die Modalverben *können, müssen, dürfen, brauchen*; die Funktionsverben *kommen, bringen, setzen, halten* usw. und die Kopulaverben *sein,
scheinen*. Stößt man als Rezipient auf ein solches finites Verb, so lohnt sich
immer der Blick weiter nach rechts. Zumindest aber muß man die Deutung offenhalten, bis man den Satz überblickt. Nur so kann man sich
Holzwege ersparen, auf die man kommt, wenn man Fortsetzungsalternativen
mißachtet:

(11)   Wir haben die Krankheit   ⟨ geheilt. / zu bekämpfen.

Einen Trost können wir dem Rezipienten allerdings spenden. Gemäß dem
Gesetz der wachsenden Glieder sind allzu lange Unterbrechungen des Prädikats nicht so häufig. Jedenfalls werden lange Phrasen und Nebensätze öfter
aus der Satzklammer herausgenommen (sogenannte Ausklammerung):

(12)   Antibiotika ⟨kommen⟩ auch ⟨zur Anwendung⟩ [bei zahlreichen

eitrigen bakteriellen Infektionen].

Einer solchen Ausklammerung befleißigen sich reflektierte Schreiber immer
mehr, und in der gesprochenen Sprache vermindert sie auch die geistige
Anstrengung des Produzenten, ist ihm also ebenso willkommen wie dem
Rezipienten.

2.32 Analytische Verbalformen

Die Häufigkeit der Satzklammer ergibt sich aus strukturellen Eigenschaften
des Deutschen. So sind eben komplexe Prädikate recht häufig, weil viele
Tempusformen des Deutschen komplexe Prädikate sind und weil durch
Wortbildung häufiger komplexe Prädikate zustandekommen. Die komplexen
Prädikate haben also viele Formen und Funktionen. Der Terminus „analytische Verbform" ist der onomasiologischen Sichtweise verpflichtet. Er geht
davon aus, daß es im Verbalparadigma bestimmte begriffliche Positionen zu
besetzen gilt, die beispielsweise im Lateinischen durch synthetische, das heißt
ganzheitliche Verbalformen bezeichnet sind. Dem Rezipienten kann das ein
provisorischer Tip für die Bedeutung solcher Formen sein, zuerst aber muß er

Perfekt-
tempora

sie als komplexe Prädikate erkennen. Insbesondere kann er bei analytischen Verbformen nicht darauf vertrauen, daß er ihre Bedeutung aus den Teilen sozusagen zusammensetzen könne. Vielmehr sind sie voll grammatikalisiert und bilden eigene inhaltliche Einheiten.

(i) Die erste Gruppe analytischer Verbalformen ist gekennzeichnet durch die Formen der Hilfsverben *haben/sein* und ein unflektiertes Partizip Perfekt als Prädikatsrest. Sie werden als Perfekttempora angesehen:

(1) Diese Behandlung hat ätzende Maßnahmen abgelöst.

(2) Sulfonamide sind zur Anwendung gekommen.

Bei Perfektformen von Verben mit untergeordnetem Infinitiv ist das Partizip Perfekt ersetzt durch den Infinitiv (sog. Ersatzinfinitiv), der aber genau diese Funktion wahrnimmt, also keinen Bedeutungsunterschied bewirkt:

(1a) Diese Behandlung hat ätzende Maßnahmen ablösen sollen.
(statt *gesollt*)

Die Hilfsverben *haben/sein* verteilen sich als Varianten auf unterschiedliche Verbklassen. Diese Aufteilung ist für den Rezipienten weniger wichtig als für den Produzenten, nur gilt es zu beachten, daß die *sein*-Formen Varianten des Passivs sind und nicht Perfekt, wenn das Verb sein Perfekt mit *haben* bildet:

(3) Ätzende Maßnahmen sind abgelöst.

Also sind finite Formen von *haben/sein* und Partizip Perfekt noch kein sicheres Zeichen für Perfekt. Auf jeden Fall aber muß der Rezipient einen Blick auf den Prädikatsrest werfen, und er muß das Partizip Perfekt kennen und der Zitatform zuordnen, die er als Verb-Vokabel gelernt hat oder im Wörterbuch nachschlagen will. Das bereitet gewisse Schwierigkeiten, weil die Bildung dieser Partizipien vielfältig ist. Zwar wird ein Partizip Perfekt meistens durch das Präfix *ge-* gekennzeichnet, aber es gibt noch andere Möglichkeiten der Bildung:

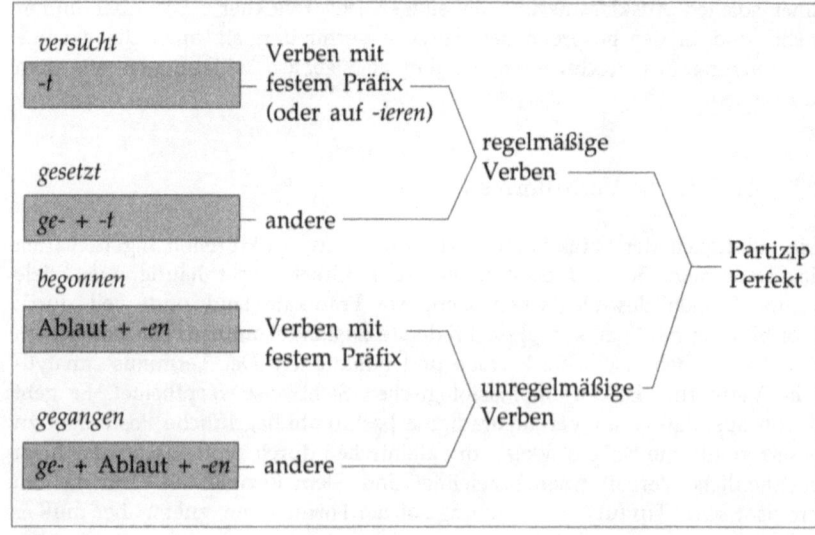

Mehrteilige Prädikate   93

Verben mit trennbarem Halbpräfix inkorporieren das Perfektzeichen ge-: *abgesetzt*.

Bei den unregelmäßigen Präfixverben ist zu beachten, daß Partizip Perfekt und 3 pl prät gleichlauten können; bei den regelmäßigen können Partizip Perfekt und 3 sg präs/2 pl präs gleichlauten, außerdem kann das Partizip Perfekt mit dem Infinitv gleichlauten:

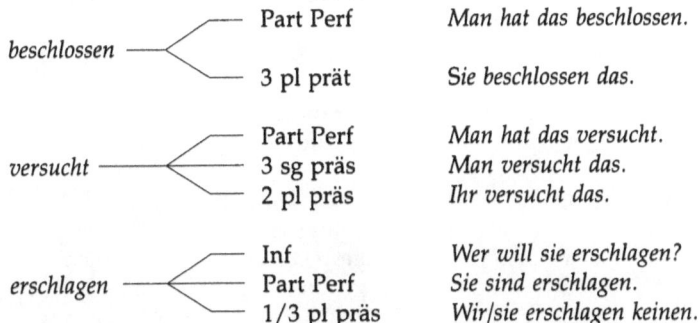

Wer das Verballexem, die Verb-Vokabel, identifizieren will, hat besondere Probleme bei den ablautenden Verben. Hier muß er aus dem Partizip Perfekt den Stammvokal des Infinitivs erschließen. Auch das erfordert eine Sichtweise, die für die Ablautregularitäten in traditionellen Grammatiken nicht üblich ist (→ Kasten S. 94).

Die Deutungsmöglichkeiten der Perfektformen zu beschreiben ist wie bei allen Tempora schwirig (cf. Latzel 1977). Komplizierend kommt hinzu, daß im Deutschen regional das Präteritum (bis auf Reste) untergegangen ist und das Perfekt dessen Rolle übernommen hat. So zeigen einerseits viele Sprecher Unsicherheiten im Gebrauch von Präteritum und Perfekt, andererseits sind die beiden Tempora in der Standardsprache oft gleich zu deuten. Das heißt aber nicht, daß sie insgesamt die gleiche Bedeutung hätten. Oft wirken sich nur die Bedeutungsunterschiede im Kontext nicht aus, oder bloß in Nuancen.

Deutungen des Perfekts

gemeinte Zeit vor Bezugszeit	Wir haben die Behandlung durchgeführt.
gemeinte Zeit nach Bezugszeit	Morgen hat das Medikament gewirkt.
atemporal (zeitlos)	Jeder Arzt hat studiert.

In der ersten Deutung kommt das Perfekt scheinbar dem Präteritum gleich. Der Unterschied beider Tempora liegt aber darin, wie diese Deutung zustandekommt. Das Perfekt ist nämlich geprägt durch das Präsens des Hilfsverbs und die resultative Bedeutung des Partizip Perfekt. Durch die Kombination zweier Verben ist es in sich relativ. So bezeichnet der Infinitiv Perfekt (*durchgeführt haben*) gegenüber dem einfachen Infinitiv (*durchführen*) bereits eine

Ablaut: Vom Partizip Perfekt zur Grundform

Partizip	Grundform	Verbzahl	Beispiel	
-i-	-ei-	23	geritten	reiten
-ie-	-ei-	16	geblieben	bleiben
-ei-	-ei-	1	geheißen	heißen
-u-	-i-	20	gebunden	binden
	-u-	1	gerufen	rufen
-o-	-e-	30	gesprochen	sprechen
	-ie-	22	geflossen	fließen
	-i-	8	gesponnen	spinnen
	-ä-	5	gegoren	gären
	-ü-	3	gelogen	lügen
	-au-	3	gesoffen	saufen
	-ö-	2	geschworen	schwören
	-a-	1	geschollen	schallen
	-ä-	1	geboren	gebären
-e-	-e-	11	gegeben	geben
	-i-	2	gebeten	bitten
	-ie-	1	gelegen	liegen
-a-	-a-	19	gefahren	fahren
	-e-	1	gegangen	gehen
	-ä-	1	gehangen	hängen
-au-	-au-	2	gelaufen	laufen

Vorzeitigkeit, die sich auf einen eigenen Bezug stützen muß. Anders gesagt: Die gemeinte Zeit ist in irgendeiner Weise vom Präsens des Hilfsverbs abzuleiten und mit der Vorzeitigkeit des Partizips zu kombinieren. Beide Aspekte können alternativ betont sein:

(4) Wir haben jetzt die Behandlung durchgeführt.

(4a) Wir haben gestern die Behandlung durchgeführt.

Die Betonung des einen oder des anderen Aspekts kann durch die Bedeutung des Verbs begünstigt werden, insbesondere durch seine Aktionsart. In (4) scheint der Gegenwartsaspekt stärker betont, in (4a) hingegen der Vergangenheitsaspekt. Die Zeitangaben wirken hier unterstützend.

Beachtenswert ist der Unterschied zwischen Perfekt und Präteritum. Das Präteritum dominiert die Zeitangabe *jetzt*, es setzt sozusagen den Rahmen der gemeinten Zeit in der Vergangenheit, in den das *jetzt* sich einfügen muß.

(4b) Jetzt führten wir die Behandlung durch.

Beim Perfekt aber orientiert sich das *jetzt* an der gesetzten Bezugszeit, beispielsweise der Sprechzeit. Insgesamt kann das Perfekt so wie das Präteritum zu deuten sein, es kann aber Nuancierungen ausdrücken. So drückt das Perfekt aus, daß die Aktzeit wie beim Präteritum vor der Bezugszeit liegt, aber das Ergebnis des Aktes oder Geschehens bis zur Bezugszeit andauert:

(5) Diese Behandlung hat Fortschritte gebracht (die wir jetzt noch genießen).

Beim Präteritum hingegen sehen wir eher eine Zeitlücke. Der präsentische Zug des Perfekts läßt es auch zu, daß es wie das Präsens für die Zukunft gebraucht wird. In diesem Fall liegt die Bezugszeit vor der Aktzeit. Diese Deutung wird meistens gestützt durch ein temporales Adverbial.

Ebenso kontextuell abgesichert muß die atemporale Deutung des Perfekts sein. Der Kontext muß Hinweise für generische oder habituelle Deutung enthalten:

(6) Ein jeder Arzt hat studiert.

Das Plusquamperfekt (mit dem Hilfsverb im Präteritum) ist sozusagen das Perfekt in der Vergangenheit. Es ist relativ und wird textuell besonders benutzt um relative Zeitverhältnisse anzugeben: Es gibt Zeitverhältnisse zwischen Propositionen an und stellt die gemeinte Zeit vor die Zeit, die mit Präteritum oder Perfekt gemeint ist. Insofern ist die Bezeichnung „Vorvergangenheit" nicht abwegig. Komplikationen gibt es beim Plusquamperfekt nicht, denn es hat nicht wie das Perfekt im Präteritum ein konkurrierendes Tempus und ebensowenig mehrere Deutungsmöglichkeiten, wie sie sich beim Perfekt durch das Präsens des Hilfsverbs ergeben.

(ii) Die zweite Gruppe der analytischen Verbalformen ist gekennzeichnet durch Formen des Hilfsverbs *werden* und einen Infinitv als Prädikatsrest. Sie werden als Futurformen angesehen: Futur

(8) In drei Wochen wird alles geheilt sein.

Solche *werden*-Verbindungen sind grundsätzlich mit allen Arten von Prädikatsresten möglich.

Für die Deutung der *werden*-Infinitiv-Verbindung gibt es zwei Möglichkeiten (Raynaud 1975; Dieling 1982).

Deutungen des Futur I

Gemeinte Zeit nach Bezugszeit	Sie werden dann Pantocain einsetzen.
Wahrscheinlichkeit	Sie werden kaum Pantocain einsetzen wollen.

Es ist nicht ohne weiteres zu entscheiden, ob eine der Deutungen primär ist. Die temporale Deutung ist jedenfalls üblich und einfach. Als Futur ist die *werden*-Fügung die eindeutig markierte Form mit der Bedeutung: gemeinte Zeit nach Bezugszeit. Da auch das Präsens diese Deutung haben kann (wenn entsprechende textuelle Hinweise da sind), ist das Futur I klar reserviert für den Fall, wo der Sprecherschreiber deutlich (oft gar pedantisch) die Zukunft ausdrücken will. Meistens wird sich im Text auch eine zukunftsbezogene Zeitangabe finden.

Das sogenannte Futur II – wie es in (8) vorliegt – ist semantisch wie formal ein Perfekt in der Zukunft und bereitet so keine größeren Deutungsprobleme, zumal solche Formen wegen ihrer äußeren und inhaltlichen Umständlichkeit von Sprecherschreibern gemieden werden.

Die modale Deutung des Futur I ist problematischer, wenngleich plausibel, schon von daher, daß die Zukunft für den Menschen immer unsicher ist. In dieser Verwendung gibt der Sprecherschreiber zu erkennen, daß er den Gültigkeitsanspruch der Aussage modifiziert sehen will:

(9) Sie werden wohl Pantocain eingesetzt haben.

Diese Modifikation schlägt natürlich auf die Illokution durch, so daß entsprechende Äußerungen nicht als Behauptungen, sondern eher als Vermutungen mit einem gewissen Wahrscheinlichkeitsgrad zu verstehen sind. Zwar mag der Sprecherschreiber von seiner Aussage subjektiv überzeugt sein, er signalisiert aber dem Hörerleser, daß nur dies der Fall ist, und überläßt ihm, was er glauben will.

Die Entscheidung zugunsten der einen oder anderen Deutung ist nicht immer leicht, oft unmöglich, so daß ein Schillern bleibt. Dies hängt damit zusammen, daß die *werden*-Verbindungen wohl beide Bedeutungszüge haben, mal der eine stärker im Vordergrund steht, mal der andere. Die modale Deutung scheint insofern spezifischer, als sie für den Rezipienten stärkere Hinweise im Text verlangt. Solche Hinweise können sein:

– Der Satz enthält modale Adverbien wie *vielleicht*, *möglicherweise* oder Partikeln wie *wohl*. Mit diesen ist aber auch die temporale Deutung verträglich.
– Der Satz enthält ein Adverb, das die Bezugszeit meint wie *jetzt* (*du wirst jetzt müde sein*), so daß Zukunftsdeutung eher unwahrscheinlich ist.
– Der Satz enthält eine Anrede, so daß eine Befehlsdeutung naheliegt (*du wirst jetzt schlafen*), die aber auch noch ihren Zukunftsaspekt hat.
– Der Satz enthält den Infinitiv Perfekt (*er wird geheilt sein*). Hier ist die Deutung als Futur II (das Perfekt könnte ja das gleiche leisten) selten, eine rückwärtsgerichtete Vermutung viel häufiger.

Die Formulierung dieser Hinweise zeigt, daß hier kaum Eindeutigkeit erreicht wird. Eine Deutung ist nur haltbar im Rahmen einer Gesamtdeutung, für die wir uns nach dem Laufwissen entscheiden. Da kann sich die Beweislast sozusagen umkehren. Auch die temporale Deutung kann sich nahelegen dadurch, daß eine modale Deutung eher unwahrscheinlich erscheint. Grund dafür kann etwa sein, daß der Satz in der 1. Person steht, über sich selbst wird der Sprecher aber normalerweise keine Vermutungen anstellen oder spekulieren, wir erwarten eher ein (zukunftsbezogenes) Versprechen oder eine Prognose. Ebenso liegt die modale Deutung fern, wenn der Gesamtsinn klar und bestimmt behauptend ist. Letzte Sicherheit gewinnen wir nicht immer.

Passivformen (iii) Wie bei allen Hilfsverben ist bei *werden* der Blick nach rechts zum Ende der Satzklammer besonders angebracht. Der Prädikatsrest kann nicht nur ein Infinitiv sein, sondern auch ein Partizip Perfekt. Wir haben es dann mit einem komplexen Prädikat zu tun, das Passiv bezeichnet und nach dem erwähnten (unbegründeten?) Standard auch eine analytische Verbalform wäre. Der inhaltlichen und textuellen Funktion dieser Formen ist ein eigenes Kapitel gewidmet (→ 2.6). Hier soll noch einmal demonstriert werden, wie komplex und damit schwer analysierbar analytische Verbalformen werden können, weil ihre Bildungsregeln sozusagen mehrfach ausgeführt werden können:

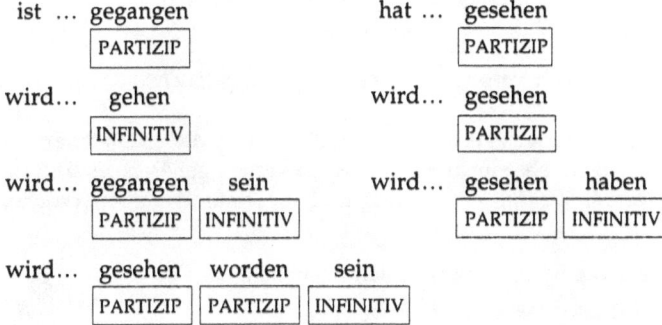

Bei Verbzweitstellung bilden diese Prädikate die Satzklammer. Sie können umspringende Orientierungen zeigen. Bei Verb-Endstellung sind die Prädikate linksorientiert. Ihre allgemeine Unterordnungsstruktur wäre:

(10)   V   V   V   V fin

Beachtenswert ist, daß bei sogenannten Ersatzinfinitiven Abweichungen von dieser Serialisierung vorkommen, wo das finite Hilfsverb vorgezogen ist:

(11)   ... daß er die Festkörper hat untersuchen können

Gelegentlich finden wir diese Stellung auch bei andern Verbalphrasen mit zwei Infinitiven, die *werden* als finites Verb haben.

2.33 Modale Prädikate

(i) Modale Prädikate bestehen aus einem Modalverb und einem reinen Infinitiv als Prädikatsrest:

Modalverben

(1)   Computer können/sollen/müssen denken.

Die Modalverben bilden eine abgeschlossene Liste und sind entsprechend gut zu erkennen: *können, müssen, sollen, wollen, mögen, dürfen*.

Modale Prädikate sind einerseits zu unterscheiden von den Infinitivklauseln, die alle ein *zu* enthalten und als Komplemente stehen (→ 4.41), andererseits von eher isolierten Wendungen mit *haben* und *sein*, die zwar auch modale Bedeutung haben, aber den Infinitiv mit *zu* anschließen. Diese Prädikate können umformuliert werden mit den Modalverben *sollen, können, müssen*. Entsprechende Prädikate mit *sein*-Formen sind passivisch, die mit *haben*-Formen aktivisch:

(2) ┌─ Verschiedene Festkörper sind zu untersuchen.
      │   SUBJEKT
      └─► Verschiedene Festkörper müssen/sollen untersucht werden.

(3) ┌─ Wir haben noch verschiedene Festkörper zu untersuchen.
      │   AKK KOMPLEMENT
      └─► Wir müssen noch verschiedene Festkörper untersuchen.

Außerdem gibt es noch zwei Verbgruppen mit Infinitiv, die ebenfalls an der Satzklammer mitwirken, aber nicht zu den Modalverben gehören. Es sind die Wahrnehmungsverben (*sehen, hören* usw.) und die Kausativverben (*machen, lassen*):

(4)   Man sieht die Symptome förmlich entstehen.

(5)   Das Ventil läßt den Dampf entweichen.

Die Modalverben zeigen Unregelmäßigkeiten der Flexion (→ Anhang 3). Sie sind gleichlautend endungslos in 1/3 sg präs *kann, soll* usw.; sie wechseln oft den Vokal zwischen sg und pl (*muß:müssen, darf:dürfen*) und zwischen präs und prät (*kann:konnte, darf:durfte*).

Die Subjekte der Infinitive sind latent, aber immer aus dem Satz entnehmbar, weil sie – hierin unterscheiden sich Modalverben von Wahrnehmungsverben und Kausativverben – identisch sind mit dem Subjekt zum gesamten komplexen Prädikat:

(6) ┌─ [Unfälle] können immer passieren.
      │   SUBJEKT
      └─► Es ist immer möglich, daß [Unfälle] passieren.
                                      SUBJEKT

Als komplexe Prädikate lassen mehrteilige Prädikate auch kaum zu, daß Komplemente oder Supplemente des ganzen Satzes sich auf Teile des Prädikats beziehen. In der Regel ordnen wir die übrigen Satzglieder dem ganzen Prädikat zu. Forcierte Formulierungen können aber auch Bezüge auf den untergeordneten Infinitiv enthalten:

(7) ┌─ Gestern wollte er das Experiment heute abschließen.
      └─► Gestern hatte er die Absicht, das Experiment heute abzuschließen.

(8) ┌─ Man kann nicht nicht kommunizieren.
      ├─► Es ist nicht möglich, daß man nicht kommuniziert.
      └─► Man kommuniziert immer.

(ii) Für die Deutung modaler Prädikate ist von der Grundtatsache auszuge-   Deutung
hen, daß die Modalverben die Gültigkeit der Gesamtaussage modifizieren.
Demgemäß kann man solche Sätze oft in zweiteilige Paraphrasen umformu-
lieren, die von der Aussage die Modifikation als Vorspann abtrennen:

(9)   Die Elektronen können Mehrfachstreuprozesse erleiden.
      Es ist möglich, daß die Elektronen Mehrfachstreuprozesse erleiden.

Vorspann	Aussage

Das jeweilige Modalverb modifiziert die Aussage insbesondere nach Stärke
und Art ihrer möglichen Begründung. Die Bedeutungen der Modalverben bilden eine Palette, die Abschattierungen zwischen Notwendigkeit und Möglichkeit umfaßt. Für die drei häufigsten und wichtigsten Modalverben sähen die
Vorspänne so aus:

(10)   Diese Umstände müssen zum Chaos führen.
       Es ist notwendig (so), daß diese Umstände zum Chaos führen.

(11)   Die Maßnahmen sollen Folgen haben.
       Es ist nötig/wünschenswert, daß die Maßnahmen Folgen haben.

(12)   Die Maßnahmen können Folgen haben.
       Es ist möglich, daß die Maßnahmen Folgen haben.

Beim Modalverb *muß* stehen als Begründungszusammenhänge natürliche
Umstände, kausale und logische Zusammenhänge im Vordergrund, es gibt
aber auch eher normgebundene und soziale:

(13)   Die Verwaltung muß in diesem Fall die Fahrerlaubnis entziehen.
       Es ist aufgrund der Vorschriften notwendig, daß ...

(14)   Sie muß heiraten.
       Soziale Normen machen es notwendig, daß ...

Bei *soll* hingegen sind natürliche, kausale und logische Zusammenhänge nicht
üblich, so daß Normen und Gepflogenheiten als Begründungsinstanzen hier
im Vordergrund stehen. Darum ist auch die Verbindlichkeit des Sollens
schwächer als die Notwendigkeit des Müssens.

(iii) Von der allgemeinen Verwendung der Modalverben ist zu unterschei-   Subjektive
den die persönliche, wo der Satz ein persönliches Subjekt und den Infinitiv   Deutung
eines Handlungsverbs enthält (Welke 1965:56,117). In diesen Fällen ist das
Modalverb mehr auf das Subjekt orientiert (Öhlschläger 1986), was auch im
Vorspann zum Ausdruck kommt: Er ist nicht mehr unpersönlich wie in der
allgemeinen Verwendung (mit *es*), sondern enthält eine subjektbezogene Einschränkung. Am deutlichsten ist dies bei *wollen*, das weitgehend persönliche
Subjekte verlangt:

(15) ┌─ Der Arzt will Pantocain anwenden.
    └─ Der Arzt hat die Absicht, ...

Bei den übrigen Modalverben ist die Situation analog:

(16) ┌─ Die Verwaltung muß die Fahrerlaubnis entziehen.
    └─ Die Verwaltung ist gezwungen, ...

(17) ┌─ Der Arzt soll Pantocain anwenden.
    └─ Der Arzt ist verpflichtet/hat die Pflicht, ...

(18) ┌─ Sie konnte so körperlich leben.
    └─ Sie vermochte/hatte die Fähigkeit/es war ihr möglich, ...

Ist der Begründungszusammenhang so, daß etwa aus dem Kontext oder dem Wissen des Rezipienten eine individuelle Quelle der Verpflichtung entnehmbar ist (meistens der Sprecher), ergeben sich starke Affinitäten zu bestimmten normativen Sprechakten:

(19)   Du mußt jetzt beten. (indirekter Befehl/Zwang)
(20)   Du sollst den Urheber nennen. (indirekte Forderung/Befehlsweitergabe)
(21)   Sie können das Verfahren einleiten. (indirekte Erlaubnis)

Beachtenswert ist, daß viele Sätze entsprechend unseren Unterscheidungen mehrfach gedeutet werden können:

(22) ┌─ Er kann gehen.
    ├─ Es ist grundsätzlich möglich, ...
    ├─ Er ist fähig/hat die Fähigkeit, ...
    └─ Ihm ist erlaubt, ...

Illokutionäre Abtönung

(iv) Leider sind die Deutungsmöglichkeiten von Modalverben damit noch nicht erschöpft. Bringt ein Sprecherschreiber Abschattierungen in Grad und Art der Begründetheit zum Ausdruck, so schlägt das auch auf seinen Sprechakt durch: die behauptende Kraft wird infiziert.

(23) ┌─ Er muß (wohl) den Führerschein verloren haben.
    └─ Ich halte es für wahrscheinlich, daß ...

(24) ┌─ Er soll den Führerschein verloren haben.
    └─ Es heißt/jemand hat gesagt, daß ...

(25) ┌─ Er könnte (vielleicht) den Führerschein verloren haben.
    └─ Ich vermute/er hat gesagt, daß ...

(26) ⎡ Er will den Führerschein verloren haben.
    ⎣► Er hat gesagt, daß ...

In (24) und (26) ist eine spezifische Art der Begründetheit ausgedrückt, es sind sozusagen Wiedergaben vom Hörensagen. In (26) ist das Subjekt selbst Quelle des Berichts, in (24) hingegen ein Dritter, Ungenannter. Darum ist diese Deutung auch bei *will* in der 1. Person kaum möglich. Der Sprecher würde ja kaum von sich selbst vom Hörensagen berichten und dabei gleichzeitig sich selbst als Quelle ausgeben.

Die Abtönungen sind eher indirekte Deutungen, die sich anbieten, wenn die direkten keinen guten Sinn ergeben. Anzeichen für solche Abtönungen sind öfter Adverbien und Partikeln wie *vielleicht, möglicherweise, vermutlich, wahrscheinlich, wohl*. Außerdem können andere kontextuelle Hinweise wirken (Vater 1980:304). Bester Hinweis ist die Verbindung des Modalverbs mit dem Partizip Perfekt. In direkter Deutung enthalten die Modalverben ja einen Zukunftsaspekt. Sind sie mit einem Infinitiv Perfekt verbunden, erschiene das direkt eher widersprüchlich. Also wählen wir in solchen Fällen die indirekte, abtönende Bedeutung.

Für die Deutung der Modalverben ist noch zu beachten, daß abhängige Infinitive öfter ausgelassen sind. Der Rezipient muß sie aus Kontext oder seinem Wissen stereotyp ergänzen:

Überblick: Verben mit infiniten Prädikatsteilen

finites Verb \ infinites Verb	Partizip Perfekt	Infinitiv	Infinitiv mit *zu*
Hilfsverben (analytische Tempora)	sein, haben	werden	haben
Passivverben	werden, bekommen, sein		sein
Modalverben		können, müssen sollen, wollen dürfen, mögen	brauchen
Wahrnehmungsverben		sehen, hören fühlen, spüren; lernen	
Kausativverben		lassen, machen	

(27) Sie konnten nicht mehr (essen/laufen/trinken usw.).

(28) Wer muß mal (auf die Toilette gehen)?

Deutliche Hinweise auf den zu ergänzenden Infinitiv geben öfter zurückgebliebene Verbzusätze:

(29) Sie konnten nicht weg (gehen/fahren usw.).

(30) Sie konnten nicht rein (kommen/gehen usw.).

2.34 Prädikative

Prädikatives Adjektiv

(i) Häufigster Fall eines Prädikativs ist das prädikative Adjektiv, das stets unflektiert mit einem Kopulaverb (*sein, werden, bleiben, scheinen*) vorkommt:

(1) Chirurgische Maßnahmen werden/sind/bleiben/scheinen durch die Behandlung fast völlig überflüssig.

Da auch dieses Adjektiv zusammen mit der Kopula eine inhaltliche Einheit bildet und außerdem das Mittelfeld beschließt, ist es eine Instanz der Satzklammer. Analog liegt der Fall des substantivischen Prädikativs:

(2) Jede Operation ist für uns eine chirurgische Maßnahme.

Zu den Prädikativen kann man auch folgende Fälle rechnen, die sich weitgehend ähnlich verhalten wie die prädikativen Adjektive bei Kopulaverben:

(3) Ich finde diese Behandlung völlig überflüssig.

(4) Ein Bakteriostatikum macht diese Behandlung völlig überflüssig.

Besonders häufig sind solche Adjektive bei Verben wie *machen, streichen, essen, lassen, schlagen*, wo das Adjektiv den bewirkten (End)Zustand des Betroffenen bezeichnet, und außerdem bei *sehen, hören, fühlen, lassen; finden, glauben; nennen, bezeichnen, ansehen als, bewerten; halten, erklären für* (Pütz 1982:355).

Bei den Kopulaverben *sein/bleiben* etc. ist das Subjekt die Bezugsphrase des Adjektivs wie in (1). In Fällen wie (3) aber ist das Akkusativkomplement die Bezugsphrase. Diese Bezugsunterschiede gehen normalerweise einher mit den beiden Verbgruppen. Dennoch muß man den Bezug beachten. Es kann hier zu Zweideutigkeiten kommen:

(5) ┌ Und dann aßen sie ihr Obst ganz kühl.

(5a) ├→Sie waren kühl.

(5b) └→Das Obst war kühl.

Abgrenzung

(ii) Finden wir Formen von *haben* oder *sein* mit Partizip Perfekt, so ist öfter zweifelhaft, ob es sich um Prädikative oder um analytische Verbalformen handelt. Eine Reihe von Partizipien haben aber klar Adjektivcharakter (insbesondere natürlich, wenn sie wie Adjektive gesteigert oder graduiert sind). So gibt es keinen Infinitiv oder Verbalform zu Partizipien wie *abgedroschen, begabt, einverstanden, gespannt, gewillt*, so ist der Bedeutungszusammenhang von partizipialem Adjektiv und Verb gelöst in Fällen wie *ausgezeichnet, bekannt, gelegen, verrückt.* Besonders in diesen Fällen werden die Unterschiede in der Deutung relevant. Die Deutung als Verbalform setzt voraus, daß der entsprechende Akt oder das Geschehen vorher stattfand (→2.6):

(6) ⌜ Dieses Mittel ist ausgezeichnet.
    ⌞→ Jemand hat das Mittel ausgezeichnet.

Dies gilt für die Adjektivdeutung nicht:

(7) ⌜ Dieses Mittel ist ausgezeichnet.
    ⌞→ Das Mittel ist sehr gut.

(iii) Viele Verben, die mehrteilige Prädikate eröffnen, gibt es auch als Vollverben. Darum ist Vorsicht angebracht, wenn ein solches Verb auftaucht. Man sollte sein Verständnis und die Kategorisierung offenhalten und stets überprüfen, ob ein weiterer Prädikatsteil folgt. Und auch dann ist noch zu differenzieren je nach der Kategorie des Prädikatsrests. Ein vorsorglicher Blick auf die wichtigsten Funktionen der Verben *sein, bleiben, haben, werden* mag den Hörerleser warnen.

Funktionale Varianten

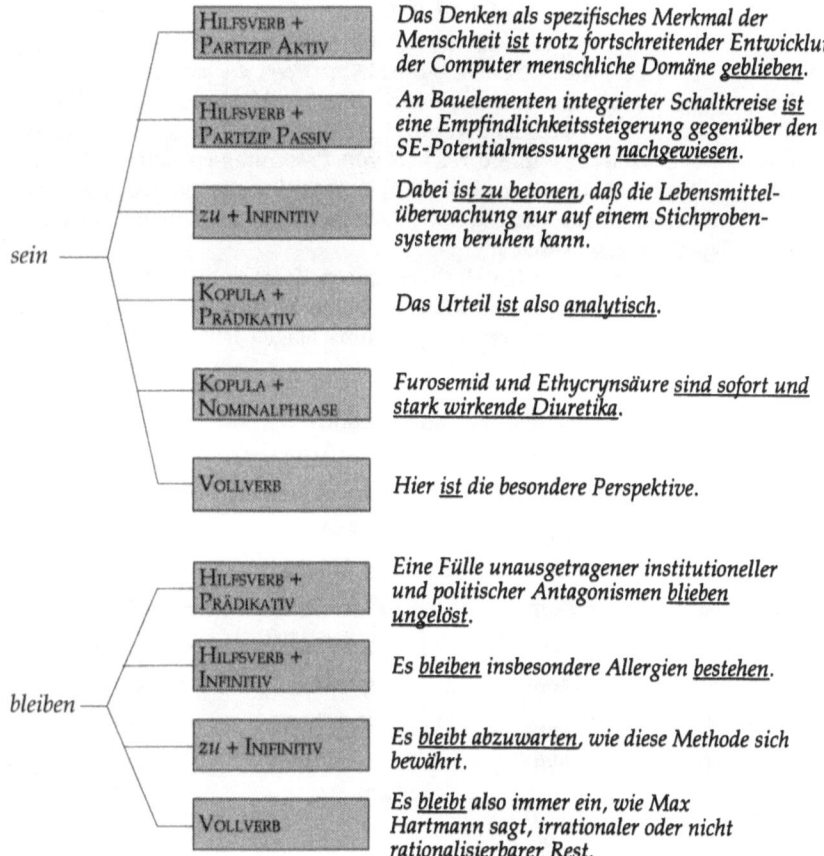

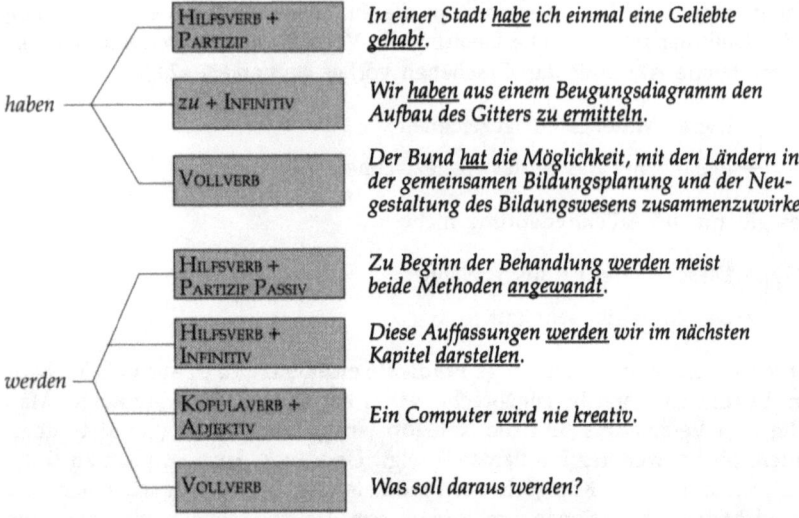

2.35 Verbalkomposita und feste Verbindungen

Zusatzverben

(i) Im Deutschen gibt es zweierlei Verb-Zusätze: zum einen die alten Präfixe (*ent-, ver-, be-* usw.), die fest mit dem Verb verschmolzen sind, und zum andern selbständigere Verb-Zusätze – oft Halbpräfixe, die sich in bestimmten Stellungen vom Verb ablösen und so auch eine Satzklammer bilden können. Die trennbaren Verb-Zusätze sind von unterschiedlicher Kategorie und unterschiedlicher Eigenständigkeit. Sie reichen von Präpositionen (*unter, über, in*), die eher Präfixcharakter haben, bis hinüber zum Substantiv, wo man eher von Verbalkomposita sprechen könnte. Demgemäß kann man im einzelnen mehrere Typen unterscheiden.

Bei der Satzklammer werden die trennbaren Zusätze besonders dann zu Deutungsfallen, wenn der Zusatz keine schlichte Modifikation darstellt, sondern die Bedeutung des Verblexems ganz umschlagen läßt.

Präfixverben mit starker Bedeutungsmodifikation

anfangen	— fangen	durchkommen	— kommen
vorkommen	— kommen	aussehen	— sehen
losgehen	— gehen	ausmachen	— machen
einnicken	— nicken	umtreiben	— treiben
aufhören	— hören	anziehen	— ziehen
aufpassen	— passen	einfallen	— fallen
eingehen	— gehen	einziehen	— ziehen
ausgehen	— gehen		

Verben mit trennbarem Zusatz

Präposition	Verb
über	leiten
an	sehen
ab	sitzen
auf	gehen
aus	laufen

Substantiv	Verb
teil	nehmen
haus	halten
acht	geben
statt	finden
bezug	nehmen
recht	haben
halt	machen
dank	sagen
preis	geben
maß	halten

Verb	Verb
kennen	lernen
verloren	gehen
spazieren	gehen
stehen	bleiben

Adverb	Verb
hin	sehen
herunter	fallen
herab	tropfen
heraus	kommen
hinauf	steigen
hinaus	laufen
zurück	weichen
weg	gehen
fort	setzen
zusammen	setzen

Adjektiv	Verb
still	sitzen
frei	lassen
gut	heißen
blank	reiben
übel	nehmen
fest	halten

Zu diesen zusammengesetzten Verben kommen noch feste Verbindungen von Verben mit Substantiv und Redensarten, die man ebenfalls als Einheiten verstehen muß. Ihre Bedeutung gewinnt man nicht summierend aus den Teilbedeutungen, und sie haben oft andere Bedeutung als verwandte einfache Verben (etwa *Widerspruch einlegen* vs. *widersprechen*). Die festen Verbindungen sind in gewissem Sinn Streckungen einfacher Verben, sie wachsen aber immer mehr zusammen, so daß sie wie Verbalkomposita wirken und öfter schon orthographisch zusammengeschrieben sind (v. Polenz 1985:115).

Feste Verbindungen

(ii) Feste Verbindungen können als komplexe Prädikate erscheinen. Sie spielen im modernen Deutsch eine immer stärkere Rolle (Daniels 1963). Für den Rezipienten kommt es nicht so sehr darauf an, alle Typen im einzelnen zu unterscheiden, er muß aber die inhaltliche Einheit der Verbindungen kennen und erkennen. Vor allem muß er bei der Satzklammer auf der Hut sein, weil sich ihre Bedeutung nicht komponentiell ergibt.

Wir unterscheiden hier zwei Arten: Die Streckverbindungen sind eher gestreckte Verben, wo der verbale Inhalt ins Substantiv verlegt ist, und lassen kaum noch einen bildlichen Hintergrund erkennen. Sie sind auch grammatisch recht eingeschränkt, insofern ihre Bestandteile nicht mehr die vollen grammatischen Möglichkeiten wahrnehmen. Im Prinzip sind die Streckverbindungen Zweierbeziehungen, aber man erkennt öfter Gruppen von Substantiven, die sich mit dem gleichen Verb verbinden (etwa bei *nehmen, machen, halten, geben, setzen, ziehen, erheben*):

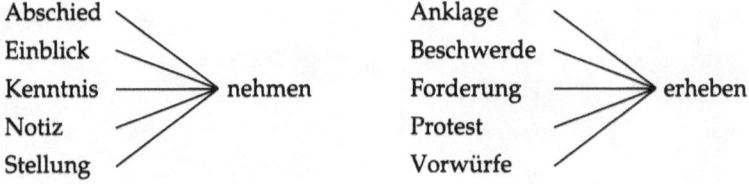

Dies geht aber nicht wie bei den Funktionsverbgefügen bis zur Promiskuität der völligen Grammatikalisierung.

Präpositionale Streckverbindungen

zustande bringen/kommen	unter Verdacht stehen
infrage stellen	in Erfüllung gehen
zuwege bringen/bekommen	in Auftrag geben
zuhilfe kommen	unter Beweis stellen
in Ordnung bringen	zur Verantwortung ziehen
in Serie, in Druck gehen	imstande sein
in Anspruch nehmen	instand halten/setzen/bringen
zur Kenntnis nehmen	zugute halten/kommen
im Recht sein	zunichte machen

Mehrteilige Prädikate

Akkusativische Streckverbindungen

Schritt halten	Anzeige erstatten
eine Erklärung abgeben	eine Entscheidung fällen
eine Stellungnahme abgeben	Beistand leisten
Vernunft annehmen	platznehmen
Schaden anrichten	gewährleisten
eine Frage anschneiden/aufwerfen	Abschied nehmen
Gewalt antun	einen Antrag stellen
ein Konzert aufführen	eine Entscheidung treffen
Forderungen stellen	Maßnahmen treffen
Protest einlegen	recht haben
eine Rolle spielen	Gefahr laufen
Bezug nehmen	Auskunft geben
die Flucht ergreifen	

Die idiomatischen Verbindungen hingegen sind zwar oft grammatisch normal ausgeführt, aber als Lexemverbindungen fixiert. Sie sind oft Übertragungen, man spürt ihren bildlichen Hintergrund. Bisweilen gehen sie sogar auf bestimmte sprachliche Ereignisse zurück.

Präpositionale idiomatische Verbindungen

zur Tat schreiten	etwas aufs Spiel setzen
in Ohnmacht fallen	etwas im Schild führen
an die Arbeit gehen	etwas vom Stapel lassen
auf die Folter spannen	jemandem auf den Zahn fühlen
um die Ecke bringen	zur Neige gehen
in Haft gehen	etwas in Kauf nehmen
etwas aufs Tapet bringen	in Schlaf sinken
ins Gras beißen	zutage fördern/kommen/treten
auf der Hand liegen	alles auf eine Karte setzen
aus der Haut fahren	etwas auf dem Kerbholz haben
vor die Hunde gehen	jemanden auf dem Laufenden halten
in der Luft hängen	aus der Reihe tanzen
aus der Rolle fallen	im Sande verlaufen

Akkusativische idiomatische Verbindungen

Respekt einflößen	Luft schöpfen
Angst einjagen	Verdacht schöpfen
das Weite suchen	Recht sprechen
Kohldampf schieben	ein Gesetz verabschieden
Lob ernten	reinen Tisch machen
Verdacht hegen	den Bogen überspannen
Schlange stehen	das Gesicht verlieren/wahren
Farbe bekennen	den Ton angeben
Köpfchen haben	offene Türen einrennen
das Weite suchen	sich den Kopf zerbrechen
Krach schlagen	

Holzwege (iii) Alle Arten von Verbalverbindungen haben Teil an der Satzklammer, und sie können zu Verständnisfallen werden. Denn in den meisten Fällen signalisiert das Verb, das ja auch als erster Prädikatsteil steht, etwas ganz andres als es letztlich in der gesamten Fügung bedeutet. Die Gesamtbedeutung ergibt sich oft nicht einfach aus den Teilbedeutungen, etwa so, daß der zweite Teil den ersten nur modifiziert. Daher kann die vorschnelle Deutung des finiten Verbs in all diesen Fällen in die Irre führen:

(1) Die alte Dame platzte nach dem Essen bei ihrem 80. Geburtstag mit ihrer Ansicht heraus.

(2) Der Patient setzt sich dem Arzt gegenüber zur Wehr.

(3) Der gute Arzt verliert nichts aus dem Auge.

Da solche Fügungen also eng zusammengehören, kann es passieren, daß frühere Attribute zum Substantiv jetzt als Komplemente der ganzen Fügung aufgefaßt werden. Sie können so freigestellt sein und den Platz von Satzgliedern einnehmen:

(4) [Gegen den Bescheid] können sie [Widerspruch einlegen].

(5) [Auf schärfere Speisen] sollte der Patient [Verzicht leisten].

2.36 Funktionsverbgefüge

(i) Es ist eine – von Stilistikern häufig gerügte – Eigenart der Fach- und Verwaltungssprache, Verben durch komplexere Prädikatsfügungen zu ersetzen. Am häufigsten sind hier die Funktionsverbgefüge: *Form*

(1) Wir drücken die Regel nicht aus.

(1a) Wir <u>bringen</u> die Regel nicht <u>zum Ausdruck</u>.

Sie bestehen aus einem singularischen Verbalsubstantiv (sog. Verbalabstraktum) mit einem abstrakten Verb wie *kommen, bringen, gelangen, setzen, halten, sein* usw., das im Gefüge kaum noch eigene Bedeutung hat und nur grammatische Funktionen wahrnimmt (deshalb Funktionsverb genannt): Es markiert Tempus, Person, Numerus, Modus und Kongruenz mit dem Subjekt. Das Verbalsubstantiv leistet den Hauptbeitrag zur Bedeutung der Fügung. Meistens geht ihm eine Präposition voran wie *zu, in* usw., mit der ein definiter Artikel verschmolzen ist (*zur/zum, im*). Auch die Präposition ist inhaltlich leer. Die üblichen Bildungsweisen der Verbalsubstantive sind *-ung*-Ableitung, *-en*-Ableitung (substantivierter Infinitiv) oder alte Verbalableitungen:

(2) Antibiotika kommen zur <u>Anwendung</u>.

(3) Man kann die klinischen Erscheinungen zum <u>Verschwinden</u> bringen.

(4) Die Durchblutung ist in <u>Gang</u> zu halten.

Im Gegensatz zu den festen Verbindungen sind Funktionsverbgefüge weitgehend grammatikalisiert, d.h. man kann sie von vielen Verben nach dem gleichen Muster und mit dem beschränkten Arsenal der Funktionsverben bilden. Ihr grammatisches Muster ist recht fest, z.B. variieren die Artikelwörter nicht, Adjektive und Attribute beim Verbalsubstantiv kommen nicht vor.

(ii) Ein Funktionsverb hat eine andere Bedeutung als das entsprechende Vollverb, die Bedeutung kann also kippen. Deshalb ist das Erkennen des Gefüges und seiner Bedeutung wichtig. Je nach Funktionsverb variiert die Bedeutung des Gefüges, es kann eine andere Bedeutung als das jeweilige einfache Verb haben. Funktionsverbgefüge bezeichnen öfter den Gegensatz zwischen dem Beginn und der Dauer eines Vorgangs oder einer Handlung. Außerdem haben sie je nach Funktionsverb unterschiedliche Valenz, die sich im Zusammenwirken mit dem Verbalsubstantiv ergibt (Heringer 1968). Beispielsweise sind Funktionsverbgefüge mit *kommen* in der Regel einwertig, Funktionsverbgefüge mit *bringen* in der Regel zweiwertig. *Funktion*

Valenz \ Bedeutung	Dauer	Beginn
einwertig	in Bearbeitung sein	in/zur Bearbeitung kommen
zweiwertig	in Bearbeitung haben	in Bearbeitung bringen

Je nach der Valenz des Verbs, das dem Verbalsubstantiv zugrundeliegt, kann dies eine Valenzerhöhung oder eine Valenzminderung ergeben.

Erhöhung:

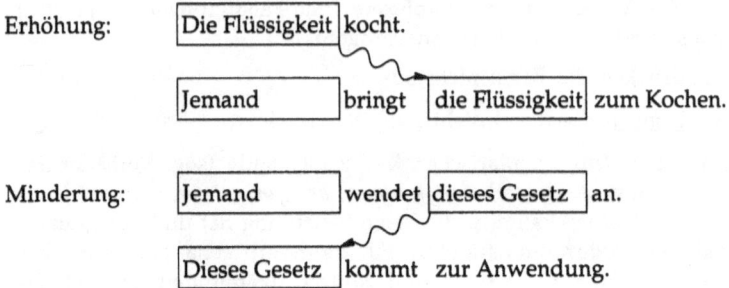

Minderung:

Häufige Funktionsverbgefüge sind in Überblicken zusammengestellt, geordnet nach Funktionsverb, Präposition, Bedeutung und Valenz (weitere Beispiele Daniels 1963; Herrlitz 1973:161–165).

Auch Funktionsverbgefüge haben teil an der Satzklammer. Sie vermischen sich mit andern Formen komplexer Prädikate und bilden so komplexere Unterordnungsstrukturen:

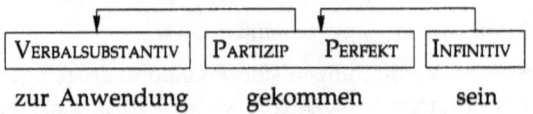

zur Anwendung   gekommen   sein

Wenn man bedenkt, daß die gesamte Satzstruktur vom Prädikat her organisiert ist und dieses oft erst am Ende des Mittelfelds vollständig ist, kann man die ironische Beschreibung nachempfinden, die Mark Twain von der Satzklammer gibt.

2.4 Valenz

Das Prädikat ist die Seele des Satzes. Es bestimmt seine grammatische Organisation, es teilt den andern Satzgliedern ihre Rollen zu. Wie tut es das? Es hat aufgrund seiner Bedeutung eine Valenz, die sich darin äußert, daß schon bei der Nennung des Prädikats oder des Verbs allein sich uns die entsprechenden Fragen stellen: *schenken – wer? – was? – wem?* Und wenn wir Verben zitieren, geben wir gewöhnlich und sinnvollerweise auch Hinweise auf diese Fragen mit: *jemandem etwas schenken.* Kennt man die Bedeutung und Valenz eines Prädikats nicht, so wird man große Schwierigkeiten haben, die grammatische Struktur des Satzes zu sehen; ohne die richtige Zuordnung der nominalen Satzglieder zum Prädikat ist eine sinnvolle Prädikation unmöglich. Die zentrale Rolle des Prädikats wurde in vielen psycholinguistischen Experimenten nachgewiesen:

Mehrteilige Prädikate

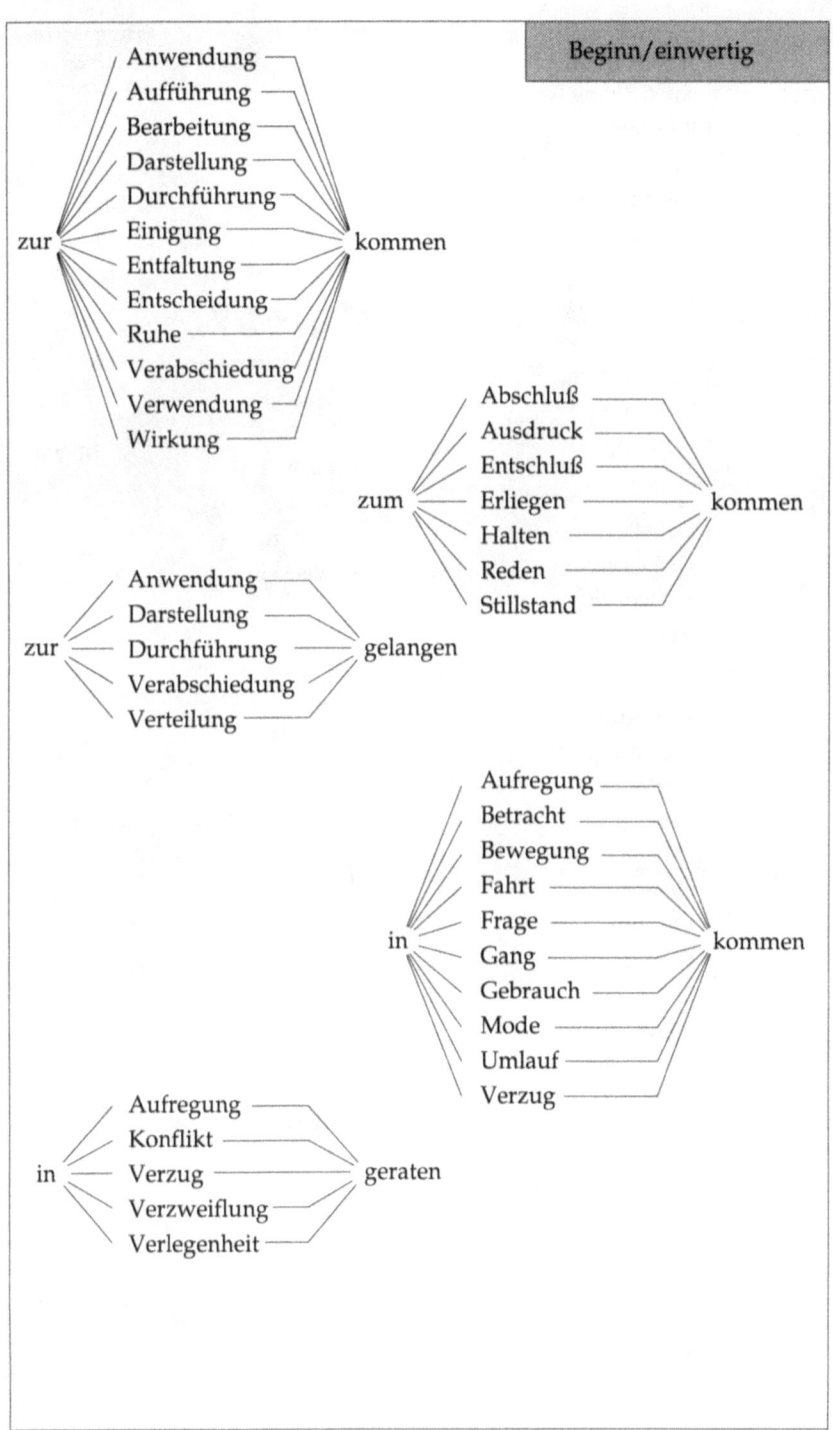

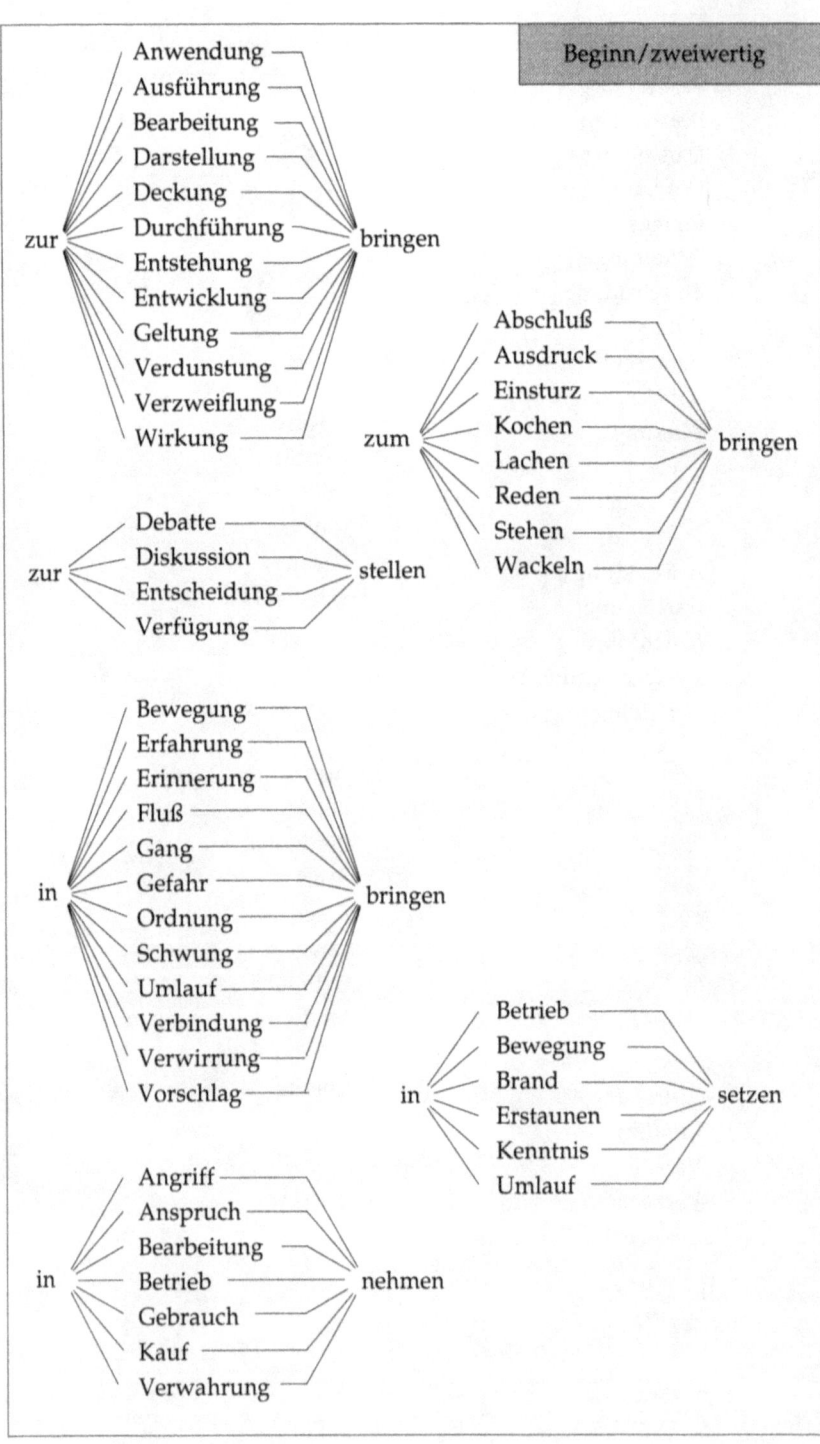

Valenz

Dauer/zweiwertig

in — Bereitschaft / Erinnerung / Gang / Ordnung / Schwung / Umlauf — halten

Dauer/einwertig

in — Anwendung / Bearbeitung / Betrieb / Bewegung / Entstehung / Entwicklung / Gang / Kenntnis / Ordnung / Schwung / Umlauf / Verbindung — sein

in — Blüte / Beziehung / Einklang / Kontakt / Verbindung — stehen

in — Berührung / Betrieb / Erinnerung / Gang / Schwung / Umlauf / Verbindung — bleiben

zur — Debatte / Diskussion / Entscheidung / Erörterung / Verfügung — stehen

- Im Lesen verharren wir länger beim Prädikat (Rayner 1977).
- Prädikate leiten uns als Schemata der Satzstruktur (Clark/Clark 1977:63).
- Vom Prädikat geforderte Komplemente behalten wir besser (Teigeler 1972:96).

Beugung

Für die Ermittlung des geometrischen Aufbaus eines Kristallgitters stehen die Methoden, die mit der Beugung von Röntgen-, Neutronen- oder Elektronenstrahlen arbeiten, an erster Stelle. Unter diesen wiederum nehmen die Röntgenuntersuchungen einen besonderen Platz ein. Beugungsuntersuchungen mit Neutronenstrahlen erfordern einen hohen technischen Aufwand, und die trotz dieses Aufwandes verhältnismäßig geringe Intensität monochromatischer Neutronenstrahlen führt zu zeitraubenden Experimenten. Elektronenstrahlen hingegen werden bei ihrem Durchgang durch Materie so stark absorbiert, daß nur wenige Schichten nahe der Oberfläche einen Beitrag zum Beugungsdiagramm liefern. So sind Röntgenuntersuchungen in erster Linie geeignet, zur Aufklärung von Kristallstrukturen zu dienen, während Beugungsuntersuchungen mit Neutronen- oder Elektronenstrahlen für die Lösung von Detail- und Spezialfragen dienen, hierfür allerdings von großer Bedeutung sind. Zunächst soll daher die Beugung von Röntgenstrahlen behandelt werden. Später werden die Betrachtungen im Hinblick auf die Beugung von Neutronen- und Elektronenstrahlen erweitert. Die Aufgabe besteht darin, aus einem Beugungsdiagramm, d.h. aus der Symmetrie der Anordnung, aus den Winkeln und Intensitäten der abgebeugten Strahlen den Aufbau des Gitters zu ermitteln.

Auch die Verben in unserem Text evozieren gleich Fragen: *einnehmen – wer? – was?, dienen – was? – wozu?* Aber nicht nur die Verben haben Valenzeigenschaften, auch Adjektive oder Substantive, besonders wenn sie aus einem Verb abgeleitet sind, und sogar Präfixe wirken sich auf die Valenz des Verbs aus (→2.14). Darum ist es wichtig zu beachten, daß jedes Prädikat sozusagen eine Gesamtvalenz hat, zu der die einzelnen Prädikatsteile ihren Beitrag leisten. Möglicherweise ist die Valenz des Prädikats völlig bestimmt durch das finite Verb, möglicherweise wirken aber die Komponenten des Prädikats in regelmäßiger Weise zusammen.

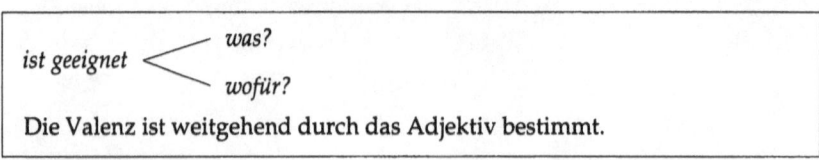
Die Valenz ist weitgehend durch das Adjektiv bestimmt.

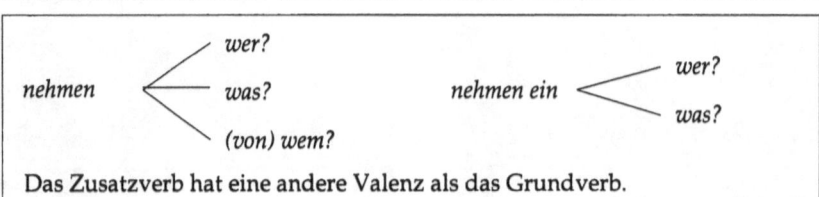
Das Zusatzverb hat eine andere Valenz als das Grundverb.

Valenz 115

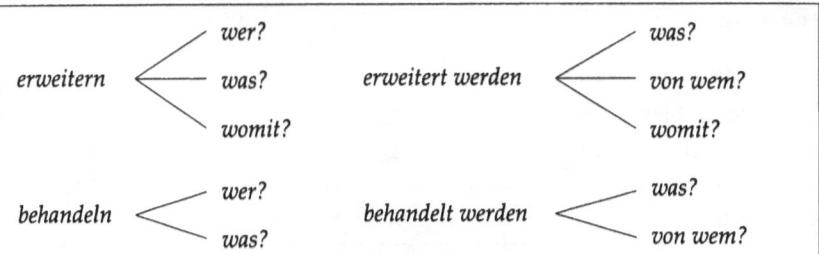

Die Valenz der mehrteiligen Prädikate entsteht im Zusammenwirken der Verbalteile. Das Passivverb *werden* zusammen mit dem Partizip Perfekt zieht andere Fragen nach sich als das Hauptverb allein.

Die feste Fügung mit dem abstrakten Verb enthält zwar ein Substantiv als Antwort auf die Frage *was?*, aber die Valenz des Gesamtprädikats ist verschieden von der des Verbs allein.

In diesem Sinn organisiert das Prädikat den Satz: Es eröffnet einen spezifischen Rahmen mit offenen Stellen, in die die einzelnen Satzglieder eintreten. Man kann dabei verschiedene Aspekte der Prädikat-Valenz unterscheiden:
- Die quantitative Valenz: Wieviele Leerstellen eröffnet das Prädikat?
- Die qualitative Valenz: Welche formalen Eigenschaften fordert das Prädikat für die Füllungen der einzelnen Leerstelle?
- Die selektionale Valenz: Welche inhaltlichen Eigenschaften verlangt das Prädikat für die Füllungen der einzelnen Leerstelle?

2.41 Quantitative Valenz

(i) Nicht alle Satzglieder müssen in Leerstellen eintreten, die das Prädikat mit seinem Rahmen eröffnet. Es gibt Phrasen, die eher freie Erweiterungen des Satzes sind. Darum unterscheiden wir diese freieren Satzglieder als Supplemente (→ 3.1) von den Komplementen, die typisch und spezifisch für das jeweilige Prädikat sind. *Grundmuster*
Ein erster wichtiger Aspekt für den Satzaufbau ist nun, wieviel Komplemente das jeweilige Prädikat fordert. Hier gibt es im wesentlichen drei Ausbaustufen der Valenz, wenn man von selteneren Fällen einer vierten Stufe absieht:

einwertig

[Die gabben Schweisel] frieben.
[Cantor] ist konservativ.
[Antibiotika] kommen zur Anwendung.

zweiwertig

[Beugungsuntersuchungen] erfordern [einen hohen technischen Aufwand].
[Die Menge A] ist enthalten [in der Menge B].
[Die Seinen] nahmen [ihn] nicht auf.

dreiwertig

[Für eine Strukturbestimmung] benötigt [man] [Einkristalle].
[Hieraus] schloß [man] [auf eine gemeinsame Wurzel].
[Wir] ordnen [jedem Element] [eine Kernladungszahl] zu.

Als Grundmuster notieren wir also:

Da auch das Subjekt eine verbspezifische Ergänzung ist, zählt es für die Valenz als Komplement. Dies ist gerechtfertigt dadurch, daß es wie die andern Komplemente zum Referenzpotential des Satzes zählt, aber auch weil es verbspezifisch ist, insofern nicht alle Verben Subjekte verlangen (→2.24) und je nach Verb das Subjekt zu unterschiedlichen semantischen Kategorien gehören muß. Deshalb kann das Subjekt auch für mehrdeutige Verben schon eine der möglichen Deutungen nahelegen.

Unser gesamter Beispieltext enthält fast nur zweiwertige Prädikate. Das ist ein nicht zu übersehender Hinweis darauf, daß Sätze der Form KOMPLEMENT VERB KOMPLEMENT im Deutschen bei weitem überwiegen und daß wir in unserer Vorerwartung ganz richtig liegen, wenn wir nach dem finiten Verb ein weiteres Komplement erwarten (Schlesinger 1977:113).

Valenz-
dubletten
(ii) Daß die Valenz eng mit der Bedeutung des Verbs verbunden ist, zeigt sich daran, daß Valenzunterschiede mit Bedeutungsunterschieden einhergehen: Hat ein Verb mehrere Valenzen, so hat es auch mehrere Bedeutungen (natürlich können auch Verben mit nur einer Valenz mehrere Bedeutungen haben). Es ist darum für das Verständnis eines Satzes besonders wichtig, Bedeutung und Valenz im Zusammenhang zu sehen. Ein Blick ins Wörterbuch lohnt sich oft bei Verben besonders.

Valenz

Verben mit verschiedener Valenz und Bedeutung

Verb	Valenz	Bedeutung – Beispiel
vergehen	einwertig	'(von einer bestimmten Zeitspanne o.ä.) vorbeigehen, verstreichen' – *Die Tage vergingen (wie im Fluge)*.
	einwertig	'(von einer Empfindung o.ä.) aufhören, verschwinden' – *Der Schmerz verging wieder.*
	zweiwertig	'gegen ein Gesetz, eine Norm verstoßen' – *Du hast dich gegen die guten Sitten vergangen.*
	zweiwertig	'an jemandem ein Sexualverbrechen begehen' – *Er hat sich an ihr vergangen.*
geben	zweiwertig	'(unpersönlich) vorhanden sein, existieren' – *Es gibt einen Gott.*
	zweiwertig	'(unpersönlich) entstehen, geschehen' – *Es gibt ein Gewitter.*
	dreiwertig	'aushändigen, bieten' – *Ich gebe dir einen Bleistift.*
beibringen	zweiwertig	'heranschaffen' – *Er bringt das Geld nicht bei.*
	dreiwertig	'vermitteln, lehren, zufügen' – *Er bringt ihm Deutsch bei.*
versichern	zweiwertig	'eine Versicherung abschließen' – *Diese Kasse versichert jeden.*
	dreiwertig	'als sicher (als Wahrheit) hinstellen' – *Ich versichere dir, daß alles stimmt.*
vorstellen	zweiwertig	'nach vorn stellen, vor etwas stellen' – *Ich stelle die Pflanze weiter vor.*
	dreiwertig	'bekanntmachen, sich ein Bild von etwas machen' – *Darf ich dir meine Frau vorstellen?*
vorsetzen	zweiwertig	'nach vorn setzen' – *Ich setze meinen Stein weiter vor.*
	dreiwertig	'zum Essen hinstellen' – *Sie hat mir nur einen Eintopf vorgesetzt.*
nähen	zweiwertig	'durch Nähen herstellen' – *Ich nähe eine Bluse.*
	dreiwertig	'durch Nähen befestigen' – *Hast du den Knopf an den Mantel genäht?*

118 Der einfache Satz

Verb		Valenz	Bedeutung / Beispiel
erbauen	⎧	zweiwertig	'ein Bauwerk errichten (lassen)' – *Das hat der Papst erbaut.*
	⎨	zweiwertig	'innerlich in eine gute Stimmung versetzen' – *Die Predigt erbaute ihn.*
	⎩	dreiwertig	'sich durch etwas erfreuen (veraltet)' – *Ich habe mich an der schönen Predigt erbaut.*
verurteilen	⎰	zweiwertig	'etwas sehr kritisch beurteilen, ablehnen' – *Ich verurteile sein Verhalten.*
	⎱	dreiwertig	'durch Gerichtsbeschluß mit einer bestimmten Strafe belegen' – *Sie haben ihn zum Tode verurteilt.*
verlassen	⎰	zweiwertig	'sich von etwas, von einem Ort entfernen' – *Er verließ das Lokal.*
	⎱	dreiwertig	'bestimmte Erwartungen in jemanden setzen' – *Ich verlasse mich auf dich.*
gründen	⎰	zweiwertig	'ins Leben rufen, neu schaffen' – *Franz von Assisi hat einen Orden gegründet.*
	⎱	dreiwertig	'auf etwas aufbauen' – *Er gründete seine Hoffnung auf ihre Aussage.*
schaffen	⎰	zweiwertig	'bewältigen, vollbringen' – *Er hat alle Prüfungen geschafft.*
	⎱	dreiwertig	'an einen bestimmten Ort bringen' – *Er hat das Gerümpel aus dem Haus geschafft.*
ergeben	⎰	zweiwertig	'zum Resultat, zur Folge haben' – *Die Untersuchung ergab keinen klaren Beweis.*
		zweiwertig	'keinen Widerstand leisten' – *Ich ergebe mich.*
	⎱	dreiwertig	'sich als Ergebnis zeigen' – *Dieser Befund ergibt sich aus dem Sachverhalt.*
anstellen	⎧	zweiwertig	'in Betrieb setzen' – *Ich stelle das Radio an.*
	⎨	zweiwertig	'in eine Arbeitsstelle einsetzen' – *Wir stellen ihn demnächst an.*
		dreiwertig	'sich in einer bestimmten Weise verhalten' – *Stell dich nicht an wie ein Kind.*
	⎩	dreiwertig	'sich anreihen' – *Er stellt sich am hinteren Ende an.*
verbinden	⎰	zweiwertig	'mit einem Verband versehen' – *Ich verbinde eine Wunde.*
	⎱	dreiwertig	'mit etwas zusammenbringen' – *Der Tunnel verbindet das eine Ufer mit dem anderen.*

Valenz

Kausative

Verb	Valenz	Bedeutung – Beispiel
backen	einwertig	'Teig wird durch Hitze zum Gebäck' – *Der Kuchen bäckt.*
	zweiwertig	'ein Gebäck herstellen' – *Ich backe einen Kuchen.*
kochen	einwertig	'etwas ist bis zum Siedepunkt erhitzt und brodelt' – *Die Suppe kocht.*
	zweiwertig	'Nahrung zubereiten' – *Ich koche einen Eintopf.*
erschrecken	einwertig	'in Schrecken versetzt werden' – *Der Hase erschrickt.*
	zweiwertig	'in Schrecken versetzen' – *Ich erschrecke den Hasen.*
fliegen	einwertig	'sich durch die Luft bewegen' – *Der Vogel fliegt.*
	zweiwertig	'durch die Luft bewegen' – *Sie fliegen Überschallmaschinen.*
zumachen	einwertig	'geschlossen werden' – *Die Kneipe macht zu.*
	zweiwertig	'schließen' – *Ich mache die Kneipe zu.*
schließen	einwertig	'den Betrieb einstellen' – *Die Kneipe schließt.*
	zweiwertig	'für einen Besucher o.ä. zeitweilig unzugänglich machen' – *Ich schließe die Kneipe.*
aufsetzen	zweiwertig	'landen' – *Die Maschine setzt sanft in Hamburg auf.*
	dreiwertig	'zur Benutzung an die entsprechende Stelle bringen' – *Ich setze den Hut auf (den Kopf).*
	dreiwertig	'zum Kochen auf eine Kochstelle bringen' – *Ich setze die Kartoffeln auf (den Herd).*
fahren	zweiwertig	'sich mit einem Fahrzeug fortbewegen' – *Ich fahre nach Hause.*
	dreiwertig	'etwas mit einem Fahrzeug fortbewegen' – *Ich fahre dich zum Bahnhof.*
anfangen	einwertig	'einsetzen, beginnen' – *Das neue Jahr fängt an.*
	zweiwertig	'auf bestimmte Weise tun, unternehmen' – *Wir müssen die Sache anders anfangen.*

wachsen	einwertig	'in Größe, Länge, Umfang zunehmen' – *Das Kind wächst rasch.*
	zweiwertig	'mit Wachs einreiben' – *Ich habe die Skier gut gewachst.*
abfahren	einwertig	'einen Ort fahrend verlassen' – *Der Zug fährt gleich ab.*
	zweiwertig	'mit einem Fahrzeug etwas abtransportieren' – *Ich fahre meinen Bauschutt selbst ab.*
anfahren	einwertig	'losfahren, starten' – *Die Straßenbahn fuhr ruckartig an.*
	zweiwertig	'mit dem Fahrzeug herbeischaffen' – *Er hat Kartoffeln anfahren lassen.*
	zweiwertig	'beim Fahren durch das Fahrzeug verletzen' – *Er hat eine alte Frau angefahren.*
	zweiwertig	'in heftigem Ton zurechtweisen' – *Er hat einen Untergebenen angefahren.*
rauchen	einwertig	'Rauch ausstoßen' – *Der Kamin raucht.*
	zweiwertig	'Rauch inhalieren' – *Ich rauche eine Zigarette.*
aufschließen	einwertig	'eine Lücke in einer Reihe schließen' – *Bitte aufschließen!*
	zweiwertig	'durch Betätigen eines Schlosses öffnen' – *Er hat das Zimmer aufgeschlossen.*

Oft gibt es ganze Serien von Verbpaaren, deren Bedeutung sich in regelhafter Weise unterscheidet. Häufig ist der Fall, daß das höherwertige Verb ein Bewirkungsverb, eine sogenannte Kausativierung ist:

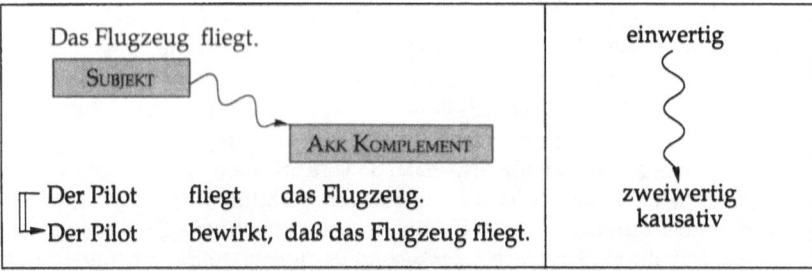

2.42 Qualitative Valenz

(i) Zur Erschließung der Inhaltsstruktur eines Satzes ist es unerläßlich, die Valenz des Verbs und damit auch die qualitativen Anschlußmöglichkeiten zu kennen. Nur so kann man die Phrasen in die zutreffenden Leerstellen des Prädikats bringen (Clark/Clark 1977:64). Betrachten wir die drei quantitativen Grundmuster, so schiene es zu genügen, drei Sorten von Komplementen zu unterscheiden, entweder gemäß ihrer Stellung oder aber aufgrund ihres Kasus. Leider hat sich das Deutsche so ökonomisch nicht entwickelt. Die Stellung der Komplemente ist nicht fest, und es gibt mehr als die drei nötigen Anschlüsse. Für Nominalphrasen als Komplemente sind die kasuellen Anschlüsse (nom, akk, dat, gen) und präpositionale Anschlüsse üblich. Dadurch ergibt sich eine bunte Vielfalt von Satzmustern, weil die unterschiedlichen Anschlüsse die Grundmuster variieren (→Anhang 2; Heringer 1973:190–194).

Rektion

Jedes einzelne Prädikat oder Verb verlangt also neben einer bestimmten Zahl von Komplementen auch bestimmte Arten von Komplementen, es hat bestimmte Anschlüsse. So findet sich beim Verb *liefern* ein nominativisches Komplement, ein akkusativisches Komplement und ein dativisches Komplement. Dies ist eine Form der Rektion, die sich quantitativ und qualitativ auswirkt:

```
                    ┌──────── akk ────────┐
          ┌─ nom ─┐ ┌─ dat ─┐              │
             ↓       ↓         ↓
(1)     [Die Analyse] liefert [uns] [gute Ergebnisse].
```

Analoges gilt für mehrteilige Prädikate, in denen meistens die infiniten Teile die Valenz festlegen. So können etwa Adjektive zur Gesamtvalenz beitragen:

```
                    ┌──── nom ────┐  ┌──── präp ────┐
(2)      [Röntgenuntersuchungen] [sind geeignet] [zur Aufklärung von
                                                  Kristallstrukturen].
```

Normalerweise sind Adjektive einwertig, bilden dann als prädikatives Adjektiv mit einer Kopula auch einwertige Prädikate. Es gibt aber eine Reihe von zweiwertigen Adjektiven, deren Anschluß es zu beachten gilt. Eine Aufstellung nach ihrer Valenz geben wir im Anhang (→Anhang 9; cf. a. Sommerfeldt/Schreiber 1977). Soweit Adjektive von Verben abgeleitet sind, haben sie meistens die Präposition des Verbs.

Die Satzmuster können als Schemata den Rezipienten leiten, wenn er die grammatische Struktur des Satzes aufbaut. Ein Verb (oder eine Verbalphrase) evoziert dabei aufgrund seiner Rektion das entsprechende Satzmuster, das der Rezipient durch Satzglieder (insbesondere Nominalphrasen) füllen muß. Wählt er (oder kennt er nur) die falsche Valenz, so wird er entweder den ganzen Satz nicht analysieren können, oder er wird eine falsche Hypothese über seine Bedeutung fassen.

Varianten/ Dubletten

(ii) Voraussetzung für das schematische Erfassen des Satzmusters ist natürlich die Kenntnis der Anschlüsse. Für den Hörerleser gibt es dabei insbesondere zwei Schwierigkeiten:

1. Einige Verben sind in ihrer Rektion sehr differenziert. Sie haben alternative Rektionen mit jeweils unterschiedlichen Bedeutungen des Verbs, oder sie haben eine diffuse Rektion, haben beispielsweise Varianten.

2. Besonders schwierig sind die Anschlüsse mit festen Präpositionen, weil man sich schwer merken kann, welche Präposition ein Verb verlangt. Dies kommt daher, daß die Zuordnung oft willkürlich erscheint und die festen Präpositionen kaum noch Bedeutung haben, wenigstens nicht ihre übliche Bedeutung haben. Doch auch hier gibt es für einzelne Präpositionen Untergruppen bedeutungsverwandter Verben (cf. Engelen 1975; Götze 1979). Die Untergruppen sind gekennzeichnet durch ein Leitverb, dem sich die andern inhaltlich anschließen (→Anhang 9). Kennt man das Leitverb mit einigen Gruppenmitgliedern, so kann man auf die Präposition der übrigen bedeutungsähnlichen Gruppenmitglieder schließen. Dieser Schluß ist zwar für die Produktion unsicher, in der Rezeption kann man aber ruhig probieren. Kennt man den präpositionalen Anschluß von *werden* als Leitverb (*Was wird aus Kristallgittern?*), so erscheint doch plausibel, daß eine *aus*-Phrase auch entsprechendes Komplement ist bei *entsteht, ergibt sich, resultiert* usw.

Welchen Anschluß ein Verb fordert, ist in erster Linie eine lexikalische Frage (cf. Helbig/Schenkel 1973), die aber mit grammatischen Entwicklungen und Gruppierungen einhergeht. Haben Verben alternative Anschlüsse in einer Leerstelle, so handelt es sich um reine Varianten, wenn dies keinen Unterschied in der Bedeutung des Verbs anzeigt. Es gibt nicht allzuviele solcher Verben, die wichtigsten sind in Listen zusammengestellt.

Valenz

Valenzvarianten ohne Bedeutungsunterschied

Akk Komplement (moderner)	Dat Komplement
Sie lehrt ihn etwas.	Sie lehrt ihm etwas.
Er fragt ihn etwas ab.	Er fragt ihm etwas ab.
Sie kündigt ihn.	Sie kündigt ihm (die Wohnung).
Er ruft ihn.	Er ruft ihm.
Er ruft ihn an.	Er ruft ihm an.

Valenzvarianten unpersönlicher Verben

Akk Komplement (moderner)	Dat Komplement
Mich graut vor der Arbeit.	Mir graut vor der Arbeit.
Mich ekelt vor Bier.	Mir ekelt vor Bier.
Mich schwindelt.	Mir schwindelt.
Mich dünkt, du bist verrückt.	Mir dünkt, du bist verrückt.

Mit grammatischen Entwicklungen ist der sogenannte Genitiversatz zu erklären, der bei einigen Verben Varianten schafft.

Genitiversatz

Gen Komplement	Präp Komplement (moderner)
Wir erinnern uns dessen.	Wir erinnern uns daran.
Wir entsinnen uns dessen.	Wir entsinnen uns daran.
Er besinnt sich seiner Kraft.	Er besinnt sich auf seine Kraft.
Sie spotten ihrer.	Sie spotten über sie.
Er klagt ihn des Diebstahls an.	Er klagt ihn wegen Diebstahl an.

Häufiger ist der Fall, daß mehrfache Anschlußmöglichkeit in einer Leerstelle anzeigt, daß das Verb auch andere Bedeutung hat. Im Gegensatz zu den Varianten sprechen wir hier von Dubletten, und zwar ohne Unterschied, ob die Bedeutungen miteinander verwandt erscheinen oder so weit auseinanderliegen, daß man auch zwei Verben ansetzen könnte. Da bei den Dubletten der Anschluß allein die Bedeutung differenziert, verdienen sie unsere besondere Aufmerksamkeit. Die Dubletten können je nach ihrem Anschluß in Unterkategorien eingeteilt werden, die zu unterschiedlichen Satzmustern gehören.

Valenzdubletten mit Bedeutungsunterschied (kasuell vs. präpositional)

Verb	Komplement	Bedeutung / Beispiel
irren	Akk Komplement	'eine falsche Meinung haben' – *Ich habe mich geirrt.*
	Präp Komplement	'sich ziellos hin und her bewegen' – *Er irrte nachts durch die Straßen.*
zählen	Akk Komplement	'die Anzahl feststellen' – *Sie zählen ihr Geld.*
	Präp Komplement	'sich auf etwas verlassen' – *Wir zählen auf eure Hilfe.*
bestehen	Akk Komplement	'erfolgreich absolvieren' – *Jeder besteht die Prüfung.*
	Präp Komplement	'auf etwas beharren' – *Wir bestehen auf der Zahlung.*
weichen	Akk Komplement	'in einer Lösung weich machen' – *Ich weiche die Wäsche.* (im Präteritum differenziert: *weichte/wich*)
	Präp Komplement	'sich von jemandem entfernen, weggehen' – *Sie weicht vor ihm.*
ausziehen	Akk Komplement	'von sich tun, ablegen (ein Kleidungsstück)' – *Er zieht das Hemd aus.*
	Präp Komplement	'eine Wohnung aufgeben und verlassen' – *Wir ziehen aus der Wohnung aus.*
abhängen	Akk Komplement	'jemanden abschütteln, hinter sich lassen' – *Der Gegner hat seinen Konkurrenten abgehängt.*
	Präp Komplement	'auf jemanden oder etwas angewiesen sein' – *Das hängt ganz von den Umständen ab.*
erkennen	Akk Komplement	'deutlich sehen' – *Ich habe meinen Freund nicht gleich erkannt.*
	Präp Komplement	'entscheiden, ein Urteil fällen' – *Der Schiedsrichter erkennt auf Freistoß.*
warten	Akk Komplement	'etwas pflegen' – *Der Tankwart wartete den Wagen.*
	Präp Komplement	'hoffen auf das Eintreffen einer Person oder eines Ereignisses' – *Ich warte im Café auf meine Freundin.*

Valenzdubletten mit Bedeutungsunterschied

gehören
- DAT KOMPLEMENT — 'jemandes Eigentum sein' – *Der Wagen gehört mir.*
- PRÄP KOMPLEMENT — 'zu etwas zählen' – *Der Sportler gehört zur Spitzenklasse.*

schenken
- DAT KOMPLEMENT — 'ein Geschenk machen' – *Ich möchte dir etwas schenken.*
- PRÄP KOMPLEMENT — 'eingießen' – *Ich schenke Kaffee in die Tasse.*

folgen
- DAT KOMPLEMENT — 'hinter jemandem/etwas hergehen, jemandem gehorchen' – *Die fremde Katze folgte mir.*
- PRÄP KOMPLEMENT — 'sich mit logischer Konsequenz aus etwas ergeben (unpersönlich)' – *Aus diesen Überlegungen folgt nicht, daß …*

passen
- DAT KOMPLEMENT — 'der Figur mit den Maßen entsprechen' – *Das Kleid paßt mir nicht.*
- PRÄP KOMPLEMENT — 'angemessen sein, gehören zu' – *Der Deckel paßt zu dem Topf.*

stimmen
- AKK KOMPLEMENT — 'einem Instrument die richtige Tonhöhe geben' – *Wer stimmt das Klavier?*
- PRÄP KOMPLEMENT — 'für oder gegen jemanden (oder etwas) seine Stimme abgeben' – *Wir stimmen für keine Partei.*

achten
- AKK KOMPLEMENT — 'respektieren' – *Ich achte jeden klugen Menschen.*
- PRÄP KOMPLEMENT — 'aufpassen' – *Ich achte auf das Kind.*

spielen
- AKK KOMPLEMENT — 'ein Spiel machen' – *Ich spiele Schach.*
- PRÄP KOMPLEMENT — 'bei einem Schauspiel auftreten' – *Herr Maus spielt den Hamlet.*
- PRÄP KOMPLEMENT — 'sich zutragen (in Bezug auf die Handlung eines literarischen Werkes, Films usw.)' – *Der Roman spielt in Berlin.*

hören
- AKK KOMPLEMENT — 'akustisch wahrnehmen' – *Ich habe einen Knall gehört.*
- PRÄP KOMPLEMENT — 'sich nach jemandes Worten richten, sie befolgen' – *Der Hund hört auf den Namen Rex.*

Valenzdubletten mit Bedeutungsunterschied (verschiedene Präpositionen)

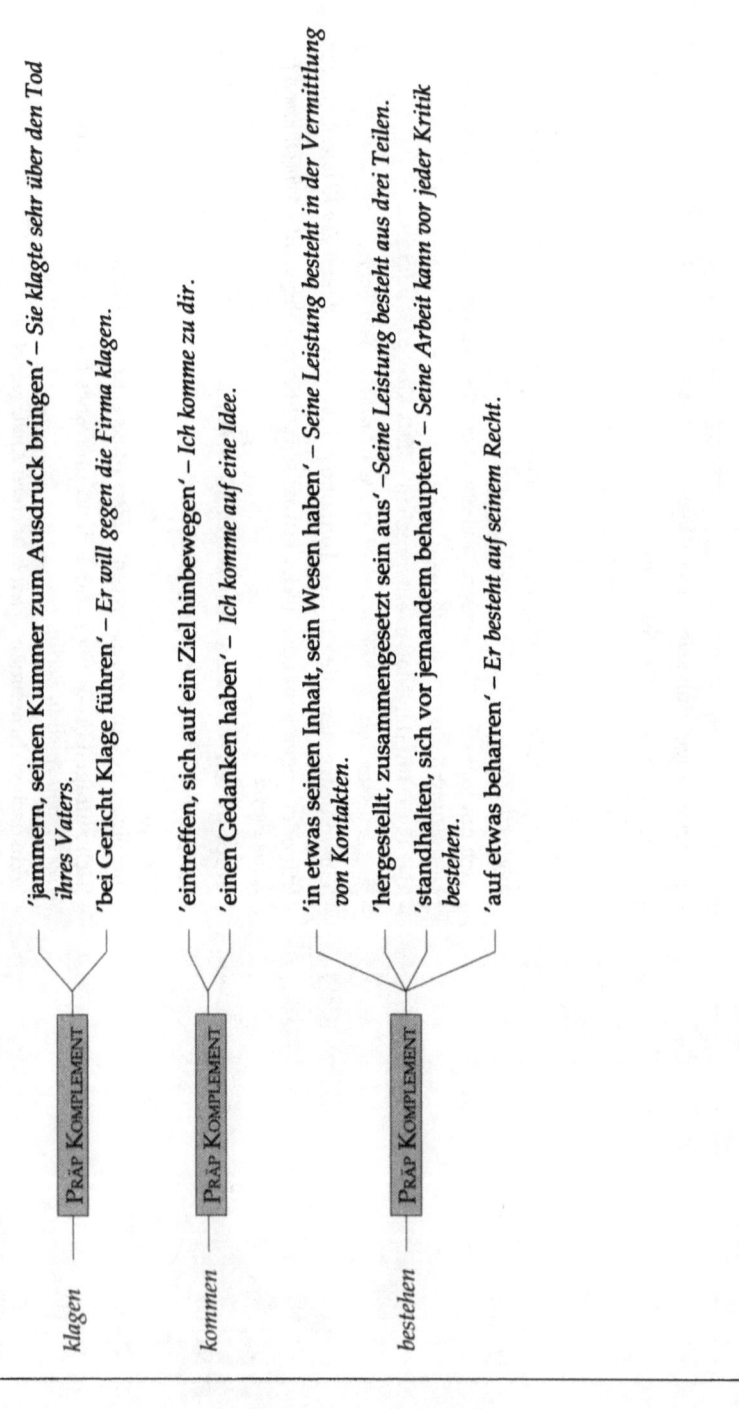

klagen —— PRÄP KOMPLEMENT
- 'jammern, seinen Kummer zum Ausdruck bringen' – *Sie klagte sehr über den Tod ihres Vaters.*
- 'bei Gericht Klage führen' – *Er will gegen die Firma klagen.*

kommen —— PRÄP KOMPLEMENT
- 'eintreffen, sich auf ein Ziel hinbewegen' – *Ich komme zu dir.*
- 'einen Gedanken haben' – *Ich komme auf eine Idee.*

bestehen —— PRÄP KOMPLEMENT
- 'in etwas seinen Inhalt, sein Wesen haben' – *Seine Leistung besteht in der Vermittlung von Kontakten.*
- 'hergestellt, zusammengesetzt sein aus' – *Seine Leistung besteht aus drei Teilen.*
- 'standhalten, sich vor jemandem behaupten' – *Seine Arbeit kann vor jeder Kritik bestehen.*
- 'auf etwas beharren' – *Er besteht auf seinem Recht.*

(iii) Der Hörerleser, der das einschlägige Valenzwissen hat, muß insbesondere noch mit zwei Schwierigkeiten rechnen: Deutungsprobleme

1. Nominalphrasen haben nicht aufgrund ihrer Form schon eine eindeutige Funktion. Kann eine formal Komplement der Verbalphrase sein, so könnte sie oft auch Supplement oder gar Attribut sein. Verschiedenheit des Verständnisses ist besonders dann möglich, wenn der Satz nicht voll ausgebaut ist, so daß alle Stellen besetzt wären. So kann man die Präpositionalphrase in folgenden Beispielen entweder als Komplement oder als Supplement deuten:

(3) Musikwerke kann man mit Bäumen vergleichen.
    KOMPLEMENT

(4) Musikwerke kann man mit verschiedenen Methoden vergleichen.
    SUPPLEMENT

(5) Die Firma stellt Rohstahl aus Schrott her.
    KOMPLEMENT

(6) Die Firma stellt Rohstahl aus Gewinnstreben her.
    SUPPLEMENT

Welche Deutung angemessener ist, kann der Hörerleser oft nur im Zusammenhang und nach Wahrscheinlichkeit entscheiden (→3.41).

2. Irreführend kann auch sein, daß ein Komplement elliptisch ausgelassen ist, weil in diesem Fall sich ein Verb mit der niedrigeren Valenz nahelegen könnte. Für die aktive Kompetenz sind solche Auslassungen von Komplementen problematisch, weil der Sprecher die Regeln für Auslassung beherrschen muß und auch im einzelnen Fall wissen muß, ob ein Komplement weglaßbar ist oder nicht. Dieses Problem gibt es für die Rezeption nicht, weil man davon ausgehen kann, daß die Sätze im Text korrekte deutsche Sätze sind. Die Schwierigkeit des Rezipienten liegt eher darin zu erkennen, welches Komplement ausgelassen ist, und vor allem, wie diese Auslassung zu verstehen ist:

- Soll die jeweilige Position offen und allgemein gelassen werden:

  (7) Die Wirkungen von Röntgenstrahlen sind bekannt.
      Wem? Allgemein, den Fachwissenschaftlern.

- Ist die entsprechende Füllung aus dem Kontext zu entnehmen:

  (8) Zunächst soll daher die Beugung von Röntgenstrahlen behandelt werden.
      Von wem? Vom Autor der Darstellung.

- Ist ein Komplement stereotyp mitverstanden:

  (9) Das neue Medikament wirkt.
      Wie? Gut.

2.43 Selektionale Valenz

Selektionale Merkmale

(i) Die Valenz eines Verbs oder eines Prädikats besteht nicht nur darin, daß es eine bestimmte Anzahl von Komplementen fordert und für jedes einen bestimmten Anschluß. Es gibt einen dritten, stark inhaltlichen Aspekt, der darin besteht, daß jedes Verb gemäß seiner Bedeutung nur bestimmte Nominalphrasen in seinen Valenzstellen duldet und auswählt (selektionale Valenz). So haben natürlich die Verben *ermitteln* und *aufklären* andere mögliche Subjekte als die Verben *gelingen* und *erfolgen*. Ähnliches gilt für andere Komplemente. Sogar bei einem einzelnen Verb kann unterschiedliche Selektion mit Bedeutungsdifferenzen einhergehen:

(1) ⎡ Der Wissenschaftler traf seinen Freund (= Person).
    ⎢ Der Wissenschaftler begegnete seinem Freund.
    ⎣ Der Wissenschaftler touchierte/berührte usw. seinen Freund (mit einem Gegenstand).

(2) ⎡ Der Strahl traf das Neutron (= Sache).
    ⎣ Der Strahl traf auf das Neutron (kollidierte).

Bei persönlichem akk Komplement ist eine Deutung möglich, die bei sächlichem Komplement eher unwahrscheinlich erscheint (eben nur metaphorisch vorkommt, wenn die Sache anthropomorphisiert wird).

Die inhaltliche Kategorisierung von Leerstellen mag im einzelnen vielleicht nicht begründbar oder systematisierbar sein (Hyvärinen 1982), sie mag auch für die Einzelverben zu grob sein. Als differenzierender Hinweis ist sie aber praktisch nützlich, auch wenn sich im Grunde jedes Verb ganz individuell verhält und im Extremfall sogar nur wenige Substantive zuläßt wie bei den idiomatischen Wendungen *Rechnung tragen, zu Buch schlagen, Trübsal blasen* usw.

Meistens aber ist die Selektion weiter, und es empfiehlt sich, für eine grammatische Beschreibung die selektionale Valenz in groben Kategorien anzugeben. Denn das gibt einerseits Hinweise auf die Bedeutung, andererseits kann es den Hörerleser inhaltlich leiten, wenn er passende Komplemente im Satz sucht. Solche groben Kategorien sind etwa Personen oder Lebewesen oder Sachen oder Abstrakta oder Sachverhalte/Propositionen. Beispiele für entsprechende Selektionen des Subjekts wären etwa:

Personen	Der Lehrer erfragt etwas.
Lebewesen	Das Kamel säuft wirklich viel.
Sachen	Die Suppe kocht.
Abstrakta	Die Anwendung erfolgt im Mai.
Sachverhalte	Daß das gelingt, würde mich wundern.

Es ist nicht immer ganz klar, wo für das einzelne Verb noch die Grenze der selektionalen Valenz verläuft. Sicher erscheinen die folgenden Sätze abweichend:

(3) Der Lehrer erfolgt im Mai.
(4) Die Suppe säuft wirklich viel.
(5) Daß das gelingt, kocht.

Aber der Rezipient kann getrost davon ausgehen, daß die in Texten vorgefundenen Sätze korrekt sind. Sieht er Abweichungen, so muß er eine andere Deutung suchen. Möglicherweise hat das Verb eine Bedeutungsvariante, die er nicht kennt, oder aber es liegt ein metaphorischer Gebrauch vor. Denn scheinbare Verstöße gegen die selektionale Valenz sind im allgemeinen metaphorisch zu verstehen:

(6) Der Lehrer kocht.

Entweder handelt es sich hier um ein zweiwertiges *kochen* mit ausgelassenem und zu erschließendem akk Komplement (z.B. *die Suppe*) oder aber der Satz ist metaphorisch zu verstehen und bedeutet, daß der Lehrer wütend ist.

(ii) Mehrdeutigkeit von Verben geht im allgemeinen einher mit Verschiedenheit der selektionalen Konfigurationen. Dies ist besonders der Fall bei häufigen Verben mit vielen Bedeutungsvarianten und streuender Selektion. Da der Hörer/leser hier immer viele Möglichkeiten ausschließen muß, um auf die kontextuell passende Deutung zu kommen, bereiten gerade solche Verben Verstehensschwierigkeiten (cf. Fodor/Garrett/Bever 1968:454; Hakes 1972). Als Hörer/leser muß man sozusagen lokale Mehrdeutigkeiten überwinden.

_{Selektion als Deutungshilfe}

Wichtig für einen Rezipienten ist die selektionale Valenz vor allem deshalb, weil sie bei der Bestimmung der Komplemente helfen kann. Wenn weder Kasus noch Stellung eindeutige Ergebnisse liefern, kann die Selektion zur Differenzierung der Komplemente nützlich sein. Sie ist sogar das dominante Kriterium, weil Sinn nur im Rahmen der richtigen Selektion möglich ist. So werden wir in folgenden Beispielen ohne Kasusdifferenzierung und trotz Abweichung von der Standard-Serialisierung (SUBJEKT-PRÄDIKAT-AKK KOMPLEMENT) keinen Zweifel haben an der richtigen Deutung:

(7) Daß die Wunde heilt, erkennt sie.

    | AKK KOMPLEMENT |

(8) Das weiche Bett sieht das Kind.

    | AKK KOMPLEMENT |

Wir ordnen die Komplemente eben einfach ein nach der Selektion des Verbs. Sind die Selektionen der Leerstellen verschieden, so hilft uns das bei der Einordnung der Komplemente (Slobin 1966).

Bei Verben ohne selektionale Unterschiede haben wir dagegen keine Handhabe:

(9) Die Menge A enthält die Menge B.

Sind Valenzstellen durch Sätze oder Infinitivklauseln besetzt, so haben wir in der Regel gar keine anderen Kriterien als die semantische Valenz (und den

Kontext bzw. die Wahrscheinlichkeit). Denn kasuelle Kennzeichen gibt es ja nicht und das Serialisierungskriterium ist – wie gesagt – nicht eindeutig.

Wir sehen also, daß die selektionale Valenz zur organisatorischen Leistung des Verbs erheblich beiträgt. Die Kasusmarkierung ist nur Anzeichen für die Leerstelleneinordnung, das Verb erst buchstabiert den Rahmen inhaltlich aus. Identifikation und Verständnis des Prädikats sind darum für das adäquate Verständnis des Satzes unerläßlich. Bei semantisch orientierter Rezeption kann seine Selektion sogar vorrangiges Verstehensschema sein.

Semantische Rollen

(iii) Selektion und Bedeutung des Prädikats leisten aber noch mehr. Zusammen legen sie eine allgemeine inhaltliche Struktur des Satzes fest, indem sie den verschiedenen Komplementen je unterschiedliche Rollen zuweisen. Beispielsweise wird das Subjekt eines Handlungsverbs in der Regel den Handelnden (den Agens) angeben, das akk Komplement eines solchen Verbs wird das von der Handlung Betroffene angeben oder das Produkt der Handlung. Solche semantischen Rollen bilden die allgemeinen Schemata, nach denen wir Sätze deuten. Die wichtigsten Rollen für Komplemente sind:

TRÄGER

Sache oder Lebewesen als Träger einer Eigenschaft oder Beziehung

Nach Wittgenstein ist die Welt aus elementaren, voneinander unabhängigen Sachverhalten zusammengesetzt ...

URSACHE/URHEBER

Sachverhalt, Sache oder Lebewesen
als Ursache für ein Resultat.

Die starke Durchblutung der Nase führt zu gefährlichen Komplikationen.

AGENS

Person oder Lebewesen, die/das eine Handlung (möglicherweise intentional) ausführt.

In seinem Buch ‚Der logische Aufbau der Welt' (1928) versuchte Carnap, alle (Quasi-)Bestandteile der empirischen Welt als ein System von Relationen und Begriffen zu interpretieren.

BETROFFENES

Sache oder Lebewesen, die/das vom Vorgang oder der Handlung direkt betroffen ist (und nicht selbst handelt).

In den seither verflossenen zwei Jahrzehnten sind diese Auffassungen immer wieder verändert worden.

Valenz

ERFAHRENDER	
Person, die einen Vorgang geistig oder körperlich erfährt.	Damals spürte ich förmlich ihre Bestürzung.

NUTZNIESSER	
Lebewesen, das den Vorteil oder den Schaden aus der Handlung hat.	Das Bildungswesen soll allen Bundesbürgern offenstehen.

PARTNER	
Person, die mit dem Handelnden zusammen eine Handlung ausführt.	Der Bund hat die Möglichkeit, mit den Ländern in der gemeinsamen Bildungsplanung und der Neugestaltung des Bildungswesens zusammenzuwirken.

EMPFÄNGER	
Lebewesen, das etwas bekommt oder verliert.	Wenn ich von einem Landsmann lese, daß er den Nobelpreis bekommen habe, verbiete ich mir jeden Stolz ...

PRODUKT	
Sache oder Lebewesen, die/das durch die Handlung oder den Vorgang zustande kommt.	In Höhnes Darstellung wird die Vorstellung vom monolithischen Führerstaat zu einem unentwirrbar erscheinenden Knäuel von rivalisierenden Organisationen einander bekämpfender Führungscliquen.

BEWIRKTES	
Sachverhalt, der als Resultat einer Handlung entsteht.	Bei Pollenallergie und anderen durch Testung festgestellten Allergien bewirkt eine Vakzination mit den auslösenden Antigenen in vielen Fällen eine De- oder Hyposensibilisierung.

ORT	
Ort, an dem etwas stattfindet.	Fast gleichzeitig mit der Entwicklung der Humeschen Philosophie in Britannien traten in Frankreich die sog. Enzyklopädisten hervor.

UMSTAND	
Ort oder Zeit, zu der etwas stattfindet.	Bei Einbruch der Dunkelheit passierte es endlich.

MITTEL	
Sache, die man zur Ausführung der Handlung benutzt.	Ihre therapeutische Verminderung wird durch Kochsalz erreicht.

INHALT	
Sachverhalt, der Gegenstand einer geistigen Tätigkeit oder Wahrnehmung ist.	Jeder vermutet, daß er den Nobelpreis bekommt.

Die Rollen und Kategorien haben natürlich auch gewisse Affinitäten zu bestimmten sprachlichen Realisierungen. Leider gibt es aber keine eindeutigen Zuordnungen zu den qualitativen Anschlüssen, was allein schon die Zahl der Rollen unmöglich macht. Dennoch wird der Hörerleser etwa schemageleitet davon ausgehen können, daß Subjekte oft Personen bezeichnen und auch die Agensrolle oder den Träger.

2.44 Satzmodelle

Alle Anzeichen, die der Hörerleser für die Strukturierung des Satzes gewinnt, dienen ihm nur dazu, seine inhaltliche Struktur aufzubauen. Leider entspricht nicht jedes Satzmuster gerade je einem Deutungsmuster. Aber ganz chaotisch ist die Zuordnung auch nicht: Im Rahmen der Satzmuster legen die einzelnen Verben bestimmte Konstellationen von semantischen Rollen fest, und Gruppen von Verben legen sogar allgemeine Schemata fest. Solche Satzmodelle können wir als die inhaltlichen Ausdeutungen der Satzmuster ansehen. Sie stellen semantische Rahmen dar, die wir für die Deutung bereithalten. (Manche sehen sie als kognitive Strukturen an, cf. Schlesinger 1977:12). Sie werden als Prototypen erlernt, beispielsweise ist das früheste und weitaus häufigste das Modell AGENS – HANDLUNG – BETROFFENES (cf. Bever 1970; Strohner/Nelson 1974) als Ausdeutung des häufigsten Musters NOM KOMPLEMENT – VERB – AKK KOMPLEMENT. Wenn wir also das Prädikat kennen, so haben wir schon die entscheidende Stütze für unsere strukturelle Deutung, im Grunde bereits einen abstrakten Satz, den die Komplemente nur noch ausfüllen (Chafe 1970: Kap.9; Fillmore 1977; Heringer 1984).

Satzmodelle sind sozusagen semantische Strukturformeln für den Rezipienten (cf. die Verbmodelle von Ballmer/Brennenstuhl 1986). Jedes Satzmodell ist charakterisiert durch ein entsprechendes Verb mit sehr allgemeiner Bedeutung, das als Leitverb für Verben gleicher Valenz fungiert. Im Spracherwerb scheinen wir für jedes Satzmuster Paradebeispiele solcher Rollenkonstellationen zu lernen (für den Erstspracherwerb cf. Slobin/Bever 1982), die zwar nicht alle möglichen Ausdeutungen des Satzmusters erfassen, die aber eine brauchbare Lernhypothese sind, auf der man weiterbauen kann: Man wird die semantischen Rollen verfeinern und man wird seltenere Satzmodelle hinzulernen.

Valenz

Einwertige Satzmodelle

existieren-Modell

Diese Regelung besteht.

| Träger |

existieren, bestehen; passieren, vorkommen; leben, wachsen, gedeihen; sterben, vergehen, untergehen; regnen, schneien, blitzen; entstehen, auftauchen, herauskommen; aufgehen; andauern; aufhören, verschwinden, abflauen; dasein, auftreten; stimmen, zutreffen, gelten.

handeln-Modell

Der Mensch handelt.

| Agens |

handeln, schaffen, wirken, schuften; spielen, lachen; schwätzen, sprechen, schimpfen, schreien; arbeiten, sägen, säen, fischen, feiern, schlafen, tanzen, pfeifen, musizieren; blasen, schnaufen; pinkeln, scheißen; mauern, filmen, nageln.

Viele dieser Verben können auch durch Erweiterung in das machen-Modell übergehen.

sein-Modell

Die Einkristalle bleiben schön.

| Träger |

sein, scheinen, bleiben; werden.

Zweiwertige Satzmodelle: Nom Komplement, Akk Komplement

machen-Modell

Die Bauern machen Butter.

| Agens | | Produkt |

machen, bauen, herstellen, produzieren; kochen, hacken, backen, stricken, nähen; gründen, bilden; erstellen, durchführen, realisieren, ändern; begehen, ausführen, erledigen; zeichnen, malen, erdichten; formen, fertigen, gestalten; aufführen, vortragen; zerstören, vernichten, auflösen.

haben-Modell

Ein Mann hatte fünftausend Häuser.
| NUTZNIESSER | | BETROFFENES |

haben, besitzen, innehaben, halten; kriegen, bekommen, erhalten, gewinnen; behalten; brauchen; aufgeben, preisgeben, vermissen; verlieren, verschwenden, vergeuden.

nehmen-Modell

Der Kranke nimmt das Buch.
| AGENS | BETROFFENES |

nehmen, holen, suchen; fangen, jagen, schnappen, packen, berühren, fassen, greifen; kaufen, erwerben, pachten; stehlen, klauen, entführen; sammeln, raffen; einnehmen, kassieren; ergattern, erjagen, erkämpfen.

verbrauchen-Modell

Unsere Kinder essen Grütze.
| AGENS | BETROFFENES |

verbrauchen, konsumieren; essen, trinken, fressen, saufen, verzehren; knabbern, naschen, genießen; probieren, einnehmen, schlucken; verbrennen, verheizen, vergeuden.

verändern-Modell

Die Menschen verändern die Welt.
| AGENS | BETROFFENES |

verändern, verwandeln, bearbeiten; verletzen, verkürzen, verlängern, zerschneiden; zerstören, vernichten, bombardieren; töten, umbringen.

wahrnehmen-Modell

Der Forscher sieht die Reaktion.
| ERFAHRENDER | BETROFFENES |

wahrnehmen, sehen, hören, schmecken, riechen; merken, erkennen, bemerken, erblicken; denken, wissen, glauben; lernen, verstehen, erfassen, kapieren, begreifen, spitzkriegen; erfassen, verzeichnen, realisieren; beobachten, erkennen, aufnehmen, beachten; verspüren, erfühlen, ertasten; vergessen.

bewirken-Modell

Das Erdbeben bewirkte eine Unterbrechung der Versorgung.

| Ursache | Bewirktes |

bewirken, auslösen, realisieren; lassen, fortführen, beenden; verwunden, fällen, schlachten; trocknen, füllen; beeinflussen; aufmuntern, anregen, aufreizen, inspirieren; ärgern, aufregen; lenken, steuern.

Zweiwertige Satzmodelle: NOM KOMPLEMENT, PRÄP KOMPLEMENT

stehen-Modell

Das Buch steht in der Bibliothek.

| Träger | Ort |

stehen, liegen, sitzen, hocken; wohnen, zelten; hängen, lehnen, knien; warten, ruhen, schweben.

gehen-Modell

Die Leute gehen in die Berge.

| Agens | Ort |

gehen, kommen, fahren; marschieren, wandern, laufen, rennen, rasen, flitzen, eilen; reiten, fliegen, schwimmen, rudern; klettern, kriechen, rutschen, steigen; abreisen, wegfahren; fallen.

geschehen-Modell

Der Unfall geschah am Freitag.

| Träger | Umstand |

geschehen, passieren, sich ereignen, stattfinden; ablaufen, verlaufen; eintreten, anfangen, enden, losbrechen; explodieren.

Dreiwertige Satzmodelle: Nom Komplement, Dat Komplement, Akk Komplement

---

geben-Modell

Eine Frau gab dem Kind die Orange.

| Agens | Empfänger | Betroffenes |

geben, schenken, reichen, servieren, übergeben, überlassen; bringen, schicken, liefern; verkaufen, verpachten, vermieten, borgen; besorgen, verschaffen; bezahlen, überweisen; spenden, spendieren; einflößen; zuweisen, anbieten, anpreisen; nehmen, stehlen, klauen; verweigern, versagen, vorenthalten; verschaffen, vermitteln, verschreiben; lassen, gönnen, gewähren.

sagen-Modell

Die Leute sagen den andern, worauf es ankommt.

| Agens | Partner | Inhalt |

sagen, erzählen, mitteilen, berichten; schreiben, melden, raten; verbieten, befehlen, gebieten; antworten, erwidern, kontern; verschweigen, verheimlichen, andeuten; prophezeien, voraussagen; gestehen, beichten; bestätigen, versichern, bezeugen, beweisen, begründen; übermitteln, telegrafieren; zeigen, verklickern.

Dreiwertige Satzmodelle: Nom Komplement, Akk Komplement, Präp Komplement

---

stellen-Modell

Die Frauen tragen das Wasser bis nach Hause.

| Agens | Betroffenes | Ort |

stellen, setzen, legen; tragen, schieben, befördern, transportieren; fahren, ziehen; mitnehmen; werfen, führen, bewegen, rücken; hängen, anbringen; heben, laden; stecken, reintun, einspritzen, stopfen; werfen, schleudern, schmeißen; senden, schicken; verlagern, entfernen.

ausstatten-Modell

Die Dorfältesten schmückten die Kinder mit Blumen.

| Agens | Empfänger | Mittel |

ausstatten, schmücken, ausrüsten; füttern, bewirten, ernähren; beschenken, versehen, beliefern; kleiden, pudern; subventionieren, unterstützen; bezuschussen, bewaffnen.

2.5 Komplemente

Ein Hörerleser, der streng datengeleitet vorgeht und Phrasen ermittelt hat, müßte für jede einzelne Phrase ihre Funktion und Einpassung in den Satzzusammenhang bestimmen. Einer, der sich vom Valenzschema des Prädikats leiten läßt, wird anders vorgehen. Mit dem Subjekt hat er das wichtigste Komplement des Prädikats bestimmt. Aber die Valenz des Prädikats fordert oft weitere Komplemente. Auf alle spezifischen Fragen, die das Prädikat uns stellt, erwarten wir im Satz eine Antwort, wenn wir sie nicht aus dem Kontext oder der Situation erschließen können. Erst damit haben wir ein Satzskelett, das uns eine vorläufig befriedigende Deutung ermöglicht.

Wer die Komplemente in die Satzstruktur einpassen will, muß zuerst einmal wissen, welche Phrasen überhaupt als Komplemente in Frage kommen. Wir unterscheiden nach ihrem inneren Aufbau vier Sorten von Komplementen:

1. Nominalphrase mit Substantiv als Kern

   (1a) Die Ablehnung aller Spekulationen kennzeichnet [diese wissenschaftliche Bewegung].

   (1b) Die geringe Intensität der Neutronenstrahlen führt [zu zeitraubenden Experimenten].

2. Pronominalphrase mit Pronomen als Kern

   (2a) Sie lehren [alles, was sie wissen].

   (2b) Man nehme [etwas von allen Medikamenten].

3. Nebensatz

   (3a) Daraus ergab sich, [daß mehrere stabile Isotope existieren].

   (3b) Viele behaupten, [ein Computer könne gewiß nicht kreativ sein].

4. Infinitivklausel

   (4a) Er versucht, [die Vorgeschichte zu rekonstruieren].

   (4b) Es lohnt sich, [gute Einkristalle zu beschaffen].

Die ersten beiden Sorten behandeln wir hier gemeinsam als Nominalphrasen, die beiden andern im Zusammenhang des komplexen Satzes.

Ein Komplement ist zu identifizieren und in die Satzstruktur einzupassen nach seiner Stellung, seiner Form und seiner Bedeutung. Da die Serialisierung im Deutschen keine eindeutigen Hinweise bietet, stehen Form und Bedeutung im Vordergrund. Bei der Form ist entscheidend die morphologische Kennzeichnung, in welche Valenzstelle das Komplement paßt. Wir unterscheiden danach kasuell angeschlossene Komplemente von präpositional angeschlossenen.

Während die Anschlüsse eindeutig grammatische Markierungen sind, ist die Frage der Bedeutung eines Komplements eher lexikalisch orientiert. Sie hat aber auch grammatische Aspekte, wie wir bei der selektionalen Valenz sehen. Die grammatische Strukturierung ist korrekt, wenn das jeweilige Komplement inhaltlich zur Charakteristik der jeweiligen Valenzstelle paßt, wie sie sich aus Bedeutung und selektionaler Valenz des Verbs ergibt.

Französischer Positivismus

Fast gleichzeitig mit der Entwicklung der Humeschen Philosophie in Britannien traten in Frankreich die sog. E n z y k l o p ä d i s t e n mit ähnlichen positivistischen Anschauungen hervor, insonderheit D'A l e m b e r t (1717 bis 1783), der diese in seiner Einleitung zur Enzyklopädie (1751), und T u r g o t (1727–1781), der sie in dem in dieser Enzyklopädie enthaltenen Artikel 'Existenz' zum Ausdruck brachte. Der Rückgang auf das sinnlich Wahrnehmbare (die feststellbaren Tatsachen), die Deutung des Ich als einer besonderen Verknüpfung von Empfindungen, die Ablehnung aller über die Grenzen des Erfahrbaren hinausgehenden Spekulation, zugleich eine tiefe Überzeugung von Wert und praktischer Bedeutung soliden empirischen Wissens kennzeichnen diese Bewegung, die zahlreiche Anhänger fand und später in Auguste C o m t e (1798–1857) einen Höhepunkt erreichte. Obwohl Comte es ist, der die Bezeichnung 'Positivismus' (nach dem Vorgange von Saint Simon) einführte, ist doch sein System für die Entwicklung der erkenntnistheoretischen Problematik des Positivismus im engeren Sinne nur von peripherer Bedeutung. Sein Positivismus war in erster Linie ein solcher einer empirisch-wissenschaftlich verfahrenden S o z i o l o g i e (die er begründete), von der er sich in Verbindung mit einer empirischen Geschichtswissenschaft eine Neuordnung der menschlichen Gesellschaft versprach, deren geistige Entwicklung dem von ihm aufgestellten D r e i s t a d i e n g e s e t z nach durch ein erstes Stadium der Theologie und ein darauffolgendes der Metaphysik sich schließlich zum dritten Stadium der p o s i t i v e n W i s s e n s c h a f t erhebt. „Die Revolution, die das Mannesalter unseres Geistes charakterisiert, besteht im wesentlichen darin, überall an Stelle der unerreichbaren Bestimmungen der eigentlichen Ursachen die einfache Erforschung von Gesetzen, die zwischen den beobachteten Phänomenen bestehen". (sic)

Zu beachten ist, daß Phrasen, die Komplemente sein könnten, oft auch andere Funktionen wahrnehmen könnten. Darum muß man in der Analyse – wenn man die Komplemente identifiziert – auch immer diese andern Funktionen in Betracht ziehen. Bei Nominalphrasen kommt hier besonders die Funktion als Supplement oder als Attribut in Frage (cf. Lehmus 1983; →3.41).

Die Polyfunktionalität der Nominalphrase bleibt prinzipiell erhalten, wenn man ihren morphologischen Anschluß schon berücksichtigt. Aber glücklicherweise haben die Nominalphrasen entsprechend ihrem Kasus typische Funktionen, die sie auch häufiger erfüllen als andere (cf. Admoni 1982:107–126). So ist eine genitivische Nominalphrase typischerweise Attribut, eine akkusativische hingegen typischerweise akkusativisches Komplement; bei präpositionalen verteilen sich die Funktionen eher gleichmäßig auf präpositionale Supplemente, präpositionale Komplemente und Attribute.

Funktionen der Nominalphrasen und Präpositionalphrasen im Deutschen

Kasus	Funktion
nom Nominalphrase	SUBJEKT / PRÄDIKATIV / ANREDE
akk Nominalphrase	AKK KOMPLEMENT / FREIER AKKUSATIV / ADJEKTIVERWEITERUNG
dat Nominalphrase	DAT KOMPLEMENT / FREIER DATIV / ADJEKTIVERWEITERUNG
gen Nominalphrase	ATTRIBUT / GEN KOMPLEMENT / SUPPLEMENT / ADJEKTIVERWEITERUNG
präp Nominalphrase	SUPPLEMENT / PRÄP KOMPLEMENT / ATTRIBUT / ADJEKTIVERWEITERUNG

In unserer Aufstellung sind die typischen und häufigen Funktionen der Nominalphrase zuerst genannt, die selteneren und untypischen außerdem nur auf gestrichelten Wegen erreichbar.

Die Entwicklung der Funktion einer Nominalphrase ist ein wichtiger Schritt zum Verständnis. Da jede Art Nominalphrase verschiedene Funktionen erfüllen kann, in jedem Satz aber viele potentielle Funktionen unerfüllt bleiben, liegt hier eine Quelle von Mehrdeutigkeiten: Oft gibt es die Möglichkeit, eine Nominalphrase alternativ in unterschiedlichen Funktionen zu sehen und damit den Satz als mehrdeutig zu verstehen (→3.11, 3.41).

(5) ⎡ Meistens wird die Entziehung durch die Verwaltungsbehörde angeordnet.

⎢► Die Verwaltungsbehörde ordnet die Entziehung an.

⎣► Die Verwaltungsbehörde entzieht X.

Die Präpositionalphrase *durch die Verwaltungsbehörde* kann Agensphrase im Passivsatz sein, also den Agens der Anordnung nennen; man kann den Satz aber auch so verstehen, daß der Agens nicht realisiert ist – weil etwa klar ist, daß das Gericht die Entziehung anordnet – und dann die Präpositionalphrase als Attribut auffassen, das den Agens der Entziehung nennt.

2.51 Kasuelle Komplemente

Kongruenz (i) Nominalphrasen kommen abgewandelt im Rahmen von drei Dimensionen vor:

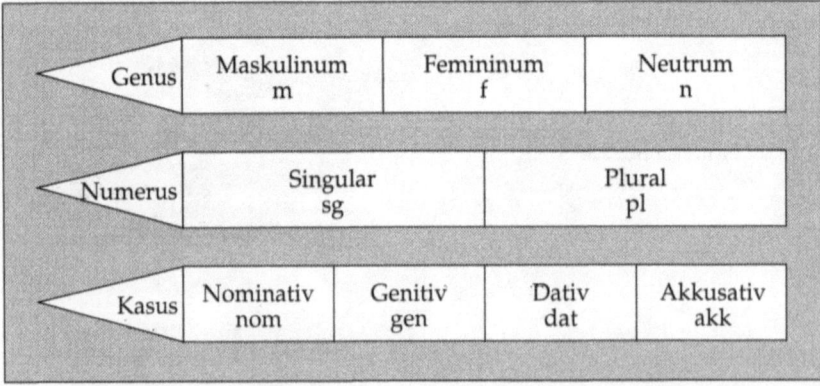

Dies bedeutet aber nicht, daß jede Nominalphrase in 24 verschiedenen Formen vorkommen könnte. Erstens ist das Genus der substantivischen Nominalphrase durch das jeweilige Kernsubstantiv festgelegt, variiert also nicht. Zweitens lauten jeweils viele Formen gleich. Dies könnte dem Produzenten als Vorteil erscheinen, weil er nicht so viele Formen lernen muß, für den Rezipienten ist es aber keine Vereinfachung. Es erschwert ihm die Ermittlung der Satzstruktur, wenn Formen polyfunktional sind.

Komplemente 141

Die drei Dimensionen Genus, Numerus, Kasus unterscheiden sich funktional. Genus und Numerus haben wenig grammatische Funktion. Das Genus variiert – wie gesagt – überhaupt nicht. Es spielt eine Hauptrolle bei der Anaphorik, eine Nebenrolle über die Rektion der Artikel- und Adjektivflexive, wo es hilft, den Kasus der Nominalphrase zu vereindeutigen. Der Numerus variiert und drückt so eine inhaltliche Opposition im Rahmen der Referenz aus. Grammatisch verdeutlicht er die Kongruenz zwischen Subjekt und Prädikat:

(1) [Die Lehrmeinung] des Aristoteles war akzeptiert. [Sie] galt als unumstößlich.

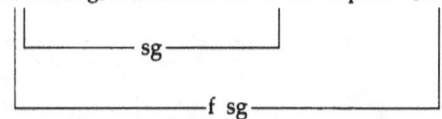

Der Kasus einer Nominalphrase hat rein grammatische Funktion. Er ist das ausgezeichnete Bezeichnungsmittel für grammatische Zusammenhänge. Er erfüllt die Rektion übergeordneter Wörter und kennzeichnet so, was zusammengehört. Beispielsweise muß der Kasus der Komplement-Nominalphrase zur morphologischen Charakteristik der Valenzstelle eines Verbs passen. Also ist die Bestimmung des Kasus ein wichtiges Teilziel für den Rezipienten. Wir lösen darum bei der Formenbestimmung auch nach dem Kasus auf, d.h. er erscheint jeweils als rechter Ausgang unserer Netzwerke.

(ii) Zuerst zu den Nominalphrasen mit pronominalem Kern. Unser Text enthält die Pronominalformen: *der, diese, sie, es, die, er, ihm.* Betrachten wir ihre Funktion, so erkennen wir, daß bei den Personalpronomen der Kasus gut markiert ist: *er* ist eindeutig nom, *ihm* eindeutig dat; *es* und *sie* können nom und akk sein. Dieser Befund gilt für die Personalpronomen allgemein: Die Kasus sind – mit Ausnahme von nom und akk bei *sie, es* – gut markiert (→Anhang 6).

Pronominalphrasen

Während bei den Personalpronomen verschmolzene Formen häufig sind, kennzeichnen bei den andern Pronomen Morpheme die grammatische Funktion. Es gibt fünf Pronominalmorpheme: *-er, -es, -e, -en, -em.* Sie sind lautlich sehr einfach gebaut und unterscheiden sich vor allem durch das letzte Phonem. Ihren Aufbau stellt die einfache Struktur dar:

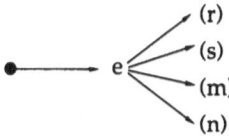

Die Funktionen der Pronominalmorpheme aufgelöst nach Kasus veranschaulichen die folgenden Netzwerke. Sie zeigen einmal, daß jedes Morphem polyfunktional ist und daß ihm in jeder Bedeutung mehrere Bedeutungszüge (aus den jeweiligen Dimensionen je einer) zukommen.

Charakteristisch und eindeutig ist *-em* für dat. Nicht eindeutig auflösbar ist *-e,* das – wie häufig im Deutschen – sowohl nom als auch akk sein kann. Bei *-en* hat man schon eindeutige Ergebnisse, wenn man den Numerus kennt, im pl ist es immer dat, im sg akk.

Kasusbestimmung der Pronominalmorpheme

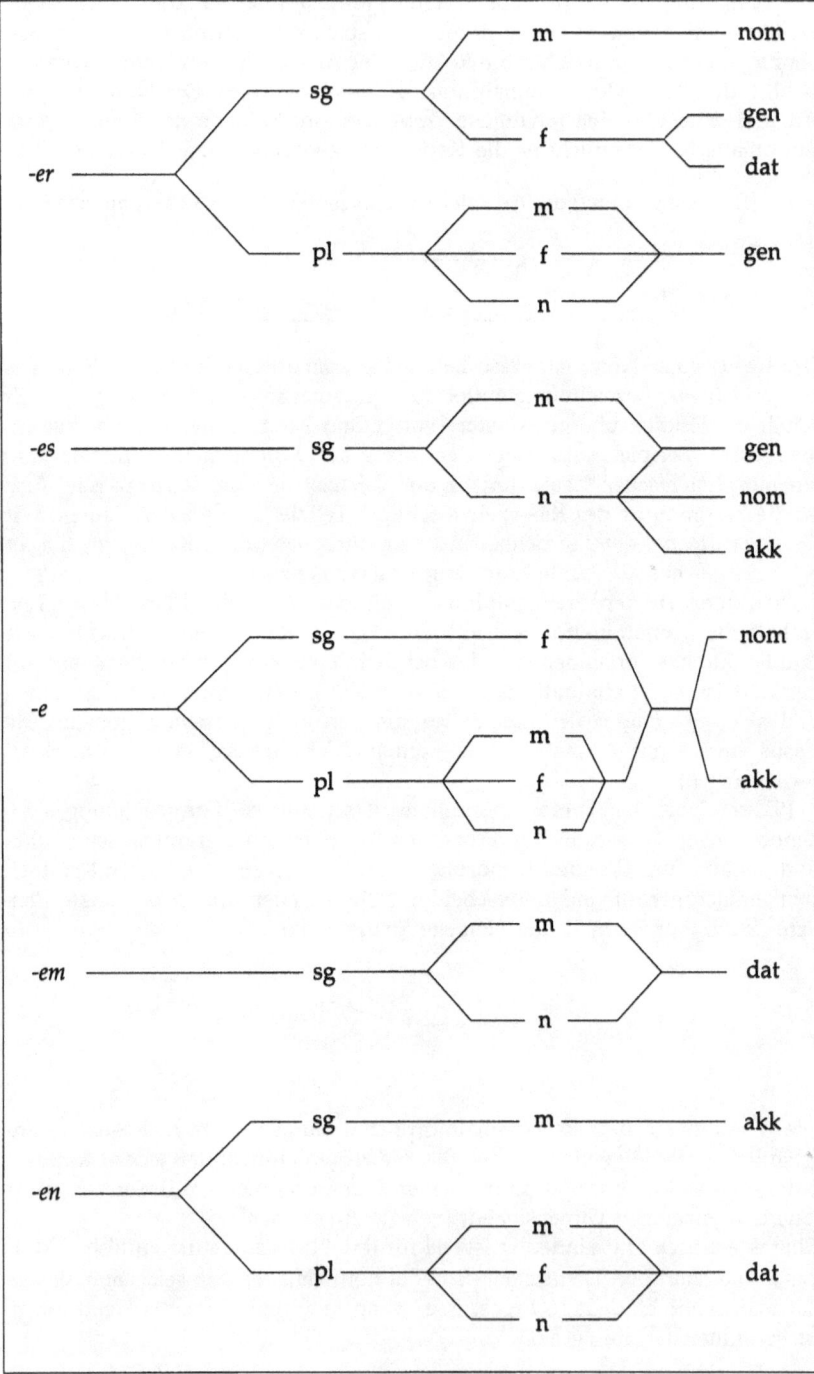

Komplemente 143

Komplexer im Erscheinungsbild ist die Situation bei *-er* und *-es*. Aber auch hier kommt man nach der Bestimmung von Genus und Numerus zu guten Ergebnissen. Wenn man berücksichtigt, daß die Genitivformen auf *-es* eigentlich gemieden werden, so ergibt sich auch hier nur die bekannte Verzweigung in nom und akk. Diese Doppelfunktion muß also durch andere grammatische Mittel vereindeutigt werden.

Auffällig insgesamt ist, daß – wie die Waben zeigen – im Plural keine Genera differenziert sind, und damit auch nicht zur Bestimmung zu berücksichtigen sind.

Für die Funktion der Pronomen ist bemerkenswert, daß nur in 3 sg die Genera differenziert sind, sei es durch eigene Formen (*er, sie, es*) oder durch Pronominalmorpheme. Dies entspricht auch der Mitwirkung des Genus bei der Anaphorik und der Tatsache, daß Anaphorik wesentlich auf die 3. Person beschränkt ist.

(iii) Bei den Pronomen ist die Lage insgesamt gut, oft führt der Analyseweg zu einem bestimmten Kasus. Weniger günstig erscheint die Situation bei Nominalphrasen mit substantivischem Kern (cf. Durrell 1977). Denn das Substantiv hat weder Morpheme, die nach der Lautform typisch substantivisch wären, noch hat es eine gute Zuordnung von Morphemen zu Kasus. Die Kasusmarkierung der Substantive ist wenig ausgeprägt, ihre Formen sind äußerst polyfunktional (Seidel 1980; →Anhang 8). Während wir die Substantive selbst aufgrund der Großschreibung, der Wortbildung und lexikalischen Wissens gut identifizieren können, können sie allein ihre grammatische Funktion nur selten anzeigen. Wir müssen dazu ihren Hofstaat überprüfen. Das heißt, wir suchen nach links zugehörige Artikel und attributive Adjektive, die ja in Kongruenz mit dem Substantiv stehen. Ist eines von beiden realisiert, so verbessert sich unsere Situation schlagartig, weil wir dann die gleichen Deklinationsmorpheme finden wie bei den Pronomen. Ist ein Artikel da, trägt er meistens die deutlichere pronominale Deklination (Ausnahme: *ein, mein*). Ist kein Artikel da, ist das Adjektiv pronominal dekliniert.

Substantivphrasen

Wir ermitteln in unserem Text, wenn wir Genus und Numerus (der übrigens besser markiert ist) der Substantive kennen:

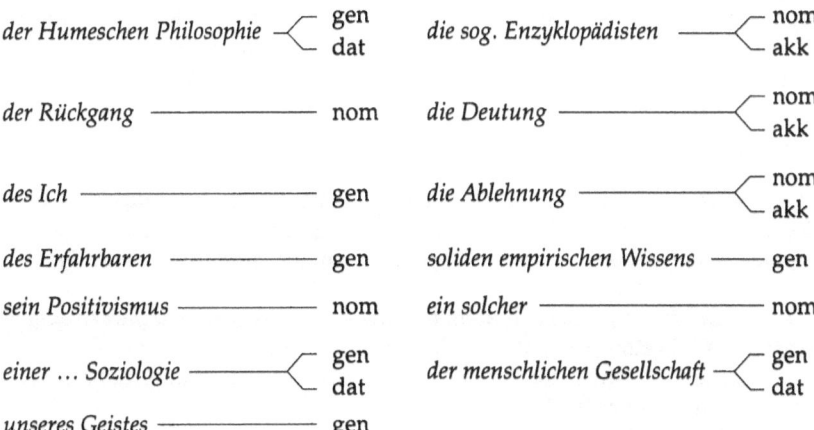

Wir sehen: Erstens verbessert die Kenntnis des Genus entscheidend die Bestimmung der Kasus; zweitens sind Mehrfachanalysen zwischen nom und akk häufig, sie müssen über andere Anzeichen aufgelöst werden. Die häufigen Doppelausgänge von gen und dat hingegen wirken nicht so störend, weil diese Nominalphrasen in ihrer Satzrolle gut unterschieden sind: genitivische Nominalphrasen sind ja meistens Attribute, dativische Nominalphrasen dagegen nie.

Vergleichen wir die ganzen Nominalphrasen mit den jeweiligen Substantiven, so erkennen wir die Reduktion der Polyfunktionalität, die besonders die Artikelwörter – ersatzweise die attributiven Adjektive – leisten: *Philosophie* steht beispielsweise für alle Kasus, die Ausgänge im Netzwerk sind mit Artikel und Adjektiv also um die Hälfte reduziert; die Substantivierung *Ich* steht für alle Kasus, mit dem Artikel ist die Nominalphrase eindeutig; die Form *Rückgang* steht für drei Kasus, mit dem Artikel ist die Nominalphrase eindeutig.

Zu beachten ist auch, daß der Artikel mit einer vorangehenden Präposition verschmelzen kann, so daß die Artikel-Endung hier zu finden ist: *im/in dem Rückgang; ins/in das Jahrhundert.*

Problemfälle bleiben die Eigennamen, da sie in der Regel weder Artikel noch Adjektive bei sich führen und ihre Deklination recht eingeschränkt ist. Allerdings bleiben auch hier die nicht-auflösbaren Fälle selten. Denn nach den allgemeinen kommunikativen Prinzipien wird ja der Sprecherschreiber Sätze mit unklarer Struktur vermeiden. Er wird also gewisse systematische Defizite kompensieren durch andere Formulierungen, beispielsweise bei Eigennamen eben doch den Artikel gebrauchen usw.

Die Markierung grammatischer Funktionen der Nominalphrasen läßt sich zusammenfassend so charakterisieren: Die Kennzeichnung der Kasus bei den pronominalen Nominalphrasen ist verhältnismäßig eindeutig, bei den substantivischen Nominalphrasen (besonders bei Eigennamen) ist die Lage etwas schlechter. Dennoch ist festzuhalten, daß im Kontext weniger Schwierigkeiten auftreten als erwartet. Die häufige Polyfunktionalität zwischen Nominativ und Akkusativ ist generell, sie wird teilweise durch Stellung und Selektion vereindeutigt. Doppelausgänge in gen und dat hingegen sind unproblematisch. Gemäß unserer Übersicht kommt nur der Dativ für Komplemente in Frage, während der Genitiv fast ausschließlich Attribut ist. (Darum aber Vorsicht in den wenigen Ausnahmefällen!)

2.52 Präpositionale Komplemente

Formen (i) Im Unterschied zu den kasuellen Komplementen ist bei präpositionalen Komplementen der Anschluß absolut eindeutig. Grammatisch gibt es ja nur die eine Anschlußform über die Präposition. Im Vordergrund stehen deshalb hier andere Probleme:

1. Welche grammatische Funktion könnte die Präpositionalphrase wahrnehmen: Ist sie Komplement, Supplement oder Attribut?
2. Welche Präposition fordert das Verb? Kann also die Präpositionalphrase Komplement des Prädikats sein?
3. Gehört die Nominalphrase zur unmittelbar vorangehenden Präposition?

Insbesondere hat sie den richtigen Kasus, um die Rektion der Präposition zu erfüllen?

Erstes Problem: Die Lösung des ersten Problems erfordert in der Regel die Kenntnis des geforderten Anschlusses für das einzelne Verb. Das ist weitgehend lexikalisches Wissen über die Valenz, das man allerdings in Kategorien organisieren kann (→Anhang 9). Für Komplemente kommen nur die eingeborenen Präpositionen *an, auf, aus, für, in, mit, nach, über, um, von, vor, zu* in Frage. Diese Präpositionen gehören dann eng zum Verb, sie sind keine freien Regenten der jeweiligen Nominalphrase, sogar den Kasus können sie nicht ohne Mitwirkung des Verbs bestimmen. Darüberhinaus gibt es Valenzstellen, die nicht durch eine feste Präposition gekennzeichnet sind, sondern eher durch eine Bedeutungskategorie: Sie verlangen lokale Präpositionalphrasen, und zwar entweder positionale oder direktionale, die bei gleicher Präposition durch den Kasus differenziert sein können: dat = positional, akk = direktional. Demgemäß kann die jeweilige Präpositionalphrase nur als Komplement fungieren, wenn sie entweder durch die passende Präposition eingeleitet ist, oder aber, wenn sie die geforderte lokale Bedeutung hat.

positional	direktional
vor (dem) Gericht erscheinen	vor (das) Gericht zitieren
über den Grenzen des Erfahrbaren liegen	über die Grenzen des Erfahrbaren gehen
sich im 18. Jahrhundert bewegen	sich ins 18. Jahrhundert begeben
hinter dem Erfahrbaren liegen	hinter die Tatsachen schauen

Zweites Problem: Auch wenn die Präpositionalphrase in eine Valenzstelle des Prädikats paßt, empfiehlt es sich, offen zu bleiben dafür, daß sie auch andere Funktionen wahrnehmen könnte. Öfter kann die Valenzstelle ungefüllt sein und die Präpositionalphrase demnach als Supplement oder Attribut zu deuten sein, so daß der Satz mehrfach analysierbar ist.

(1)   Ehe die Stadt von schwedischen Truppen befreit wurde, ...

(2)   Ehe die Regeln von Großbauern überprüft werden, ...

(3)   So ist gewährleistet, daß keine Rückstände in großen Mengen auftreten.

(4)   Du brauchst dich vor der Prüfung nicht zu fürchten.

In (1) kann die *von*-Phrase in die Valenzstelle des Verbs *befreien von* eintreten, sie kann aber auch als Agenserweiterung des Passivs verstanden werden als Subjekt des aktivischen *befreien*:

(1a)   ┌─ Ehe die Stadt von schwedischen Truppen befreit wurde, ...
       ├► Die schwedischen Truppen haben die Stadt befreit.
       └► Jemand hat die Stadt von schwedischen Truppen befreit.

In (2) kann die *von*-Phrase ebenfalls als Agenserweiterung, aber auch als Attribut von *Regeln* aufgefaßt werden. In (3) kann die *in*-Phrase lokales Supplement oder aber Attribut zu *Rückstände* sein. In (4) schließlich gibt es zwei grammatische Einbettungen der *vor*-Phrase: Sie kann in die Valenzstelle von *fürchten vor* gehören, oder diese Valenzstelle bleibt ungefüllt und die *vor*-Phrase ist als temporales Supplement zu deuten. Ähnliche Mehrfachkonstruktionen sind häufig bei Attributen (→ 3.41). Darum ist es besonders wichtig, die Nominalphrasen der ersten Stufe zu unterscheiden von den untergeordneten, die als Attribute selbst wieder Teile von Nominalphrasen sind.

Drittes Problem: Präpositionen haben eine Kasusrektion, d.h. sie fordern einen bestimmten Kasus der abhängigen Nominalphrase. Die Rektion verläuft entlang der Unterordnung:

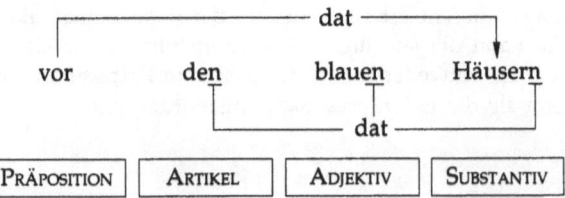

Darum kann man durch Überprüfung der Rektion ermitteln, wozu eine Präposition gehört. Normalerweise ist dies die rechts von der Präposition stehende Nominalphrase. Schwierigkeiten gibt es zweierlei:

1. Einmal kann zwischen Präposition und regiertem Substantiv eine andere Nominalphrase eingeschoben sein (→5.2), so daß die Präposition zur äußeren oder zur inneren Nominalphrase gehören kann:

(5) ... der sie in dem [in dieser Enzyklopädie enthaltenen] Artikel zum Ausdruck brachte.

(6) ... die Ablehnung aller [über die Grenzen des Erfahrbaren] hinausgehenden Spekulation.

2. Zum andern gibt es Präpositionen, die nachgestellt werden wie *nach, gemäß*:

(7) ... deren Entwicklung [dem Dreistadiengesetz nach] sich zur positiven Wissenschaft erhebt.

Die Nachstellung orientiert natürlich die Unterordnung um:

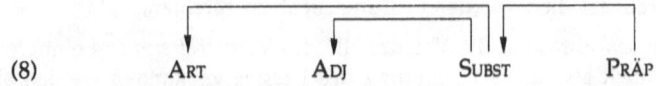

Nachgestellte Präpositionen können auch die Präpositionalphrase nicht ankündigen. Darum sind sie schwieriger für das grammatische Verstehen. (Merke: Keine Präposition regiert den Nominativ. Präpositionen, die den Genitiv regieren, kommen nur sehr selten in Komplementen vor.)

Komplemente 147

(ii) Sowohl die grammatische Einpassung wie auch die Deutung der Präpositionen können Schwierigkeiten machen, weil viele Präpositionen so vielfache Verwendungsmöglichkeiten haben. Wie eine Präposition zu deuten ist, wird oft deutlich durch die semantische Kategorie der untergeordneten Nominalphrase:

Deutung

		Deutung	Kategorie
vor	dem Haus	lokal	Sache
	Wochen	temporal	Zeitintervall/Ereignis
	fünf Uhr	temporal	Zeitstelle
	Wut	kausal	psychischer Zustand

Da die Nominalphrasen aber zu mehreren oder zu überlappenden Kategorien gehören können, mag es Mehrdeutigkeiten geben:

(9)   vor dem Theater < lokal
                         temporal

Zu ihrer Auflösung hilft die Betrachtung des Gesamtsinns.

Für einige wichtige Präpositionen, die auch Komplemente anschließen können, geben wir Verzweigungsfiguren, die ihre Verwendungsmöglichkeiten andeuten. Viele Deutungszweige sind allerdings den Präpositionalphrasen als Supplement oder Attribut vorbehalten.

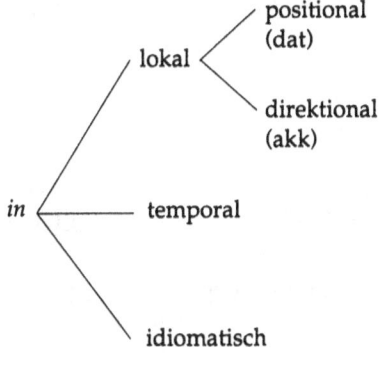

in	lokal	positional (dat)	... aus den genauen Massenzahlen der in der Natur beobachteten Elemente ergab sich, daß ...
		direktional (akk)	so bestehen starke Koliken mit Ausstrahlungen in den Oberschenkel und in die Leiste
	temporal		In den seither verflossenen zwei Jahrzehnten sind diese Auffassungen mancherlei Wandlungen unterworfen gewesen.
	idiomatisch		So sind Röntgenuntersuchungen in erster Linie geeignet, ...

Der einfache Satz

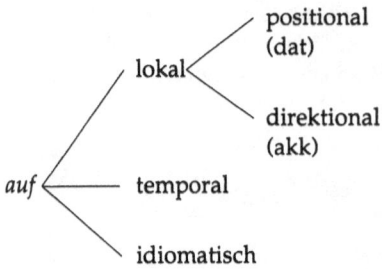

auf	lokal positional (dat)	... wohin diese Art von Herdenstolz führen kann, wenn er sich nicht <u>auf den Sportplätzen</u> erledigt.
	lokal direktional (akk)	Der Rückgang <u>auf das sinnlich Wahrnehmbare</u> ...
	temporal	Damit war der Weg zu weiteren Forschungen <u>auf Jahre hin</u> verstellt.
	idiomatisch	... einen auch nur einigermaßen legitimen Anspruch <u>auf die politische Führung</u> zu erheben.

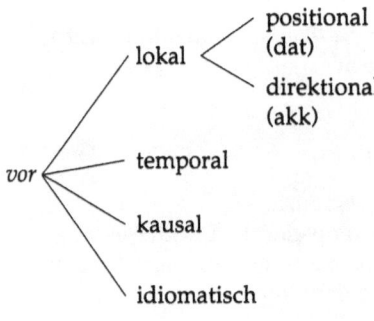

vor	lokal positional (dat)	Die Zersplitterung machte <u>vor der SS</u> nicht halt.
	lokal direktional (akk)	... während kurz <u>vor die Blase</u> wandernde Steine ...
	temporal	<u>Vor einigen Jahren</u> berichteten aber Jesse Roth ...
	kausal	<u>Vor lauter methodischen Skrupeln</u> wollte ihm nichts mehr gelingen.
	idiomatisch	Wir warnen dringlich <u>vor der Strahlung</u>.

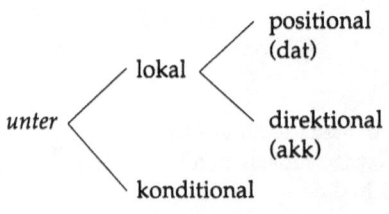

unter	lokal positional (dat)	<u>Unter der Oberfläche</u> der „nationalsozialistischen Weltanschauung" vollzog sich ein verdeckter Kampf.
	lokal direktional (akk)	Aber <u>unter die Oberfläche</u> war schwer zu schauen.
	konditional	... so kann der in den Harnleiter getretene Stein <u>unter weiteren Koliken</u> tiefer treten.

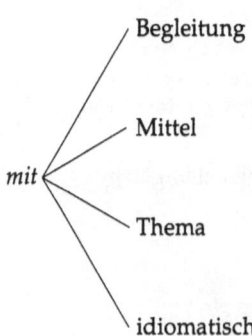

mit	Begleitung	Einzelheiten zur Leistungsfähigkeit eines spektralen KL-Detektorsystems <u>mit Monochrometer</u> sind z.B. in ... enthalten.
	Mittel	Beugungsuntersuchungen <u>mit Neutronenstrahlen</u> erfordern einen hohen technischen Aufwand.
	Thema	... traten die sog. Enzyklopädisten <u>mit ähnlichen positivistischen Anschauungen</u> hervor.
	idiomatisch	Es ging <u>mit der Arbeit</u> sehr langsam voran.

Komplemente   149

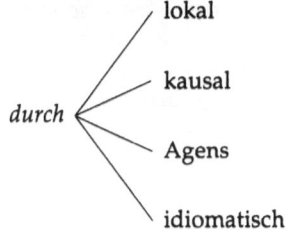

	lokal	... in die Blase gelangen und spontan <u>durch die Harnröhre</u> abgehen.
durch	kausal	Ihre therapeutische Verminderung wird <u>durch Kochsalzentzug</u> ... erreicht.
	Agens	Mit Hilfe der <u>durch Russell</u> ausgebildeten symbolischen Mittel ...
	idiomatisch	... Isotope existieren, die sich <u>durch die Zahl der Neutronen N</u> unterscheiden, ...

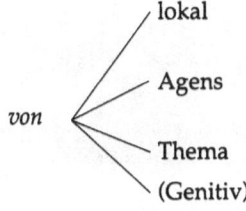

	lokal	Dabei geht diese Gefahr nicht <u>von der curativen Anwendung</u> aus.
von	Agens	..., deren geistige Entwicklung dem <u>von ihm</u> aufgestellten Dreistadiengesetz nach ....
	Thema	Wenn ich <u>von einem Landsmann</u> lese ...
	(Genitiv)	... Später werden die Betrachtungen im Hinblick auf die Beugung <u>von Neutronen</u> und Elektronenstrahlen erweitert.

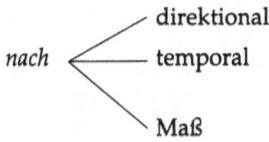

	direktional	Sofort griff er <u>nach der Pinzette</u>.
nach	temporal	... sagte Don Juan <u>nach einem leidenschaftlichen Gespräch</u>.
	Maß	...daß ein Musikwerk einem Baum vergleichbar ist, <u>nach Stamm, Wurzeln, Krone, nach Ästen, Zweigen und Blättern</u> gegliedert ...

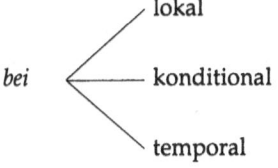

	lokal	derjenige, der <u>bei vielen Menschen</u> am meisten Unbehagen auslöst...
bei	konditional	Doch ist dieser Weg nur gangbar <u>bei hinreichend kleiner Elementarzelle</u>.
	temporal	Elektronenstrahlen hingegen werden <u>bei ihrem Durchgang durch die Materie</u> so stark absorbiert, ...

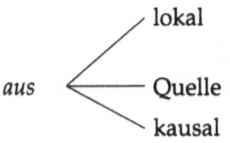

	lokal	... in der Erfassung von SE <u>aus potentialführenden Objektbereichen</u>.
aus	Quelle	Sie erzeugt nicht etwas <u>aus dem Nichts</u>.
	kausal	<u>Aus methodischen Skrupeln</u> führte er die Untersuchung nicht zu Ende.

Mit der Identifizierung des Prädikats und seiner Komplemente hat man eine Grundstruktur des Satzes ermittelt. Man hat damit auch eine inhaltliche Grundstruktur und ein erstes Verständnis erreicht. Allerdings sind die meisten Sätze wesentlich komplexer. Erweiterungen und Zusätze betten sie ein in Textzusammenhänge und geben zusätzliche Informationen, die ebenso wichtig sein können wie die Grundaussage (→3.1).

Ratschläge für Lerner

> Der Prädikatsrahmen wird durch Komplemente gefüllt. Es gibt nominale, pronominale Komplemente, Nebensätze und Infinitivklauseln. Die kasuellen Komplemente haben den Kasus, den das Prädikat verlangt, präpositionale Komplemente die verlangte Präposition.
> Darum:
> Frag dich, welcher Kasus paßt zum Prädikat, welche Präposition!
> Füge die Komplemente im Rahmen ein!
> Aber denk daran, daß Präpositionen vielerlei bedeuten können!

2.6 Valenzumkehrungen

Wer Komplemente identifizieren und zuordnen will, wird öfter vor der Sachlage stehen, daß inhaltliche Valenz und grammatische Realisierung auseinanderklaffen, insofern Vertauschungen von Komplement-Anschlüssen vorliegen. Standardfall, wo die üblichen Anschlüsse des Verbs verändert sind, ist das Passiv. Diese Änderung ist natürlich kein Betriebsunfall, sondern darin begründet, daß die Mitteilungsstruktur gegenüber dem Normalfall geändert wurde. Nicht mehr der Agens steht thematisch und kommunikativ im Vordergrund, sondern das Betroffene oder die Handlung. Und so erscheint es natürlich, das Betroffene zum Subjekt zu erheben, weil es zum Thema geworden ist. Der Agens wird fakultativ und präpositional angeschlossen. Das Passiv bietet so eine täterferne, objektiver erscheinende Formulierung des Sachverhalts.

Erste Warnzeichen für Valenzumkehrung sind Formen von *werden* oder *sein*, Perfektpartizipien und Formen der Funktionsverben *kommen, sein*. Hier muß der Rezipient darauf gefaßt sein, daß die Verteilung der Komplemente auf Valenzstellen verändert ist.

Ödemtherapie

Für die Ödembereitschaft entscheidend ist die Konzentration der Natriumionen. Ihre therapeutische Verminderung wird durch Kochsalzentzug in der Nahrung oder Förderung seiner renalen Ausscheidung erreicht. Zu Beginn der Behandlung werden meist beide Methoden angewandt. Später werden in erster Linie Medikamente gegeben, welche die Natriumausscheidung über die Nieren fördern.
Die stark wirkenden Quecksilberdiuretika finden seit der Entwicklung weniger toxischer Substanzen seltener Verwendung. Da nicht nur Natrium-, son-

dern auch Chlorionen vermehrt <u>ausgeschieden werden</u> und die Wirkung der Quecksilberdiuretika bei Abnahme der Chloridkonzentration im Serum abnimmt, <u>wird</u> bei längerer Behandlung Ammoniumchlorit <u>zugeführt</u>.
Sulfanilamidderivate von Bezothiadiazintyp führen zur Mehrausscheidung von Natrium, Chlor und Kalium. Bei langdauernder Therapie ist eine hyperchlorämische Alkalose möglich. Besonders wichtig ist die Substitution des Kaliumverlustes, da andernfalls die Gefahr kardialer Rhythmusstörungen besteht, besonders wenn zusätzlich Herzglykoside <u>gegeben werden</u>.
Furosemid und Ethacrynsäure sind sofort und stark wirkende Diuretika. Während Ethacrynsäure nur oral <u>appliziert wird</u>, <u>läßt sich</u> Furosemid auch intravenös <u>geben</u> und <u>empfiehlt sich</u> wegen seiner hierbei besonders schnellen Wirkung auch zur Therapie des Lungenödems. Bei häufiger Gabe <u>ist</u> eine Kaliumsubstitution <u>angezeigt</u>.
Spironolacton hemmt kompetitiv die Wirkung des Aldosterons, so daß es bei allen Zuständen von sekundären Hyperaldosteronismus infolge von chronischer Herzinsuffizienz indiziert erscheint. Da jedoch die Wirkung erst nach 3 bis 6 Tagen einsetzt, <u>werden</u> Kaliumretention und die Entwicklung einer hyperchlorämischen Azidose antagonistisch zur Wirkung der Sulfanilamidderivate <u>verwendet</u>.

2.61 Passiv

(i) Passivsätze sind zuerst einmal zu erkennen an ihrem Prädikat. Dabei sind folgende Kriterien wichtig: Passivprädikate

1. Passivprädikate sind mehrteilig (*wird/ist ... erreicht, werden/sind ... angewandt, werden ... gegeben; gegeben werden*).

2. Sie enthalten als übergeordnetes finites Verb Formen von *werden* oder *sein* (und anderen Kopulaverben).

3. Sie enthalten als untergeordnetes Verb das Partizip Perfekt eines passivfähigen Verbs.

Da sowohl *werden* und *sein* wie auch die Partizipien in unterschiedlichen Konstruktionen vorkommen, ist es wichtig, erst einmal festzustellen, ob tatsächlich ein Passiv vorliegt. Insbesondere sind die Passivprädikate von futurischen Prädikaten und von Perfektprädikaten zu unterscheiden.

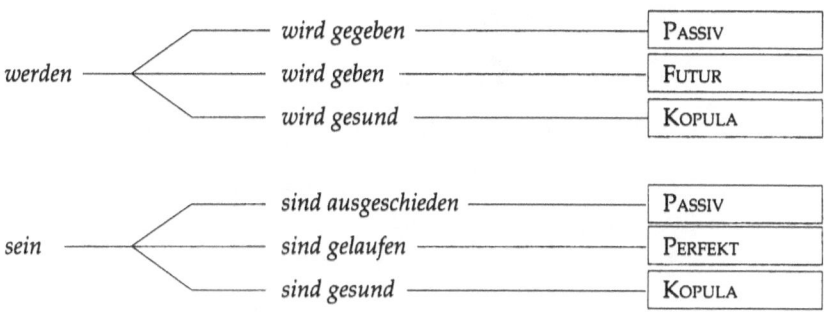

Absolutes Kriterium für das Futur ist der abhängige Infinitiv (der leider manchmal mit dem Partizip Perfekt gleichlautet: *wird vertreten;* →2.13). Beim *sein*-Perfekt ist die Lage verwickelter, weil Perfekt wie Passiv immer mit dem Partizip Perfekt gebildet sind. Zur Unterscheidung von Passiv und Perfekt ist es wichtig, drei Fälle, drei Verbkategorien auseinanderzuhalten und insbesondere zu beachten, ob das Perfekt mit *haben* oder *sein* gebildet wird. Verben, die Perfekt mit *sein* bilden, haben kein *sein*-Passiv, so sind semantische Kollisionen vermieden. Sie können aber *werden*-Passiv haben. Hier die Verteilung im Überblick:

Hilfsverb	Verbkategorie 1 *geben*	Verbkategorie 2 *tanzen*	Verbkategorie 3 *gehen*
haben	Perfekt *hat gegeben*	Perfekt *hat getanzt*	
sein	Passiv *ist gegeben*		Perfekt *ist gegangen*
werden	Passiv *wird gegeben*	Passiv *es wird getanzt*	Passiv *es wird gegangen*

Die Abgrenzung zu Kopulaprädikaten ist meistens leicht, weil sie ein Adjektiv enthalten. Gewisse Irritationen mag es geben bei Adjektiven, die die Form von Partizipien haben wie in *wird gefleckt, ist angezeigt, ist enthalten, ist geboten, ist ausgedehnt, ist bedeckt, wird beliebt, bleibt erhalten, bleibt geeignet* (ihr Adjektivcharakter kann sich beispielsweise zeigen in Graduierung, Komparation und adjektivischer Wortbildung: *sehr geeignet, ausgedehnter, ungeeignet;* cf. Dittmer 1982).

Sind die Adjektive als Partizipien reaktivierbar, kann es zu Mehrfachverwendungen und gar zu Zweideutigkeiten kommen.

(1) Der Himmel ist ganz bedeckt geworden.
    KOPULA + ADJEKTIV

(2) Das Land ist ganz bedeckt worden.
    PASSIV

(3) Eine Kaliumsubstitution ist angezeigt.
    KOPULA + ADJEKTIV

(4) Der Verkehrssünder ist angezeigt.
    PASSIV

Bei passivfähigen Verben ist das Passiv voll grammatikalisiert. Für die Passivformen existiert also das volle Verbalparadigma, wie es mit den entsprechenden Formen von *werden* zu bilden ist (→Anhang 3).

Im Perfekt erkennt man das Passiv gut daran, daß als Partizip-Perfekt *worden* und nicht *geworden* steht:

(5) Was ist aus den Methoden geworden?

(6) Die beiden Methoden sind angewandt worden.

Passiv

Selbstverständlich schließen sich auch Passiv und Futur nicht aus, wenngleich futurisches Passiv selten ist:

(7) Die beiden Methoden werden oft angewandt werden.

Fin Verb	Part Perf	Infinitiv

Auch Passiv im Perfekt kommt natürlich vor:

(8) Die beiden Methoden sind oft angewandt worden.

Fin Verb	Part Perf	Part

In solchen komplexen Prädikaten kann natürlich das charakteristische *werden/sein* als infinite Form versteckt sein: *soll erreicht sein, wird geheilt sein*.

(ii) Ein voll ausgeführtes Passiv gibt es nur bei Verben aus bestimmten Satzmustern und Satzmodellen. Prototypisch sind die Verben mit Akkusativ-Komplement und mit Agens-Subjekt oder Ursache-Subjekt. Solche Passivsätze sind Paraphrasen der entsprechenden Aktivsätze und ihnen vordergründig äquivalent:

Funktionen

(9) ┌─ Der Arzt gibt Herzglykoside.
    └─►Herzglykoside werden vom Arzt gegeben.

Ein Passivsatz ist also eine Formulierungsalternative zum Aktivsatz. Wodurch zeichnet der Passivsatz sich aus? Unter Valenzgesichtspunkten ist das Passiv gekennzeichnet durch drei Merkmale:

1. Die Komplementanschlüsse und Valenzstellen des Prädikats sind vertauscht: das Akkusativkomplement ist zum Subjekt geworden und das alte Subjekt kann nur noch präpositional (mit unterschiedlichen Präpositionen, cf. Dyhr 1982) angeschlossen sein.

(10) Der Arzt verwendet Kaliumretention.

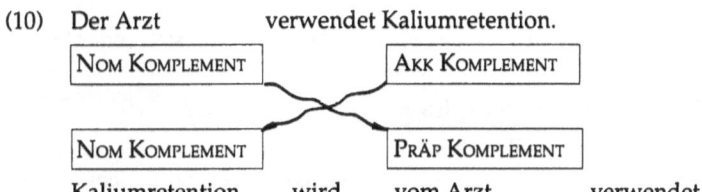

Kaliumretention wird vom Arzt verwendet.

Die übrigen Komplemente, die das Verb noch haben kann, sind von der Vertauschung nicht betroffen. Darum ist diese regelhafte Beziehung immer eindeutig rekonstruierbar.

2. Der kommunikative Sinn der Vertauschung liegt erst einmal in einer perspektivischen Veränderung: Das Betroffene (also das Akkusativ-Komplement des Aktivs) wird thematisiert. Im Gegensatz zum Akkusativ-Komplement kann es nun ohne Fokussierung das Vorfeld besetzen. Als Subjekt kann es beispielsweise anaphorisch an vorangehende Themen angeschlossen sein, das kann parallelen Satzbau mit Rollenkonstanz bewirken:

(11) Dieses Verfahren setzt keine Straftat voraus; es kann aber eingeleitet werden, wenn ...

Eine solche Thematisierung und Anschluß ans Vorangehende zeigt die weit überwiegende Anzahl der Passivvorkommen (Milan 1985:208).

3. In neun von zehn Fällen liegt als eigentlicher kommunikativer Anlaß – neben der Umkehrung – eine Valenzminderung vor, insofern das Aktiv-Subjekt ausgespart wird, also in den Hintergrund tritt (cf. Brinker 1971:41; Pape 1980:87).

(12) Später werden in erster Linie Medikamente gegeben.

Dieses Merkmal rechtfertigt auch, das Passiv als täterfern zu bezeichnen, und liefert den Grund, warum das Passiv in Wissenschaftssprache und Verwaltungssprache so häufig vorkommt: Hier nämlich kommt es weniger auf persönliche Darstellung und die Handelnden an. Ebenso etwa in Gebrauchsanweisungen, wo das Passiv häufig ist. Täterferne und Betonung der Handlung als kommunikative Wirkungen des Passivs sind aber durchaus auch bei Handlungsverben gefragt, die kein Akkusativ-Komplement haben, so daß dieses auch nicht zum Subjekt erhoben werden kann. Für diese Fälle gibt es das sogenannte unpersönliche Passiv:

(13) Es wird gedacht, behauptet, argumentiert.

Subjekt ist hier ein leeres expletives *es*; das finite Verb steht immer in 3 sg. Das expletive *es* fehlt bei anderer Vorfeldbesetzung ganz:

(14) Es wird überall geforscht.
(15) Überall wird geforscht.

Beim unpersönlichen Passiv ist über die Verb-Bedeutung zwar immer irgendein Handelnder vorausgesetzt – insofern ist die übliche Bezeichnung „unpersönlich" auch unglücklich –, aber seine Realisierung in einer Präpositionalphrase ist ganz selten, wenn nicht gar unmöglich (cf. Kirsner 1976:392). Je weniger informative Teile ein solcher Satz enthält, umso stärker ist die reine Handlung hervorgehoben.

Die Reduktionsstufe des unpersönlichen Passivs findet sich sogar bei zweiwertigen Handlungsverben mit Akkusativ-Komplement:

(16) Es wird jetzt wieder gelesen.

Auch hier steht die reine Handlung im Vordergrund, was im allgemeinen nur bei Verben Sinn macht, bei denen der sogenannte absolute Gebrauch ohne

Akkusativ-Komplement auch im Aktiv Sinn macht. Hier kann es aber zu Zweideutigkeiten kommen. Vorsicht ist also geboten, weil im Vorfeld nicht zu unterscheiden ist zwischen dem expletiven *es* des unpersönlichen Passivs und einem auf das Akkusativ-Komplement zurückgehenden anaphorischen *es*:

(17) ⎡ Es wird ständig angeordnet.
 ⎢ Ständig wird (etwas) angeordnet.
 ⎣ Das Verfahren/es wird ständig angeordnet.

Auch in Fällen, wo das Akkusativ-Komplement semantisch eng mit dem Verb zu einer festen Fügung verwachsen ist, gibt es nur das subjektlose Passiv:

(18) Es wird dem Rechnung getragen dadurch, daß ...

(iii) Zur Deutung von Passivsätzen empfiehlt sich der Rückgang auf den Aktivsatz. Im einzelnen spielen dabei drei Gesichtspunkte eine Rolle (Schatte 1982):   Deutung
- die Bedeutung des Hauptverbs;
- die Opposition der Hilfsverben *werden* vs. *sein*;
- die Erschließung des Aktivsubjekts.

Bei den Passivformen überwiegen bei weitem die Handlungsverben. Ist der Agens in diesen Fällen genannt, so gelingt die vollständige Paraphrase:

(19) ⎡ Dieses Problem wird von ihnen ganz ausgeschieden.
 ⎣ Sie scheiden dieses Problem ganz aus.

Ist der Agens nicht genannt, so muß er für diesen Zweck erschlossen werden. Tips dazu folgen.

Der Handlungscharakter des *werden*-Passivs ist so stark, daß bei Verben mit Valenzdubletten im Passiv die Handlungsdeutung bevorzugt wird.

(20) ⎡ Die Wirkung wird bestimmt.
 ⎣ Jemand bestimmt die Wirkung.

Der Satz (20) kann kaum deutend zurückgeführt werden auf (21), wo das Verb keine Handlung bezeichnet:

(21) Angst und Sehnsucht bestimmen die Wirkung.

Handlungen und Vorgänge haben im allgemeinen Ergebnisse. Darum werden aus entsprechenden Verben auch stillschweigend solche Ergebnisse gefolgert. Bei Verben aus dem *machen*-Modell ist das Ergebnis die Existenz oder Nicht-Existenz eines Gegenstands, bei Verben aus dem *nehmen*-Modell, daß der Agens das Betroffene hat, bei Verben aus dem *geben*-Modell, daß es der Empfänger hat, und bei Verben aus dem *verändern*-Modell, daß das Betroffene verändert ist. Im Passiv liegen diese Ergebnisse näher, weil das Betroffene in den Vordergrund rückt und die Veränderungen sich ja am Betroffenen vollziehen.

Anders verhält es sich allerdings mit eher statischen Verben (bzw. mit statisch verwendeten Verben, cf. Brandt 1982) wie *bedingen, bewohnen, bestimmen, trennen, gewährleisten, gebieten, umgeben, verstehen, wissen,* soweit sie überhaupt ein Passiv haben. Einmal haben sie meistens kein persönliches Aktivsubjekt, zumindest keines in Agensrolle, zum andern bezeichnen sie eher Beziehungen. So dient das Passiv also weniger der Täterverschweigung oder der Handlungsprofilierung, sondern beschränkt sich auf die textuelle Funktion, andere Anschlüsse zu ermöglichen und das Thema fortzuführen. Aktiv wie Passiv bezeichnen aber einen Zustand:

(22) ┌ Die prozentualen Anteile sind/werden vom Wirkungsgrad bestimmt.
 └► Der Wirkungsgrad bestimmt die prozentualen Anteile.

Das zweite Komplement ist informativ und nicht ausgelassen.

Wenn statische Verben eine Handlungsdublette haben wie *bestimmen, trennen, umgeben* usw., können Zweideutigkeiten entstehen:

(23) ┌ Der Garten wird durch einen Zaun umgeben.
 ├► Ein Zaun umgibt den Garten.
 └► Jemand umgibt den Garten mit einem Zaun.

Allerdings wird bei latentem Agens eher eine *mit*-Phrase verwendet. Die Opposition der Hilfsverben *werden* und *sein* wird inhaltlich charakterisiert durch die Bezeichnungen „Vorgangspassiv" und „Zustandspassiv". Während das Vorgangspassiv die Handlung oder den Vorgang in seinem dynamischen Verlauf darstellt, bezeichnet das Zustandspassiv das andauernde, statische Resultat der Handlung oder des Vorgangs.

(24)   Die Chlorionen werden vom Körper ausgeschieden.

(25)   Die Chlorionen sind/scheinen ausgeschieden.

Der Zusammenhang zwischen den beiden Passiv-Arten besteht neben der Valenzumkehrung besonders darin, daß das Zustandspassiv ein Vorgangspassiv als Folgerung enthalten kann:

(26) ┌ Der Wirkungsgrad des Systems ist bestimmt.
(27) └► Der Wirkungsgrad des Systems ist bestimmt worden.

Dennoch ist das Zustandspassiv keine einfache Reduktion des Vorgangspassivs (unter Tilgung von *worden*). Man sieht das daran, daß (26) und (27) nicht das gleiche besagen, und daran, daß in vielen Fällen zum Zustandspassiv gar kein Handlungspassiv existiert. Das Zustandspassiv in (26) ist beispielsweise – im Gegensatz zum perfektischen Handlungspassiv in (27) – ein Präsens. Man erkennt dies auch an temporalen Supplementen, die auf die Gegenwart oder Zukunft Bezug nehmen:

(28)   Der Wirkungsgrad des Systems ist jetzt/heute/morgen bestimmt.

Die Handlungsimplikation kann im Zustandspassiv soweit zurückgedrängt sein, der präsentische Charakter und der Zustand so betont sein, daß an einen Agens nicht mehr gedacht wird, ja überhaupt nicht mehr gedacht werden kann:

(29) Die Welt ist aus elementaren Sachverhalten zusammengesetzt.

(30) Bei Einhaltung der Dosierung ist gewährleistet, daß keine Rückstände auftreten.

Bei statischen Verben verwischt sich so auch der Unterschied zwischen *werden*- und *sein*-Passiv (sofern das *werden*-Passiv nicht von der Handlungsvariante stammt):

(31) ┌─ Der Garten wird von einem Zaun umgeben.
└─ Der Garten ist von einem Zaun umgeben.

Da im Passiv das Betroffene im Vordergrund steht, wird im Zustandspassiv auch eine Art Charakterisierung des Betroffenen gegeben. Von daher werden auch die Übergänge zu den Kopulaprädikaten verständlich wie in (32) und (33):

(32) Eine Kaliumsubstitution ist angezeigt.

(33) Spironolacton ist bei Hyperaldosteronismus indiziert.

(iv) Die Valenz des Verbs hält im Wissen des Rezipienten präsent, daß für ein vollständiges Verstehen das Aktivsubjekt als Agens oder als Ursache eine Rolle spielt. Wenngleich es gerade die Funktion des Passivs ist, diese prominente Rolle zu reduzieren, stellt sich beim Verstehen des *werden*-Passivs doch die Frage, was es denn mit dem Aktivsubjekt auf sich hat. Agens-Erschließung

Wir unterscheiden vier Fälle:

1. Agens/Ursache bleiben allgemein und unbestimmt. Beispielsweise wird kein handelndes Individuum genannt, noch ist eines erschließbar, möglicherweise soll die Aussage für alle oder für x-beliebige Individuen gelten:

(34) ┌─ Das Prädikat eines analytischen Urteils wird schon vorher im Begriff des Subjekts gedacht.
└─ Man denkt das Prädikat ...

Dieser Fall ist besonders häufig bei Negationen:

(35) ┌─ Rückstände in Lebensmitteln dürfen nicht isoliert betrachtet werden.
└─ ... von niemandem.

(36) ┌─ Die institutionellen und politischen Antagonismen blieben ungelöst.
└─ Keiner löste sie.

Oder es wird gerade als irrelevant (auch unbekannt) angesehen, wer genau der Handelnde war:

(37) Wie aber wurde dieses Geld in Augsburg aufgebracht?

(38) In diesem Jahrhundert wurden mehr mathematische Entdeckungen gemacht als je zuvor.

Im Rahmen aller denkbaren Handelnden mag es schon eine Einschränkung durch die Selektion des Verbs geben. Zusammen mit unserem Welt-Wissen oder mit dem Kontext ergeben sich dann weitere Einschränkungen.

(39) ┌ Der Angeklagte wurde verurteilt.
    └ ... von einem Richter.

(40) ┌ ... wenn körperliche Mängel festgestellt werden.
    └ ... von einem Arzt.

Dies sind aber nur Einschränkungen des trivialen Agens (*der, der ge-x-t hat*). Auf bestimmte Individuen kommen wir so nicht.

2. Agens/Ursache werden als bekannt vorausgesetzt. Auch hier wäre die Nennung irrelevant. Möglicherweise kann ihn der Rezipient aus dem Kontext entnehmen, weil er vorher genannt wurde:

(41) ┌ XY entschied sich für eine methodische Analyse. Damit wurde auch
    │ über die Begriffe entschieden.
    └ XY entschied über die Begriffe.

Er erschließt dann den Agens anaphorisch, ohne daß ein rückbezügliches Pronomen explizit da ist (sog. Nullanapher).

Möglich ist aber auch, den Agens über das Wissen zu erschließen. So kann der Hörerleser etwa darauf kommen, daß der Autor des Textes als Agens gedacht ist:

(42) ┌ Zunächst soll daher die Beugung von Röntgenstrahlen behandelt
    │ werden. Später werden die Betrachtungen erweitert.
    └ ... vom Autor.

(43) ┌ ... wie immer wieder betont werden muß ...
    └ ... wie ich immer wieder betonen muß ...

3. Agens/Ursache werden direkt genannt. Während in den ersten beiden Fällen der Agens nicht im Satz erwähnt wird, weil er kommunikativ irrelevant ist, haben wir hier direkte Nennung des Agens in einer Präpositionalphrase. Der Agens erscheint in diesen Fällen gerade wichtig, wird als Rhema realisiert.

Am klarsten sind *von*-Phrasen (sofern sie nicht durch die Valenz des Verbs schon gefordert sind):

(44)   Vom Ministerium wird geltend gemacht, daß ...

In der Amtssprache findet sich im gleichen Sinn auch die stilistisch anrüchige Formulierung *von seiten, seitens*:

(45) Seitens des Ministeriums wird geltend gemacht, daß ...

von-Phrasen, die keine Personen bezeichnen, können aber auch die Ursache angeben. Umgekehrt erscheint das Verhältnis bei *durch*-Phrasen. Sie nennen zwar auch manchmal den Agens, öfter aber die Ursache:

(46) Alle seine Werke sind durch diese Erfahrungen geprägt.

Enthält der Satz noch einen Agens oder kann einer erschlossen werden, dann realisiert die *durch*-Phrase häufig dessen Mittel oder Methode oder Instrument:

(47) Das Problem wird (von ihnen) ganz ausgeschieden durch eine Reduktion.

Also ist die *von*-Phrase hier dominante Agensbezeichnung, die *durch*-Phrase eine Erweiterung in variablen semantischen Rollen.

4. Agens/Ursache werden angedeutet. In diesen Fällen kann der Rezipient aus einem Teil des Satzes mit seinem Weltwissen und dem Gesagten auf den Agens schließen.

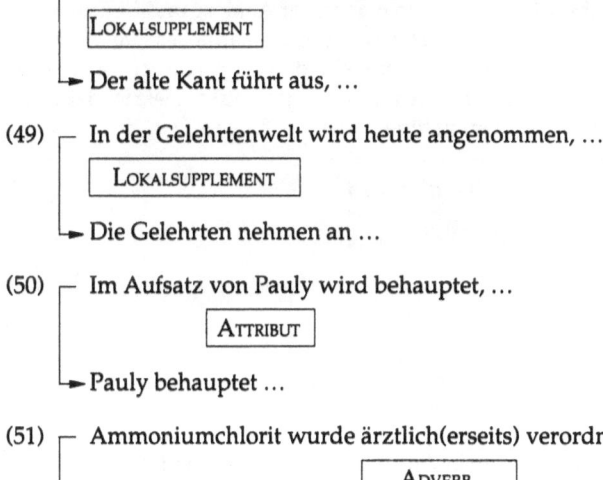

2.62 Weitere Formen der Valenzumkehrung

Die eher unpersönliche Darstellungsweise der Wissenschafts- und Verwaltungssprache äußert sich auch in andern Formen der Agensaussparung. Unser Text enthält beispielsweise eine valenzumkehrende Reflexivkonstruktion:

(1) Furosemid empfiehlt sich zur Therapie des Lungenödems.

Häufig sind in dieser Funktion auch *man*-Formulierungen, die oft im Wechsel mit passivischen Formulierungen stehen:

Ohne Auftraggeber – mithin ohne Geldmittel, die ein Dritter zur Verfügung stellte – wurde ja in keiner historischen Epoche Kunst geschaffen, Baukunst schon gar nicht. Wie aber wurde dieses Geld in Augsburg in einer Zeit der politischen Krise aufgebracht? Warum wurde es gerade für eine großzügig dimensionierte, ja, geradezu luxuriös konzipierte Architektur ausgegeben? Warum schließlich wandte man die Mittel dafür zu einer ganz bestimmten Zeit auf, als, nach allgemeiner Auffassung, die Zeit des „Goldenen Augsburg" zur Neige ging?

Allerdings besteht zwischen beiden Formulierungen keine echte Äquivalenz. Die *man*-Formulierung paraphrasiert nicht den Fall, wo aus Kontext oder Situation der elliptische Agens zu erschließen ist, und auch nicht den, wo bestimmte, aber unbekannte Handelnde vorausgesetzt sind. Deshalb besteht eine Folgerungsbeziehung nur in einer Richtung:

(2) ┌ Man wandte damals die Mittel auf.
    └► Die Mittel wurden aufgewendet.

Funktions- (i) Es gibt noch eine Reihe von Formen, wo man in der Analyse und Deutung von
verbgefüge Sätzen mit Valenzumkehrungen zu rechnen hat. Ihr inhaltliches Charakteristikum ist die Täterabgewandtheit, die darin besteht, daß der eigentliche Agens des Verbs nicht als Subjekt realisiert ist. Weitgehend grammatikalisiert ist dabei die Passivbildung durch Funktionsverbgefüge.

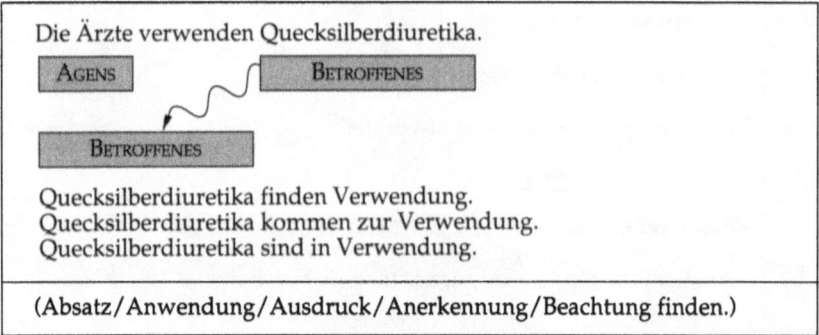

Hierzu gehören einmal *finden*-Gefüge mit Verbalsubstantiven aus zweiwertigen Verben. Präpositionale Funktionsverbgefüge haben passivische Bedeutung, wenn die ganze Fügung einwertig, das Grundverb des Verbalsubstantivs aber zweiwertig ist. Zuständig dafür sind die Funktionsverben *kommen, gelangen, sein*. In diesen Funktionsverbgefügen kann zwar der Agens auch in einer *durch*-Phrase genannt werden, das ist aber unüblich und selten. Die Handlung steht in Form des Verbalsubstantivs im Vordergrund.

Kausative enthalten eine Valenzumkehrung. Deshalb kann man das einwertige Glied solcher Verbpaare als eine Art Passiv ansehen. Das Akkusativkomplement wird hier als Subjekt realisiert, ganz ähnlich auch bei einigen reflexiven Verben. Der Agens/Verursacher kann mit einer Erweiterung als *durch*-Phrase genannt werden, aber auch hier ist das sehr selten.

Valenzumkehrungen

Passivische Valenzreduktion

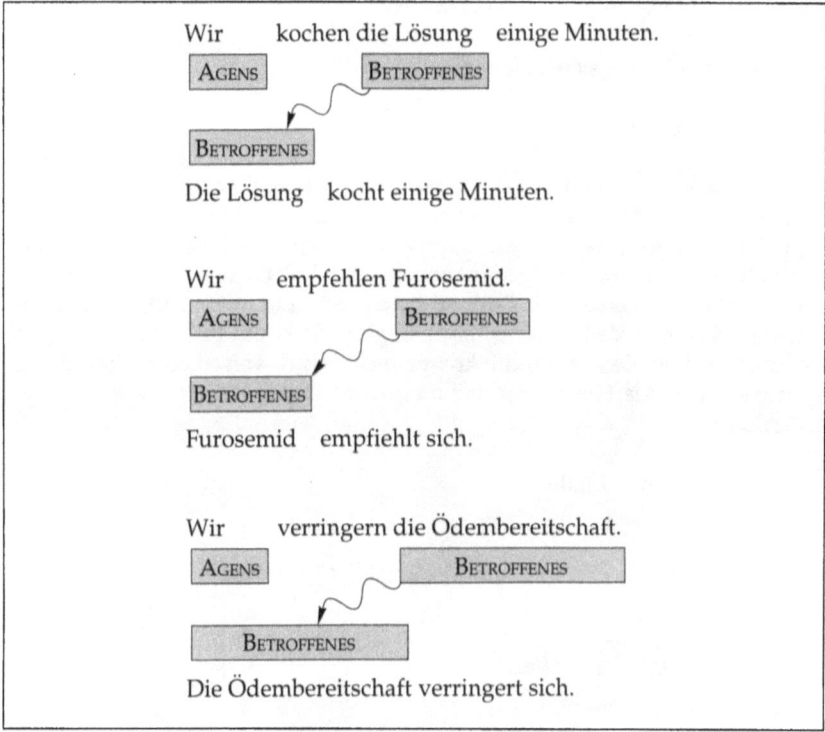

(ii) Einige Typen von Passivvarianten erschöpfen sich nicht in der passivischen Bedeutung. Sie haben zusätzlich modale Bedeutungszüge. Welches Modalverb in der Paraphrase einzusetzen ist, muß dabei in der Verwendung entschieden werden. Als Kriterium gilt die Wahrscheinlichkeit dessen, was gemeint ist.

Passivvarianten

⎡ Furosemid ist intravenös zu geben. ⎣→ Furosemid kann/soll intravenös gegeben werden.	*sein + zu +* Infinitiv
⎡ Ethacrynsäure ist nur oral applizierbar/applikabel. ⎣→ Ethacrynsäure kann/soll oral appliziert werden.	Verbaladjektiv auf *-bar, -fähig, -lich; -abel, -ibel*
⎡ Ammoniumchlorit führt sich gut zu. ⎣→ Ammoniumchlorit kann gut zugeführt werden.	Reflexiva
⎡ Furosemid läßt sich intravenös geben. ⎣→ Furosemid kann intravenös gegeben werden.	reflexives *lassen*

Hat das Subjekt als Handelnder teil, so muß noch mindestens ein anderer Handelnder (meist implizit) involviert sein:

(3) ┌─ Der XY läßt sich operieren.
    └─ ... von jemandem

Zu erwähnen ist noch ein Passiv anderer Art mit anderer Rollenkonstellation (cf. Eroms 1978; Askedal 1984). Hier wird nicht das Akkusativkomplement zum Passiv-Subjekt, sondern ein dativisches Komplement. Dies ist per Definition natürlich nur möglich bei entsprechender Valenz (nämlich zweiwertige oder dreiwertige Verben mit Dativkomplement), und außerdem ist die Kategorie zugelassener Verben semantisch eingeschränkt auf das *geben*-Modell im weitesten Sinne. Das Akkusativkomplement wird von dieser Umkehrung nicht betroffen. Als Hilfsverben für diese Umkehrung dienen *bekommen, kriegen, erhalten*.

Passivische Valenzreduktion

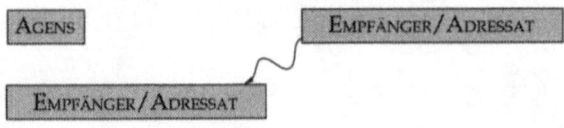

Ratschläge für Lerner

> Das Betroffene als Subjekt, der Täter verschwiegen. So kann das Passiv Verbanschlüsse ändern (und ähnlich auch Funktionsverbgefüge mit *kommen, gehen, sein*).
> Darum:
> Sei gefaßt auf Umkehrungen!
> Beachte die Warnzeichen für Passiv: die Hilfsverben *werden* oder *sein* mit Partizip Perfekt (sie haben aber noch andere Funktionen!).
> Den Täter erschließe aus dem Kontext, oft steckt er in einer *von*-Phrase.

3. Der erweiterte Satz

Wenn wir das – unter Umständen komplexe – Prädikat und seine Komplemente bestimmt haben, kennen wir eine einfache Aussagestruktur des Satzes. Es gibt sprachtheoretische Bestrebungen, dies zum Ideal des Satzes zu erklären; alles, was mehr ist, sei von Übel. Aber so einfach ist die sprachliche Realität – leider? – nicht. Propositionale Kerne sind in Texten normalerweise weiter ausgebaut; das Skelett des einfachen Satzes ist an verschiedenen Stellen von erweiternden, fleischigen Muskeln umspannt. Prinzipiell gibt es dabei Erweiterungen auf der ersten Stufe, Satzglieder also, die nicht zum Kern gehören, und Erweiterungen tieferer Stufe innerhalb von Phrasen, im wesentlichen innerhalb von Nominalphrasen.

Die Erweiterungen sind kein kommunikativer Luxus. Sie sind zwar vom propositionalen Kern her gesehen nicht unbedingt nötig für eine vollständige Aussage, aber für das Verständnis sind sie äußerst relevant. Meistens ist es sogar so, daß Fakultatives besonders wichtig ist, wenn es realisiert ist, so daß ein Text, dessen Supplemente man tilgt, oft gar keinen Sinn mehr ergibt. Insofern stehen die Erweiterungen nicht im Widerspruch zur kommunikativen Grundmaxime, daß alles, was relevant ist, gesagt wird, und daß, was gesagt wird, relevant ist. Aber natürlich machen die Erweiterungen die Sätze schwerer überschaubar, schwerer analysierbar und letztlich damit auch schwerer verstehbar.

Eine schematische Übersicht auf S. 164 über den grammatischen Aufbau deutscher Sätze gibt Orientierung für die deutsche Grammatik. Die Übersicht ist stufenförmig aufgebaut. Die Stufung kommt dadurch zustande, daß Sätze aus Teilen bestehen, die ihrerseits wieder aus Teilen bestehen. Die Teilung ist jeweils in eckigen Verzweigungen dargestellt, so daß gleichstufige Teile auch hier nebeneinander stehen. Eine funktionale Subkategorisierung ist dann jeweils in den Schubladenkästchen wiedergegeben. Die winkligen Verzweigungen schließlich differenzieren die Phrasen nach ihrem inneren Aufbau. Dies ist wichtig, weil auch unterschiedlich aufgebaute Phrasen die gleiche Funktion im Satz erfüllen können.

Auf der ersten Stufe geht es beim erweiterten Satz um die Supplemente und Partikeln. Auf tieferer Stufe werden die Erweiterungen von Nominalphrasen behandelt. Außerdem sind die Kategorien Nebensatz, Infinitivklausel und Partizipklausel weiter auszuführen. Das geschieht beim komplexen Satz.

3.1 Supplemente

Zum richtigen Verständnis eines Satzes gehört auch die Bestimmung und vor allem die richtige Ausdeutung der Supplemente. Sie sind Satzglieder, also Phrasen der obersten Analysestufe. Ihre formale Realisierung ist oft identisch mit der von Komplementen, der Unterschied liegt darin, daß Komplemente Valenzstellen des Prädikats füllen, Supplemente hingegen freie Erweiterungen sind. Betrachtet man die ganze Palette der Realisierungsformen, gibt es

Übersicht über den grammatischen Aufbau des deutschen Satzes

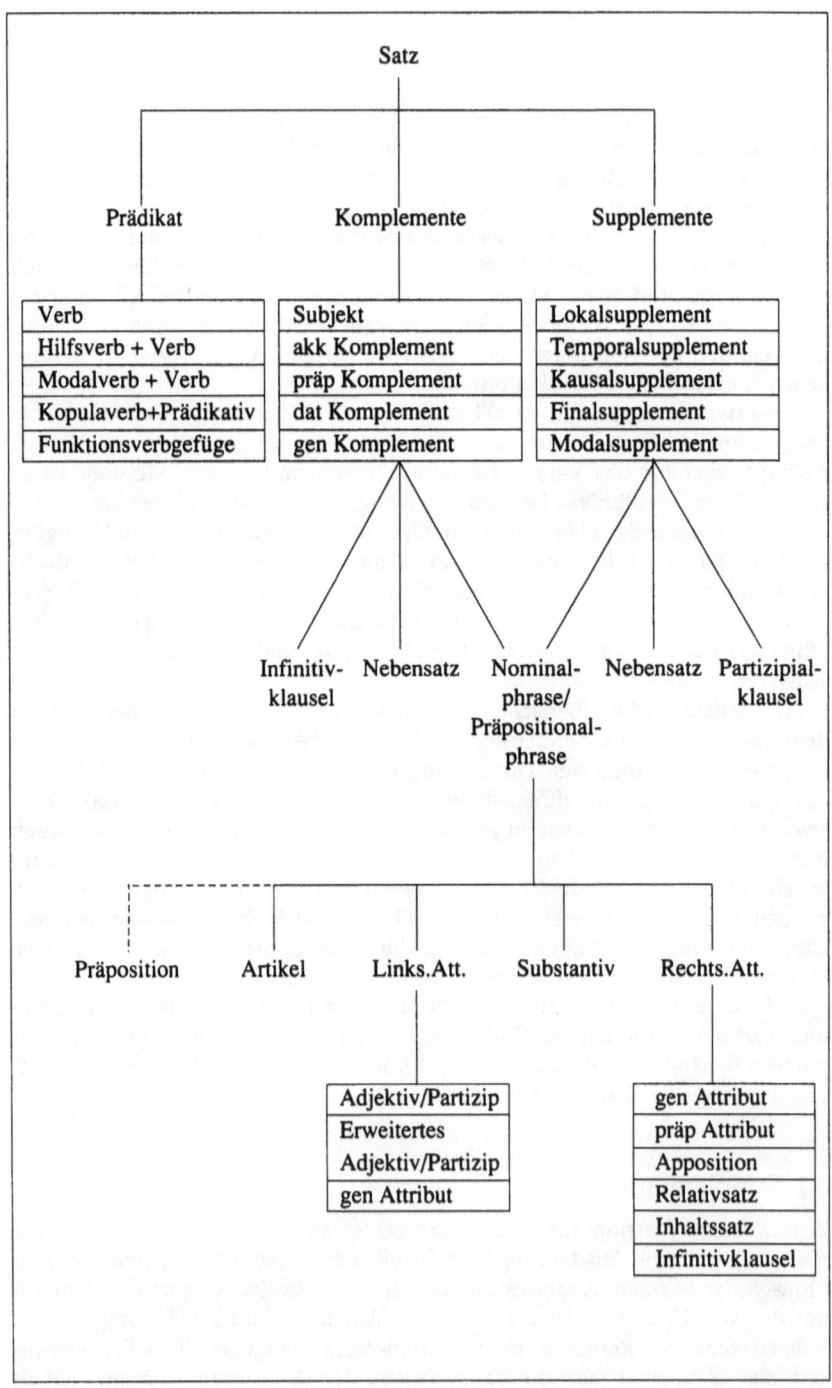

jedoch erhebliche Unterschiede zu Komplementen. Supplemente können auch durch spezifische Proformen, durch Adjektivphrasen, durch freie Kasus und durch spezifische Nebensätze (→4.2) realisiert sein. Außerdem zeigen sich signifikante Unterschiede in der Vorkommenshäufigkeit der Formen: Typische Komplemente sind kasuell angeschlossen, typische Supplemente hingegen durch Präposition.

Sätze und Tatsachen

Nach Wittgenstein ist die Welt aus elementaren, voneinander unabhängigen Sachverhalten zusammengesetzt, denen in der Sprache einfache (atomare) Sätze entsprechen. Alle komplexen Sätze lassen sich in solche atomaren zerlegen, und die Wahrheit jedes komplexen Satzes ist eine Funktion der Wahrheit der in ihm enthaltenen Elementarsätze. Mit Hilfe der durch Russell (dessen Schüler Wittgenstein eine Zeitlang in Cambridge gewesen war) ausgebildeten symbolischen Mittel läßt sich so die Wahrheit jedes komplexen Satzes durch logische Analyse bestimmen. Eine ähnliche Theorie von der Zerlegbarkeit aller Aussagen in atomare Sätze hatte fast gleichzeitig B. Russell unter dem Titel eines *logischen Atomismus* vorgetragen. In der weiteren Entwicklung wurde von Carnap, Neurath u.a. wegen der metaphysischen Elemente, die noch in derartigen Auffassungen enthalten waren, eine weitere Reduktion unternommen. In seinem Buch 'Der logische Aufbau der Welt' (1928) versuchte Carnap, alle (Quasi-)Bestandteile und Strukturen der empirischen Welt als ein System von Relationen und Begriffen zu interpretieren. Andere (*Neurath, Hempel*) legen den Systemen wissenschaftlicher Aussagen die sog. *Protokollsätze* zugrunde (Sätze, die das Auftreten irgendeines beobachteten Inhalts an einer bestimmten Raum-Zeit-Stelle konstatieren). Das Problem einer Entsprechung zwischen derartigen Elementarsätzen und den durch sie bezeichneten Tatsachen wird von ihnen schließlich ganz ausgeschieden durch eine Reduktion auf Beziehungen zwischen Sätzen. Eine Gesamtdarstellung dieses Standpunktes ist in illustrativer Form von *A.J. Ayer* in seinem berühmt gewordenen Buch 'Language, Truth and Logic' (1936) gegeben worden. In den seither verflossenen zwei Jahrzehnten sind diese Auffassungen manchen Wandlungen unterworfen gewesen, von denen einige nun im Zusammenhang mit der Entwicklung der Auffassungen von Natur und Aufgabe der logischen Analyse zu erwähnen sein werden.

Die Abmagerung dieses Textes um alle Erweiterungen, insbesondere um die Supplemente, zeigt, daß zwar die Supplemente und Erweiterungen nicht grammatisch konstitutiv sind, daß sie aber für das Verständnis und den Aufbau des Textes entscheidend sind. Die Abmagerung kann Struktur und Sinn des Texts zerstören, eine gute Demonstration auch der kommunikativen Wichtigkeit von Supplementen.

Die Welt ist aus Sachverhalten zusammengesetzt. Alle Sätze lassen sich in solche atomaren zerlegen, und die Wahrheit ist eine Funktion. Die Wahrheit läßt sich bestimmen. Eine Theorie hatte B. Russell vorgetragen. Eine

Reduktion wurde von Carnap, Neurath u.a. unternommen. Carnap versuchte, alle Bestandteile und Strukturen als ein System zu interpretieren. Andere legen den Systemen die Protokollsätze zugrunde. Das Problem wird von ihnen ausgeschieden. Eine Gesamtdarstellung ist von A.J. Ayer gegeben worden. Diese Auffassungen sind Wandlungen unterworfen gewesen.

3.11 Arten von Supplementen

Semantische Rollen

(i) Während die Anzahl der Komplemente eines Satzes durch die quantitative Valenz des Prädikats begrenzt ist (zumindest nach oben), ist im Satz Platz für eine offene Folge von Supplementen vorgesehen, wenngleich in stilistisch durchgearbeiteten Texten aus Verständlichkeitsgründen hiervon kein exzessiver Gebrauch gemacht wird. Während die Fragen nach Komplementen sich jeweils durch das spezifische Verb stellen, stellen sich die Fragen nach den Supplementen im allgemeinen Zusammenhang. Sowohl Komplemente wie auch Supplemente sind aber als Antworten auf Fragen anzusehen, die sich dem Hörerleser stellen. Darum strukturieren die entsprechenden Fragen auch den Satz – und unter Umständen den Text –, und es kann empfehlenswert sein, sie als Leitfragen für die Analyse zu verwenden. Während sich die Bedeutung der Komplemente erst im Zusammenhang des Prädikats realisiert, haben die Supplemente ihre Bedeutung eher selbständig, der Rezipient wird sich darum bei ihnen auch eher von Inhaltsstrukturen leiten lassen. Die Bedeutung eines Supplements ist im wesentlichen durch die einleitende Präposition bestimmt. Während bei den Komplementen die Verbnähe eine drastische Auswahl möglicher Präpositionen bewirkt, sind bei den Supplementen eigentlich alle Präpositionen möglich. Zu den alteingesessenen (*auf, wegen, mit, seit* usw.) kommen die aus andern Wortarten zugewanderten (*nahe, dank, laut* usw. mit Genitiv), die wortgebildeten (*aufgrund, mittels, infolge, bezüglich, zuliebe, angesichts* mit Genitiv) und auch komplexere präpositionale Fügungen (*in bezug auf, links von, oberhalb von*). Da die Präpositionen alle ein Spektrum von Verwendungsweisen haben, treten öfter noch verdeutlichende Hinweise am Ende der Präpositionalphrase hinzu: *von hier aus, auf den Tip hin*.

Traditionell werden vier Haupt-Arten von Supplementen unterschieden:

Arten von Supplementen

temporale Supplemente	*in der weiteren Entwicklung* *fast gleichzeitig*	wann?
lokale Supplemente	*in der Sprache* *in seinem Buch* *an einer Raum-Zeit-Stelle*	wo?
kausale Supplemente	*wegen der metaphysischen Elemente*	warum?
modale Supplemente	*mit Hilfe dieser Mittel* *durch logische Analyse*	wie?

Diese Kategorisierung ist allerdings sehr grob und für ein richtiges Verständnis ganz unzulänglich. Eine feinere inhaltliche Kategorisierung ist möglich durch Ermittlung semantischer Rollen, die recht gut durch Fragewörter und Prowörter (wie *so, da, damals, dabei* usw.) charakterisierbar sind. Die Bedeutung der zugehörigen Präpositionalphrase wird in erster Linie durch die jeweilige Präposition geleistet, wobei die Präpositionen aber meistens in mehrere semantische Rollen passen und erst zusammen mit der Nominalphrase vereindeutigt werden (z.B. *aus diesem Grund*; → 2.52), manchmal auch erst im weiteren Kontext. Die Einteilung der semantischen Rollen ist natürlich nur als Deutungshinweis gedacht. Im einzelnen sind feinere Ausdeutungen und wechselnde Zuordnungen nötig.

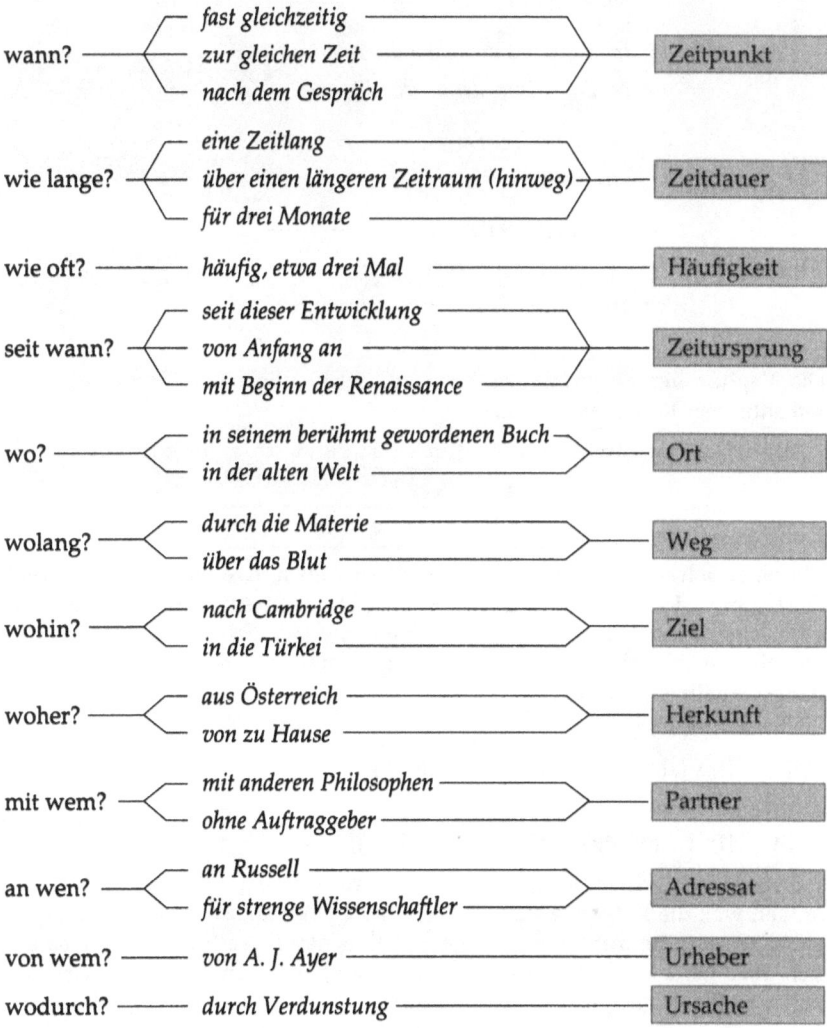

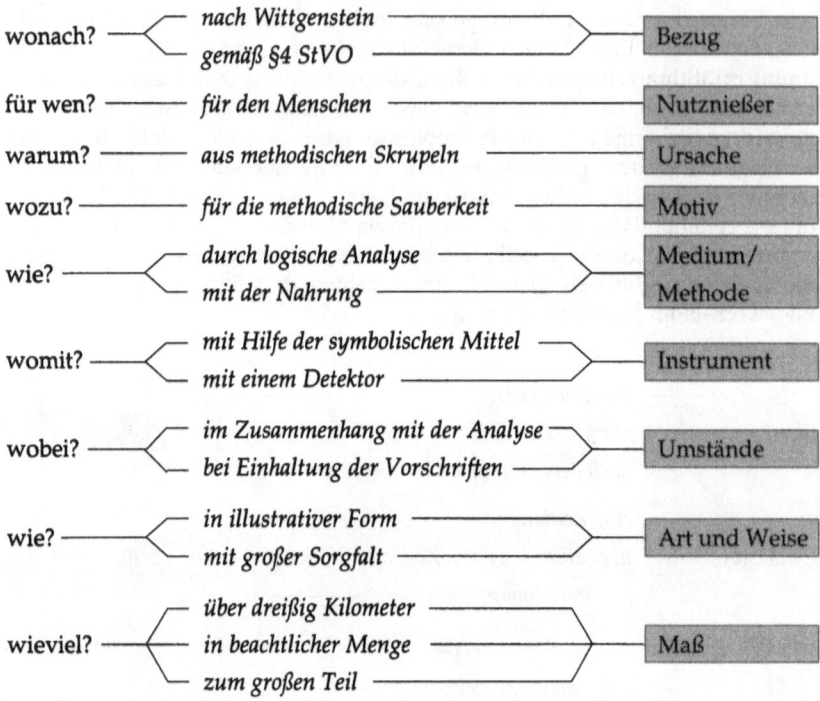

Die Vagheit der Präpositionen kann zu Zweideutigkeiten führen, die den semantischen Rollen entsprechen:

(1)　Das Begleitschiff wurde durch den Beringstrom abgetrieben.

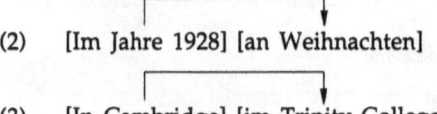

Mit einer solchen feineren Analyse zeigt sich auch, daß es eine starke Tendenz gibt, jede Rolle im Satz nur einmal zu besetzen. Entsprechend wird auch eine Rezeptionsstrategie von einem solchen Schema ausgehen. Für komplexere inhaltsverwandte Supplemente muß man so oft ein Unterordnungsverhältnis ansetzen:

(2)　[Im Jahre 1928] [an Weihnachten]

(3)　[In Cambridge] [im Trinity College]

Prowörter wie *gestern, oben, später* usw. werden häufig als Adverbien eingeordnet, weil die Kategorie Adverb meistens als Abfallkorb diente für indeklinable Wörter, die man sonst schwer unterbrachte. Diese Prowörter verhalten sich aber ganz wie Präpositionalphrasen, und insbesondere können sie an deren Stelle als Supplement erscheinen:

(2a) Damals/im Jahre 1928 an Weihnachten ...

(3a) Dort/in Cambridge im Trinity College ...

Beachtenswert bei den Prowörtern ist, daß sie deskriptiv wenig besagen und daß sie deiktisch in der Sprechsituation oder anaphorisch im Text erst zu verstehen sind:

(4) ┌─ Heute ...

   └─ Am Tag der Bezugszeit (meistens Sprechzeit) ...

(5) ┌─ Danach ...

   └─ Nach einem im Text angegebenen Zeitpunkt ...

Es gehört zur Bedeutung der Prowörter, ob sie ihren Bezug situationell oder textuell gewinnen, für viele gibt es beide Möglichkeiten.

deiktische Proformen

situationeller Bezug	textueller Bezug
gestern, heute, morgen, vorhin jetzt, bald, sofort, gleich	danach, dann, darauf, davor, vorher, nachher, unterdessen, seitdem, seither, schließlich, später, nachträglich
dahin	dahin
links, rechts, oben, dort, hier, vorn	dort, hier, vorn, da + Präposition
so	so
	deshalb, deswegen, darum, hierbei, hiermit

(ii) Adjektivphrasen als Supplemente werden traditionell meistens als Adverbien bezeichnet. Auch dies ist nicht gerechtfertigt. Zu beachten ist aber der Unterschied zu prädikativen Adjektiven wie in (7):

Adjektivische Supplemente

(6) Dieses Detektorprinzip wird kommerziell noch nicht verwendet.

   ┌─────────┐
   │ SUPPLEMENT │
   └─────────┘

(7) Wir finden [diese Darstellung] [ungenügend].

   └── PRÄDIKATION ──┘

Während die Supplemente auf das Prädikat zu beziehen sind, beziehen sich prädikative Adjektive auf ein Komplement (das Subjekt oder das Akkusativkomplement). Enger Bezug auf das Prädikat kann auch dazu führen, daß eine Art Verbalkompositum entsteht (*schwerfallen, neubilden* usw.).

Wie zu erwarten führt die mehrfache Funktion von Adjektiven auch zu Mehrdeutigkeiten:

(8) ⎡ Wir finden diese Lösung mathematisch.
    ⎢ Die Lösung erscheint mathematisch.
    ⎣ Wir finden die Lösung auf mathematische Weise.

Daß solche Adjektivphrasen als Supplemente aufzufassen sind, wird deutlich an Formulierungsalternativen:

(9) Dies darf nicht isoliert/in Isolation betrachtet werden.

(10) Der Wirkungsgrad wird prozentual/in Prozent bestimmt.

(11) Ethacrynsäure wird oral/über den Mund appliziert.

(12) Die Substanz kristallisiert gitterförmig/in Gittern.

(13) Die Wirkungen sind hauptsächlich/in der Hauptsache durch die äußeren Elektronen bestimmt.

(14) Man kann den Organismus nicht restlos/ohne Rest erklären.

(15) Das Problem wird ganz/vollständig/in Gänze ausgeschieden.

(16) Diese Stoffe wirken ähnlich/in ähnlicher Weise.

(17) Beide unterscheiden sich geringfügig/in geringem Maß.

Deutung (iii) Für das richtige Verständnis ist die richtige grammatische Zuordnung der Supplemente besonders wichtig. Dabei gilt es zwei Aspekte zu beachten:
1. Einige Supplemente (besonders lokale und temporale) haben einen weiten Bezugsbereich. Man kann sie als eine Art zusätzliche Aussagen über den Kernsatz auffassen:

(18) ⎡ Wittgenstein war <u>in Cambridge</u> Russells Schüler.
     ⎣ Wittgenstein war Russells Schüler, und das war in Cambridge.

Oft leisten sie eine Art Orientierung oder situative Einbettung für ganze Textpassagen und bleiben deshalb auch über mehrere Sätze wirksam, ohne daß sie wiederholt werden.

Andere Supplemente (besonders kausale) hingegen sind enger auf einen Satz bezogen und wirken nicht über Textpassagen. Auch sie sind jedoch auflösbar in zusätzliche Aussagen:

(19) ⎡ <u>Wegen der metaphysischen Elemente</u> reduzierte Carnap das System.
     ⎣ Carnap reduzierte das System, er tat das wegen der metaphysischen Elemente.

Andere Supplemente (besonders modale) beziehen sich enger nur auf das Prädikat des Satzes, sie modifizieren sozusagen die Prädikatbedeutung:

(20) ⎡ Das Problem wird <u>ganz</u> ausgeschieden.
     ⎣ Das Problem wird ausgeschieden, und zwar vollständig.

Offenkundig sind diese Bezugsunterschiede grammatisch nicht ausgedrückt. Für den Rezipienten ist es aber wichtig, die unterschiedlichen Bezugsmöglichkeiten zu sehen, wenn es sie gibt. Hinweise geben die möglichen Paraphrasen, die die Supplemente als Zusätze erklären.

2. Supplemente sind sehr häufig Präpositionalphrasen. Dies ist aber nicht die einzige Funktion von Präpositionalphrasen:

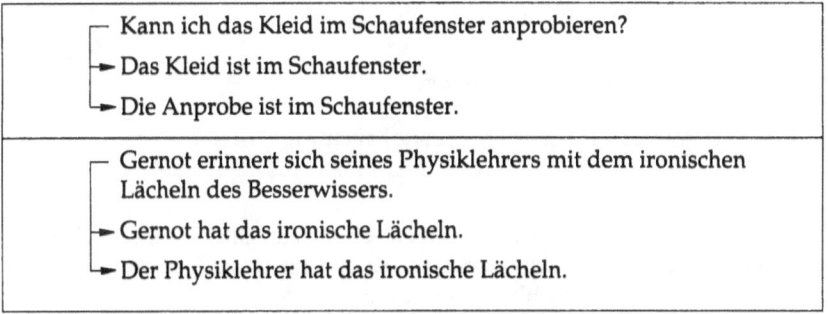

Die richtige Einordnung ist für das richtige Verständnis unerläßlich, wie entsprechende Zweideutigkeiten zeigen. Welche Deutungsmöglichkeit aber im jeweiligen Fall angemessen ist, kann letztlich nur über die Wahrscheinlichkeit des Gemeinten beurteilt werden.

Schwanken zwischen Supplement und Attribut

- Kann ich das Kleid im Schaufenster anprobieren?
  - Das Kleid ist im Schaufenster.
  - Die Anprobe ist im Schaufenster.

- Gernot erinnert sich seines Physiklehrers mit dem ironischen Lächeln des Besserwissers.
  - Gernot hat das ironische Lächeln.
  - Der Physiklehrer hat das ironische Lächeln.

Indizien für die Kategorisierung liefert auch die Stellung der Satzglieder (→3.12). Beispielsweise stehen Attribute zu Nominalphrasen fast immer rechts vom Substantiv oder Pronomen, dem sie untergeordnet sind. Darum sind notwendige Bedingungen dafür, daß eine Nominalphrase ein Attribut ist (→ 3.41):
- Es gibt eine (übergeordnete) zweite Nominalphrase, also ein Substantiv oder Pronomen als Kern;
- die Nominalphrase steht rechts vom übergeordneten Substantiv oder Pronomen;
- der Anschluß muß möglich sein.

Bedingungen dafür, daß die Nominalphrase ein Komplement ist, sind:
- Das Prädikat hat eine Valenzstelle für die Nominalphrase;
- die Nominalphrase kann die Valenzstelle füllen, d.h. sie hat den Kasus oder die Präposition, die die qualitative Valenz fordert.

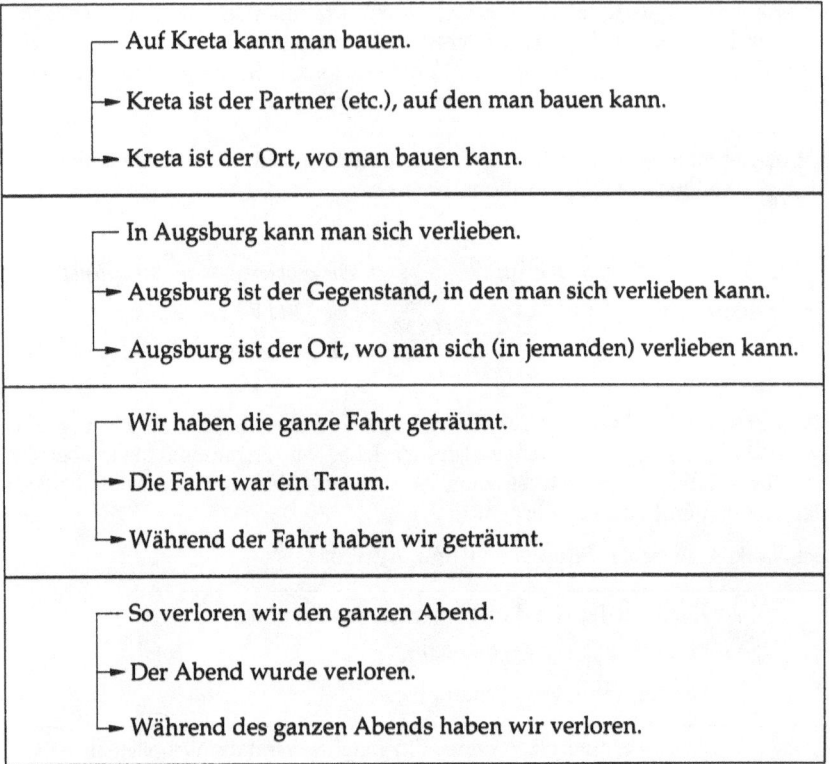

kasuelle Supplemente

(iv) Die beiden letzten Beispiele zeigen, daß nicht alle nominalen Supplemente präpositional angeschlossen sind. Es gibt im Deutschen einige Supplemente mit kasuellem Anschluß, sogenannte freie Kasus.

Freier Dativ

Nutznießerdativ	*Wir analysieren ihnen drei Sätze.*
Pechvogeldativ	*Das Buch ist ihm runtergefallen.*
Ethischer Dativ	*Du bist mir einer!* (Nur 1. und 2. Person)
Pertinenzdativ	*Er hielt ihr die Hand.*

Die freien Dativphrasen bezeichnen ganz überwiegend Personen. Man kann ihnen als Bedeutung eine ganz allgemeine semantische Rolle zuschreiben, die man als den indirekt Beteiligten oder indirekt Betroffenen charakterisieren kann. Aus dieser semantischen Rolle – die übrigens auch schöne Verwandtschaften mit einigen Dativkomplementen zeigt – ergeben sich die Deutungen durch die Art der Füllung der Dativphrase und den Restsatz, insbesondere dessen Prädikat. Natürlich wirkt hierbei auch das laufende Wissen mit.

1. Der Nutznießerdativ bezeichnet denjenigen, der den Nutzen oder Schaden aus einer Handlung hat. Er ist eine Art Valenzerweiterung in einer eigenen semantischen Rolle, eine Verallgemeinerung aus dem geben-Modell. In speziellen Fällen kann der Nutznießer als Empfänger zu verstehen sein.
2. Der Pechvogeldativ bezeichnet den Handelnden, dem etwas unterläuft. Das Prädikat nennt ein Geschehen, das durch den Pechvogel unbeabsichtigt ausgelöst wird. Das jeweilige Geschehen muß also von Personen auslösbar und vor allem negativ bewertbar sein, nur dann ist die Annahme sinnvoll, daß es jemandem unterläuft.
3. Der ethische Dativ ist sehr restringiert, er kommt nur mit Pronomen der 1. und 2. Person vor. Die Grundbedeutung des Dativs wird hier als Involviertheit des Sprechers oder Angesprochenen ausgedeutet. Die Beteiligung wird dabei nicht in Bezug auf den ausgedrückten Sachverhalt, sondern in Bezug auf die Aussage gesehen. Als ethische Dative werden Dativphrasen gedeutet, wenn zusammen mit dem Prädikat die Nutznießerdeutung und die Pechvogeldeutung nicht in Frage kommt. Häufig bleiben aber Zweideutigkeiten zwischen Nutznießerdativ und ethischem Dativ:

(21) ⎯ Der hat dir drei Sätze analysiert.
     ⎯ Der hat drei Sätze für dich analysiert.
     ⎯ Der hat drei Sätze (in überraschender Weise o. ä.) analysiert.

Die emotionale Ladung des ethischen Dativs wird übrigens öfter durch Ausrufezeichen markiert.
4. Als Pertinenzdativ deutet man persönliche Dativphrasen, die eine unveräußerliche Zugehörigkeit bezeichnen. Sie entsprechen einem Possessivartikel (oder einem possessiven Genitivattribut), der aus der Nominalphrase herausgezogen wurde und als eigene Dativphrase formuliert ist:

(22) ⎯ Er hielt ihr die Hand.
     ⎯ Er hielt ihre Hand.

Die Zugehörigkeit bezieht sich häufig auf einen Körperteil der Person, ist aber nicht hierauf beschränkt.

Freier Akkusativ

Temporaler Akkusativ	Sie blieben den ganzen Tag/eine Woche (lang). Sie kommen nächstes Jahr/diesen Monat.
Akkusativ des Maßes	Sie fuhren einen Kilometer.
Innerer Akkusativ	Sie gingen einen harten Weg.

Sehr selten und fast idiomatisiert sind freie Genitive, insbesondere für temporale Supplemente: *dieser Tage, eines Tages; guten Mutes.*

Ratschläge für Lerner

> Das Skelett des einfachen Satzes umspannen erweiternde Satzglieder. Supplemente sind besonders Präpositionalphrasen, Adverbien und unflektierte Adjektive (freie Kasus als Supplemente sind selten).
> Also:
> Achte darauf, ob eine Präpositionalphrase Supplement, Komplement oder Attribut ist!
> Erschließe ihre semantische Rolle, die Bedeutung der Präposition wird dir helfen.

3.12 Ein Wort zur Wortstellung

Grundfolge

(i) Grammatische Mehrdeutigkeiten entstehen besonders durch mehrfache Strukturierungsmöglichkeiten. Zuordnungsprobleme bekommt der Rezipient, wenn Phrasen durch ihren Aufbau oder durch ihre Flexionsmorpheme nicht ihre Kategorie erkennen lassen oder wenn sie polyfunktional sind, d.h. zu mehreren Kategorien gehören können. In diesen Fällen können nur Stellung oder Kontextwissen helfen. Aber die Stellung ist im Deutschen nicht so standardisiert, daß sie eindeutige Ergebnisse liefert. Und Kontextüberlegungen können zwar eine der beiden Deutungen wahrscheinlicher machen, aber sie heben die Zweideutigkeit nicht auf: Was einmal zweideutig ist, bleibt zweideutig!

Will ein Rezipient aus der Abfolge die Funktion einer Phrase ermitteln, so ist zweierlei wichtig:

1. Kenntnis einer unmarkierten Abfolge der Satzglieder, das ist eine standardisierte Reihenfolge, die davon ausgeht, daß keine Besonderheiten der Verwendung vorliegen. Dies ist natürlich eine Fiktion, weil jede Verwendung eines Satzes in einem Kontext steht und eine besondere Verwendung ist. Die Standardabfolge sollte grammatisch formuliert sein. Dennoch ist sie ein Konstrukt, das als Versteinerung kommunikativ orientierter Regeln anzusehen ist (zumindest partiell). Der Hörerleser kann von der Standardfolge als Normalfall ausgehen, er muß sie aber kennen, weil er Abweichungen auf ihrem Hintergrund als kommunikativ signifikant deuten muß.

2. Kommunikative Tendenzen, die zusammenhängen mit den Grundbedingungen der Serialisierung und im Detail anzugeben sind, so daß man jeweils im einzelnen Fall sagen kann, wieso von der Grundfolge abgewichen wird und was das kommunikativ bewirkt. Grundfolge und kommunikative Tendenzen wirken also zusammen, und die Annahme einer Grundfolge muß sich bewähren im Zusammenhang mit den kommunikativen Tendenzen.

Grammatisches Grundprinzip der Serialisierung im Deutschen ist, daß das Prädikat am Schluß des Mittelfeldes steht, so wie wir es in der Nebensatz-Stellung immer vorfinden. Im Aussagesatz ist zwar das finite Verb weit nach vorn in Zweitstellung gerückt, aber die übrigen Teile des Prädikats halten die Schlußstellung, so daß die Satzklammer entsteht. Außerdem rücken alle Phrasen, die eng zum Prädikat gehören, in die Nähe dieser Schlußstellung. Dazu gehören natürlich besonders die Prädikative und die infiniten Prädikatsteile (der Funktionsverbgefüge etc.), dann die Komplemente und jene Supplemente, die sich eng auf das Prädikat beziehen. Die überwiegende Zahl der Supplemente ist hingegen in ihrer Stellung wenig festgelegt, so daß man hierfür kaum Regeln angeben kann.

Selbstverständlich können nicht alle Satzglieder auf einmal in einem Satz vorkommen. Man gewinnt Stellungsfolgen sozusagen paarweise, indem man feststellt Subjekt vor Prädikat, Akkusativkomplement vor Genitivkomplement usw. Daraus wird eine Gesamtfolge erstellt, aus der im konkreten Fall beliebig viele Glieder unrealisiert bleiben können. Eine Batterie von solchem Satzmaterial wäre:

(1)	1928 versuchte Carnap in seinem Buch ... eine weitere Reduktion.	TEMP < LOK
(2)	... daß in diesem Jahrhundert mehr mathematische Entdeckungen gemacht wurden.	TEMP < SUB
(3)	Das löst bei vielen Menschen Unbehagen aus.	LOK < AK
(4)	In diesem Experiment könnte jedem Element seine Kernladungszahl zugeordnet werden.	LOK < DK
(5)	Andere legen den Systemen die Protokollsätze zugrunde.	DK < AK
(6)	... daß das Gericht den Kraftfahrer der Trunkenheit bezichtigt.	AK < GK
(7)	Man kann jeden komplexen Satz in atomare Sätze zerlegen.	AK < PK
(8)	Hier überträgt man Energie auf das Objekt.	AK < DIR
(9)	... daß manche Kraftfahrer hierfür nicht geeignet sind.	PK < PRÄD
(10)	... daß die künstliche Intelligenz ein wichtiger Bereich ist.	PRÄD < Vfin

Unmarkierte Grundfolge nominaler Satzglieder

Nebensatz
SUB TEMP LOK DK AK GK PK DIR PRÄD Vfin

Aussagesatz	
Vorfeld	Mittelfeld
(SUB) (TEMP) (LOK)	Vfin SUB TEMP LOK DK AK GK PK DIR PRÄD

Abkürzungen:

SUB	= Subjekt		PK	= präpositionales Komplement
TEMP	= temporales Supplement		DIR	= direktionales Supplement/Komplement
LOK	= lokales Supplement			
DK	= Dativkomplement		PRÄD	= Prädikativ oder infiniter Prädikatsteil
AK	= Akkusativkomplement			
GK	= Genitivkomplement		Vfin	= finites Verb

Die Grundfolge als theoretisches Konstrukt ist natürlich in Einzelheiten umstritten, aber in Grundzügen doch weitgehend akzeptiert (Lenerz 1977:96; Hoberg 1981:96, 149; Gadler 1982; Haftka 1982). Ihr Wert erweist sich erst im Zusammenhang und in der Erklärung kommunikativ relevanter Abweichungen.

Kommunikative Abwandlungen der Grundfolge sind üblich in Hauptsätzen, wo sie direkt Abwandlungen der kommunikativen Intention signalisieren. Je tiefer eine propositionale Konstruktion untergeordnet ist, umso weniger wird sie von der Grundfolge abweichen. Darum sind in Infinitivklauseln, Adjektiverweiterungen und Nebensätzen wenig Abwandlungen der Grundfolge möglich, und darum haben wir der Klarheit halber die Übersicht mit dem Nebensatz begonnen.

Kommunikative Tendenzen

(ii) Die kommunikativen Tendenzen erklären zum Teil Abweichungen von der Grundfolge, zum Teil geben sie auch schon Hinweise für die Deutung der Abweichungen. Wichtig erscheinen die folgenden Aspekte:

1. Hervorhebung: Was aus seiner Grundstellung herausgegangen ist, soll hervorgehoben werden. Es steht dann meistens in einer extremen Position: entweder ganz vorn oder möglichst weit hinten. Der Rezipient muß also die Hervorhebung auf der Folie der Grundstellung und der Wirkung anderer kommunikativer Tendenzen erkennen.

Durch Rechtsverlagerung ist etwa das Subjekt stärker fokussiert:

(11a) Die Konzentration der Natriumionen ist für die Ödembereitschaft entscheidend.

(11b) Für die Ödembereitschaft entscheidend ist die Konzentration der Natriumionen.

SUBJEKT

Ebenso ist in (11b) die Präpositionalphrase hervorgehoben, denn unauffällig stehen im Vorfeld nur temporale oder lokale Präpositionalphrasen. Alle andern sind in dieser Stellung hervorgehoben.

Die Hervorhebung des Subjekts durch Rechtsverlagerung kann sogar ein Platzhalter-*es* nötig machen, das das finite Verb abschirmt und in seiner Zweitstellung beläßt:

(11c) Es ist entscheidend die Konzentration der Natriumionen.

Hervorhebung liegt auch vor, wenn das finite Verb in der Vorfeldposition steht. So ist auch die grammatikalisierte Vorfeldstellung zu erklären: In Entscheidungsfragen etwa steht gerade die Assertionskraft des finiten Verbs zur Debatte; ähnlich in emphatischen Ausrufen:

(11d) Ist die Konzentration entscheidend?

(11e) Ist doch die Konzentration entscheidend!

Hervorhebung durch Stellung ist die verkümmerte schriftsprachliche Form der mündlichen Hervorhebung, bei der die Stellung durch Intonation unterstützt ist. Für das Verstehen schriftlicher Abfolge ist es darum empfehlenswert, sich die Sätze im Ohr klingen zu lassen, um mögliche Betonungen zu realisieren. Die schriftliche Kümmerform ist natürlich nicht eindeutig. So werden zur Verdeutlichung oft auch andere, explizitere Formulierungen gewählt, sog. Spaltsätze oder Partikeln:

(12) Es ist die Konzentration der Natriumionen, die entscheidend ist für die Ödembereitschaft.

(13) Gerade die Konzentration der Natriumionen ist entscheidend für die Ödembereitschaft.

Zum Zwecke der Hervorhebung nehmen wir übrigens auch extreme grammatische Konstruktionen in Kauf wie mehrfache Vorfeldbesetzung oder Unterbrechung von Phrasen:

(14) [Für die Ödembereitschaft] [entscheidend] ist die Konzentration der Natriumionen.

(15) [Von Natriumionen] ist [die Konzentration] schwer zu ermitteln.

2. Empathie: Was unsere Aufmerksamkeit hat, wird im allgemeinen früh im Satz realisiert. Dies scheint die Folge eines allgemeinen menschlichen Wahrnehmungsprinzips, das sich auch in allen Sprachen auswirkt. Unsere Aufmerksamkeit verteilen wir nach einer allgemeinen Empathie-Hierarchie, die sich an der Art der Objekte orientiert (Kuno 1976:433; Zubin 1979:478):

(16) ich → du → 3.Person → belebt → konkret → abstrakt

Normative Abweichungen von dieser Hierarchie müssen wir lernen. Beispielsweise müssen Kinder erst mühsam von der natürlichen Folge *ich und du* zur normierten *du und ich* gebracht werden.

Die Empathie-Hierarchie schlägt sich auch inhaltlich in der Serialisierung nieder, und zwar sowohl in konventionalisierten Grundfolgen wie auch in signifikanten Varianten. Einerseits gibt es eine Tendenz nach der Kategorie eines Komplements zu folgender Stellung:

(17) Person < Sache < Abstraktum

Andererseits gibt es eine entsprechende Tendenzfolge der semantischen Rollen (angedeutet bei Lenerz 1977:107; Lange 1978:206):

(18) Agens < Empfänger < Betroffenes

So ist der Agens vorwiegend Subjekt und steht entsprechend früh. Erfüllt das Subjekt eine andere Rolle, so ist seine Prominenz reduziert. Damit erklären sich auch Ausnahmeverben (*fehlen, gefallen* usw.), bei denen das belebte Dativkomplement als Empfänger dem unbelebten Subjekt als Träger vorangeht:

(19) Dem Wissenschaftler fehlt oft das richtige Instrumentarium.

Sind beide Komplemente persönlich, dann geht in der Grundfolge das Subjekt voran:

(20) Ich weiß, daß diese Frau dem Wissenschaftler fehlt.

Ebenso erklären sich die Dativkomplemente vor dem Subjekt bei Verben aus dem Geschehensmodell:

(21) Dem Wissenschaftler ist ein faux-pas unterlaufen.

Die Tendenz Person < Sache und Agens < Betroffenes kann auch genutzt werden zur Auflösung von Mehrdeutigkeit, wenn etwa Subjekt und Akkusativkomplement formal nicht unterscheidbar sind.

Natürlich ist die Empathie auch als Versteinerung eingegangen in die Grundfolge und in die grammatische Kategorisierung. So geht Subjekt oft mit Person und Agens einher, Dativkomplement oft mit Person und Empfänger. Eine solche Hierarchie der Komplemente, die man in ganz anderen Zusammenhängen gewinnen kann (Kuno 1976:342), finden wir darum auch in der Grundfolge wieder:

(22) SUB → DK → AK → PK

Sie hat sogar eine gewisse Resistenz gewonnen gegenüber der semantischen Hierarchie, wie man etwa bei dem spätstehenden Agens des Passivs sieht, der ja als Präpositionalphrase realisiert ist und darum spät steht; analog die Empfänger-Phrasen, die als Dativkomplement früher kommen denn als präpositionales Komplement:

(23a) Wer liefert uns Einkristalle?

(23b) Wer liefert Einkristalle an uns?

3. Länge: Was länger ist, steht weiter hinten. Diese Tendenz könnte eine Folge mentaler Gegebenheiten sein, sie entlastet unser Kurzzeitgedächtnis, insbesondere weil lange Phrasen auch mehr Fortsetzungsalternativen und damit mehr mögliche Holzwege enthalten:

(24a) ... daß viele dies behaupten.

(24b) ... daß viele behaupten, ein Computer könne gewiß nicht kreativ sein.

Satzförmige Komplemente und Supplemente gehen ja üblicherweise nach rechts, sogar um den Preis der Unterbrechung der Phrase oder bei den Subjekten um den Preis eines Platzhalter-*es*:

(25) So wird auch [über die Begriffe] entschieden, [die dem analytischen Ansatz verschwistert sind].

(26a) Dies ist angezeigt.

(26b) Es ist angezeigt, bei Pollenallergie mit Antigenen zu impfen.

Eine Folge dieser Tendenz ist auch die Tatsache, daß die kurzen Pronomen nach vorn tendieren und daß längere Glieder hinter dem Prädikatsrest ausgeklammert werden:

(27) Oft fehlt ihm das Beschreibungsinstrumentarium.   DK < SUB

(28) Oft fehlt es dem Wissenschaftler.   SUB < DK

(29) So ist über den Weg entschieden [durch diese besondere Anschauungsweise des Musikwerks].

4. Bekanntheit: Was als gemeinsam bekannt angesehen oder dargestellt wird, erscheint möglichst früh. Es kann als perzeptioneller Ausgangspunkt genommen werden, von dem aus man weiter fortschreitet, und da es sozusagen im Wissen schon aktiviert ist, braucht der Rezipient weniger geistige Kraft, es im Kurzzeitgedächtnis zu behalten (so schon Behaghel).

(30) Der Streuvorgang kann elastisch oder unelastisch erfolgen. Bei der unelastischen Streuung wird Energie von den Elektronen auf das Objekt übertragen.

Epiphänomene dieser Tendenz sind die Regeln „Thema vor Rhema" und „Definites vor Indefinitem". Das Thema ist ja per Definition der als bekannt vorausgesetzte Satzteil. Darum bewirkt Vertauschung von Satzgliedern auch oft die Umkehrung von Thema und Rhema:

(31) Im Institut steht ein Elektronendetektor.

                                                      | RHEMA |

Ein Elektronendetektor steht im Institut.

| THEMA |

Nominalphrasen mit Definitartikel oder definiten Pronomen setzen gerade voraus, daß der entsprechende Gegenstand bereits eingeführt oder sowieso bekannt ist (z.B. einmalige Gegenstände *die Sonne*, Klassen von Gegenständen *der Wal*, Sprecher-*ich* usw). Entsprechend unmarkiert sind deshalb die Abfolgen von Dativkomplement und Akkusativkomplement in folgenden Sätzen:

(32) Wir legen die Protokollsätze einem System wissenschaftlicher Aussagen zugrunde.

(33) Wir legen dem System wissenschaftlicher Aussagen Protokollsätze zugrunde.

(34) Wir legen sie einem System wissenschaftlicher Aussagen zugrunde.

(35) Wir legen ihm Protokollsätze zugrunde.

Die Umkehrungen wären hingegen mit Hervorhebung verbunden.

Diese Tendenz kumuliert bei den Pronomen mit der Kürze und der Empathie (Ich und Du sind ja normalerweise in der Kommunikation bekannt), sie kann aber nicht bestimmte harte Grundabfolgen überwinden.

5. Ikonismus: Was in der Welt einem andern vorangeht, geht ihm auch in der sprachlichen Formulierung voran. Dies beruht auf der Überzeugung, daß sprachliche Relationen (wie etwa die lineare Abfolge) auch Relationen in der

Welt (wie etwa zeitlicher Abfolge) entsprechen. So deuten wir die Folge der Sätze selbstverständlich als Folge der Akte:

(36) Ich ging ins Bett und putzte die Zähne.

Natürlich ist es naiv, diese Abbildung als natürlich zu nehmen. Alles ist durch den Filter der Konventionalisierung gegangen. Dennoch scheint es einiges zu geben, was diesen Filter ungehemmt passiert hat, so für die Abfolge von Nominalphrasen und Präpositionalphrasen etwa folgende ikonische Tendenzen:

Ausgangsmaterial vor Produkt:

(37a) Man konstruiert [aus mehreren Teilen] [ein Ganzes]. PK < AK

(37b) Man zerlegt [die Sonate] [in Exposition, Durchführung und Reprise]. AK < PK

Ursache vor Wirkung:

(38) [Durch Kaliumsubstitution] entsteht [die erwünschte Wirkung]. PK < SUB

Ausgang vor Ziel:

(39) Die Strahlen lassen sich [von der Quelle] [bis zum verseuchten Objekt] verfolgen.

Offenkundig erzeugen diese Tendenzen öfter Abfolgen, die unsere Grundfolge nicht enthält, öfter kehren sie sogar Grundfolgen um wie in (37a). Dann ist die Natürlichkeitstendenz dominant. Unmarkiert ist nicht die Grundfolge, sondern die ikonische Abfolge, so daß die Grundfolge mit einer Fokussierung einherginge:

(40) Er machte Wein aus Wasser.

Dies alles sollte uns aber die sogenannte Natürlichkeit nicht überschätzen lassen. Ihr Wirkungsbereich ist sehr beschränkt, und wir haben die Mittel, Reihenfolgen umzukehren, ohne von der Grundfolge abzuweichen:

(36a) Ich ging ins Bett, nachdem ich die Zähne geputzt hatte.

Neben diesen kommunikativen Tendenzen sind öfter stilistische Intentionen realisiert, die etwa zwei Sätze parallel serialisieren oder in zwei Sätzen analoge Satzgliedpaare gerade umstellen (Chiasmus). Dies ist natürlich nur bei der relativen Freiheit der Serialisierung möglich.

Die kommunikativen Tendenzen sind umfassend. Sie haben historisch mitgewirkt an dem, was als Serialisierung fixiert ist. Sie wirken aber auch da, wo es noch Freiheit gibt und Unterschiede der Abfolge signifikant werden. Allerdings wirken sie nicht in einer konfliktfreien Sprachwelt auf geregelten Bahnen. Streckenweise gehen sie in die gleiche Richtung und verstärken sich gegenseitig. Beispielsweise wird eine Phrase, die definit, Subjekt und Thema ist, eminenten Drive nach vorn bekommen. Aber dann gehen sie wieder auf Kollisionskurs, und was beim Crash herauskommt, weiß man nicht so genau. All das macht die Deutung im einzelnen unsicher, und macht es auch dem Linguisten schwer, das Ergebnis zu entwirren.

Ratschläge für Lerner

> Die Stellung der Satzglieder im Deutschen ist recht frei. Dennoch gibt es eine Grundfolge, die du dir merken kannst. Abweichungen von der Grundfolge haben Bedeutung: Meistens sind sie mit Hervorhebung oder erhöhter Aufmerksamkeit für ein Satzglied verbunden.
> Darum:
> Merke dir eine Normalabfolge!
> Aber sei auf Abweichungen gefaßt!

3.2 Partikeln

Mit den bisherigen Texten und grammatischen Darstellungen haben wir den Grundaufbau des Satzes und seiner Satzglieder. Es bleiben im wesentlichen noch eine Reihe von kurzen, isolierten Wörtern im Satz, darunter insbesondere die sogenannten Partikeln wie *wohl, nur, nicht*. Partikeln führen ein recht freies Leben, sie fügen sich nicht in die grammatische Struktur des Satzes. Sie sind eher wie Überbleibsel aus einer freieren Sprachzeit, wo die grammatische Ordnung und Zucht weniger ausgeprägt war. Partikeln zeichnen sich durch folgende Eigenschaften aus:

Abgrenzung

– Sie sind unveränderlich (z.B. nicht flektierbar und nicht komparierbar).
– Sie bilden keine Satzglieder.
– Sie sind recht eigenständig und semantisch offen.
– Sie regieren keine andern Wörter.
– Sie sind nicht durch eigene Fragewörter erfragbar.

Die Kategorie der Partikeln ist recht gut überschaubar, weil ihre Anzahl begrenzt ist. Darum sind die Partikeln auch recht gut zu identifizieren, obwohl sie wegen ihrer Unflektiertheit keine speziellen morphologischen Kennzeichen haben. Sie haben oft auch keinen inneren Aufbau und sind kurz. Das teilen sie allerdings mit andern Wortarten. Die Probleme der Partikelerkennung und der Partikeldeutung beruhen eher darin, daß sie als eine Art Strukturwörter in enger Verwandtschaft zu andern Strukturwörtern stehen und daß ihre Kategorie auch nicht klar abzugrenzen ist. Es gibt zahlreiche Übergänge zu Strukturwörtern wie Konjunktionen, Subjunktionen und Adverbien.

Auch sind die Partikeln – wie gesagt – freie Gesellen. Sie machen nicht vor Wortartengrenzen halt. Oft erscheinen sie uns in andern Regionen als vorübergehende Gäste, die eigentlich Partikeln bleiben; oft erscheinen sie uns aber schon wie Einheimische in den andern Kategorien, so daß wir sie wie unverwandte Wörter ansehen. Trotzdem gibt es fast immer Bedeutungsverwandtschaften, wenn wir sie auch nicht auf den ersten Blick erkennen. Das freie Leben der Partikeln sollte den Verdacht in uns keimen lassen, daß unsere grammatische Kategorisierung zu scharf ist, Unterschiede fordert, wo vielleicht in der Sprache weniger kleinherzig verfahren wird.

Grenzgänger

Einige Beispiele können uns vor solchen Grenzgängern warnen:

nun	Partikel	Wer ist nun dieser Don Juan?
	Adverb	Nun – zu Beginn der Erntesaison – ist diese Sorgfaltspflicht besonders geboten.
schon	Partikel	Das war schon eine große Entdeckung.
	Adverb	Aber dann, als ich schon schlummerte, weckte sie mich und war bestürzt ...
jedoch	Partikel	Das Bild des SS-Staates hält jedoch genauer historischer Analyse nicht stand.
	Adverb	Jedoch werden Elektronenstrahlen bei ihrem Durchgang durch die Materie so stark absorbiert, daß nur wenige Schichten ...
selbst	Partikel	Es fiel selbst schwer zu begreifen, daß die Erde nicht das Zentrum des Weltalls sei.
	Adverb	Comte führte den Begriff 'Positivismus' selbst ein.
mal	Partikel	Können Sie mal etwas rücken?
	Adverb	In einer Stadt habe ich mal eine Geliebte gehabt.
eigentlich	Partikel	Ich ärgere mich jedesmal bleich. Warum eigentlich?
	Adjektiv	Die eigentliche Gefahr liegt nicht in der curativen Anwendung durch den Tierarzt.
einfach	Partikel	Die künstliche Intelligenz ist ein Bereich, der einfach bei vielen Menschen Unbehagen auslöst.
	Adjektiv	Die Ermittlung des Strahlengitters ist relativ einfach.
bloß	Partikel	Bei der unelastischen Streuung wird Energie von den Elektronen bloß auf das Objekt übertragen.
	Adjektiv	Die bloße Verwendung von Sulfanilamidderivaten führt zur Mehrausscheidung von Natrium, Chlor und Kalium.
ja	Partikel	Das ist ja auch verständlich.
	Satzwort	Wurden diese Versuche schon unternommen? – Ja.

denn	Partikel	Ist denn Östrogen in Hefe nicht schon früher nachgewiesen worden?
	Konjunktion	Denn diese Anschauungsweise legitimiert nicht nur die Schritte, die die analytische Methode verlangt.
aber	Partikel	Das muß man aber!
	Konjunktion	Aber Jesse Roth und seine Mitarbeiter berichteten vor einigen Jahren, daß sie Östrogen in Hefe gefunden hätten.
wohl	Partikel	Der problematischste Bereich der Informatik ist wohl die künstliche Intelligenz.
	Adverb	Die Entdeckung führte sehr wohl zu weitreichenden Erkenntnissen.
	Adjektiv	Don Juan fühlte sich bei diesem Mädchen wohl.
gerade	Partikel	Niederschmetternd ist es, daß man diese Fähigkeit gerade Maschinen zuschreiben will.
	Adverb	Die Proben werden gerade vorgenommen.
	Adjektiv	Gerade Strukturen im Aufbau bringen Vorteile mit sich.
doch	Partikel	Wir sind uns doch völlig darüber im klaren, daß wir die Entstehung des Lebens nie restlos klären.
	Adverb	Wenn ich meine Landsleute sehe, ärgere ich mich doch.
	Satzwort	Der Bund hat keine Mitwirkung in der Bildungsplanung? – Doch!
	Konjunktion	Sie hatten die Struktur entdeckt, doch er wurde berühmt.
eben	Partikel	Grundsätzlich läßt sich eben nicht behaupten, ...
	Adverb	Eben wurde die Nachricht durchgegeben.
	Satzwort	Diese Entdeckung wurde aber schon gemacht! – Eben!!
	Adjektiv	Die räumliche Struktur der Kristallgitter ist eben.

Arten　Im Vordergrund scheinen bei den Partikeln weniger grammatische Probleme als vielmehr Probleme ihrer Deutung und Bedeutung. Ausgangswissen für den Rezipienten ist dabei, daß die Bedeutung der Partikel durch ihren kommunikativen Gebrauch bestimmt ist und nicht irgendwie durch Verweis auf die Realität anzugeben ist, schon gar nicht durch eine Art Definition. Dies ist wohl auch der Grund dafür, daß die Sprecher kaum die Bedeutung der Partikeln angeben können, oft sogar annehmen, sie hätten keine.

Die Einteilung der Partikeln kann sich auch an semantischen Gesichtspunkten orientieren. Nach ihrer Bedeutung unterscheiden wir:

Abtönungspartikeln:	*doch, wohl, eben, halt, denn; ja, bloß nicht, etwa* usw.
Gliederungspartikeln:	*ja, nämlich, also, aber; doch, auch* usw.
Gradpartikeln:	*nur, bloß, allein, lediglich, ausschließlich, einzig; auch, ebenfalls, gleichfalls, ebenso; sogar, selbst, nicht einmal* usw.

Diese Gruppen zeigen auch gewisse grammatische Regelhaftigkeiten, deren Darstellung dem Rezipienten hilft. Er muß sich aber zweierlei vor Augen halten: Er hat es mit Individualisten zu tun; jede Partikel ist sozusagen ein Einzelstück mit all seinen Besonderheiten. Und viele Partikeln tummeln sich in mehreren Gruppen, wie unsere Aufzählung schon zeigt.

3.21 Abtönung und Gliederung

Partikeln sind in gesprochener Sprache häufiger als in geschriebener. Bei der stilistischen Überarbeitung streichen wir sie gern aus schriftlichen Texten. Wir muten unsern Lesern damit mehr Deutungsarbeit zu, weil die Partikeln unsere Redeabsicht verdeutlichen, unsere Haltung zum Partner klarlegen und die intendierten Zusammenhänge im Text. Durch die Unterdrückung der Partikeln wirken schriftliche Texte deshalb auch sachlicher und kühler, weniger bezogen auf den Partner, letztlich auch schwerer verständlich. Wie dies zustande kommt, kann eine exemplarische Bedeutungsanalyse zeigen.

> Von allen Bereichen der Informatik ist <u>wohl</u> die Künstliche Intelligenz derjenige, der bei vielen Menschen am meisten Unbehagen auslöst. Das ist <u>ja</u> <u>auch</u> verständlich, denn der Mensch sieht sich <u>doch</u> gern als Mittelpunkt aller Dinge.
>
> Es fiel ihm <u>selbst</u> schwer zu begreifen, daß die Erde nicht mehr als Zentrum des Weltalls betrachtet werden kann. Dann untergrub die Evolutionstheorie <u>auch</u> die Vorstellung, daß der Mensch unter den Lebewesen einzigartig ist. Und nun wird gar behauptet, daß die Fähigkeit, denken zu können, die der Mensch schon immer als seine ureigenste betrachtet hat, <u>ebenfalls</u> nicht einzigartig ist. Niederschmetternd ist es, daß diese Fähigkeit, denken zu können, die der Mensch schon immer als seine ureigenste betrachtet hat, <u>ebenfalls</u> nicht einzigartig ist. Niederschmetternd ist es, daß man diese Fähigkeit <u>gerade</u> <u>auch</u> Maschinen zuschreiben will.

Kein Wunder also, daß viele, die die Vorstellung ihrer Einzigartigkeit bewahren wollen, behaupten, ein Computer könne gewiß nicht kreativ sein.

Zur Frage der Kreativität schrieb der Philosoph Arthur Koestler: „Je origineller eine Entdeckung, desto einleuchtender erscheint sie nachträglich. Eine kreative Tat ist keine Schöpfung im Sinne des Alten Testaments. Sie erzeugt nicht etwas aus dem Nichts. Sie geht von vorhandenen Fakten, Fähigkeiten und Fertigkeiten aus, deckt auf, wählt aus, gruppiert um, kombiniert und fügt zusammen. Je geläufiger die Teile, desto eindrucksvoller das neue Ganze."

Grundsätzlich läßt sich eben nicht behaupten, ein Computer sei trotz fortgeschrittener Programme der Künstlichen Intelligenz hierzu unfähig. Ist es nur eine Frage der Zeit, bis die letzte Festung des Menschen fällt?

Unser Text enthält die Abtönungspartikeln *wohl, doch, eben* und die Gliederungspartikeln *ja, also* (neben den Gradpartikeln *auch, selbst, gar, ebenfalls, gerade, nur*). Vergleichen wir die beiden Formulierungen (1) und (2):   Sinn

(1)   Der Bereich der Künstlichen Intelligenz löst bei vielen Menschen Unbehagen aus.

(2)   Der Bereich der Künstlichen Intelligenz löst wohl bei vielen Menschen Unbehagen aus.

Die Partikel *wohl* schwächt den Behauptungsanspruch ab, der Sprecher des Satzes stellt sich damit bescheiden und konzilianter dar. *Wohl* wirkt sich also auf die Deutung des vollzogenen Sprechakts aus: Nicht eine strikte, harsche Behauptung, sondern eine vorsichtigere Vermutung. Die Partikel *wohl* ist typisch für Vermutungskontexte. Auch in Fragen wirkt sie analog:

(3)   Welches ist wohl der expansivste Bereich der Informatik?

Der Fragende signalisiert dem Partner, daß er sich mit einer vermutenden Antwort zufriedengibt. Dabei bedeutet *wohl* nicht nur soviel wie ein *wahrscheinlich*, ein *vielleicht*. Es enthält auch eine Art Partnerbezug, signalisiert eine sympathetische Haltung, verlangt zum Beispiel in der Frage (3) nicht zuviel vom Partner.

Ähnlich abtönend und partnerbezogen wirkt die Partikel *doch*:

(4)   Der Mensch sieht sich doch gern als Mittelpunkt aller Dinge.

Sie kennzeichnet, daß der Sprecherschreiber davon ausgeht, daß der Hörerleser das Gesagte eigentlich auch weiß, vielleicht weil es allgemein bekannt ist. Der Sprecherschreiber möchte es nur in Erinnerung bringen. Er relativiert damit seinen Wissensanspruch, indem er die Gemeinsamkeit betont, klarmacht, daß er davon ausgeht, daß der Partner das auch weiß. Es ist sozusagen die Demonstration des Gleichheitsprinzips im Wissen und des Respekts vor den Ansichten des Partners. In negierten Sätzen kann der Sprecher mit *doch* ausdrücken, daß es anders ist, als der Hörerleser wohl erwartet:

(5)   Der Mensch ist doch nicht der Mittelpunkt aller Dinge.

Hat der Partner vorher einen negierten Satz behauptet, so wird die Antwort *doch* zum insistierenden Widersprechen, denn nun ist ja explizit geworden, was der Partner glaubt. Dann bekommt das *doch* auch einen Akzent (zur Bedeutung weiterer Partikeln cf. Weydt/Hentschel 1983).

Abtönungspartikeln leben vom gemeinsamen Wissen der Partner. Wer das gemeinsame Wissen der Kommunikationspartner ins Spiel bringt, muß sich damit nicht auf ein allgemeines Wissen beziehen. Möglicherweise ist diese Gemeinsamkeit des Wissens eben erst zustande gekommen, etwa weil der Sprecherschreiber gerade etwas gesagt hat und sich nun darauf bezieht. Durch diese Bezugnahme kommt die textgliedernde Funktion der Partikeln *ja* und *nämlich* zustande.

(6)   Das ist verständlich. Der Mensch sieht sich ja gern als Mittelpunkt aller Dinge.

(7)   Das ist verständlich. Der Mensch sieht sich nämlich gern als Mittelpunkt aller Dinge.

Beide Partikeln beziehen sich auf gemeinsames Wissen, auf bestimmte Sätze des gemeinsamen Wissens. *Nämlich* ist aber enger in seiner Bedeutung, insofern es nur gebraucht wird, wenn das gemeinsame Wissen durch eine vorangehende Aussage hergestellt wurde, der Bezugssatz also explizit da ist. Es signalisiert den Zusammenhang mit dieser vorangehenden Aussage, verlangt aber vom Hörerleser eine eigene Verstehensleistung, weil es die Art des Zusammenhangs nicht genau bezeichnet. Ausgedrückt scheint so etwas wie, daß ein Sachverhalt den andern erklärt, und dieses heißt oft, daß ein kausales Verhältnis vorliegt:

(8)   Das ist verständlich. Der Mensch sieht sich nämlich ...

(9)   Das ist verständlich. Denn der Mensch ...

Bei der Partikel *ja* kann dieser textuelle Zusammenhang lockerer sein:

(10)   Es regnet ja gar nicht.

   Du hast gesagt oder nahegelegt, daß es regnet.

   Aber es regnet nicht.

Möglicherweise ist der Bezugssatz hier gar nicht explizit. Es kann eine implizite Voraussetzung eines Schlusses in einer Argumentation sein (so häufig bei *ja, überhaupt, also, nämlich*). Oder aber eine implizite Erwartung, die der Sprecher dem Partner unterstellt. Was gesagt wird, ist oft offenkundig, so daß das implizite gemeinsame Wissen in den Vordergrund tritt.

Stellung   Abtönungs- und Gliederungspartikeln beziehen sich inhaltlich auf den Sachverhalt, den der Sprecher ausdrückt, sie sind Satzpartikeln. Das kommt auch in ihrer Stellung zum Ausdruck: Sie halten sich zum Prädikat. Das heißt, im Hauptsatz stehen sie meistens direkt nach dem finiten Verb oder sie zeigen eine Rechtstendenz zum Satzklammer-Ende.

(11)   Die künstliche Intelligenz löst   wohl   bei vielen Menschen
                                      |Vfin|Partikel|
       Unbehagen aus.

(12)   Mir scheint, daß die künstliche Intelligenz bei vielen Menschen
       wohl   Unbehagen auslöst.
       |Partikel| |Prädikat|

Sie trennen oft das Thema vom Rhema. Da sie keine Satzglieder sind, können sie das Vorfeld nicht allein besetzen.

Der Bezug auf den Satz und Bedeutungsdarstellungen wie (10) zeigen viele Partikeln auch als natürliche Verwandte der Satzverbinder. Darum wundert es auch nicht, wenn sie als Konjunktionen (*aber, doch*) oder als verbindende Adverbien auftauchen (*doch, jedoch*).

Die Stellung ist hier oft unterscheidendes Kriterium (cf. Fichtner 1980:79). So ist in (13) und (14) die Deutung als temporales Adverb naheliegend, das allein das Vorfeld besetzt, weil es ein Satzglied ist.

(13)   Schon läßt sich vorhersehen, daß die letzte Bastion fällt.

(14)   Schon ist der Mensch einzigartig unter den Lebewesen.

Anders in (15) und (16):

(15)   Es läßt sich schon vorhersehen, daß die letzte Bastion fällt.

(16)   Der Mensch ist schon einzigartig unter den Lebewesen.

Hier ist vielleicht die Deutung als Partikel naheliegend, der Sprecher signalisiert dem Hörer: „Das wirst du doch auch so sehen." Aber die Deutung als temporales Adverb ist im entsprechenden Kontext auch möglich.

Solche subtilen Zweideutigkeiten sind bei Partikeln häufiger, als man denkt:

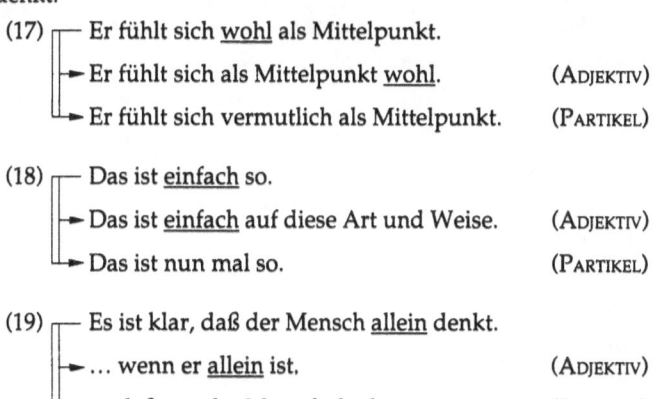

(17)   ┌── Er fühlt sich <u>wohl</u> als Mittelpunkt.
       ├── Er fühlt sich als Mittelpunkt <u>wohl</u>.   (Adjektiv)
       └── Er fühlt sich vermutlich als Mittelpunkt.   (Partikel)

(18)   ┌── Das ist <u>einfach</u> so.
       ├── Das ist <u>einfach</u> auf diese Art und Weise.   (Adjektiv)
       └── Das ist nun mal so.   (Partikel)

(19)   ┌── Es ist klar, daß der Mensch <u>allein</u> denkt.
       ├── ... wenn er <u>allein</u> ist.   (Adjektiv)
       └── ... daß nur der Mensch denkt.   (Partikel)

3.22 Graduierung und Negation

Gradpartikeln sind nicht nur semantisch von Abtönungs- und Gliederungspartikeln zu unterscheiden. Sie haben auch besondere grammatische Eigenschaften, die eine getrennte Behandlung fordern (Altmann 1976). Unser Text zur künstlichen Intelligenz enthielt bereits die Gradpartikeln *auch, ebenfalls, nur, ganz, selbst, gerade*; weitere wären: *bloß, lediglich, ausschließlich, zumindest, allein, etwa*.

Auch die Negationspartikel *nicht* verhält sich weitgehend wie eine Gradpartikel, wenngleich sie insgesamt eine Art Zwitter ist, halb Satzpartikel, halb Gradpartikel. Vordergründig scheint es für das Verständnis von *nicht* keine Probleme zu geben. Bei näherem Hinsehen geht uns aber auf, warum eine ausführliche Behandlung angezeigt ist.

> Zum Führen von Kraftfahrzeugen sind i.d.R. Kraftfahrer nicht geeignet, die ein Delikt der Gefährdung des Straßenverkehrs (§ 315c StGB), der Trunkenheit im Verkehr (§ 316 StGB), des unerlaubten Entfernens vom Unfallort (§ 142 StGB) mit schwereren Folgen oder eines dieser Delikte in Volltrunkenheit (§ 330a StGB) begangen haben. Die vergleichsweise mildere Maßnahme gegen Kraftfahrer ist das Fahrverbot (§ 44 StGB). Wird jemand wegen einer Straftat, die er beim Führen eines Kfz. begangen hat, verurteilt, so kann ihm das Gericht für die Dauer von einem bis zu drei Monaten verbieten, Kraftfahrzeuge zu führen. Dieses Fahrverbot hat nicht die Entziehung der Fahrerlaubnis zur Folge. Eine weitere Möglichkeit zur Entziehung der Fahrerlaubnis besteht nach § 4 StVG, § 15b StVZO. Die Verwaltungsbehörde muß die Fahrerlaubnis entziehen, wenn sich jemand als ungeeignet zum Führen von Kfz. erweist. Meistens wird die Entziehung durch die Verwaltungsbehörde nur angeordnet, wenn körperliche oder geistige Mängel des Inhabers der Fahrerlaubnis festgestellt werden. Dieses Verfahren setzt keine Straftat voraus; es kann aber z.B. eingeleitet werden, wenn (nicht-verkehrsrechtliche) Straftaten die Ungeeignetheit zum Führen von Kfz. ergeben haben. Richtlinien zur Feststellung, ob jemand zum Führen eines Kfz. ungeeignet ist, gibt die Allgem. Verwaltungsvorschrift vom 3.1.1974 (VerkBl.38) durch ein „Mehrfachtäter-Punktsystem". Kommt die Entziehung der Fahrerlaubnis wegen einer Straftat in Betracht, so hat das deswegen eingeleitete Strafverfahren den Vorrang. Will die Verwaltungsbehörde einen Sachverhalt verwerten, der Gegenstand der Urteilsfindung in einem Strafverfahren war, so darf sie in der Tatsachenfeststellung von dem Urteil nicht zum Nachteil des Betroffenen abweichen. Sagt das Urteil nichts über die Entziehung, so hat die Verwaltungsbehörde freie Hand.

Deutung und Fokus (i) *Nur* ist eine typische Gradpartikel. Sie ist stark vorausssetzungsgeladen, und für ihr Verständnis müssen die entsprechenden Folgerungen und Voraussetzungen erkannt werden:

(1) ⎡ Nur die Behörde kann die Entziehung der Fahrerlaubnis anordnen.
⎢ ↪ Die Behörde kann die Entziehung der Fahrerlaubnis anordnen.
⎢ ↪ Man denkt, andere könnten die Entziehung der Fahrerlaubnis auch
⎢   anordnen.
⎣ ↪ Es gibt aber keine andern, die die Entziehung der Fahrerlaubnis
     anordnen können.

Dies ist eine Einschränkung der Hörer-Erwartung. Es werden aus einem bestimmten Bereich Infragekommender alle bis auf den genannten ausgeschlossen. Der Bereich des oder der Infragekommenden – wir nennen ihn Kontrastbereich – wird dabei bestimmt durch unser Wissen. So wissen wir, daß in diesem Fall Richter etwa in Frage kämen, Lehrer aber nicht. Der Bezug auf einen Bereich von Infragekommenden ist für die Gradpartikel typisch; eine spezielle Eigenschaft des *nur* ist, daß hier aus diesem Bereich das Genannte und sonst nichts ausgewählt wird (ähnlich *bloß, lediglich, allein*).
Anders sähe die Sache aus bei *auch*:

(2) ⎡ Auch die Behörde kann die Entziehung der Fahrerlaubnis anordnen.
⎢ ↪ Die Behörde kann die Entziehung der Fahrerlaubnis anordnen.
⎢ ↪ Man denkt, andere könnten die Entziehung der Fahrerlaubnis anordnen.
⎣ ↪ Es gibt andere, die die Entziehung der Fahrerlaubnis anordnen können.

Dies ist eine Erweiterung der Hörer-Erwartung. Hier wird gesagt, daß aus dem Bereich Infragekommender noch andere tatsächlich die Fahrerlaubnis entziehen können (ähnlich *erst, schon*). Der Bedeutungsunterschied von *nur* und *auch* liegt also in dieser Folgerung, und zusätzlich in einer Art Betonung der ersten Folgerung bei *auch*, der dritten hingegen bei *nur*.
Noch etwas anders liegt der Fall bei *sogar*:

(3) ⎡ Sogar die Behörde kann die Entziehung der Fahrerlaubnis anordnen.
⎢ ↪ Die Behörde kann die Entziehung der Fahrerlaubnis anordnen.
⎢ ↪ Man denkt, andere und besonders die Behörde könnten nicht ...
⎣ ↪ Es gibt andere, die die Entziehung der Fahrerlaubnis anordnen können.

Dies ist die Enttäuschung der Hörer-Erwartung. Der Unterschied zu *auch* liegt hier in der zweiten Folgerung.
Der Kontrastbereich lagert sich assoziativ um ein Wort im Satz. Dieses ist das Fokuswort, das in der Sprechsprache oder wenn man den Satz vorliest, auch den Satzakzent trägt. In der Schrift muß man sich den Satzakzent zum richtigen Verständnis hinzudenken.
Den Kontrastbereich erschließen wir über die Bedeutung des Fokusworts und unser Wissen.

(4) ⎡ Nur <u>die</u> Behörde ...   (5) ⎡ Nur die <u>Behörde</u> ...
⎣ Keine andere Behörde ...   ⎣ Keine andere Institution

Manchmal stellen wir auch eine Rangfolge im Kontrastbereich her, so daß mit dem ganzen Satz eine Wertung verbunden ist.

Skopus (ii) Für Gradpartikeln ist nicht eine bestimmte Position im Satz vorbestimmt. Sie können sozusagen durch den Satz hindurch wandern und dabei in bestimmte Nischen eintreten:

(6) Meistens wird nur [die Entziehung durch die Verwaltungsbehörde angeordnet, wenn...]

(7) Meistens wird die Entziehung nur [durch die Verwaltungsbehörde angeordnet, wenn...]

(8) Meistens wird die Entziehung durch die Verwaltungsbehörde nur [angeordnet, wenn ...]

(9) Meistens wird die Entziehung durch die Verwaltungsbehörde angeordnet, nur [wenn...]

Die Nischen liegen vorzugsweise zwischen Phrasen, insbesondere aber zwischen Satzgliedern. Das bedeutet, daß Gradpartikeln vor Nominalphrasen und Präpositionalphrasen, nach dem finiten Verb oder vor dem infiniten Verb stehen (sie stehen aber nicht direkt vor dem finiten Verb oder direkt nach dem infiniten Verb). Dies hängt damit zusammen, daß jede Gradpartikel einen linearen Satzausschnitt erfaßt, ihren Skopus, auf den sie wirkt. Der Skopus kann mehr als eine Phrase umfassen (Altmann 1976:304), aber er fängt gewöhnlich mit einer Phrase an und endet mit einer. Über die Satzgrenze hinaus reicht er jedoch nicht.

Ändert sich der Skopus, so ändert sich die Bedeutung des Satzes. So bedeuten unsere Sätze (6) – (9) ja keineswegs das gleiche. Man betont nämlich gewöhnlich ein Wort rechts von der Gradpartikel, so daß auch der Kontrastbereich von diesem Wort evoziert wird. So kann in (6) der Kontrastbereich durch *Entziehung* evoziert werden, in (9) aber kaum. Üblicherweise wird die Gradpartikel ihren Skopus eröffnen, also direkt vor dem Skopus stehen, und das Fokuswort wird also in der Phrase liegen, die der Gradpartikel folgt (Altmann 1976:30, 297). Allerdings gibt es eine Reihe von Gradpartikeln, die – verbunden mit leichtem archaischen Stilgeruch – auch nachgestellt werden können: *allein, etwa, selbst, gerade, nur, zumindest*. Bei ihnen besteht im schriftlichen Text – ohne Intonation – noch mehr Unsicherheit, wo ihr Fokuswort liegt, weshalb der reflektierte Sprecherschreiber diese Stellung auch tunlichst vermeiden wird. Man kann im Grunde nur aufgrund des Gesamtverständnisses sich für vorangehenden oder nachfolgenden Fokus entscheiden:

(10) ⎡ Sind körperliche Mängel etwa beim Fahrer bekannt ...

⎢► Sind etwa körperliche Mängel oder etwas anderes ...

⎣► Sind körperliche Mängel etwa beim Fahrer oder bei sonst einem Infragekommenden bekannt ...

Gravierendere Probleme bringt die Distanzstellung, die aber im Schriftlichen recht selten ist.

Solche Deutungsprobleme werden noch verstärkt, wenn die Partikel auch zu einer anderen Wortart gehören kann:

(11) ⎡ Es fiel ihm selbst schwer zu begreifen ...
      ⎣→ Sogar ihm fiel es schwer, und natürlich auch andern ... (GRADPARTIKEL)

(12) ⎡ Es fiel ihm selbst schwer zu begreifen ...
      ⎣→ Sogar zu begreifen fiel ihm schwer, und erst recht zu akzeptieren.
                                                                    (GRADPARTIKEL)

(13) ⎡ Es fiel ihm selbst schwer zu begreifen ...
      ⎣→ Ihm selber fiel es schwer ...   (ADVERB)

(iii) Ähnlich, nur etwas verwickelter, ist die Sachlage bei der Negation. Charakteristisches Negationswort ist die Partikel *nicht*, die sich ganz ähnlich wie Gradpartikeln verhält (Jacobs 1983:244). Aber außerdem ist *nicht* auch Satzpartikel, bezieht sich auf den ganzen Satz und bezeichnet sozusagen die stärkste Abtönung, indem sie das Gegenteil der ganzen Aussage ausdrückt. Man kann das durch einen satzumfassenden Vorspann verdeutlichen: — Negation

(14) ⎡ Dieses Fahrverbot hat nicht die Entziehung der Fahrerlaubnis zur
      ⎢ Folge.
      ⎣→ Es trifft nicht zu, daß dieses Fahrverbot die Entziehung der Fahrerlaubnis zur Folge hat.

Diese Satzpartikel *nicht* bezieht sich auf das Prädikat des Satzes und verhält sich auch in ihrer Stellung entsprechend, steht beispielsweise im Hauptsatz nach dem finiten Verb. In anderen Verwendungen von *nicht* liegt die sogenannte Kontrastnegation vor (cf. Jacobs 1982:34), die einen bestimmten Skopus und ganz wie die Gradpartikeln auch ein bestimmtes Fokuswort hat. Die Kontrastnegation ist stärker als die einfache Satznegation: Sie enthält die Satznegation und sagt noch etwas Zusätzliches. Analog zu dem Zusatz „und nichts anderes" bei *nur* – vgl. Beispiel (1) – haben wir hier den Zusatz „aber etwas anderes", der je nach Sprechsituation genauer spezifiziert und erschlossen werden muß:

(15) ⎡ Die Behörde darf von dem Urteil nicht zum Nachteil des
      ⎢ Betroffenen abweichen.
      ⎢→ Es trifft nicht zu, daß die Behörde von dem Urteil zum Nachteil des Betroffenen abweichen darf. (= Satznegation)
      ⎣→ Aber die Behörde darf anders abweichen, etwa zum Vorteil des Betroffenen. (= Zusatz)

Dieser Kontrastzusatz ändert sich auch gemäß dem Fokuswort, so daß viele Möglichkeiten zustande kommen, wenn der Fokus durch den Satz wandert:

(16)   Nicht die Behörde darf von dem Urteil zum Nachteil des Betroffenen abweichen. (sondern eine andere)

(16a) Nicht die Behörde darf von dem Urteil zum Nachteil des Betroffenen abweichen. (sondern jemand anderes)

(16b) Nicht die Behörde darf von dem Urteil zum Nachteil des Betroffenen abweichen. (sondern von etwas anderem)

(16c) Nicht die Behörde darf von dem Urteil zum Nachteil des <u>Betroffenen</u> abweichen. (sondern eines anderen)

Die beiden letzten Beispiele sind extrem: Das Fokuswort ist schon sehr weit von der Partikel entfernt. Das ist nur zu verstehen, wenn der Kontrast kontextuell sehr deutlich ist. Darum werden diese Deutungen auch selten zu wählen sein.

Offenkundig ist es sehr wichtig, zu verstehen, auf welches Fokuswort das *nicht* zielen könnte. Das wird man im schriftlichen Text meistens nach dem Gesamtsinn erschließen müssen. Es gibt aber eine allgemeine Tendenz, die sich so formulieren läßt: Wenn der Skopus lang ist, so gäbe es naturgemäß eine breite Streuung und viele Möglichkeiten für Fokuswörter, weshalb wir als Sprecherschreiber offenbar einen langen Skopus vermeiden und das *nicht* möglichst nahe vor das Fokuswort stellen (Jacobs 1982:288).

So ergeben sich als Faustregeln für die Kontrastnegation:
1. Mit der Negation beginnt ihr Skopus.
2. In der nachfolgenden Phrase liegt das Fokuswort.
3. Aus dem Fokuswort ergibt sich der Kontrastzusatz.

Spielarten der Negation

(iv) Neben der allgemeinen Negation *nicht* hat das Deutsche noch eine Reihe speziellerer Negationsmittel. Sie können durch Wortbildung das Gegenteil von Wörtern bilden oder aber eigene Wörter bestimmter Wortart sein. Alle Negationsmit-

Übersicht Negationszeichen

PRÄFIX	*ungeeignet* (nicht geeignet), *desinteressiert* (nicht interessiert), *anormal* (nicht normal), *disfunktional* (nicht funktional)
SUFFIX	*hemmungslos* (ohne Hemmung)
SATZWORT	*nein*
PARTIKEL	*nicht, nur*
ARTIKEL	*kein* (nicht ein), *keinerlei*
ADVERB	*nie(mals)* (nicht jemals), *nimmer* (auch nicht, niemals), *niemehr* (nicht mehr), *keinesfalls, keineswegs* (verstärktes *nicht*), *nirgends/nirgendwo* (nicht irgendwo), *nirgendwohin* (nicht irgendwohin)
PRONOMEN	*keiner* (nicht einer), *nichts* (nicht etwas), *niemand* (nicht einer)
PRÄPOSITION	*ohne* (nicht mit), *außer*
KONJUNKTION	*weder X noch Y* (nicht X und nicht Y)
SUBJUNKTION	*ohne daß, ohne zu, anstatt zu*

tel enthalten in der ein oder anderen Weise ein *nicht* und sind entsprechend auflösbar:

(17) ┌─ Zum Führen von Kfz. sind i.d.R. Kraftfahrer ungeeignet ...
     └► ... nicht geeignet...

(18) ┌─ Das Urteil sagt nichts über die Entziehung.
     └► ... nicht etwas...

Das inkorporierte *nicht* kann dabei durchaus zur Satznegation aufzulösen sein:

(18a) Es trifft nicht zu, daß das Urteil etwas über die Entziehung sagt.

Ratschläge für Lerner

> Partikeln sind kurze, unflektierte Wörter, die außerhalb des grammatischen Verbandes eines einfachen Satzes stehen.
> Sie tangieren die behauptende Kraft: Negieren, schränken ein, tönen ab.
> Sie können sich auf den ganzen Satz beziehen oder auf einzelne Teile und Wörter.
> Achte auf die grammatische Kategorie der Partikeln und auf ihre Stellung!
> Bestimme die Reichweite von Negationen und Gradpartikeln!
> Ermittle ihren Fokus und Kontrastbereich!

3.3 Nominalphrasen: Linkserweiterung

Die Hauptaufgabe von Nominalphrasen ist die Bezugnahme auf Gegenstände der Kommunikation. Dabei stehen drei Fragen im Vordergrund, auf die der Hörerleser eine Antwort braucht, um die Bezugnahme richtig zu verstehen:
1. Qualität: Von welcher Art ist der Gegenstand/welche Eigenschaften hat er?
2. Identität: Welcher Gegenstand der jeweiligen Art ist gemeint?
3. Quantität: Wieviel Gegenstände der jeweiligen Art sind gemeint?

Hat die Nominalphrase ein Substantiv als Kern, so bilden Artikel und Substantiv einen Rahmen mit zwei Leerbereichen, in die die Erweiterungen eintreten können:

| ARTIKEL.........SUBSTANTIV..... |

Der Artikel ist dabei im wesentlichen zuständig für die Fragen 2. und 3., während das Substantiv eher antwortet auf die Frage 1. Die Linkserweiterungen des Substantivs bilden einen Übergangsbereich von der Identität über die Quantität zur Qualität: Artikelwörter und direkt nachfolgende Adjektive wie *selbe, folgende* usw. dienen vor allem der Identifizierung, es folgen quantifizierende Adjektive wie *groß, blau, englisch* usw. Die Rechtserweiterungen bezeichnen im wesentlichen weitere Qualitäten. Alle Erweiterungen können aber auch Luxus in Bezug auf die Referenz sein und eher zusätzliche Aussagen machen. In diesem Fall sprechen wir von explikativen Attributen. Die explikativen Attribute packen also zusätzliche Aussagen in den Satz hinein, sie sind eine Erscheinung des komprimierten Stils, wie er in der heutigen Sachprosa üblich ist:

(1) ┌─ Die stark wirkenden Quecksilberdiuretika finden seltener
    │ Verwendung.
    └─ Die Quecksilberdiuretika, die ja stark wirken/weil sie stark wirken, ...

Hat die Nominalphrase ein Pronomen als Kern, so stehen die Fragen der Identität und Qualität nicht mehr zur Debatte, weil Pronomen aufgrund ihrer Bedeutung schon Antworten auf diese Fragen voraussetzen. Deshalb spielen bei diesen Nominalphrasen nur die Rechtserweiterungen eine Rolle.

Der linke offene Bereich der Nominalphrase ist die Domäne von Adjektiven unterschiedlicher Art und von weiteren Substantiven, die in Komposition das Kernsubstantiv determinieren. Nur selten finden wir Genitivattribute in diesem Bereich:

(2)   ... des Bäckers und des Brauers Hefe ...

Sie sind nur üblich bei Eigennamen (*Mc Daffs Grammatik*), sonst wirken sie leicht archaisierend.

Elektronenmikroskopie

Für die Bildentstehung in der Elektronenmikroskopie (EM) ist neben der Wirksamkeit der Elektronenlinsen vor allem der physikalische Wechselwirkungsprozeß zwischen Elektronenstrahlung und zu untersuchendem Festkörper von Bedeutung. Um einen hinreichenden Bildkontrast zu erzielen, ist einerseits eine ausreichende Wechselwirkung notwendig, andererseits darf das Maß dieser nicht so groß sein, daß sich Objektveränderungen (Objektbeschädigungen) ergeben. Je nach Art der zu untersuchenden Objekte wird der einfallende Elektronenstrahl an den Atomen des Festkörpers inkohärent oder kohärent gestreut. Der Streuvorgang kann elastisch oder unelastisch erfolgen. Bei der unelastischen Streuung wird Energie von den Elektronen auf das Objekt übertragen, wobei eine Anregung oder Ionisation der gebundenen Elektronen oder Gitterschwingungen stattfinden. In Abhängigkeit von der Probendicke können die einfallenden Elektronen Einzel- oder Mehrfachstreuprozesse erleiden. Mehrfachstreuprozesse können vernachlässigt werden, wenn die Probendicke klein ist, verglichen mit der mittleren freien Weglänge für Einfachstreuung ...
SE-Potentialkontrastdetektor nach LUKIANOFF und TOUW. Dieser Detektor erreicht eine Verbesserung des S/N-Verhältnisses in der Erfassung von SE aus potentialführenden Objektbereichen. Die geometrische Konstruktion aus Einzelsegmenten verfolgt das Ziel, den Vorteil hoher SE-Ausbeuten an geneigten Objektbereichen mit der in Richtung der Objekt-

normalen verlaufenden SE-Winkelverteilung zu verbinden. An Bauelementen integrierter Schaltkreise ist eine Empfindlichkeitssteigerung gegenüber den SE-Potentialmessungen nachgewiesen worden.

Katodolumineszenz-Detektor mit Faseroptik. Hier wird der Wirkungsgrad des eigentlichen Detektorsystems (effektiv verwertbare Photonenausbeute pro Primärelektron) durch den prozentualen Anteil des über dem Objekt durch einen halbelliptischen Spiegel eingefangenen Lichtes und durch den über eine Sammellinse den Lichtleiter (Faserbündel) kollimierten Teil bestimmt. Mit der schematisch dargestellten hocheffektiven Anordnung werden mehr als 50% der emittierten KL-Intensität vom nachgeschalteten Monochromator erfaßt (Quarzlinse, elliptische Exzentrizität e = 0,76); Einzelheiten zur Leistungsfähigkeit eines spektralen KL-Detektorsystems mit Monochromator sind z.B. in (55) enthalten.

„Low-loss"-Elektronendetektor. Bei schrägem Primärstrahleneintritt in das Objekt lassen sich im annähernd streifend ausfallenden Strahl verlustarm gestreute PE mit geeignet angeordneten (beweglichen) Halbleiterdetektoren erfassen. Dieses Detektorprinzip wird kommerziell noch nicht verwendet, leistet aber zusammen mit Energiefiltern (auch in Verbindung mit der Kondensor-Objektiv-Einfeldlinse) eine Auflösung im RE-Mode von 3nm. Die Größe Lmax entspricht der totalen Streuweglänge der PE im Objekt, wenn ein maximaler Energieverlust berücksichtigt wird, der sich aus der Differenz zwischen Strahlspannung und Gegenspannung am Energiefilter ergibt.

3.31 Attributive Adjektive

(i) Die attributiven Adjektive haben keine gemeinsame Funktion, im wesentlichen sind sie Mittel der Eingrenzung und Genauigkeit. Sie geben charakteristische Eigenschaften und Merkmale des Referenzgegenstands, aber auch Wertungen. Ihre Stellung ist eindeutig: links vom Substantiv, zu dem sie gehören. Der Zusammenhalt der jeweiligen Nominalphrase wird dabei durch Kongruenz gesichert, an der wir auch erkennen, wie Adjektiv und Substantiv zusammengehören. Alle Adjektive flektieren gleich, aber in zweifacher Weise: Es gibt die sogenannte starke Deklination wie in (1) und die sogenannte schwache wie in (2) (→ Anhang 7):

Stellung und Kongruenz

(1)   bei schrägem Primärstrahleintritt
           └─ dat sg m ─┘

(2)   bei dem unelastischen Streuvorgang
           └────── dat sg m ──────┘

Die starke Deklination des Adjektivs ist viel besser markiert als die schwache, sie zeigt insbesondere den Kasus deutlicher. Der Rezipient profitiert davon, daß nach der grammatischen Regel in jeder Nominalphrase möglichst einmal die starke Deklination vorkommen sollte. Hat der Artikel die starke, markierte Deklination, so kann das Adjektiv sich mit der schwachen begnügen. Sonst – besonders wenn kein Artikel da ist – trägt das Adjektiv (oder das Substantiv selbst) die starke Deklination. Bei eingeschobenen Nominalphrasen in Nominalphrasen kann darum die jeweilige Adjektivdeklination auch Kennzeichen dafür sein, welche Artikel, Adjektive und Substantive zusammengehören (→ 5.2).

Bildungsweisen

(ii) Natürlich ist es – wie bei den andern Hauptwortarten – wichtig, die unverwechselbare Identität eines Adjektivs aus der Schreibung zu ermitteln.

Adjektive, die leicht zu verwechseln sind

anscheinend	– scheinbar	lösbar	– löslich
begreiflich	– begrifflich	originell	– original
elektrisch	– elektronisch	physisch	– physikalisch
empfindlich	– empfindsam	rational	– rationell
erkennbar	– erkenntlich	reell	– real
fett	– fettig	schmackhaft	– geschmackvoll
fiebrig	– fieberhaft	schmerzfrei	– schmerzlos
gangbar	– gängig	schwül	– schwul
geistig	– geistlich	selig	– seelisch
gemeinsam	– gemeinschaftlich	seriös	– serös
genial	– genital	sichtbar	– sichtlich
gewaltig	– gewaltsam	tätig	– tätlich
grausig	– grausam	unglaublich	– ungläubig
heimisch	– heimlich	unorganisch	– anorganisch
hölzern	– holzig	verständig	– verständlich
ideal	– ideell	weiblich	– weibisch
kindlich	– kindisch	zeitlich	– zeitig

Ebenso wichtig ist es dann auch, komplexe Adjektive zu erkennen und ihre Bildungsweise zu verstehen. Nach ihrem Aufbau sind drei Arten Adjektive zu unterscheiden:

genuine Adjektive	Partizipien	wortgebildete Adjektive
freie	Präsens: *hinreichenden, verlaufenden*	*mittlere, physikalische,*
schrägem	Perfekt: *gebundenen, integrierten*	*verwertbare, hocheffektiven*

Bei den Partizipien kann man unterscheiden die grammatische Möglichkeit, Partizipien als attributive Adjektive zu verwenden, und eine Form der Lexikalisierung, wo Partizipien zu Adjektiven geworden sind wie *(sehr) bekannt, gesprenkelt, gewandt, beliebt, verschieden, verliebt* usw. Dadurch mag es zu Zweideutigkeiten kommen, wenn die Form einerseits schon als Adjektiv etabliert ist, andererseits aber auch als Partizipialform des entsprechenden Verbs lebendig ist:

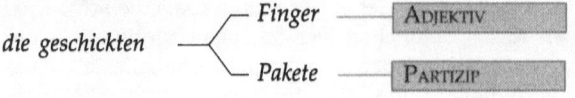

die geschickten ⟨ *Finger* — ADJEKTIV / *Pakete* — PARTIZIP

(Pakete, die jemand geschickt hat.)

die gut geratene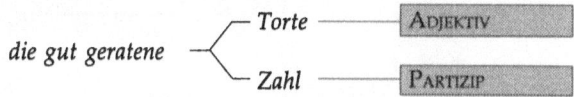

(Zahl, die jemand geraten hat.)

Bei den wortgebildeten Adjektiven gibt es Ableitung und Komposition. In der neueren Sachprosa sind besonders die zusammengesetzten Adjektive häufig, sie erschweren oft das Verständnis. Die wesentlichen Bildungsweisen und ihre Deutungen sind auf S. 198–201 dargestellt (cf. Fleischer 1975:237–287).

(iii) Zur Komplizierung des Verstehens trägt es bei, wenn im Leerbereich des Substantivs mehrere attributive Adjektive stehen, deren semantisches Verhältnis man erkennen muß. In der Regel ist aber ihr semantisches Verhältnis nicht explizit bezeichnet. Bei solchen Adjektivhäufungen sind drei Fälle zu unterscheiden: 1. Die Adjektive gehören zu verschiedenen semantischen Kategorien und besetzen verschiedene Zonen; 2. die Adjektive sind koordiniert; 3. ein Adjektiv modifiziert das andere (nur in diesem Fall liegt eine Unterordnung vor). — Adjektivhäufungen

1. Normalerweise halten Adjektive eine bestimmte Reihenfolge ein: Die referenzbezogenen stehen weiter links, die charakterisierenden stehen am weitesten rechts. Das ist möglicherweise eine Auswirkung des Behaghelschen Gesetzes, daß geistig eng Zusammengehöriges nahe beisammensteht. Was also dem Substantiv funktional näher steht, steht ihm auch linear näher. Man kann drei Zonen unterscheiden (cf. van Roey 1974):

(3) die | genannten | drei | parabolischen | Spiegel

Zone 1: referenzbezogen	Zone 2: quantifizierend	Zone 3: qualifizierend

Allerdings muß die Zugehörigkeit zu einer der Zonen nicht immer so klar ausgeprägt sein:

(4) Bei zahlreichen eitrigen bakteriellen Infektionen...

(5) Verschiedenartigste politische Strömungen...

Die überwiegende Anzahl der Adjektive ist qualifizierend. Hier Beispiele für die übrigen Arten:

referenzbezogene Adjektive	*folgend, genannt, vorder, hinter, nebenstehend, letzter, angegeben, früher, derartig, ander, solch, sonstig, erst, zweit...*
quantifizierende Adjektive	*gesamt, ganz, beide, wenig, viel, drei, vier, zahlreich, einzig, mehrere*

Die Zahladjektive *vier, fünf* usw. nehmen eine Sonderstellung ein, weil sie nicht flektiert sind.

2. Eine Häufung von Adjektiven kann durch Koordination zustande kommen. Koordination verbindet Adjektive, die semantisch Ähnliches leisten. Sie ist deshalb zonen-intern. Leicht zu erkennen sind die Koordinationen mit expliziten Konjunktionen:

Muster für Adjektivkomposition mit Bedeutungshinweisen

Substantiv	Adjektiv	
wasser	fest	wasserfest → fest in Bezug auf Wasser
reaktions	fähig	reaktionsfähig → fähig zur Reaktion
umwelt	bedingt	umweltbedingt → bedingt durch die Umwelt
umwelt	freundlich	umweltfreundlich → freundlich in Bezug auf die Umwelt
umwelt	bewußt	umweltbewußt → bewußt in Bezug auf die Umwelt
essig	sauer	essigsauer → sauer wie Essig
widerspruchs	frei	widerspruchsfrei → frei von Widerspruch
verlust	arm	verlustarm → arm an Verlusten
fried	liebend	friedliebend → liebt den Frieden
wasser	gekühlt	wassergekühlt → gekühlt mit Wasser

Verb	Adjektiv	
spalt	fähig	spaltfähig → kann gespalten werden
flug	fähig	flugfähig → kann fliegen

Nominalphrasen: Linkserweiterung

ADJEKTIV	ADJEKTIV
hoch	effektiv
halb	elliptisch
weit	gehend
fest	stehend
dünn	flüssig
weiß	blau
taub	stumm

hocheffektiv ← sehr effektiv
weitgehend ← das weit geht
halbelliptisch ← halb elliptisch
feststehend ← das feststeht

dünnflüssig ← flüssig und dünn
taubstumm ← taub und stumm
weißblau ← weiß und blau

Muster für Adjektivableitungen mit Bedeutungshinweisen

Substantiv	Suffix		
gleichschenkl	ig	gleichschenklig	mit gleichen Schenkeln
geometr	isch	geometrisch	gehört zur Geometrie
physik	alisch	physikalisch	gehört zur Physik
naturgesetz	lich	naturgesetzlich	betrifft Naturgesetze
regel	haft	regelhaft	wie nach einer Regel
gold	en	golden	aus Gold
norm	al	normal	entspricht der Norm
opposition	ell	oppositionell	gehört zur Opposition
staub	artig	staubartig	wie Staub
gas	förmig	gasförmig	in Form von Gas
bedingungs	los	bedingungslos	ohne Bedingung
bedeutungs	voll	bedeutungsvoll	mit/voll Bedeutung
roboter	mäßig	robotermäßig	in Roboterart
versuchs	mäßig	versuchsmäßig	was Versuche betrifft
schritt	weise	schrittweise	in Schritten
stickstoff	haltig	stickstoffhaltig	das Stickstoff enthält

Nominalphrasen: Linkserweiterung

VERB	SUFFIX		
verwert	bar	→ verwertbar	kann verwertet werden
halt	bar	→ haltbar	kann sich halten
erklär	bar	→ erklärbar	kann erklärt werden
nütz	lich	→ nützlich	kann nützen
bröckel	ig	→ bröckelig	bröckelt (leicht)
wirk	sam	→ wirksam	wirkt (gut)
bieg	sam	→ biegsam	kann (gut) gebogen werden
akzept	abel (/ibel)	→ akzeptabel	kann akzeptiert werden

ADVERB	SUFFIX		
jetz(t)	ig	→ jetzig	ist jetzt
diesseit(s)	ig	→ diesseitig	liegt diesseits
unt(en)	ere	→ untere	ist unten

(6)   ein irrationaler oder nicht rationalisierbarer Rest

(7)   eine qualifizierte und krisenfeste Ausbildung

(8)   unausgetragene institutionelle und politische Antagonismen

(9)   eine vor- und nach-Cantorsche Geschichte

(10) ein analytisches, aber verneinendes Urteil

Allerdings gibt es auch koordinierte Adjektive, die zwar koordiniert, aber nicht durch Konjunktionen explizit verbunden sind. Gemäß der orthographischen Regel sind sie meistens durch Komma getrennt:

(11) ein oberflächlicher, einseitiger Mensch

(12) ein einfacher, bereits bekannter Strukturtyp

In diesen Fällen muß der Rezipient das inhaltliche Verhältnis der Adjektive erschließen. Meistens ist ein *und* hinzuzudenken, manchmal aber auch ein *aber*.

Bei mehrfachen Koordinationen ist eine vorkommende explizite Konjunktion in den andern Koordinationen bei der Deutung zu wiederholen:

(13) eine qualifizierte, (und) krisenfeste und solide Ausbildung

Es kann allerdings entscheidend sein, ob die Adjektive durch Komma getrennt sind oder nicht:

(14) ┌ andere erfreuliche Tatsachen   ┌ andere, erfreuliche Tatsachen
      └► diese und die vorhergenannten   └► die vorher genannten sind nicht
         sind erfreulich.   erfreulich

(15) ┌ zweite verbesserte Auflage   ┌ zweite, verbesserte Auflage
      └► beide Auflagen sind verbessert   └► die erste war nicht verbessert

Bei Koordination ist es wichtig, ob nur die Adjektive koordiniert sind oder aber ganze Nominalphrasen, weil sich das in der Referenz auswirkt.

(16) Jeder sollte eine qualifizierte und krisenfeste Ausbildung haben.

(16a) Jeder sollte eine qualifizierte und eine krisenfeste Ausbildung haben.

Im ersten Fall ist von einer Ausbildung die Rede, im zweiten Fall können zwei gemeint sein. Man erkennt die Koordination der Nominalphrasen im allgemeinen am eigenen Artikel.

3. Ein Charakteristikum der meisten Adjektive ist, daß sie weiter spezifiziert werden können. Die Spezifizierung besteht einerseits in der Graduierung der Adjektivbedeutung und andererseits in einer Modifikation der Adjektivbedeutung. Graduierungen leisten im wesentlichen die grammatikalisierte Komparation, aber auch zusätzliche Adverbien wie *sehr, fast, allzu, etwas, ziemlich, überaus, ungemein, besonders, geradezu*:

(17) eine geradezu ungeheuerliche Stoffausweitung

(18) ein nahezu unentwirrbares Knäuel

(19) die Entwicklung weniger toxischer Substanzen (zweideutig!)

Komplexer ist die Modifikation. Adjektive können durch vorangestellte Adjektive modifiziert werden. Die modifizierenden Adjektive sind nicht flektiert:

(20) [[stark] wirkende] Quecksilberdiuretika

[[effektiv] verwertbare] Photonenausbeute

[[streifend] ausfallender] Strahl

[[geeignet] angeordnete] Halbleiterdetektoren

[[teilweise] parabolisch] gestaltete Einzelsegmente

[[rein] geschichtliche] Ursachen

eine [[empirisch-wissenschaftlich] verfahrende] Soziologie

In der Modifikation liegt eine Unterordnung vor. Man darf sie nicht verwechseln mit Adjektivketten oder Adjektivkoordinationen, bei denen sich alle Adjektive auf das Substantiv beziehen. Bei der Modifikation wird nur modifiziert, was das flektierte Adjektiv besagt. So ergeben sich Bedeutungsunterschiede:

(21) eine seltene, schöne Architektur

(21a) eine selten schöne Architektur

Die Modifikation ist eine Erweiterung der Erweiterung, sie kann kombiniert mit den andern Konstruktionsmöglichkeiten vorkommen:

(22)

eine [großzügig dimensionierte], ja [[geradezu luxuriös] konzipierte] Architektur.

Da hinter der Modifikation eine Prädikation stehen kann, ist sie auch die Urform der Adjektiverweiterung, die ein Hauptproblem der rezeptiven Grammatik darstellt:

(23) das Bild des [[planmäßig] errichteten], [[von einheitlichen

[ideologischen und politischen] Zielsetzungen] geprägten] monolithischen SS-Staates...

Dieses Ungetüm gibt einen Eindruck von den Schwierigkeiten, die bei Linkserweiterung und Mischung aller Möglichkeiten auftreten können (→ 5.2).

(iv) Alles in allem ist die semantische Leistung der Adjektive global schwer anzugeben. Das Bedeutungsverhältnis zwischen Adjektiv und Substantiv kann nur je nach Bedeutungskategorie von Adjektiv und Substantiv näher charakterisiert werden. Entsprechend ergänzen wir in der Deutung das Bedeutungsverhältnis aufgrund unseres Wissens. Häufig sind folgende Verhältnisse:

Inhaltsbeziehung

FORM	halbelliptischer Spiegel / hat die Form einer halben Ellipse
ZUGEHÖRIGKEIT	mathematische Begriffsbildung / in der Mathematik
HERKUNFT	renale Ausscheidung / aus den Nieren
GRAD	hohe Ausbeute / die Ausbeute ist hoch
KRITERIUM/BEZUG	alphabetische Ordnung / nach dem Alphabet
ZEIT	der neuere Positivismus / in neuerer Zeit
ORT	die äußeren Elektronen / die sich außen befinden
THEMA	außenpolitische Debatte / über Außenpolitik
INSTRUMENT	mikroskopische Untersuchung / mit dem Mikroskop
AGENS	Cantorsche Mengenlehre / von Cantor
SUBJEKT	einfallender Elektronenstrahl / der einfällt
OBJEKT	parabolisch gestaltete Einzelsegmente / die jemand parabolisch gestaltet hat

Es scheint aber, daß das intuitive Verständnis dieser Inhaltsbeziehungen ausreicht. Der Rezipient muß sie sich vielleicht nur einmal an Beispielen klarmachen.

3.32 Substantivkomposita

Das Deutsche ist eine Sprache mit äußerst produktiver Wortbildung. So steht ein Lexem fast immer im Netz einer ganzen Wortfamilie (→ S. 205).

Die Neubildung von Substantiven hat bei der Wortbildung den Löwenanteil. Besonders in den Fachsprachen, aber auch in sonstiger Sachprosa werden täglich neue Substantive gebildet, die nicht immer leicht zu verstehen sind. Sie dienen der Bezeichnung neuer Dinge und Phänomene, insbesondere der genauen Unterscheidung unterschiedlicher Sonderfälle in den Gattungen und Arten. So kann man durch Substantivkomposition ganze Begriffsnetze bezeichnen und ihren Zusammenhang verdeutlichen:

Nominalphrasen: Linkserweiterung 205

Ausschnitt aus der Wortfamilie „Wort"

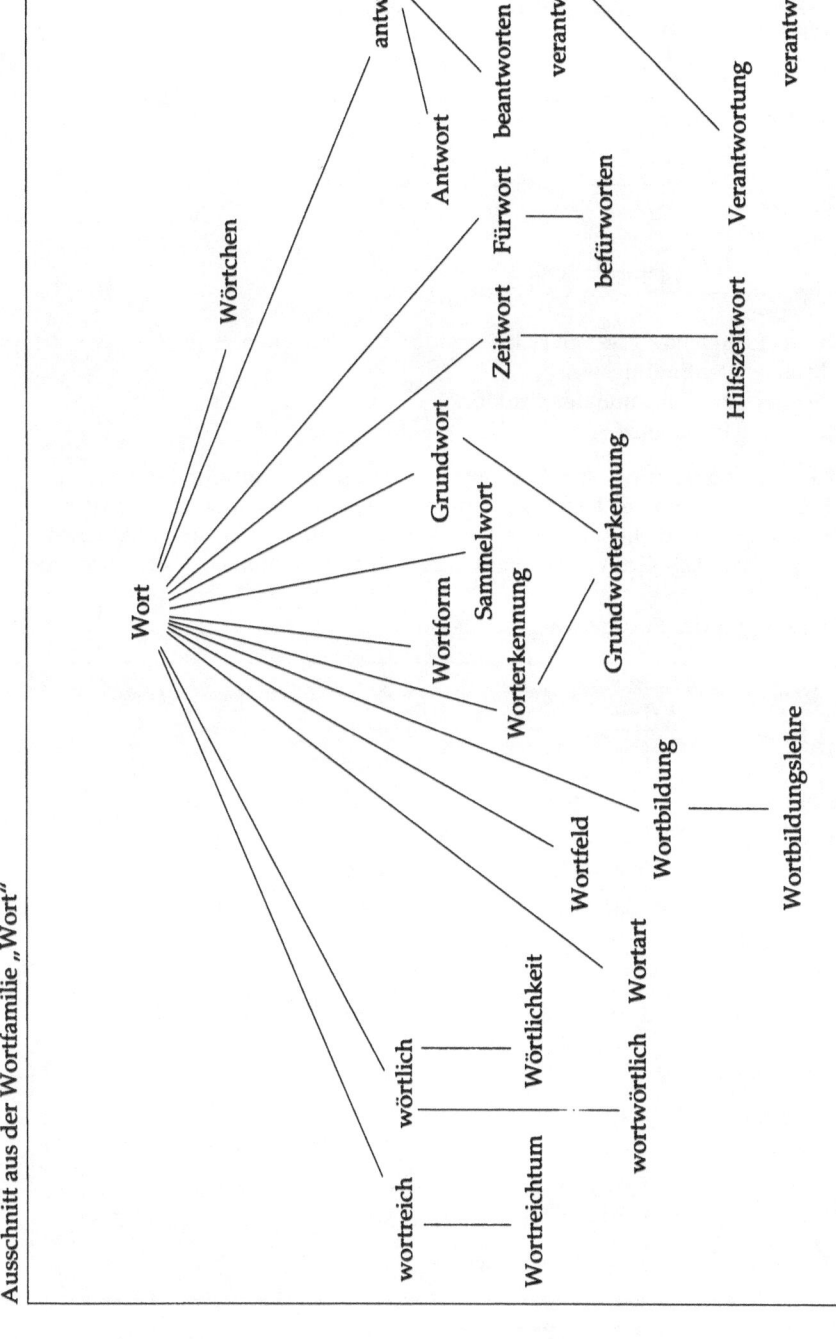

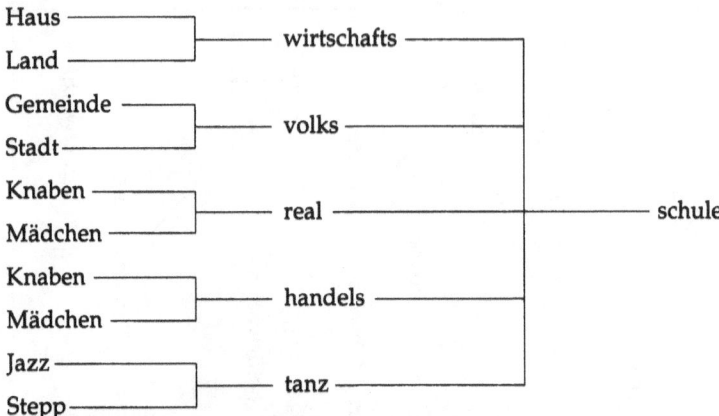

Für den Rezipienten ergeben sich folgende Schwierigkeiten:
- Erfassen der Bildungsweise,
- Erfassen der Fuge und der Struktur,
- Deutung im Kontext.

Bildungs-
weisen
(i) Die Identifizierung von Substantiv-Komposita ist aufgrund ihrer Groß-schreibung fast immer leicht. Zusammengesetzte Substantive fallen meistens schon wegen ihrer Länge auf, sie sind durch Zusammenschreibung zusammengehalten. Das Grundwort eines Substantivkompositums ist stets ein Sub-

Komposition der Substantive

Substantiv	Substantiv
Elektronen	mikroskopie
Energie	verlust
Detektor	system
SE-	Ausbeute
Elektronen	strahlung
Weg	länge
Detektor	prinzip
Wellen	länge
Rücken	flosse
Neigungs	winkel
Vereisungs	phase
Strom	stärke
Röntgen	quelle
Kern	reaktor

Verb	Substantiv
Streu	vorgang
Sammel	linse
Wechsel	wirkung
Streu	prozeß
Kehr	wert
Schalt	stelle
Lehr	buch

Adjektiv	Substantiv
Fest	körper
Halb	leiter
Primär	strahl
Einzel	segment
Groß	anlage
Höchst	geschwindigkeit
Klein	computer

stantiv, das die grammatischen Funktionen wahrnimmt: Es bestimmt Genus, Deklination, Kasus und Kongruenz des Kompositums. Demnach können sich die grammatischen Bildungsweisen besonders durch das jeweilige Bestimmungswort unterscheiden. Am üblichsten sind die drei Bildungsweisen im Kasten S. 206 (cf. Fleischer 1975:81–94).

(ii) Wichtig für die Identifizierung ist natürlich die lexikalische Bekanntheit der Bestandteile und das Erkennen der Kompositionsfuge. Da gibt es zwei rezeptionelle Fallen: Kompositionsfuge

1. Es ist möglich, wenn auch selten, daß ein Kompositum in mehrfacher Weise segmentierbar ist:

[Talent]wässerung	[Tal]entwässerung
[Nachteil]zug	[Nacht]eilzug
[Wach]traum	[Wacht]raum
[Gebirg]stier	[Gebirgs]tier
[Kurs]paß	[Kur]spaß
[Mais]turm	[Mai]sturm
[Jagd]rache	[Jag]drache
[Wachs]tube	[Wach]stube
[Fehler]klärung	[Fehl]erklärung
[Ei]ersatz	[Eier]satz
[Tau]schwert	[Tausch]wert
[Stau]becken	[Staub]ecken

In solchen Fällen gilt es, nach dem Kontext die richtige Deutung zu gewinnen.

2. Im Lesen erkennen wir viele Wörter als Ganzheit, wir lesen sie nicht Buchstabe für Buchstabe und suchen dann eine Deutung. Darum sind uns alte Gesichter willkommen. Wenn sich am Anfang eines Kompositums ein geläufiges Wort ergibt, so greifen wir zu und kommen vielleicht auf einen Holzweg:

[Lerner]fahrung	[Fahrer]laubnis
[Leser]hythmus	[Seele]opard
[Uran]fang	

Hier machen wir im Fluß des Lesens nicht an der richtigen Stelle halt und inkorporieren etwas, was zum zweiten Bestandteil gehört (genau wie bei der Phrasengewinnung, → 1.14). Erst wenn der zweite Bestandteil kein Wort ergibt, merken wir, daß wir voreilig waren.

Dabei ist auch zu bedenken, daß nicht alle Komposita durch einfache Nebeneinanderstellung zweier Substantive gebildet sind. Oft braucht man sozusagen einen Mörtel, der die beiden zusammenhält. Diesen Mörtel bilden die sogenannten Fugenzeichen:

Fugenzeichen der Substantivkomposition

Fugen-s	Wechselwirkungsprozeß
Fugen-(e)n	Probendicke
Fugen-er	Hühnerei
Fugen-e	Hebevorrichtung

Vorsicht vor Verwechslung von Fugenzeichen und Substantivendungen! In folgenden Beispielen etwa handelt es sich nicht um Fugenzeichen: *Eisproduktion, Lagebericht*.

Die Fugenzeichen sind zwar ursprünglich Substantivmorpheme gewesen, aber in der Komposition haben sie diesen Charakter verloren. Deshalb müssen die Fugenzeichen auch nicht immer zum Deklinationstyp passen (so hat z.B. das Substantiv *Versicherung* nach seinem Deklinationstyp kein Genitiv-s, aber dennoch heißt es *Versicherungsnehmer*), und vor allem sind sie nicht wie Deklinationsmorpheme zu deuten in dem Sinn, daß *-er-* oder *-e-* etwa den Plural bezeichneten, ebensowenig wie *-s-* oder *-(e)n-* Zeichen für Singular sind. In *Probendicke* wird nicht bezeichnet, ob es sich um eine Probe oder um mehrere Proben handelt.

Mehrfach-Komposita

(iii) Die Bildungsregel für Komposita ist so offen wie die Addition von Zahlen: Man kann zu einem Kompositum immer noch ein Substantiv hinzufügen, so daß wahre Wortmonster entstehen können. Eine Grenze ist dem nur gesetzt durch unsere Verstehensmöglichkeiten. Solche Monster sind häufig in der Verwaltungssprache, aber auch in der Wissenschaftssprache sind die Komposita genügend lang, um Verständnisprobleme zu erzeugen.

(1) Kondensor-Objektiv-Einfeldlinse

Selbstverständlich kann man nicht – wie bei der Addition – einfach die Glieder des Kompositums vertauschen, das verändert die Bedeutung dramatisch. Und außerdem sind die Mehrfachkomposita nicht alle von rechts nach links aufgebaut wie das folgende Beispiel:

(2)
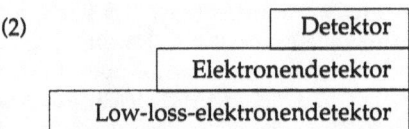

Die prinzipiell linksorientierte Unterordnung ist partiell unterlaufen, wenn bereits usuelle Komposita wieder zu neuen Mehrfachkomposita zusammengesetzt sind. Da diese usuellen Komposita schon eine fixe Bedeutung gewonnen haben, ist es in diesen Fällen wichtig, den inneren Aufbau zu erkennen, so wie wir ihn durch Klammern verdeutlichen können.

[SE-Potential]messungen   [Quecksilber]diuretika

[Primärstrahl]eintritt   [Strafgesetz]buch

[Wechselwirkung]sprozeß   Bundes[verfassungsgericht]

Mehrfach[streuprozesse]   [Kondensor-Objektiv][einfeldlinse]

Zell[baustoff]   [SE-Potential][kontrastdetektor]

[Eiweiß][baustein]   [Nasen[nebenhöhlen]]erkrankungen

[Hauptstraßen][bauplan]   Haupt[straßen[bauplan]]

(iv) Für die Grobdeutung der drei Grundmuster empfehlen sich unterschiedliche Paraphrasenformen: Paraphrasen

	Festkörper	ADJEKTIV + SUBSTANTIV
	fester Körper	attributives Adjektiv
	Sammellinse	VERB + SUBSTANTIV
	Linse, die sammelt	Relativsatz, in dem das determinierende Verb als Prädikat steht.
	Detektorprinzip	SUBSTANTIV + SUBSTANTIV
	Prinzip des Detektors	Bestimmunswort wird als nominales Attribut aufgenommen.

Allerdings kann man diese Paraphrasen nicht einfach schematisch anwenden. Öfter spielen spezielle Eigenschaften der Grundwörter eine Rolle, öfter sind aber auch sogenannte Lexikalisierungen oder Terminologisierungen im Spiel. So etwa beim geläufigsten und äußerst produktiven Muster, der Komposition eines neuen Substantivs aus Substantiven. Manche dieser Komposita sind bereits länger gebräuchlich wie etwa *Wasserstoff*; sie haben eine eigene Bedeutung ausgebildet, die man nicht mehr ohne weiteres aus der Bedeutung der Teile erschließen kann. In anderen Fällen ist dieser Prozeß noch nicht so weit fortgeschritten; bei *Sauerstoff* – einem Adjektiv-Substantiv-Kompositum – liegt die Gesamtbedeutung noch näher bei der Summe der Teilbedeutungen.

Für viele Substantivkomposita, vor allem für ad hoc gebildete, muß man aber die Bedeutung erschließen aus den Bedeutungen der Teile. Dies setzt einerseits voraus, daß man die Teile identifizieren kann und deren Bedeutung kennt, und zum andern, daß man aufgrund des Wissens und des Kontexts auf die richtige Deutung kommt. Denn die Gesamtbedeutung ist nicht eine schematische Addition der Teilbedeutungen, wir müssen selber etwas in die Deutung einbringen.

(v) Die überwiegende Anzahl der Substantivkomposita ist im Zusammenhang mit der genaueren Bestimmung bei der Referenz zu sehen: Das Bestimmungswort schränkt das Grundwort weiter ein, weshalb man auch von Determinativkomposita spricht. In diesem Rahmen bleibt die genauere Deutung aber vage. Für die allgemeinen Charakterisierungen, die man oft durch ein Genitivattribut wiedergeben kann (*Objektnormale = Normale des Objekts*), kann es darum viele spezifische Ausdeutungen geben, die man im einzelnen Fall auch zur richtigen Deutung erschließen muß. Ohne Kontext haben die einzelnen Komposita eine bevorzugte Deutung, die nach unserem Weltwissen naheliegt, im Kontext kann ein Kompositum aber auch andere Deutungen haben, die wir mit dem Kontextwissen durchaus erfassen können. Wir können dies sogar, wenn wir das determinierende Substantiv nicht verstehen, wie etwa bei den Abkürzungen *SE-Ausbeute, KL-Intensität*. Ein wichtiger Ansatzpunkt ist hierfür eine ergänzbare Präposition, die zum Grundwort paßt. Deutung

Beispiele typischer Deutungen von Substantivkomposita

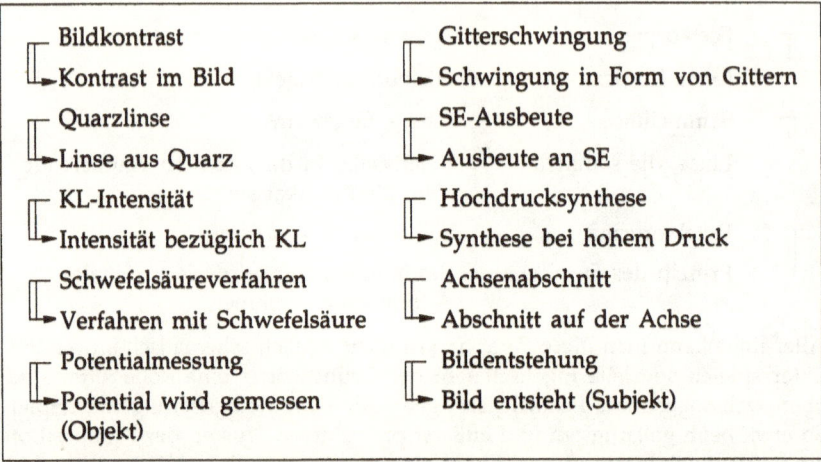

Die routinisierten Deutungsmuster kann man auch in semantischen Beziehungen ausdrücken. Die gängigsten Beziehungen sind nach Häufigkeit: Ganzes – Teil, Element – Menge, Zweck, Ort, Teil – Ganzes.

Aber nicht alles ist Routine in der sprachlichen Verständigung. Durchaus nicht immer ist eine bestimmte Deutung die einzig richtige, oft gibt es einen Deutungsfreiraum: Ist Reaktionsenergie Energie, die man für eine Reaktion benötigt oder die bei einer Reaktion frei wird? Wird bei einer Objektveränderung das Objekt verändert oder verändert es sich selbst? Ist eine Architektenzeichnung eine Zeichnung, die einen Architekten darstellt, die ein Architekt angefertigt hat, die für einen Architekten bestimmt ist oder was? Um diese Fragen zu beantworten, braucht man Fach- und vor allem Kontextwissen.

Die Substantivkomposition ist ein genuines sprachliches Mittel zur genaueren Bezeichnung von Sachverhalten, und die erklärenden Langformen sind nicht irgendwie grundlegender oder gar besser. Dennoch erscheint die Substantivkomposition im Vergleich zu den Langformen als eine Form des komprimierten Sprechens, wie es für die Wissenschaft und andere Bereiche notwendig ist.

Ratschläge für Lerner

Zwischen Artikel und Substantiv finden sich Adjektive und Substantive, die mit dem Kern eine Zusammensetzung bilden. Die Adjektive können sogar gehäuft, modifiziert oder selbst zusammengesetzt sein.
Also:
Schau auf die innere Struktur der Adjektive! Ermittle die Zugehörigkeit des Adjektivs! Du erkennst sie an der Flexion.
Achte auf Bildungsweise und innere Struktur der Substantiv-Zusammensetzungen! Identifiziere die Kompositionsfuge!
Merk dir Deutungsmuster für neue Zusammensetzungen!

3.4 Nominalphrasen: Rechtserweiterung

Rechtserweiterungen sind einem Substantiv oder einem Pronomen untergeordnet, sie sind Attribute. Wie ihr Name sagt, stehen sie direkt rechts vom Substantiv oder Pronomen, zu dem sie gehören. Bei Linkserweiterungen wird der Rahmen durch den Artikel geschlossen, vor dem Artikel stehen keine Linkserweiterungen. Bei Rechtserweiterungen hingegen bleibt der Rahmen offen, es gibt keinen charakteristischen Abschluß der Rechtserweiterungen. Es ist darum eine wichtige Aufgabe, das Ende von Rechtserweiterungen zu ermitteln, insbesondere weil ja die grammatische Routine jede neue Phrase integrieren möchte.

Rechtserweiterungen sind im Prinzip Mittel der Genauigkeit: Sie präzisieren die Referenz, indem sie weitere Merkmale und Qualitäten des Referenzgegenstands angeben. Es gibt nominale Rechtserweiterungen, und es gibt satzförmige Rechtserweiterungen, die wir gesondert behandeln.

3.41 Nominale Attribute

Rückstandsproblematik, Toxikologie
Die Rückstände an pharmakologisch wirksamen Stoffen und deren Metaboliten in Lebensmitteln tierischer Herkunft können für den Menschen eine Gefährdung seiner Gesundheit bedeuten, da er ständig unbekannte Mengen arzneilich wirksamer Stoffe (Medikamente) mit der Nahrung aufnimmt. Dabei geht diese Gefahr nicht von der curativen Anwendung der Tierarzneimittel durch den Tierarzt aus, sondern von den ständigen Gaben als Masthilfsmittel oder Prophylaktika über einen längeren Zeitraum hinweg, von Einzelgaben kurz vor der Schlachtung (Psychopharmaka), von Euterbehandlungsmitteln ohne Einhaltung einer Wartezeit.
Neben dem Problem, daß die Rückstände und Verunreinigungen in Lebensmitteln nicht jeweils isoliert betrachtet werden dürfen, sondern in ihrer belastenden Gesamtheit, muß bei diesen Arzneimittel- und Futtermittelzusatzstoff-Rückständen die biologische Wirkung jeder einzelnen Substanz am gesunden und kranken Organismus berücksichtigt werden. Erschwerend kommt noch hinzu, daß ein sehr breit gefächertes Spektrum von Stoffen zur Anwendung kommen kann.
Als mögliche gesundheitliche Beeinträchtigungen sind insbesondere Allergien und Resistenzbildungen durch Antibiotika, Cyclusanomalien und Fertilitätsstörungen durch Hormone sowie Leberschäden durch die übrigen Stoffe zu befürchten.
Bei Einhaltung der strengen rechtlichen Regelungen bezüglich der sachgemäßen Anwendung, der Dosierung und der Wartezeiten ist gewährleistet, daß keine Rückstände in gesundheitlich bedenklicher Menge auftreten...
Rückstandskontrolle durch die Lebensmittelüberwachung
Auf der Grundlage des Lebensmittel- und Bedarfsgegenständegesetzes (26) und der Höchstmengen-VOen (16,17) für Lebensmittel pflanzlicher und tierischer Herkunft wird die Einhaltung der Höchstmengen für die diversen Lebensmittel von den Untersuchungsanstalten und -ämtern in den ein-

zelnen Bundesländern überwacht. Dabei ist zu betonen, daß die Lebensmittelüberwachung nur auf einem Stichprobensystem beruhen kann, und in jedem Fall zunächst die Erfüllung der Sorgfaltspflicht sowohl durch den Erzeuger als auch den Importeur vorausgesetzt werden muß. Diese Sorgfaltspflicht ist insbesondere zu Beginn einer Erntesaison für das einzelne Produkt und beim Wechsel eines Lieferanten geboten. Für die Effektivität der Rückstandskontrolle ist es von größter Wichtigkeit, diese möglichst durch Probenahme am Ort der Erzeugung der Lebensmittel vorzunehmen, noch bevor die Ware in den Verkehr gelangen kann.

Es gibt drei Arten nominaler Attribute:

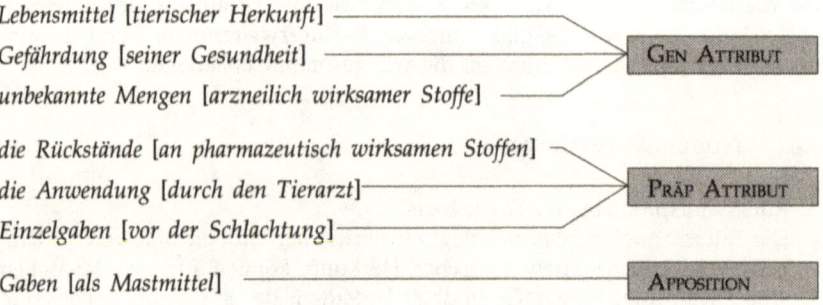

Die beiden ersten Arten sind weitaus häufiger als die dritte, wir behandeln sie deshalb hier ausführlicher (zu Appositionen → 4.33).

Genitiv-Attribut

(i) Genitiv-Attribute sind sehr häufig, aber leicht zu erkennen: Formal ist der Genitiv recht gut markiert, und fast alle vorkommenden genitivischen Nominalphrasen sind Attribute – bis auf die genitivischen Komplemente nach den wenigen Genitiv-Verben und die seltenen und semantisch deutlichen genitivischen Supplemente (Ort und Zeit → 3.1).

Ein grammatisches Problem mag sein, daß nicht alle genitivischen Attribute dem übergeordneten Substantiv folgen. In artikellosen Nominalphrasen kann das genitivische Attribut (besonders Eigennamen) auch links vom Substantiv stehen.

(1) [Cantors] Mengenlehre

(2) [deren] Metaboliten

Dadurch kann unter Umständen die Zuordnung schwierig werden, bisweilen können sogar grammatische Mehrdeutigkeiten entstehen:

(3) Darüberhinaus läßt das Buch McDaffs Einsichten in die deutsche Grammatik vermissen.
  → ...das Buch McDaffs...
  → ...die Einsichten McDaffs...

Meistens lösen wir diese grammatische Mehrdeutigkeit stillschweigend auf, oder sie kommt uns gar nicht zu Bewußtsein, weil wir auf Anhieb die wahrscheinlichere Deutung wählen.

Der genitivische Anschluß bezeichnet eigentlich nur die grammatische Zugehörigkeit, semantisch bleibt diese Beziehung sehr allgemein, sie muß je nach Kontext ausgedeutet werden. Bei übergeordneten Verbalsubstantiven gibt es hier die beiden Möglichkeiten, daß das genitivische Attribut entweder als verstecktes Subjekt oder als verstecktes Objekt zu deuten ist:

(4) ┌ die biologische Wirkung jeder einzelnen Substanz
    └▶[Jede einzelne Substanz] wirkt biologisch.

       | SUBJEKT |

(5) ┌ Einhaltung der strengen rechtlichen Regeln
    └▶Jemand hält [die strengen rechtlichen Regeln] ein.

       | OBJEKT |

Dies behandeln wir ausführlicher bei den Nominalisierungen (→ 5.1).

In andern Fällen ist der Genitiv erst kontextuell auszudeuten. Hier wird etwa die grammatische Zugehörigkeit als semantische Zugehörigkeit (oder Eigenschaft) gedeutet:

(6)   die Güte des Einkristalls

Zugehörigkeit kann in besonderen Fällen spezifiziert werden und als Besitzverhältnis zu verstehen sein:

(7)   die Bücher der Schüler

Das abstrakte Verhältnis grammatischer Zugehörigkeit kann auch als Explikation zu deuten sein:

(8)   der Begriff der Mengenlehre

Übrigens: Possessiv-Artikel wie *mein, dein* usw. können analog den Genitivattributen in vierfacher Weise zu deuten sein:

(9)   *ihre Einhaltung* ——— | OBJEKT |
      ihre Wirkung ——— | SUBJEKT |
      seine Güte ——— | ZUGEHÖRIGKEIT |
      ihre Bücher ——— | BESITZ |

Aus dem Possessiv-Artikel ist dabei das jeweilige Personal-Pronomen zu erschließen, etwa *mein → ich, sein → er, ihr → sie*. Die Possessiv-Artikel der 3. Person sind oft anaphorisch zu verstehen und nur deutbar für den, der das Antezedens ermitteln kann.

Genitiv-Attribute sind auch häufig nach festen präpositionalen Fügungen wie *mit Hilfe* und nach Mengenangaben wie *die Hälfte*:

(10) mit Hilfe des Moseley'schen Gesetzes

(11) die Hälfte der Einkristalle

Weitere präpositionale Fügungen: *auf Grund, an Stelle, unter Einbeziehung, in Anbetracht.* Weitere Mengenangaben: *eine Menge, eine Gruppe, ein Teil, ein*

Präpositional-Attribut

Stück, eine Auswahl. In diesen Fällen scheint das Attribut als inhaltlich relevanterer Teil, die übergeordnete Fügung modifiziert eher. Deshalb bestimmt das Attribut öfter die Subjekt-Prädikat-Kongruenz, wenn die ganze NP Subjekt ist.

(ii) Bei den präpositionalen Attributen sind die semantischen Verhältnisse deutlicher, weil sie durch die Präposition gekennzeichnet sind. Ausnahme ist die stark grammatikalisierte Präposition *von*, die ähnlich wie ein Genitiv wirken kann und deshalb auch als Genitivsatz angesehen wird. In diesen Fällen kann sie die gleichen Mehrdeutigkeiten hervorrufen:

(12) ┌─ Das Schleifen von Kolbenringen sollte vermieden werden.
     ├─ Die Kolbenringe schleifen.
     └─ Jemand schleift die Kolbenringe.

Neben dieser Funktion gibt es eine Reihe anderer:

(13) ein Repertoire von Begriffen
      ein Element von A
      ein Entfernen vom Unfallort
      eine Theorie von Saint-Simon

Übliche Deutungen für das Verhältnis von Substantiv und präpositionalem Attribut sind in einer Übersicht dargestellt (cf. Droop 1977:171–221). Abgrenzung und Bezeichnung der Inhaltsbeziehungen sind natürlich strittig. Doch als Leitschemata, die im einzelnen ausgedeutet werden, sind sie brauchbar, wenn man sie entsprechend der Präposition verfeinert.

ORT	Metaboliten in Lebensmitteln das Auftreten an einer Raum-Zeit-Stelle Probenahme am Ort
BETROFFENES	Verwendung von Einkristallen Wirkung auf den gesunden Organismus Arbeit an diversen Objekten die Suche nach Indizien
MASS/GRAD	Maximum an Energie Rückstände in gesundheitlich bedenklicher Menge ein Anstieg um 3 Grad Temperatur von 30 Grad
INSTRUMENT/MITTEL	Kontrolle durch Proben Vakzination mit Antigenen Überprüfung mittels dem Moseley'schen Gesetz
ANLASS/ZWECK	Untersuchungen aus gegebenem Anlaß Medikamente zur oralen Anwendung
THEMA/INHALT	ein Buch über Elektronenmikroskopie Kenntnis von neuen Phänomenen die Lehre von der Zerlegbarkeit

URSACHE/GRUND	Allergien durch Antibiotika Anästhesierung wegen zu starker Durchblutung Hyperaldosteronismus infolge chronischer Herzinsuffizienz
URHEBER/AGENS	Anwendung durch den Tierarzt die Arbeiten von Aristoteles ein Experiment von Weaver und Booth
EMPFÄNGER/ADRESSAT	Untersuchungen für die Behörde Lieferungen an die Institute
NUTZNIESSER	Verbesserungen für den Patienten die Folgen für die Mathematik eine Auflockerung für alle
PARTNER/BEGLEITUNG	Diskussion mit Forschern Antwort an die Forschung Gerät mit drei Linsen Aufnahme mit der Nahrung
QUELLE/HERKUNFT	Energie aus der Erde ein Arzt vom Krankenhaus rechts der Isar eine Analyse von unten
RICHTUNG/WEG	Blick auf den Gang einer Strukturbeschreibung Durchgang durch die Materie Ausscheidung über die Nieren
ZEIT	Einzelgabe vor der Schlachtung Gabe über längere Zeit Untersuchung nach der Schlachtung
BEDINGUNG/UMSTAND	Leistung bei 3000 Umdrehungen eine Lösung unter schwierigsten Umständen Erfolg entgegen allen Erwartungen
PRODUKT	eine Zerlegung in Atome die Gewinnung von Einzelkristallen die Verarbeitung zu Futtermitteln
MATERIAL/STOFF	eine Linse aus Quarz Lösung von Pantocain
ZUGEHÖRIGKEIT/BESITZ	Element von A das Originalmikroskop von Leeuwenhoek
KRITERIUM/BEZUG	Regelung bezüglich der sachgemäßen Anwendung Höchstgrenze für Lebensmittel Unsicherheit in wissenschaftlichen Fragen

Diese Deutungsmuster sind weitgehend bestimmt durch die Bedeutung der Präpositionalphrasen. Aber die Präpositionalphrasen allein sind ja nur Halbfabrikate, die noch unterschiedliche Satzfunktionen bekommen. Dadurch ändert sich ihre Grundbedeutung zwar nicht völlig, doch es können erhebliche Anpassungen nötig sein, insbesondere als Komplemente mögen sie den Deutungsmustern ganz entschlüpfen. Also ist die Satzgliedfunktion für die Satzbedeutung entscheidend:

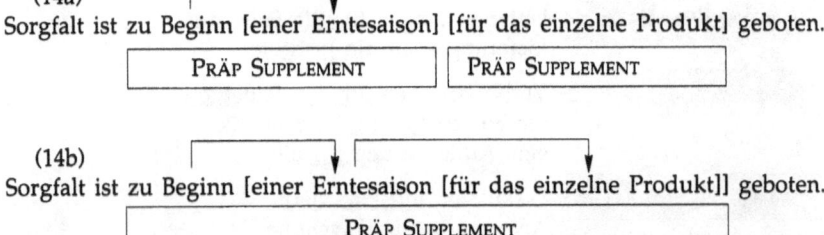

(14a)
Sorgfalt ist zu Beginn [einer Erntesaison] [für das einzelne Produkt] geboten.
PRÄP SUPPLEMENT   PRÄP SUPPLEMENT

(14b)
Sorgfalt ist zu Beginn [einer Erntesaison [für das einzelne Produkt]] geboten.
PRÄP SUPPLEMENT

In (14a) ist die *für*-Phrase als eigenständiges Supplement gedeutet, in (14b) ist sie Attribut in einem Supplement. Der Bedeutungsunterschied ist gravierend. Aber wie kommt man auf die unterschiedliche Einpassung und wie auf den Bedeutungsunterschied?

Satzfunktionen von Präpositionalphrasen

(iii) Realistisch gesehen findet der Rezipient fertige Nominalphrasen und Präpositionalphrasen als einzupassende Elemente vor, ihre Satzgliedfunktion muß er erst bestimmen. Dabei leiten ihn drei Grundkriterien:
- der Bau der Phrase,
- die Stellung der Phrase,
- die Bedeutung der Phrase und ihre Deutung im Zusammenhang.

1. Grammatisch entscheidend für die Einpassung ist der morphologische Aufbau (Kasus und Präposition). In dieser Hinsicht gibt es schon eine recht deutliche Verteilung auf die Satzfunktionen (→ 2.5): nom Nominalphrasen sind fast immer Komplement, ganz selten appositionelles Attribut; akk Nominalphrasen sind fast immer Komplement, kaum Attribut; dat Nominalphrasen sind fast immer Komplement, nie Attribut; gen Nominalphrasen sind fast immer Attribut, selten Komplement oder Supplement; präp Nominalphrasen sind Supplement, Komplement oder Attribut.

Für Probleme bei der Einpassung sind also Präpositionalphrasen die eigentlichen Kandidaten. Sie sind strukturell besonders vage und semantisch offen (cf. Lehmus 1983:74):
- Als präpositionales Komplement sind sie durch das Prädikat bestimmt,
- als präpositionales Supplement sind sie im wesentlichen durch ihre semantische Rolle und die Bedeutung der Präposition bestimmt,
- als präpositionales Attribut sind sie durch ihre semantische Rolle und das übergeordnete Nomen bestimmt.

2. Aus der Stellung ergeben sich – wie immer – nur erste Hinweise. Zwei brauchbare Hinweise sind: Die Präpositionalphrase als Attribut folgt einer Nominalphrase oder Präpositionalphrase, die das Bezugsnomen enthält. Der

Abstand sollte nicht zu groß sein, Kontaktstellung wird bevorzugt. Die Präpositionalphrase als Satzglied (Komplement oder Supplement) kann allein das Vorfeld besetzen. Steht also nur eine Phrase im Vorfeld, wird sie nicht Attribut sein, stehen zwei im Vorfeld, wird die zweite Attribut sein.

(13a)
Für das einzelne Produkt ist Sorgfalt zu Beginn der Erntesaison geboten.

| Präp Supplement |

(13b)
Zu Beginn der Erntesaison für das einzelne Produkt ist Sorgfalt geboten.

| Attribut |

Allerdings sind hier natürlich alle Serialisierungstendenzen wirksam. Sie können die Grundstellungen stützen, so daß etwa eine lokale oder temporale Präpositionalphrase im Vorfeld fast immer ein Supplement ist. Sie können aber der Grundstellung gegenläufig auch extreme Stellungen erzeugen. Als Hervorhebung finden wir etwa Linksversetzung des Attributs und alleinige Vorfeldbesetzung:

(15) Auf die Führung erhoben alle Anspruch.

Sehr selten ist allerdings Hervorhebung durch doppelte Vorfeldbesetzung (cf. Lehmus 1983:163). Darum wird man im folgenden Beispiel dazu neigen, die beiden Präpositionalphrasen nicht als unabhängige Supplemente zu deuten, sondern eher ein Attributverhältnis anzusetzen, das allerdings vom Sinn her weniger plausibel erscheint.

(16) Flankierende Maßnahmen bei operativen Eingriffen muß man öfter ergreifen.

Bezieht man die Stellung ein, bleiben als kritische Fälle Präpositionalphrasen, die nach Nomen stehen und die potentielle Position eines Satzglieds einnehmen. Was hilft dem Rezipienten dann? Wie so oft nur die Deutung.

3. Strukturelle Vagheiten lösen sich über die Deutung selten bis ins letzte auf. Aber als Verstehende sind wir auf bestimmte Deutung angewiesen. Und so verhalten wir uns auch. Wenn eine Deutung uns zufriedenstellt, haben wir keine Skrupel. Bei den Präpositionalphrasen geben wir der Deutung als Komplement Vorrang, wenn sie naheliegt. Unsere Basis sind die Vorrechte, die sich aus der Kraft des Verbs und seiner schematischen Leistung ergeben. Insbesondere fordern natürlich auch die festen präpositionalen Anschlüsse ihr Recht:

(17) ...bevor die Ware in den Verkehr gelangen kann.

Die Valenz von *gelangen* hat die direktionale Präpositionalphrase voll im Griff, eine Deutung als Attribut will nicht entstehen. Selbstverständlich ist auch dies eine Entscheidung nach dem Sinn.

Bei der Frage, ob eine Präpositionalphrase Supplement oder Attribut ist, hat der Sinn noch größere Entscheidungslast zu tragen. Modelle des grammatischen Verstehens gehen öfter davon aus, daß der Rezipient die Satzbedeutung in Teilen (sog. chunks) aufbaut. Er konstruiert um zentrale Wörter herum einzelne Propositionen (Kintsch/Vipond 1979; Clark/Clark 1977:73). Diese Propositionen sind sozusagen latent im Satz enthalten, wir können sie als Folgerungen herausholen. Der Unterschied zwischen der Deutung einer Präpositionalphrase als Supplement oder als Attribut wird sich nun gerade in solchen hervorstechenden Folgerungen äußern. Denn das Supplement soll sich doch auf das Prädikat oder den ganzen Satz beziehen, ein Attribut hingegen auf sein Bezugsnomen. Was heißt das im Klartext? Die hervorstechenden Folgerungen zeigen es:

(18) ⌐ Wir untersuchen die Wirkungen der Substanzen am Produkt.
     ├ Es ist das Produkt, an dem wir die Wirkungen untersuchen. (Supplement-Deutung)
     └ ...die Wirkungen, die die Substanzen am Produkt hervorrufen. (Attribut-Deutung)

(19) ⌐ Wir wissen, daß diese Arbeiten von Aristoteles akzeptiert waren.
     ├ Aristoteles war es, der die Arbeiten akzeptiert hatte.
     └ ...diese Arbeiten, die von Aristoteles verfaßt wurden, ...

Das Supplement kann in einem sogenannten Spaltsatz herausgestellt werden, im anschließenden Relativsatz bleibt das Prädikat des Ausgangssatzes weitgehend erhalten. Oft können auch die vorangehenden Nominalphrasen weggelassen werden, das Supplement kann an eine andere Position gestellt werden. Das Attribut hingegen wird direkt als Relativsatz zu seinem Bezugsnomen umformuliert (cf. Lehmus 1983:92), im Relativsatz ist ein eigenes passendes Prädikat zu ergänzen. Wir erschließen es aus semantischen Solidaritäten, die übrigens erst die Attribut-Deutung nahelegen.

An solchen Formulierungen können wir auch demonstrieren, was die eine Deutung vor einer andern möglichen auszeichnet. Ein erstes Kriterium ist, ob die Folgerung jeweils als Satz grammatisch korrekt und semantisch möglich ist:

(20) ⌐ Es kommt ein breit gefächertes Spektrum von Stoffen zur Anwendung.
     └ Es ist von Stoffen, wovon das Spektrum zur Anwendung kommt.???

(21) ⌐ Die Probe wird am Ort durch den Kontrolleur genommen.
     └ ...am Ort, den der Kontrolleur ... ???

In (20) scheint die Deutung als Supplement ausgeschlossen, weil die entsprechende Folgerung gar nicht korrekt formulierbar ist. Ähnliches gilt für die Deutung als Attribut in (21). Umgekehrt liegen bestimmte Deutungen nahe, wenn die semantischen Solidaritäten sie nahelegen. Sie ergeben sich ganz glatt und werden darum bevorzugt. Glatt sind z.B. passende präpositionale Anschlüsse bei den Bezugsnomen (*Anspruch auf* usw.) und die Anschlüsse bei den Nominalisierungen (*Aufnahme in*; → 5.1), die sich öfter aus der Valenz ableiten. Glatt sind auch typische und naheliegende Assoziationen, die uns zu ergänzbaren Verben im Relativsatz führen: zu abstrakten Verben wie *stattfinden, sich befinden, stehen, entstehen, sein* usw. für die lokalen und temporalen Umstände oder zu spezifischen Verben für Zusammenhänge zwischen Bezugsnomen und Attribut: *der Zug nach X = der Zug, der nach X fährt.*

Zielen diese Kriterien mehr auf die sprachliche Möglichkeit der Folgerung, so zielt das folgende auf die Tatsächlichkeit. Welche der beiden möglichen Folgerungen halten wir für wahrscheinlicher?

(22) Bei Pollenallergie und anderen durch Testung festgestellten Allergien bewirkt eine Vakzination mit den auslösenden Antigenen eine De- oder Hyposensibilisierung.

Ist in (22) gemeint, daß mit Antigenen geimpft wird oder daß die Vakzination zusammen mit den Antigenen etwas bewirkt? Eine Entscheidung ist nur über Fach- und Sachwissen möglich.

Manchmal erscheinen uns Folgen so unwahrscheinlich oder gar widersinnig, daß wir sie gar nicht in Betracht ziehen. Wir unterstellen ja dem Sprecherschreiber Kooperation, unterstellen, daß er nicht allzu Unwahrscheinliches oder gar Widersprüchliches sagt. Darum werden wir in (23) und (24) jeweils die zweite Deutung nicht für gut halten:

(23) ⎡— Der Wissenschaftler gibt die Zahl der Protonen im Atomkern an.

⎢→ ...der Protonen, die sich im Atomkern befinden. (Attribut-Deutung)

⎣→ Es ist im Atomkern, wo der Wissenschaftler die Zahl angibt. (Supplement-Deutung)

(24) ⎡— Zunächst muß die Erfüllung der Sorgfaltspflicht sowohl durch den Erzeuger als auch den Importeur vorausgesetzt werden.

⎢→ ...die Erfüllung der Sorgfaltspflicht, die der Erzeuger zu vollbringen hat.

⎣→ Es ist der Erzeuger, der die Erfüllung der Sorgfaltspflicht voraussetzt.

Oft genug bleiben aber unsere Zweifel erhalten, wenn wir sie erst einmal haben:

(25) ⎡— Elektronenstrahlen werden bei ihrem Durchgang durch die Materie stark absorbiert.

⎢→ Es ist die Materie, die die Elektronenstrahlen absorbiert.

⎣→ ...bei ihrem Durchgang, der durch die Materie geht, ...

Solch bleibende Zweifel finden wir besonders bei den relativ unspezifischen lokalen und temporalen Präpositionalphrasen:

(26) Nun berichten David Feldmann und seine Mitarbeiter an der Stanford University School of Medicine, daß...

(27) Die Einhaltung der Höchstmengen wird von den Untersuchungsanstalten in den einzelnen Bundesländern überwacht.

Aber immer, wenn die beiden Sachverhalte örtlich oder zeitlich gleich situiert scheinen, macht die unterschiedliche Funktion auch keinen Unterschied. Und ein anderer Trost ist, daß wir oft gar keinen Zweifel bekommen und uns spontan für eine Möglichkeit entscheiden. Das Laufwissen registriert die feinsten Hinweise im Kontext und bringt uns sicher auf die richtige Fährte. Aber ebenso sicher gehen wir manchmal auch auf den Holzweg.

Bezug und Stufung

(iv) Die Hauptschwierigkeit für das Verständnis von Attributstrukturen ergibt sich daraus, daß in einer Nominalphrase mehrere nominale Attribute enthalten sein können. Der Hörerleser muß also erkennen, welche Nominalphrasen alle einem Bezugsnomen untergeordnet sind. Hat er aber sozusagen die Schlußklammer der ganzen Nominalphrase mit ihren Attributen erfaßt, so bleibt ihm noch das Problem, die Zuordnung und Unterordnung der für sich geklammerten Nominalphrasen zu bestimmen. Denn daraus können sich größere Sinnunterschiede ergeben. Formal sind zwei grammatische Strukturen zu unterscheiden: gleichstufige Nominalphrasen und Attribut-Treppen:

(28) die curative Anwendung [der Tierarzneimittel] [durch den Tierarzt]

(29) Gaben [als Masthilfsmittel] [über einen längeren Zeitraum]

Bei (28) und (29) handelt es sich um zwei Erweiterungen, die gleichstufig an das Substantiv *Anwendung* bzw. *Gaben* angeschlossen sind. Man erkennt dies am typischen Verlauf der Pfeile, die vom gleichen Substantiv ausgehen und sich überdecken. Es liegt eine geschachtelte Unterordnung vor. Im folgenden Beispiel enthalten die jeweiligen Erweiterungen selbst wieder Erweiterungen (Nominalphrasen in Nominalphrasen):

(30) die Höchstmengenverordnung [für Lebensmittel] [tierischer Herkunft].

(31) die Einhaltung [der Höchstmengen] [für die diversen Lebensmittel].

(32) Probenahme [am Ort] [der Erzeugung] [der Lebensmittel].

Hier bilden die Pfeile eher Ketten. Es liegt serielle Unterordnung vor, die leichter zu erfassen ist als die geschachtelte und darum als Deutungsroutine bevorzugt wird.

Die Mischung beider Möglichkeiten bereitet die größten Zuordnungsschwierigkeiten:

(33) der Versuch [einer Rekonstruktion] [der Vorgeschichte] [des neueren Positivismus] [in der systematischen Absicht] [einer Analyse] [des Zusammenhangs] [von Erkenntnis und Interesse].

(34)   ...wird die Einhaltung [der Höchstmengen [für die diversen Lebensmittel]] [von den Untersuchungsanstalten] [in den einzelnen Bundesländern] überwacht.

Die Verständnismöglichkeiten kann man sich klarmachen durch schrittweisen Aufbau der Konstruktionen. Während für die Übungsanalyse Klammern und Pfeile gut geeignet sind, weil man sie in den vorliegenden Text einfügen kann, eignet sich zur Veranschaulichung auch ein Stufenmodell, das die Treppenstruktur wiedergibt und die metaphorische Rede von gleichstufig und von höher und tiefer plausibel macht (→ S. 222).

Hier einige Tips, mit denen wir die Zugehörigkeit der Nominalphrasen in Attribut-Konstruktionen feststellen können. Die Kriterien für Attribute wirken hier wieder mit:

1. Viele Substantive haben übliche präpositionale Anschlüsse, z.B. *Zusammenhang von..., Einteilung in..., Erfüllung durch..., Sorgfaltspflicht für...* Wenn diese Präpositionen auftauchen, hat man ein Indiz, zu welchem Substantiv die untergeordnete Nominalphrase gehört.

(35)   die Absicht einer Analyse [des Zusammenhangs] [von Erkenntnis und Interesse]

(36)   die Einteilung [der Mathematik] [in eine vor- und nach-Cantorsche]

(37)   die Erfüllung [der Sorgfaltspflicht] [durch den Erzeuger]

(38)   die Erfüllung [der Sorgfaltspflicht] [für den Erzeuger]

Normalerweise haben Verbalsubstantive und Adjektivsubstantive den gleichen präpositionalen Anschluß wie das entsprechende Verb oder Adjektiv: *die Aufnahme der Wissenschaftler in die Gesellschaft.* Diese präpositionalen Anschlüsse sind unserer Aufstellung für die Verben zu entnehmen (→ Anhang 9). In andern Fällen haben die Substantive ihre eigenen Anschlüsse. Häufige Rektionen sind in einer Übersicht (→ S. 223) zusammengestellt.

2. Die semantische Verträglichkeit von übergeordnetem Substantiv und Attribut legt eine bestimmte Zugehörigkeit nahe:

(39)   Der Weg nach A.

Die allgemeinen Möglichkeiten sind bei den semantischen Ausdeutungen der präpositionalen Attribute dargestellt, bei Verbalsubstantiven kommt die selektionale Valenz hinzu (→ 5.1).

Die jeweilige Deutung kommt bei der Umformulierung in typischen ergänzbaren Verben zum Ausdruck:

(40)   ┌ Medikamente zur oralen Anwendung
       └▶Medikamente, die der oralen Anwendung dienen   ZWECK

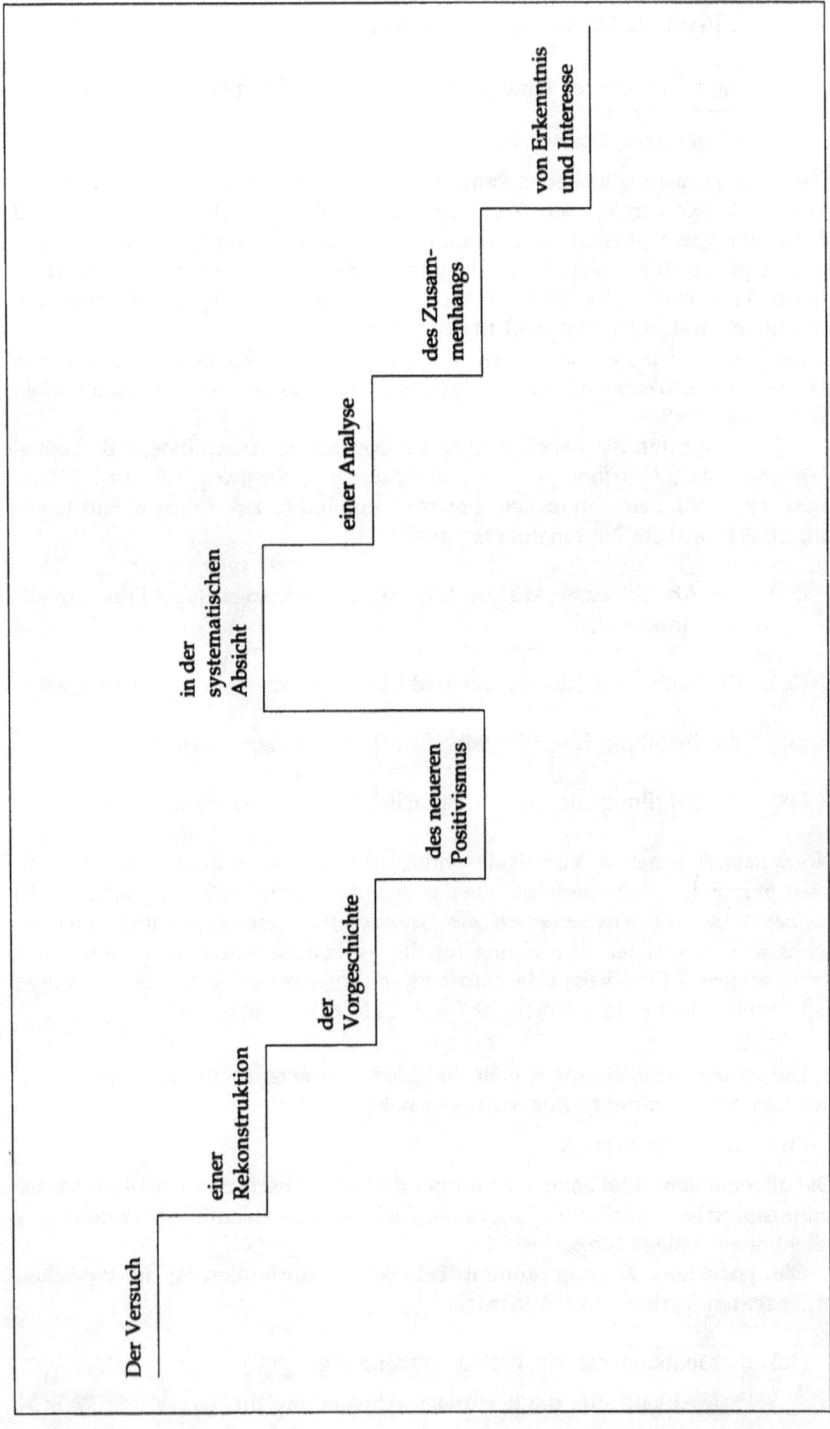

Nominalphrasen: Rechtserweiterung   223

(40a) ┌─ ein Anstieg um 3 Grad
       └─ ein Anstieg, der 3 Grad beträgt   MASS

(40b) ┌─ Metaboliten in Lebensmitteln
       └─ Metaboliten, die sich in Lebensmitteln befinden   ORT

(40c) ┌─ Allergien durch Antibiotika
       └─ Allergien, die durch Antibiotika hervorgerufen werden
                                                    URSACHE

Präpositionaler Anschluß von Substantiven

Anspruch		Anspruch		Konsequenz	
Anteil		Blick		Mischung	
Bedarf		Einfluß		Produkt	aus
Frage	an	Recht	auf	Synthese	
Interesse		Rückgang			
Kritik		Untersuchung			
Mangel		Wirkung			
Bedingung		Ähnlichkeit		Frage	
Begründung		Begegnung	mit	Forderung	nach
Beispiel		Kontakt		Wunsch	
Beweis	für				
Ersatz					
Grund					
Voraussetzung					
Entscheidung		Abstand		Anlaß	
Überblick	über	Ausnahme	von	Einleitung	
Übersicht		Verbindung		Einstellung	
		Zusammenhang		Gegensatz	
				Gelegenheit	zu
				Pflicht	
				Relation	
Abstand				Tendenz	
Differenz				Widerspruch	
Entfernung				Wille	
Gegensatz	zwischen				
Relation					
Unterschied					
Widerspruch					

Es lohnt sich immer, die semantische Kategorie des Attributs zu beachten. Ist das Attribut eine Zeitbezeichnung, Vorgangsbezeichnung, Zustandsbezeichnung, Gegenstandsbezeichnung, Personenbezeichnung?

3. Die genitivischen Attribute sind die treuesten Vasallen und bleiben nahe beim übergeordneten Substantiv. Man kann also davon ausgehen, daß sie direkt rechts vom übergeordneten Substantiv stehen, Attributnahme über andersartige Phrasen hinweg gibt es in der Schriftsprache nicht.

(41a) Probenahme [am Ort] [der Erzeugung] [der Lebensmittel]

(41b) Probenahme [der Lebensmittel] [am Ort] [der Erzeugung]

Die Beispiele zeigen, daß Umstellung auch die entsprechende Änderung der Zugehörigkeit zur Folge hat: Die genitivische Nominalphrase *der Lebensmittel* wird angesehen als der Nominalphrase untergeordnet, die direkt links von ihr steht.

4. Attribut-Konstruktionen sind sehr selten unterbrochen durch andere Satzteile. Deshalb zeigen Unterbrechungen an, daß die fragliche Nominalphrase entweder Komplement oder Supplement ist.

(42a)
Die Einhaltung [der Höchstmengen] [durch den Importeur] wird überwacht.

ATTRIBUT

(42b)
Die Einhaltung [der Höchstmengen] wird [durch den Importeur] überwacht.

KOMPLEMENT

5. Serielle Unterordnungen werden auch hier den geschachtelten vorgezogen. Da es aber beide Muster gibt, ist letztlich die exakte Zuordnung doch ausschlaggebend:

(43a) Es entstanden [Richtlinien] [für operative Eingriffe] [in Notfällen].

(43b) Es entstanden [Richtlinien] [für operative Eingriffe] [in Gesetzesform].

Attributkonstruktionen sind in moderner Sachprosa häufig, fast jede zweite Nominalphrase enthält eine, viele auch mehrere (Droop 1977:234). Akkumulation vieler Nominalphrasen, ihre Unterordnung und Zuordnung, ihr inhaltlicher Zusammenhang und ihre Ausdeutung bleiben für den Hörerleser ein Hauptproblem des grammatischen Verstehens.

3.42 Satzförmige Rechtserweiterungen

Bei der Einpassung der Nebensätze ist zu beachten, daß viele Nebensätze nicht direkte Teile des Satzes sind (→ 2.4), sondern auf tieferer Stufe stehen. Sie sind Teile von Nominalphrasen und grammatisch wie inhaltlich bezogen auf das Kernwort der Nominalphrase, sie sind satzförmige Rechtserweiterungen der Nominalphrase. Gemäß dem Gesetz der wachsenden Glieder stehen sie natürlich rechts vom Kernwort und seinen nominalen Rechtserweiterungen, aber sie sollten nicht zu weit vom Kern entfernt sein, damit man den Bezug noch erfaßt (Adjazenzprinzip). Der ganze Satz ist im allgemeinen grammatisch ohne diese Rechtserweiterung, das heißt, er wird ohne sie nicht ungrammatisch. Aber inhaltlich sind diese Nebensätze oft entscheidend. Wir unterscheiden dreierlei Arten: Relativsätze wie in (1) und (2), abgesunkene Komplemente, etwa Inhaltssätze wie in (3) und Infinitivklauseln wie in (4), abgesunkene Supplementsätze wie in (5):

(1) ein sehr junges Ding, das mich die Liebe gelehrt hat wie keine zuvor

(2) in einer Stadt, wo ich einmal wohnte

(3) die Voraussetzung, daß ein Musikwerk einem Baum vergleichbar ist

(4) die Entscheidung, das Musikwerk als Formarchitektur zu analysieren

(5) die Zeit, als Milch und Honig floß

Die weitaus häufigste Art solcher Rechtserweiterungen sind die Relativsätze, sie sind die häufigsten Nebensätze überhaupt. Relativsätze haben auch in der Regel eine spezifische und genau fixierbare Form, während die abgesunkenen Komplemente und Supplemente formal übereinstimmen mit entsprechenden Nebensätzen höherer Stufe (→ 4.1; 4.2). Deshalb behandeln wir die Relativsätze hier eingehender.

Arabeske

„Ich weiß nicht", sagte Don Juan nach einem leidenschaftlichen Gespräch, dessen lässiger Zuhörer er war: „Ich weiß nicht, was ihr gegen die Kirche habt – in einer Stadt, die nicht genannt sein möchte, habe ich einmal eine Geliebte gehabt, eine meiner ersten, ein sehr junges Ding, das mich die Liebe gelehrt hat wie keine zuvor, so frei von Hemmungen, so wild, so unschuldig, daß man wirklich jede Scham verliert, eine Spielerin, eine Begabung ohnegleichen, ich habe selten einen Menschen gesehen, der so körperlich leben konnte, der mit seinen Sinnen so versöhnt war wie sie... Ich will nicht weitererzählen!" sagte er und nahm sich eine Zigarette: „Aber dann, als ich schon schlummerte, weckte sie mich und war bestürzt, ehrlich bestürzt, daß ich vor dem Einschlafen nicht betete – Nie? sagte sie. Nie? Das muß man aber! sagte sie, das muß man aber!... Und zur Beichte gehst du auch nicht?"

Relativsatz: (i) Relativsätze sind als Nebensätze von Kommas eingeschlossen, wenn sie in-
Kennzeichen nerhalb des Kernsatzes stehen, auf jeden Fall sind sie aber von satzabschließen-
und Form den Zeichen umrahmt. Grammatisch sind sie gekennzeichnet durch

- einleitende Formen der Pronomen *der, die, das*; seltener *welcher, welche, welches*:

(6) ein sehr junges Ding, das/welches mich die Liebe gelehrt hat

- Endstellung des finiten Verbs, die den Nebensatzcharakter ausmacht:

(7) ein Gespräch, dessen lässiger Zuhörer er war

- die grammatische Funktion als Teil einer Nominalphrase:

(8) [in einer Stadt, die nicht genannt sein möchte], ...

All dies sind sichere Merkmale eines Relativsatzes. Dennoch ist die Erkennung und Zuordnung der Relativsätze nicht immer einfach. Zwar kennzeichnet das einleitende Relativpronomen den Beginn und die Unterordnung des Relativsatzes, aber Probleme gibt es bei der Feststellung, ob das jeweilige charakteristische Pronomen wirklich ein Relativpronomen ist und zu welchem Bezugswort der Relativsatz gehört. Um diese Probleme zu entschärfen, sollte man einige regelhafte Zusammenhänge kennen.

Die Formen von *der, die, das* haben mehrere Funktionen. Sie können Demonstrativpronomen sein und sind in dieser Funktion dem Relativpronomen sehr verwandt. Sie können aber auch definite Artikel sein. Hier gibt es allerdings gewisse Unterschiede, weil das Relativpronomen drei eigene Formen *dessen* (m/n sg gen), *deren* (f sg gen; pl gen), *denen* (pl dat) hat, die es vom Artikel abheben (→ Anhang 5; 6). Die Formen von *welcher, welche, welches* haben ebenfalls mehrere Funktionen als Interrogativpronomen, als Indefinitpronomen, als Interrogativartikel und als Relativpronomen. Hier gibt es keine formalen Unterschiede, allerdings kommt das Relativpronomen nicht im Genitiv vor. Da aber die Formen in interrogativer Funktion nur in Fragesätzen vorkommen (und übrigens *welch-* als Relativpronomen sowieso selten ist), braucht man sich vor Verwechslungen nicht zu fürchten.

Das Relativpronomen leitet den Relativsatz immer ein, nur bei präpositionalem Anschluß steht es an zweiter Stelle, direkt nach der Präposition. Diese Stellung erklärt sich wohl nach den Serialisierungstendenzen dadurch, daß es fokussiert ist.

(9a) eine Stadt, die (nom) nicht genannt sein möchte

(9b) eine Stadt, die (akk) ich nicht nenne

(9c) eine Stadt, deren (gen) ich mich kaum erinnere

(9d) eine Stadt, der (dat) ich mich zugehörig fühle

(9e) eine Stadt, in der (präp) ich leben möchte

(9f) eine Stadt, deren (gen Attribut) Größe mich ängstigt

(9g) eine Stadt, in (präp) deren Mauern sich leben läßt

(9h) die Geliebte, die ich nicht sein möchte

Seine grammatische Rolle nimmt das Relativpronomen im Relativsatz wahr: Es kann Komplement sein wie in (9a) – (9d) und dabei alle Komplementanschlüsse realisieren; es kann Supplement sein wie in (9e); es kann schließlich – was unsere besondere Beachtung verdient – vorangestelltes genitivisches Attribut sein wie in (9f) und (9g) (allerdings nehmen Formen von *welch-* diese Funktion nicht wahr); ja es kann sogar Prädikativ sein wie in (9h). Das Relativpronomen ist eben eine verkümmerte Nominalphrase und kann entsprechend deren Funktionen wahrnehmen. Es gibt sogar als seltenen – eher umgangssprachlichen – Fall Relativpronomen als präpositionale Attribute:

(9i)   eine Stadt, von der die Mauern zerstört sind

In den allermeisten Fällen ist das Relativpronomen Subjekt, es steht dann im Nominativ und muß natürlich im Numerus mit dem finiten Verb kongruieren:

(10)   ...die Wirkungen, welche durch das Verhalten der äußeren Atome bestimmt sind

Die Zuordnung des Relativsatzes zum übergeordneten Substantiv oder Pronomen, dem Bezugswort, besteht darin, daß Bezugswort und Relativpronomen auf den gleichen Gegenstand verweisen. Es handelt sich also um einen Fall von Anaphorik: mit dem Bezugswort als Antezedens (→ 1.32). Die entsprechende Zuordnung äußert sich in der Kongruenz in den inhaltlich relevanten Dimensionen Genus und Numerus:

(11)   ein Mensch..., der mit seinen Sinnen so versöhnt war
       └─ m sg ─┘

Eine Kongruenz im Kasus besteht natürlich nicht, weil Bezugswort und Relativpronomen jeweils unabhängig ihre grammatische Rolle in ihrem eigenen Satz spielen. Eine gewisse Komplikation des Verstehens ergibt sich bei attributiven Relativpronomen. Hier liegt nämlich eine Doppelbindung vor: Grammatisch sind sie gebunden an ihr Kernsubstantiv, inhaltlich sind sie gebunden an ihr Bezugswort im übergeordneten Satz. So muß man für die inhaltliche Deutung den Umweg über das Kernsubstantiv in Kauf nehmen.

Die anaphorische Kongruenz ist eher inhaltlich orientiert, darum wird auch das Relativpronomen im Plural stehen, wenn es sich auf eine Koordination von Bezugswörtern bezieht (→ 2.23):

(12)   Don Juan, der Erzähler, der Zuhörer, die wir kennen

(13)   Don Juan, der Erzähler, der Zuhörer den wir kennen

Die Polyfunktionalität von Formen kann immer zu Verstehensproblemen führen. Als Hörerleser wählen wir oft vorschnell die häufigere, vertrautere Variante und können damit auf eine falsche Fährte kommen. So mag es uns öfter unterlaufen, daß wir Relativpronomen als Artikel nehmen. Hat ein Relativsatz eine Nominalphrase in Frontstellung (also direkt nach dem Relativpronomen), kann das Relativpronomen leicht als Artikel der Nominalphrase aufgefaßt werden, wenn diese selbst artikellos ist:

(14) eine junge Frau, die Liebe lehrte, ...

Zwar ist dies nur eine kurzzeitige Deutungsfalle, weil sich bei genauerer Analyse herausstellt, daß keine wohlgeformte Fortsetzung möglich ist. Wegen der Häufigkeit von Nominalphrasen tappen wir aber häufiger in diese Falle, wir sollten uns zur Übung darum die Kongruenzverhältnisse vor Augen halten: Während das Relativpronomen kongruiert mit dem übergeordneten Substantiv außerhalb des Relativsatzes, kongruiert der Artikel im Rahmen seiner Nominalphrase innerhalb des Relativsatzes:

(15) ein junges Ding, das Liebe lehrte

(16) eine Geliebte, die verschiedene Entwicklungsstufen durchläuft

In beiden Beispielen handelt es sich um Relativpronomen. Artikel kann *das* in (15) nicht sein, weil die Genuskongruenz mit dem Substantiv *Liebe* nicht vorliegt. In (16) kann *die* nicht Artikel sein; der Artikel würde die starke Deklination tragen, das Adjektiv müßte dann schwach dekliniert sein:

(16a) die   verschiedenen Entwicklungsstufen

ART		

Außerdem müßte die pluralische Nominalphrase als Subjekt mit einem finiten Verb im Plural kongruieren. In schweren Fällen kommt es auf solche Einzelheiten an.

Aus der Mehrdeutigkeit einzelner Formen erwachsen weitere Deutungsprobleme, insbesondere aus der Tatsache, daß die Formen *die* und *das* nom oder akk sein können:

(17) Wir alle mögen die junge Frau, die Don Juan liebte.

Es ist nicht zu erkennen, ob *die* Subjekt oder Akkusativkomplement ist. Dies muß uns aber nicht unbedingt genieren. Im Fluß des Lesens haben wir vielleicht schon die Indizien des Kontexts genutzt und uns für eine Deutung entschieden. Es scheint auch eine Verstehensroutine zu wirken, die auf Rollenträgheit bei Anaphern baut (→ 1.32). Ist das Antezedens Subjekt, so auch die Anapher. Ist das Antezedens Akkusativkomplement, so auch die Anapher (Sheldon 1977). Dem mag vielleicht die Erfahrung entgegenwirken, daß das Relativpronomen meistens Subjekt ist und letztlich natürlich die Wahrscheinlichkeit der jeweiligen Deutung. Aber letzte Klarheit erreichen wir da nicht.

<small>Relativsatz: Stellung und Bezug</small>

(ii) Normalerweise steht der Relativsatz nahe beim übergeordneten Substantiv (Adjazenzprinzip), damit keine Mißverständnisse auftreten. Der Relativsatz bläht also diese Phrase auf, und so kann er ziemliche Distanzen zwischen Satzgliedern schaffen. Bei einem Subjekt im Vorfeld etwa wird dann das finite Verb erst recht spät erscheinen:

(18) Die Wirkungen, welche durch das Verhalten der äußeren Atome recht eindeutig bestimmt sind, sind vollständig bekannt.

Analog muß der Leser bei aufgeblasenen Komplementen lange auf den Prädikatsrest warten und den Druck der Satzklammer ertragen. Solche Aufblähungen machen deshalb Sätze schwerer verständlich (Evans 1972), und sie bringen viele Sprecherschreiber dazu, die grammatisch ja freien Relativsätze weiter vom Bezugswort zu entfernen. Das kann uns vom Regen in die Traufe bringen: Es wird uns den Bezug schwerer erkennen lassen, wenn etwa andere Attribute, Partikeln, Prädikatsteile oder kurze Satzglieder sich dazwischendrängen. Wir unterscheiden zwei Fälle:

1. Bezugswort und Relativsatz sind in Distanzstellung, wenn der Relativsatz ins Nachfeld rückt:

(19) Ich habe selten einen Menschen gesehen, der so körperlich leben konnte.

(20) Es trat ein Mensch auf, der von Gott gesandt war.

(21) Man kann die Struktur einer Substanz bestimmen, die ... kristallisiert.

(22) Die Eigenschaften sind aus Wirkungen bekannt, welche durch das Verhalten der äußeren Elektronen bestimmt sind.

Hier wirken trennend die rechten Teile der Satzklammer: infinites Verb, Verbzusatz, Adjektiv. Obwohl wir zwei unterbrochene Phrasen haben, ist dieser Fall letztlich für die Deutung unproblematisch, weil das mögliche Bezugswort immer das nächste links vom Relativsatz bleibt. Die Partikeln, die Verbalteile usw. können ja gar nicht Bezugswörter sein.

2. Schwieriger ist es, wenn der Relativsatz durch gleichstufige Attribute vom Bezugswort getrennt ist, die selbst Bezugswörter sein können:

(23) ... dem Auflösungsprozeß [der Erkenntnistheorie], der Wissenschaftstheorie zurückläßt.

(24) ... außer meinem Begriffe vom Golde, der enthielte, daß ...

Diese Distanzstellung ist notwendig, weil das satzförmige Attribut aufgrund des Gesetzes der wachsenden Glieder als letztes Attribut erscheint. Genitiv-Attribute und präpositionale Attribute gehen ihm stets voran und bieten natürlich potentielle Bezugssubstantive an. Die grammatische Routine scheint auf eine monotone Unterordnungsstruktur zu zielen, also das letzte Substantiv als Bezugswort zu wählen. Die richtige Zuordnung wird aber erst durch Kongruenz deutlich. So müßte in (23) statt *der* feminines *die* stehen, wenn es sich auf das feminine *Erkenntnistheorie* beziehen sollte. Ebenso in Fällen, wo Satzglieder der ersten Stufe sich trennend dazwischen schieben:

(25) Es trat ein Mensch in jenem Land auf, der ...

(26) Ich habe selten einen Menschen in meinem Leben gesehen, der ...

Solange die Kongruenzverhältnisse eindeutig sind, gibt es eine grammatische Lösung. Sind die Kongruenzverhältnisse nicht eindeutig, kriegen wir es mit rechten Irrläufern zu tun. Die Zuordnung muß dann nach dem Sinn vorgenommen werden. Dies gilt etwa, wenn ganze Satzglieder den Relativsatz von seinem Bezugswort trennen:

(27) Hitlers tief eingewurzelte Feindschaft gegen ihrem Wesen nach rechtsförmige staatliche Ordnung, die in seiner Ablehnung der Juristen ... zum Ausdruck kam, ...

Trotz möglicher Kongruenz mit dem nahen Substantiv *Ordnung* geben wir dem Substantiv *Feindschaft* den Vorzug, weil nur diese Zuordnung einen rechten Sinn ergibt. Der komplettierte Relativsatz wäre sonst nicht besonders sinnvoll:

(27a) Die rechtsförmige staatliche Ordnung kam in seiner Ablehnung der Juristen ... zum Ausdruck.

Der reflektierte Sprecherschreiber wird übrigens darauf bedacht sein, mögliche Mehrfachbezüge zu vermeiden. Dennoch finden wir sie immer wieder:

(28) ... eine bis dahin nie gekannte Freiheit mathematischer Begriffsbildung, die in diesem Jahrhundert mehr mathematische Entdeckungen ermöglichte als je zuvor

Mehrfachbezüge auf dem Papier ergeben sich daraus, daß der Sprecherschreiber sich weniger von normativen Vorstellungen leiten läßt, für ihn steht bei der Anaphorik mehr der Sinn als die mögliche Kongruenz und räumliche Nähe im Vordergrund (→ 1.32). Und da bei Mehrdeutigkeiten der Bezug auf das fernere Substantiv grundsätzlich möglich ist, muß, wenn nach der Kongruenz der Bezug auf ein ferneres Substantiv möglich wäre, auch der an sich natürlichere Bezug auf das nähere Substantiv inhaltlich gerechtfertigt sein:

(29) ... von der er sich eine Neuordnung der menschlichen Gesellschaft versprach, deren geistige Entwicklung dem Dreistadiengesetz nach ...

Relativsatz-Treppen

(iii) Selbstverständlich kann ein Satz auch mehrere Relativsätze enthalten. Unproblematisch erscheint dies, wenn sie sich auf voneinander unabhängige Substantive beziehen, wenngleich der Gesamtsatz dann auch komplexer ist. Aber, da Relativsätze selbst wieder Nominalphrasen mit eigenen Relativsätzen enthalten können, treten auch Relativsatz-Treppen auf:

(30) Es existieren [mehrere stabile Isotope], [die sich durch die Zahl der Neutronen unterscheiden], [welche im Atomkern vorhanden sind].

Es existieren mehrere
stabile Isotope,
    die sich durch die Zahl der
    Neutronen unterscheiden,
        welche im Atomkern
        vorhanden sind.

Relativsatz-Treppen gehen immer abwärts, weil wir es mit einer rechtsorientierten Unterordnung zu tun haben. Als serielle Unterordnung sind sie noch erträglich. Besonders schwer verständlich werden aber ineinander geschachtelte Relativsatztreppen, wo wir am Ende mit einem Sprung wieder aufs Hauptniveau springen müssen. Sie werden vom Rezipienten gefürchtet und vom Stilistiker getadelt, sind aber häufig. Denn die Tendenz vieler Sprecherschreiber, möglichst die Verbalklammer einzuhalten, führt zum Nachklappen des Prädikatsrests, den wir zur Strukturierung des Satzes unbedingt brauchen. Je weiter er vom finiten Verb distanziert ist, umso schwerer verständlich ist der Satz.

(31) Man hat mehrere stabile Isotope, [die sich durch die Zahl der Neutronen, [welche im Atom vorhanden sind], unterscheiden], entdeckt.

Man hat mehrere
stabile Isotope,   entdeckt.
    die sich durch die
    Zahl der Neutronen,   unterscheiden,
        welche im Atom
        vorhanden sind,

Mit Blick auf den Relativsatz erscheint diese Konstruktion verständlicher als die Distanzstellung des Relativsatzes. Aber offenkundig ist in diesem Dilemma die Unterbrechung der Verbalphrase gravierender als der abgespaltene Relativsatz. Die Häufung verbaler Teile und die Nachteile der offenen Satzklammer hemmen das Verstehen stärker. Die Fernstellung des freischwebenden Relativsatzes hingegen verkraften wir, weil wir ihn über Kongruenz und verweisende Kraft des Relativpronomens doch gut einpassen können.

(iv) Die Leistung der Relativsätze besteht meistens darin, Beihilfe zur genaueren Bezugnahme zu leisten. Bei der Referenz geht es ja darum, den gemeinten Gegenstand oder die gemeinten Gegenstände in einem möglichen Referenzbereich zu identifizieren. Wenn die Nominalphrase allein keine eindeutige Referenz ermöglicht, gibt der Relativsatz weitere Merkmale, die zur genauen Identifizierung des gemeinten Gegenstands helfen, er schränkt den Referenzbereich ein. Diese Merkmale können auf Eigenschaften des Gegen-

<small>Relativsatz: Deutung</small>

stands gehen oder auf Beziehungen zu andern Gegenständen. Sie können aber auch kontextuell sein und sich auf früher Gesagtes beziehen. Leistet jedoch die Nominalphrase allein schon alles Nötige, so werden die Relativsätze für die Referenz eine Art Luxus. Sie erweitern den Satz dann als zusätzliche Aussagen, die vielleicht das Gesagte erläutern oder aber den Gedankengang schon weiterführen. Im Gegensatz zu den restriktiven Relativsätzen haben die explikativen auch illokutionäre Kraft, sie sind verkappte Behauptungssätze. Entsprechend ihres Referenzbeitrags unterscheidet man restriktive und explikative Relativsätze, die sich allerdings formal nicht unterscheiden:

(32)   Zum Führen eines Kraftfahrzeuges sind Kraftfahrer nicht geeignet, die ein Delikt der Trunkenheit begangen haben.   (restriktiv)

(33)   ┌─ Mit positivistischen Anschauungen trat Turgot hervor, der
         sie im Artikel „Existenz" zum Ausdruck brachte.   (explikativ)
       └▶ Mit positivistischen Anschauungen trat Turgot hervor. Er
         brachte sie im Artikel „Existenz" zum Ausdruck.

Die Unterscheidung ist eine Frage des möglichen Verständnisses. Oft ist erst im Kontext zu entscheiden, welche Deutung vorzuziehen ist, oft bleiben uns beide Deutungen offen. Für den Rezipienten mögen einige Hinweise nützlich sein. Restriktive Relativsätze finden sich häufig in indefiniten Nominalphrasen. Anzeichen dafür sind Indefinitartikel, indefinite Pronomen (*einer, jemand* usw.) oder kataphorische (vorverweisende) Artikel und Pronomen (*derjenige, der X, jener X*):

(34)   Die künstliche Intelligenz ist derjenige Bereich, der bei vielen Menschen Unbehagen auslöst.

Explikative Relativsätze setzen die gelungene Referenz voraus. Darum kann man solche Relativsätze auch weglassen, ohne daß der ganze Satz abweichend wird (Weglassung ergäbe natürlich Widersinn bei dem restriktiven Relativsatz in (32)). Sie finden sich häufig bei definiten Bezugswörtern, bei Eigennamen und definiten Pronomen (*ich, du, sie* usw.), wo ja die Referenz als gesichert angesehen wird. Oft enthalten diese Relativsätze auch Partikeln, wie *ja, übrigens* usw., die signalisieren, daß es sich um einen erinnernden Zusatz handelt.

Die geringe kommunikative Belastung der explikativen Relativsätze führt nun aber nicht zu Müßiggang. Sie übernehmen andere kommunikative Funktionen. Wir finden sie bei der Reliefgebung in sogenannten Spaltsätzen wieder, wo es darum geht, bestimmte Satzglieder explizit und emphatisch hervorzuheben (Dyhr 1978):

(35)   Es war Comte, der die Bezeichnung „Positivismus" einführte.

Das Relativpronomen (*der*) ist hier sozusagen eine pronominale Kopie einer als Fokus hervorgehobenen Nominalphrase (*Comte*). Die Abspaltung übernimmt in der Schrift die Rolle einer starken Betonung.

Und dann können explikative Relativsätze ähnlich wie Supplementsätze fungieren, wenn wir die richtigen gedanklichen Brücken zum Hauptsatz bauen:

(36)   Zur Begriffsbildung gehen wir zurück auf Comte, der ja die
       Bezeichnung „Positivismus" einführte.

Neben dem hier naheliegenden kausalen Verhältnis (mögliche Umformulierung mit *denn* oder *weil*) können konzessive, adversative, konsekutive und andere Brücken vorkommen (Zeman 1984).

Häufig sind die sogenannten weiterführenden Relativsätze (→ 4.33):

(37) ┌── Hitler hatte eine tiefe Feindschaft gegen staatliche
     │   Ordnung, die in seiner Ablehnung der Juristen zum
     │   Ausdruck kam, ...
     │
     └─► und diese kam in seiner Ablehnung der Juristen zum
         Ausdruck.

Relativsätze scheinen grammatisch umständlicher als andere Attribut-Formen. Da sie aber eigene Sätze sind, sind sie gleichzeitig auch explizitere Formen, die oft besser verständlich sind. Darum können die Relativsätze auch als Paraphrasen semantische Verhältnisse bei andern Attributen darstellen. Dazu werden in den Relativsätzen Prädikate eingeführt, die die semantischen Verhältnisse verdeutlichen:

(38) ┌── die Mengenlehre Cantors
     └─► die Mengenlehre, die Cantor geschaffen hat

     ┌── das Prädikat eines analytischen Urteils
     └─► das Prädikat, das Teil eines analytischen Urteils ist

     ┌── Metaboliten in Lebensmitteln
     └─► Metaboliten, die sich in Lebensmitteln befinden

(v) Neben den formal eindeutigen Relativsätzen gibt es w-Sätze als Relativsätze. W-Sätze sind Nebensätze, die mit einem w-Wort eingeleitet sind: *wo, was, wohin, woher, weshalb, wie* usw. Sie sind Relativsätze, wenn sie anaphorisch gebraucht sind und ein Bezugswort aufnehmen, sonst können sie Komplemente sein (→ 4.1) oder Zusätze (→ 4.33):

w-Sätze

(39)   Analytische Sätze sagen etwas, was im Subjekt schon enthalten ist.

Im Gegensatz zu den Relativpronomen sind die w-Wörter unflektiert und darum auf bestimmte Satzgliedfunktionen festgelegt. Das heißt, daß sie im Relativsatz nur jeweils bestimmte Satzglieder sein können: *was* kann Nominativkomplement oder Akkusativkomplement sein, alle andern können nur präpositionale Komplemente oder Supplemente sein, weil sie Präpositionalphrasen vertreten. Die w-Wörter verteilen sich auf bestimmte semantische Rollen (wie die Supplemente), die oft im Bezugswort ausdrücklich bezeichnet sind (*der Grund, weshalb; die Art, wie* usw.).

Die allgemeine Proform *wo* hat stark den Charakter eines Relativpronomens (in Dialekten ersetzt sie alle Relativpronomen), sie ist in ihren semantischen Rollen nicht ganz festgelegt:

(40) ... der Ort, wo wir die Kreativität ansiedeln (positional)

(41) ... die Zeit, wo die letzte Festung des Menschen fällt (temporal)

Andere semantische Rollen übernehmen *wohin, woher*:

(42) ... die Quelle, woher diese Erkenntnis fließt (direktional)

Außerdem verbindet sich *wo* mit allen Präpositionen, die einen Akkusativ oder Dativ regieren (bei Genitiv regierenden Präpositionen sind die entsprechenden w-Wörter mit *wes-* gebildet: *weswegen, weshalb*). Zu diesen Proformen gehören *worin, worüber, wonach, wodurch, womit* usw.

(43) die Perspektive, worunter das Werk beschrieben wird

(44) das Fleisch, wovon du gekostet hast

Die Präpositionen sind natürlich festgelegt durch die Satzgliedfunktionen im Relativsatz: Entweder bedingt sie die Valenz des Prädikats oder die semantische Rolle als Supplement.

Relativpronomen sind definit anaphorische Proformen, während w-Wörter indefinite Proformen sind. So ergeben sich natürlich Unterschiede im Gebrauch entsprechender Relativsätze. Meistens sind gar nicht beide Alternativen möglich, wenn sie aber konkurrieren, kann es feine Bedeutungsunterschiede geben. *Was* hat nur Bezugswörter im Neutrum, wir finden es häufig bei neutralen Pronomen wie *alles, nichts*. Im Unterschied zum Relativpronomen *das* kann *was* nicht zur Referenz auf Personen verwendet sein, und es ist unbestimmter als jenes. Die Relativpronomen referieren definit auf Gegenstände, weshalb sie gern ein substantivisches Bezugswort haben. Bei Prowörtern wie *dort, so, da* kommen sie nicht vor. Dies ist das Feld der globaler referierenden w-Wörter.

Die präpositionalen w-Wörter können konkurrieren mit Verbindungen aus Präpositionen und Relativpronomen:

(45a) ein Gespräch, an dem ich beteiligt war

(45b) ein Gespräch, woran ich beteiligt war

(46a) die Kirche, gegen die ihr etwas habt

(46b) die Kirche, wogegen ihr etwas habt

Bedeutungsunterschiede gibt es hier höchstens in sehr feinen Nuancen, beispielsweise wird in (46a) die Kirche eher als gegenständlich verstanden, als Gebäude etwa und nicht als menschliche (göttliche?) Institution.

abgesunkene Komplemente

(vi) Die abgesunkenen Komplementsätze können wir uns als Teile von propositionalen Kernen denken, die in der kommunikativen Hierarchie absteigen mußten. Statt die Leerstelle eines Prädikats füllen sie die entsprechende Leerstelle eines Verbalsubstantivs:

(47)   ┌ die Voraussetzung, daß ein Musikwerk einem Baum
       │   vergleichbar ist
       └▶ Jemand setzt voraus, daß ...

Von daher ist auch nicht erstaunlich, daß diese Attribute genau die Formen satzartiger Komplemente haben:

(48)   die Vorstellung, daß der Mensch ... einzigartig ist
                        |_____INHALTSSATZ_____|

(49)   die Feststellung,
       ob jemand zum Führen eines Kraftfahrzeugs berechtigt ist
       |_____INHALTSSATZ_____|

(50)   seine Behauptung, dies sei erwiesen
                        |__INHALTSSATZ OHNE EINLEITUNG__|

(51)   der Versuch, die Vorgeschichte zu rekonstruieren
                   |_____INFINITIVKLAUSEL_____|

Anders als bei Relativsätzen müssen die Bezugswörter ganz bestimmte semantische Eigenschaften haben, die eben propositionale Komplemente nahelegen. So werden wir als Bezugswörter hier vorderhand Verbalableitungen finden, denen sich die Valenz des Verbs vererbt hat. Aber es gibt auch einige andere Substantive mit den einschlägigen Eigenschaften. Der Rezipient, der diese Art von Attributsätzen einpassen und die nötigen Bezugswörter finden will, sollte sich solche Substantive einprägen, die eine Inhaltsergänzung verlangen. Wir führen Beispiele in Übersichten auf. Da diese Attributsätze genau die Form entsprechender Komplementsätze haben, ist die Suche nach dem Bezugswort Bedingung für die richtige Einpassung, denn sie könnten ja auch Komplement sein. Allerdings mißlingt die Einpassung kaum, da sie meist nahe hinter ihrem Bezugswort bleiben. Ähnlich wie Relativsätze können sie allerdings durch andere Attribute und einige wenige Satzteile von ihnen getrennt werden. Bezugsprobleme entstehen aber auch daraus nicht. Zur Verdeutlichung finden wir sogar manchmal kataphorische Korrelate:

(52)   die Entscheidung darüber, ob jemand ... berechtigt ist
                        |KORRELAT|

Auch diese Attribute charakterisieren näher. Anders als die Relativsätze formulieren sie aber nicht Eigenschaften eines Referenzgegenstands. Sie geben vielmehr den propositionalen Gehalt an. Das begründet auch den inhaltlichen Unterschied zwischen diesen Attributsätzen und Relativsätzen:

(53)   der Ort, wo man gern bleibt
               |__RELATIVSATZ__|

(54)   die Frage, wo man gern bleibt
                 |__INHALTSSATZ__|

Die Inhaltssätze erfüllen im Grund die Leistung von Komplementen (→ 4.1); sie sind nur syntaktisch tiefer gesetzt.

Substantive mit attributivem *daß*-Satz

das Interesse	der Zweck
die Aufgabe	die Angst
die Lage	das Problem
die Gelegenheit	der Wunsch
das Recht	der Anspruch
der Wille	die Erfahrung
die Gefahr	der Gedanke
die Überzeugung	das Gefühl
die Schwierigkeit	der Versuch
das Ziel	die Feststellung
die Idee	

Substantive mit attributiver Infinitivklausel

die Absicht	die Notwendigkeit
die Gefahr	der Zweifel
die Schwierigkeit	die Erkenntnis
die Ansicht	die Folge
die Überzeugung	die Meinung
der Sinn	die Sicherheit
der Gedanke	die Vorstellung
das Problem	die Voraussetzung
der Umstand	der Standpunkt
die Tatsache	die Mitteilung
die Erfahrung	der Hinweis
das Gefühl	die Feststellung
das Prinzip	das Faktum
der Nachteil	die Kunst

abgesunkene Supplemente

(vii) Abgesunkene Supplemente sollen nur der Vollständigkeit halber erwähnt werden. Sie kommen selten vor, sind aber als grammatische Möglichkeit unbestritten. Inhaltlich sind sie fast ausschließlich auf Temporales beschränkt, die Bezugswörter sind Zeitangaben, die einleitenden Subjunktionen sind temporal:

Subjunktion	Beispiel	
als	*zur Zeit, als ...*	
da	*zu einer Zeit, da ...*	(archaisierend)
ehe/bevor	*zehn Jahre, bevor ...*	
bis	*lange Zeit, bis ...*	
nachdem	*drei Tage, nachdem ...*	

Ratschläge für Lerner

Rechtserweiterungen von Nominalphrasen sind meistens Mittel der Genauigkeit, seltener Explikationen. Sie haben die Form von Genitiv-Attribut, präpositionalem Attribut, Relativsatz und abgesunkenen Komplementsätzen.
Mehrere Attribute sind oft in Treppen gestuft.
Die Attribute bleiben eng bei ihrem Bezugswort, nur Relativsätze können sich entfernen.

Achte auf die Stufung der Attribute!
Suche Anzeichen für ihre Zugehörigkeit zu Bezugswörtern:
Bei Relativpronomen Kongruenz, bei Präpositionen festen Anschluß oder inhaltliche Brücken!

4. Der komplexe Satz

Texte sind Folgen von Sätzen, allerdings Folgen mit einem inhaltlichen Zusammenhang. Wer einen Text verstehen will, muß darum einerseits die einzelnen Sätze für sich verstehen, er muß aber andererseits auch diesen inhaltlichen Zusammenhang erfassen. Der inhaltliche Zusammenhang zwischen Sätzen besteht in den gedanklichen Brücken und den anaphorischen Bindungen (→ 1.32; 1.33). Obgleich wir die gedanklichen Brücken bauen auf Hintergrundsätzen in unserem Wissen, muß der inhaltliche Zusammenhang nicht unsichtbar bleiben. Oft ist der Zusammenhang auch ausgedrückt durch grammatische Konstruktionen und durch spezielle Ausdrucksweisen, die gerade dies leisten. Grammatische Verbindungen von Sätzen gibt es bekanntlich zweierlei:

1. Ein Nebensatz kann in einen Trägersatz eingebettet sein, ein Satz im Satz also. Wir sprechen dann von Unterordnung oder von Subordination:

(1) | Wir setzen voraus, | daß Sätze analysierbar sind. |

Nebensätze kommen in Ganzsätzen in dreierlei Funktion vor: Sie bilden freischwebende Enden in unserer Übersicht bei den Komplementen, den Supplementen und den Rechtserweiterungen (→ 3.42). Das gemeinsame grammatische Kennzeichen aller Nebensätze ist – mit gewissen Einschränkungen – die Verb-Endstellung.

2. Zwei Hauptsätze können selbständig und gleichberechtigt nebeneinander stehen, unverbunden oder verbunden durch einschlägige Ausdrücke, Satz an Satz also. Wir sprechen dann von Gleichordnung oder von Koordination:

(2) | Das ist verständlich, | denn | der Mensch sieht sich gern als Mittelpunkt aller Dinge. |

Der Unterschied beider Verbindungen zeigt sich in ihrer kommunikativen Leistung. Sätze nutzen wir kommunikativ zum Vollzug sprachlicher Handlungen. Dabei unterscheiden wir verschiedene Komponenten:

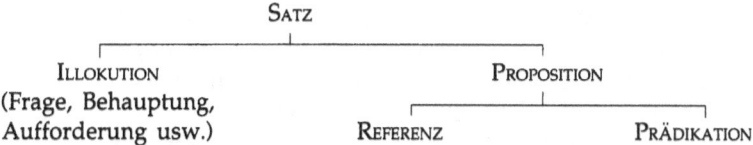

                SATZ
        ┌────────┴────────┐
    ILLOKUTION   PROPOSITION
   (Frage, Behauptung, ┌────┴────┐
   Aufforderung usw.) REFERENZ PRÄDIKATION

Ganzsätze dienen dem gleichzeitigen Vollzug all dieser Komponenten, insbesondere haben sie eine illokutionäre Kraft wie Frage, Behauptung, Aufforderung usw. Nebensätze hingegen haben ein beschränkteres kommunikatives Potential. Sie haben insbesondere keine illokutionäre Kraft (es sei denn sie wird ihnen vom Hauptsatz übertragen oder wir deuten sie als verkappte Hauptsätze). Darum finden wir in Nebensätzen selten die illokutionären Partikeln (*wohl, denn* usw.) und Adverbien (*leider, vermutlich* usw.). Ihre kommunikative Beschränkung zeigt sich auch darin, daß die Tendenzen der Wortstellung sie nicht erreichen. Ihre Serialisierung entspricht der Grundfolge, ist recht fest und kaum für kommunikative Wirkungen nutzbar (→ 3.12). Dennoch stehen Nebensätze in der kommunikativen Hierarchie noch nicht ganz unten (→ 5.). Unter ihnen stehen etwa die Klauseln, die gegenüber ausgeführten Sätzen verschiedene Latenzen aufweisen können.

Als ausgeführte Sätze sind Nebensätze natürlich innerlich durch Prädikation geprägt. Aber in ihrer Gesamtbedeutung kann man doch zwei Typen unterscheiden: Solche, die charakterisieren und als ganzes eher der Referenz oder der Beihilfe zur Referenz dienen (z.B. restriktive Relativsätze als Teile referierender Phrasen). Sie haben meistens interne pronominale Bindewörter. Und solche, die inhaltlich ihre propositionale Selbständigkeit bewahren (z.B. viele Supplementsätze). Sie haben meistens externe subjunktionale Bindewörter.

Die grammatische Gliederung eines Textes in Sätze und Nebensätze ist in der Schrift durch entsprechende Satzzeichen markiert. Zwar markieren nicht alle Satzzeichen solche Einschnitte, umgekehrt ist aber jeder Einschnitt zwischen satzförmigen oder satzwertigen Einheiten durch Satzzeichen markiert (→ 1.21). Darüberhinaus sind die Satzanfänge oft durch charakteristische Bindewörter besetzt wie *sondern, denn; ob, daß, die* usw.

Im folgenden Text sind die satzförmigen Einheiten durch Klammerung gekennzeichnet.

[Von außerordentlicher Bedeutung für die Analyse eines Musikwerks ist die Wahl der besonderen Perspektive], [unter der das Werk beschrieben und analysiert wird]. [So ist die Entscheidung darüber], [ob das Musikwerk als „Formverlauf" oder als „Formarchitektur" analysiert wird], [nicht nur eine über den einzuschlagenden analytisch-methodischen Weg] , [sondern solche Entscheidung betrifft zugleich auch die Art und den Grad der Erkenntnis in die Formzusammenhänge eines musikalischen Gebildes überhaupt]. [Setzt die musikalische Analyse beispielsweise voraus] , [daß ein Musikwerk einem Baum vergleichbar ist], [nach Stamm, Wurzeln, Krone, nach Ästen, Zweigen und Blättern gegliedert], [vom großen, überschaubaren Teil zum Detail fortschreitend analysierbar], [dann ist durch diese besondere Anschauungsweise des Musikwerks über mehr als einen üblichen methodischen Weg musikalischer Analyse entschieden]. Denn [diese Anschauungsweise, [die das Musikwerk ruhend und räumlich sieht, als statisches Gebilde, als Musik-Architektur interpretierbar], legitimiert nicht nur die Schritte], [die die analytische Methode verlangt]. Sondern [mit der Entscheidung für eine bestimmte Anschauungsweise des Musikwerks wird auch über die Begriffe entschieden], [die dem analytischen Ansatz verschwistert sind]. [Dieses Repertoire von Begriffen ermöglicht es ja überhaupt erst], [den geplanten methodischen Weg zu beschreiten], [einen Sonatenhauptsatz etwa nach Exposition, Durchführung und Reprise zu unterteilen], [die Exposition in Hauptteile, in Neben- und Überleitungsteile zu gliedern], [die Themen etwa nach Vordersatz und Nachsatz, nach musikalischen Gliedern zu analysieren], [die Glieder wiederum in ihre letzten musikalischen Bausteine, in Motive etwa zu überführen].

Die Textbearbeitung zeigt mit der Klammerung Teilsätze und ihre Abtrennung durch Satzzeichen, außerdem Bindewörter durch Unterstreichung. Bindewörter können den Mörtel zwischen Sätzen bilden, also außerhalb der Klammern stehen, sie können aber auch in Teilsätze integriert sein. Wir sprechen von externen und von internen Bindewörtern. Nebensätze mit eingeklammerten Bindewörtern haben ausnahmslos Endstellung des finiten Verbs. Zu diesen unselbständigen Sätzen gehören auch verkürzte infinite Konstruktionen.

In unserem Text liegt Subordination beispielsweise vor in:

(3) Die musikalische Analyse setzt voraus, daß [ein Musikwerk einem Baum vergleichbar ist].

(4) Dieses Repertoire von Begriffen ermöglicht es ja überhaupt erst, [den geplanten methodischen Weg zu beschreiten].

Ein Nebensatz ist grammatisch und inhaltlich unvollständig. Erst in einem Trägersatz eingebettet kann er letztlich gedeutet werden.

Koordination liegt vor in:

(5) [Diese Anschauungsweise legitimiert nicht nur die Schritte ...] Sondern [mit der Entscheidung für eine bestimmte Anschauungsweise des Musikwerks wird auch über die Begriffe entschieden ...]

(6) ...[die Exposition in Hauptteile, in Neben- und Überleitungsteile zu gliedern],
[die Themen etwa nach Vordersatz und Nebensatz, nach musikalischen Gliedern zu analysieren],
[die Glieder wiederum in ihre letzten musikalischen Bausteine, in Motive zu überführen].

Um den inhaltlichen Zusammenhang der Sätze zu sehen, empfiehlt sich der Blick auf die Satzübergänge und Satzanfänge. Hier finden wir bei Subordination Subjunktionen wie *ob, daß* oder relativische Anschlüsse wie *unter der, die*. Hier finden wir bei Koordination Konjunktionen wie *sondern, denn* usw. Subjunktionen und Konjunktionen sind Bindewörter. Sie bezeichnen explizit den inhaltlichen Zusammenhang. Aber die sprachlichen Mittel zum Ausdruck des Zusammenhangs erschöpfen sich nicht in diesen Bindewörtern. Als Bindewörter können wir auch ansehen textgliedernde Adverbien wie *so, auch, dann* und Partikeln wie *nicht, nur*. Dazu kommen natürlich die Anaphern wie *dieses* und schließlich auch bestimmte Stilprinzipien wie der parallele Bau der Infinitivklauseln in (6), wo die Koordination nicht explizit bezeichnet ist, aber ein verbindendes *und* mitverstanden werden kann. All diese sprachlichen Mittel zusammen bilden das Netz, das den Text zusammenhält. Der Rezipient, der den Text verstehen will, muß also dieses Webmuster erkennen (van Dijk 1977).

Die Schwierigkeit, einen Satz zu verstehen, wächst mit der Anzahl der Aussagen, die er enthält. Dabei ist vorderhand egal, ob Subordination oder Koordination vorliegt. Auch in tieferen Unterordnungen können Aussagen stecken und sogar versteckt in nicht-satzförmigen Phrasen. Bemerkenswert ist auch, daß die grammatische Verbindung nicht unbedingt der inhaltlichen Verbindung entspricht. Die grammatische Koordination ist nicht nur bei Hauptsätzen oder Ganzsätzen möglich, sie verbindet auch Nebensätze und infinite Klauseln untereinander.

Und bei Subordinationen – wo ja Sätze in einen andern eingebettet sind – können die Nebensätze selbst wieder Nebensätze enthalten. So ist zu unterscheiden zwischen gleichstufigen Nebensätzen, die gleichberechtigt in einem Satz eingebettet sind, und Nebensatz-Treppen mit Unterordnung. Dazu ein Beispiel, in dem die Stufung nicht im Treppenmodell, sondern einfacher durch indizierende Ziffern dargestellt ist:

(7) [Setzt die musikalische Analyse beispielsweise voraus]$_2$, [daß ein Musikwerk einem Baum vergleichbar ist]$_{2\,3}$, [dann ist über mehr entschieden]$_{3\,1}$.

Damit ist schon angedeutet, welche Probleme sich ergeben können, wenn man die grammatische Struktur von komplexen Satzverbindungen erkennen will und dann auch die inhaltlichen Zusammenhänge verstehen will.

4.1 Subordination: Komplementsätze

Während die Hauptsätze eines Textes in grammatischer Hinsicht wie in Serie hintereinander geschaltet sind, müssen die Nebensätze zugeordnet und grammatisch eingepaßt sein. Voraussetzung zum Verständnis dieser Einpassung ist natürlich die Identifikation der Nebensätze. Der Rezipient erwartet vorderhand Hauptsätze, Nebensätze müssen darum besonders markiert sein (Clark/Clark 1977:69). Fehlt ihnen die Markierung, machen sie Probleme. Im allgemeinen sind sie aber leicht zu identifizieren, weil fast alle Nebensätze sich durch zwei Merkmale zu erkennen geben: 1. die Endstellung des finiten Verbs und 2. einleitende Unterordner. Unterordner und finites Verb bilden einen Rahmen, in den alle übrigen Teile des Nebensatzes eintreten, sozusagen eine Art Satzklammer für Nebensätze. Außerdem sind natürlich die Nebensätze durch Kommas oder äquivalente Satzzeichen eingerahmt, insbesondere steht direkt vor dem Unterordner immer ein satzabtrennendes Zeichen. Als Unterordner treten auf Subjunktionen wie *daß, ob; wenn, weil, als* usw., w-Wörter wie *was, womit* usw. und Relativpronomen.

Die Unterordner leisten dreierlei:

- Sie sind Kennzeichen der Nebensätze.
- Sie können die Satzfunktion des Nebensatzes anzeigen.
- Sie können die inhaltliche Beziehung zum Hauptsatz anzeigen.

Für die Einpassung eines Nebensatzes in das Satzgeflecht sind zwei Fragen wichtig:
- In welche grammatische Position des Trägersatzes tritt der Nebensatz?
- Welches ist die semantische Beziehung zwischen Trägersatz und Nebensatz?

Zur Beantwortung dieser Fragen beachten wir zwei Aspekte: Die Analyse nach innen schaut, wie der Nebensatz aufgebaut, insbesondere wie er eingeleitet ist. Die Analyse nach außen schaut, wie der Nebensatz im Kernsatz integriert ist.

Hefe erzeugt Östrogen
Endokrinologen sind sehr überrascht, daß Hormone in allen möglichen Lebewesen auftauchen. Ursprünglich hat man gemeint, Hormone kommen nur in höheren Tieren vor, die diese chemischen Boten in einem Organ des Körpers erzeugen und sie mit dem Blut zu einem anderen Teil des Körpers befördern, wo sie eine Wirkung erzielen. Vor einigen Jahren berichteten aber Jesse Roth und seine Mitarbeiter am National Institute of Health in den USA, daß sogar Bakterien gewisse Substanzen erzeugen, die wie Hormone aufgebaut sind und ähnlich wirken, obwohl sich ihre chemischen Strukturen von denen der menschlichen Hormone geringfügig unterscheiden könnten.
Nun berichten David Feldmann und seine Mitarbeiter an der Stanford University School of Medicine und der Syntex Corporation, daß des Bäckers und des Brauers Hefe menschliches Östrogen produziert. Dies bedeutet, daß alkoholische Getränke und vielleicht andere Nahrungsmittel kleine Mengen dieses Hormons enthalten, aber Feldmann vermutet, daß die Menge, die Menschen mit ihrer Nahrung einnehmen, so klein ist, daß das Hormon nicht zur Entfaltung kommt.
Was Östrogen in Hefe tut, ist ungeklärt.

(i) Die grammatische Rolle des Nebensatzes im Hauptsatz ist weniger markiert als bei den Nominalphrasen und darum unbestimmter. Weder hat ein Nebensatz einen Kasus, noch ist er durch Präpositionen gekennzeichnet, wenngleich Unterordner für Nebensätze so etwas sind wie Präpositionen für Präpositionalphrasen, was ja erkennbar bleibt an der Tatsache, daß Präpositionen als Subjunktionen vorkommen (*seit, während*) und daß Subjunktionen öfter präpositionale Elemente enthalten (*nachdem, bevor, seitdem, damit*). Die Satzgliedfunktion der Nebensätze wird erkennbar an

Einpassung

– einer möglichen Offenheit (Leerstelle) des Trägersatzes,
– der Stellung des Nebensatzes,
– den inhaltlichen Einpassungsmöglichkeiten.
Mit diesen Kriterien erweist sich auch, daß die Nebensätze drei Funktionen wahrnehmen: Sie sind Komplemente oder Supplemente oder Attribute (→ 3.).
 Stark vom Hauptsatz her bestimmt sind Nebensätze, die in Leerstellen eintreten, die das Hauptsatz-Prädikat mit seiner Valenz eröffnet. Dies sind die Komplementsätze, die auch in ihrer Deutung stark vom Hauptsatz-Prädikat geformt und selegiert sind. Supplementsätze sind hingegen inhaltlich unabhängiger (wenngleich natürlich grammatisch auch unselbständig), aber wie Supplemente doch dem ganzen Trägersatz zugeordnet. Attributsätze schließlich sind dem Kern einer Nominalphrase, ihrem Bezugswort, zugeordnet (→ 3.42).
 Die einzelnen Nebensatz-Arten nehmen prinzipiell die Positionen der entsprechenden Satzglieder ein, wären so also ganz gut zu erkennen. Allerdings wirkt hier das Gesetz der wachsenden Glieder (→ 3.12), so daß sie oft eine Rechtstendenz bezogen auf die Grundstellung zeigen. Damit wird manchmal auch wie in (1) die Unterbrechung von Phrasen vermieden. Semantisch kann man sich die Rolle aber klarmachen, indem man den Nebensatz durch Nominalphrasen, insbesondere etwa Proformen ersetzt.

(1) ┌─ Die musikalische Analyse setzt voraus, daß ein Musikwerk
    │ einem Baum vergleichbar ist.
(1a) └─ Die musikalische Analyse setzt etwas voraus.

(2) ┌─ Die Verwaltungsbehörde muß die Fahrerlaubnis entziehen, wenn
    │ sich jemand als ungeeignet zum Führen von Kfz. erweist.
(2a) └─ Die Verwaltungsbehörde muß in diesem Fall die
       Fahrerlaubnis entziehen.

Damit haben wir sozusagen eine inhaltliche Probe auf unsere erste Hypothese, die sich auf die Form des Trägersatzes und die Stellung des Nebensatzes stützte.

Es ergibt sich außerdem, daß die Unterordner wichtige Kennzeichen der Satzfunktion sein können. So sind bestimmte Subjunktionen (*weil*, *wenn* usw.) Kennzeichen für Supplementsätze, Relativpronomen sind Kennzeichen für Attributsätze. Nicht eindeutig sind die Subjunktionen *daß*, *ob*, sie können Komplementsätze und Attributsätze einleiten; nicht eindeutig sind auch die w-Wörter, sie können Komplementsätze, Attributsätze oder parenthetische Zusätze einleiten.

Bei den Komplementsätzen kann man nach ihren formalen Merkmalen drei Arten unterscheiden, die dann auch mit gewissen inhaltlichen Unterschieden zusammengehen: Inhaltssätze, Anführsätze und w-Sätze.

Komplementsätze

Unterordner	Art	Beispiel
daß, ob	Inhaltssatz	Endokrinologen sind sehr überrascht, daß Hormone in allen möglichen Lebewesen auftauchen.
–	Anführsatz	Ursprünglich hat man gemeint, Hormone kommen nur in höheren Tieren vor ...
was, wer, wohin, wo ...	w-Satz	Was Östrogen tut, ist ungeklärt.

Inhaltssätze
Anführsätze

(ii) Die häufigsten Komplementsätze sind Inhaltssätze. Sie machen ein Viertel der Nebensätze aus. Inhaltssätze werden eingeleitet durch die externen Subjunktionen *daß* oder *ob*. Sie sind in ihrer Form nicht darauf vorbereitet, die Komplementart zu verdeutlichen. Ein Inhaltssatz steht erst einmal freischwebend im Hauptsatz, und man muß herausbekommen, ob er eine Valenzstelle füllt und welche Valenzstelle er füllt. Hierzu helfen zwei Kriterien: die Stellung des Komplementsatzes, die Valenz des Hauptsatz-Prädikats.

1. Ein Komplementsatz steht oft an der Stelle, wo das entsprechende Komplement in nominaler Form stünde.

(3) Diese Tatsache bedeutet,
     [SUBJEKT]

     daß alkoholische Getränke und vielleicht andere ...
     [AKK KOMPLEMENT]

Die Ersetzung durch eine Nominalphrase kann deshalb oft einen inhaltlichen Hinweis auf die Komplementart geben. Allerdings wird der Komplementsatz nach dem Gesetz der wachsenden Glieder weiter nach rechts tendieren gegenüber kurzen – etwa pronominalen – Füllungen der Valenzstelle. Dies verdeutlicht etwa (1) gegenüber (1a).

2. Ausschlaggebend für die Einpassung des Komplementsatzes ist natürlich die Valenz des Hauptsatz-Prädikats, insbesondere die selektionale Valenz. Das Prädikat muß in der entsprechenden Valenzstelle propositionale Komplemente zulassen oder fordern, nur dann kann sie durch einen Inhaltssatz gefüllt sein. Die Integration in den Hauptsatz geschieht also vor allem nach dem Sinn.

Inhaltssätze können gemäß ihrer neutralen Form an Stelle des Subjekts, des akkusativischen Komplements und des präpositionalen Komplements stehen. Dativ-Komplement sind sie nie.

(4) Daß Hooke das Mikroskop entwickelte, leitete eine neue Phase ein.
     [SUBJEKT]

(4a) Jesse Roth und seine Mitarbeiter berichteten,
     daß Bakterien gewisse Substanzen erzeugen, die ...
     [AKK KOMPLEMENT]

(4b) Wir staunen (darüber),
     daß man diese Fähigkeit auch Maschinen zuschreiben will.
     [PRÄP KOMPLEMENT]

Als Faustregel kann man sich merken, daß weitaus die meisten *daß*-Sätze akkusativische Komplemente sind (besonders bei Verben des Mitteilens, des Denkens und des Wahrnehmens), selten sind sie Subjektsätze. Bei Brückenverben können sie beide Leerstellen füllen (→ 4.32).

Verben mit Inhaltssätzen als akkusativischem Komplement

annehmen	lernen
antworten	meinen
berichten	merken
denken	sagen
erleben	schreiben
erzählen	sehen
finden	untersuchen
fürchten	voraussetzen
glauben	wiederholen
hoffen	wissen

Prädikate mit Inhaltssätzen als Subjekt

daraus folgt, ...	es geschah, ...
es wiederholt sich, ...	es zeigte sich, ...
mich freut/ärgert/stört, ...	es ist der Fall, ...
mich wundert, ...	es ist nötig, ...
es trifft zu, ...	es ist notwendig, ...
es entscheidet sich, ...	es ist wahrscheinlich, ...
es trifft sich, ...	wie kommt es, ...
es glückte, ...	

Da Subjektsätze kongruieren mit dem finiten Verb in 3 sg, haben wir es hier mit unpersönlichen Konstruktionen zu tun, die oft ein Platzhalter-*es* im Vorfeld haben und den Inhaltssatz nach rechts rücken, oft bis ins Nachfeld.

Verben mit Inhaltssätzen als präpositionalem Komplement

das kommt davon, ...	das folgt daraus, ...
das liegt daran, ...	A glaubt daran, ...
das hängt davon ab, ob ...	A fängt damit an, ...
das kommt darauf an, ob ...	A sorgt dafür, ...

Inhaltssätze bieten selbst keinerlei Anzeichen dafür, ob sie als Attribut, als Subjekt, als Akkusativkomplement oder Präpositionalkomplement stehen. Sicherlich wird dies bei Komplementen durch das übergeordnete Prädikat klar. Aber viele Prädikate haben Varianten, die die Zuordnung und Deutung schwierig machen können. Aus diesem Grund sind oft pronominale Korrelate verwendet, die verdeutlichen, in welche Valenzstelle ein Inhaltssatz gehört. Ein solches Korrelat hält die normale grammatische Position des Komplements besetzt. Wenn ein Korrelat den normalen Platz des jeweiligen Komplements einnimmt, kann der Komplementsatz auch weiter rechts stehen. Er muß also dem Korrelat nicht direkt folgen. Das Korrelat ist dem Rezipienten natürlich eine willkommene Hilfe, insbesondere dann, wenn der Komplementsatz nicht leicht einzupassen wäre oder wenn falsche Valenzzuordnung zu gravierenden Mißverständnissen führen würde. Für Subjekt und akkusativische Komplemente hat *es* die Korrelatfunktion, für präpositionale Komplemente leisten dies kataphorische Pronomen, die aus *da(r)*- und der entsprechenden Präposition zusammengesetzt sind:

(5) Man weiß es schon, daß wir zwei Stunden später dran sind.

(6) Es ist ersichtlich aus der Tabelle, daß Mitternacht Sommerzeit angezeigt ist.

(7) Aus der Tabelle ist es ersichtlich, daß Mitternacht Sommerzeit angezeigt ist.

(8) Niederschmetternd ist es, daß man diese Fähigkeit gerade auch Maschinen zuschreiben will.

(9) Endokrinologen sind sehr überrascht darüber, daß Hormone in allen möglichen Lebewesen auftauchen.

(10) Die Wissenschaftler haben uns davon völlig überzeugt, daß Hormone entscheidend wichtig sind.

So haben etwa Verben wie *begrüßen, dahinbringen, einrichten, fertigbringen, hinnehmen* immer Korrelate, *befürchten, einsehen* sehr selten (Ulvestad/Bergenholtz 1983). Das Korrelat ist inhaltlich leer, verweist nur voraus auf den Komplementsatz, der dann erst die eigentliche Deutung ermöglicht. Dennoch entstehen öfter Bedeutungsnuancen, besonders bei Verben, die nicht so häufig ein Korrelat mit sich führen. Ein *es* könnte ja immer auch anaphorisch zu deuten sein, so daß man im Geiste oder im Kontext gern ein Antezedens sucht. Und oft ist es vom Sprecherschreiber auch mit Antezedens gedacht. Der Komplementsatz wird dann eher explikativ und ruft bereits Gesagtes noch einmal in Erinnerung. Der ganze Satz hat dann eher insistierenden (oft tadelnden) Charakter:

(5a) Du weißt es schon, daß wir zwei Stunden später dran sind.

Vorangestellte *daß*-Sätze können auch anaphorisch wieder aufgenommen werden. Sie sind sozusagen aus dem Satzverband herausgelöst, um sie besonders zu betonen:

(5b) Daß wir zwei Stunden später dran sind, das weiß man schon.

Beachtenswert sind die sogenannten Anführsätze:

(11) Ursprünglich hat man gemeint, Hormone kommen nur in höheren Tieren vor, ...

Sie können bei der Identifikation von Nebensätzen besondere Schwierigkeiten machen, weil sie deren Hauptmerkmale nicht haben: Sie haben weder eine einleitende Subjunktion noch Endstellung des finiten Verbs. Sie haben ganz die Form von Aussagesätzen (insbesondere Zweitstellung des finiten Verbs), sind aber dennoch als Komplemente in einem übergeordneten Satz integriert. Das verdeutlicht, wie stark die Valenzkraft den Satz organisiert, so stark, daß sie sogar Hauptsätze in die Komplementrolle zwingen kann. Der Rezipient muß dies aber inhaltlich erschließen, ohne daß er die entsprechenden Anzeichen hat. Da üblicherweise Strukturzeichen die entsprechende Markierung übernehmen, sind solche uneingeleiteten Varianten inexpliziter und erfordern entsprechend mehr Deutungsarbeit (cf. Fodor/Garett 1967; Hakes 1972 für englische Relativsätze ohne Einleitung).

Inhaltliches Spezifikum der Anführsätze ist, daß sie meistens anführen, was jemand geäußert hat, und dies dann im Konjunktiv formulieren. Wie unser Beispiel (12) zeigt, sind sie aber nicht immer durch Konjunktiv gekennzeichnet. Gemäß ihrer Bedeutung stehen Anführsätze häufig nach Sprechaktverben und Verben, die mentale Einstellungen ausdrücken:

(12) ... behaupten, ein Computer könne gewiß nicht kreativ sein.

(13) ... so sagen wir: A ist Teilmenge von B.

Ungewöhnlich – aber gottseidank selten – ist es, wenn aus dem Inhaltssatz oder dem Anführsatz eine Phrase herausgezogen ist und vor dem Trägersatz steht:

(14) ┌─ Selbst in Speisen, glauben die Forscher, daß solche Gifte vorkommen.
     └─► Die Forscher glauben, daß selbst in Speisen solche Gifte vorkommen.

Öfter sind diese Phrasen gar nicht durch Kommas vom Trägersatz getrennt, so daß man sie erst einmal für ein Satzglied des Trägersatzes halten kann:

(14a) Wo glauben sie, daß solche Gifte vorkommen?

Solche Verschränkungen sind starke Fokussierungen, deshalb sind sie in schriftlichen Texten nicht sehr häufig. Wegen ihrer umspringenden und oft kreuzenden Unterordnung sind sie schwer zu verstehen.

Inhaltliche Einbettung

(iii) Für die semantische Leistung der Inhaltssätze und Anführsätze ist zweierlei wichtig:

1. Die externen Subjunktionen *daß* und *ob* haben für sich selbst wenig Bedeutung. Erst im Zusammenhang mit den entsprechenden Hauptsatz-Prädikaten werden sie deutlicher. Die Subjunktion *ob* hingegen drückt aus, daß die Wahrheit in der Schwebe bleibt. Sie ist eher fragend, es geht dem Sprecher darum, ob die Aussage wahr oder falsch ist. Dies kann man durch die Folgerungen verdeutlichen:

(15) ┌─ Man zweifelt, ob man die Ursache finden wird.
     ├─ Man zweifelt an etwas.
     └─ Wird man die Ursache finden?

(16) ┌─ Man hofft, daß man die Ursache finden wird.
     ├─ Man hofft etwas.
     └─ Man wird die Ursache finden.

So ergibt sich auch eine inhaltlich motivierte Verteilung der Subjunktionen auf bestimmte Verben. Verben wie *bestreiten, behaupten* führen nur *daß* nach sich, Verben wie *fragen, untersuchen, nachsehen, probieren* nur *ob*, Verben wie *mitteilen, sagen, ermitteln* sowohl *daß* als auch *ob*; letzteres besonders, wenn sie negiert sind.

2. Die Hauptsatz-Prädikate drücken in Bezug auf den Inhaltssatz Unterschiedliches aus. Sie übertragen scheinbar etwas illokutionäre Kraft auf den Nebensatz. Wir unterscheiden faktive Verben und neutrale Verben. Ein faktives Verb ist *merken*; es präsupponiert die Wahrheit des daß-Satzes:

(17) ⎡— Die Leute merken, daß ein Computer gewiß nicht kreativ sein
⎢   kann.
⎢— Die Leute merken nicht, daß ein Computer gewiß nicht kreativ
⎣   sein kann.
↳ Ein Computer kann nicht kreativ sein.

Faktive Verben setzen die Aussage des Inhaltssatzes als wahr voraus. Es ist dabei egal, ob der Hauptsatz negiert ist oder nicht. Weitere faktive Verben sind: *entdecken, sehen, verraten, bedauern, bereuen, erfahren.*
Ein neutrales Verb ist *behaupten*:

(18)   Sie behaupten, daß ein Computer nicht kreativ ist.

Bei einem neutralen Verb folgt aus dem ganzen Satz nichts über die Behauptung der tatsächlichen Wahrheit oder Falschheit des Inhaltssatzes, wenngleich der Sprecher natürlich einen Wahrheitsanspruch für den Ganzsatz erhebt. Weitere neutrale Verben sind: *sagen, bestreiten, hoffen, denken, finden, antworten, beschließen, vorkommen.*

(iv) Während Inhaltssätze und Anführsätze Sachverhalte ausdrücken, wird   w-Sätze
mit den w-Sätzen unbestimmt auf Gegenstände oder Sachverhalte Bezug genommen. Die w-Sätze werden eingeleitet durch Indefinitpronomen wie *wer, was, wen, wie* usw. oder auch präpositionale Pronomina wie *woraus, worüber* usw., die (analog den kataphorischen Korrelaten wie *darüber* usw.) mit *wo(r)* + Präposition gebildet sind und die Anschlußpräposition enthalten, die das Trägerverb nach seiner Valenz verlangt.

(19)   Ich weiß nicht, was ihr gegen die Kirche habt.
                       | Akk Komplement |

(20)   Wer dem Auflösungsprozeß nachgeht, steigt über verlassene
       | Subjekt | Stufen der Reflexion.

(21)   Cantor hat ermöglicht, wovon wir jetzt noch zehren.
                              | Akk Komplement |

Die *w*-Wörter sind interne Unterordner, das heißt: Sie nehmen eine Satzfunktion im Nebensatz wahr, sie sind fast ausschließlich Komplemente. In (19) ist *was* Akkusativkomplement, in (20) *wer* Subjekt, in (21) *wovon* Präpositionalkomplement. Zur Einpassung der w-Sätze in den Kernsatz muß die Valenz des Kernsatzprädikats beachtet werden. Die Stellung des w-Satzes leistet dabei eine gewisse Hilfe, so nimmt etwa der Subjektsatz in (20) die Spitzenstellung ein wie Subjekte meistens. Es ist aber zu beachten, daß die Deutung eines w-Satzes variieren kann nach seiner eigenen inhaltlichen Kategorie (ist er eher referentiell oder eher propositional?) und nach der selektiven Valenz des Hauptsatz-Prädikats in der entsprechenden Valenzstelle. Viele w-Sätze sind eng verwandt mit indefiniten Relativsätzen und können als solche umformuliert werden:

(20a) ⎡— Wer dem Auflösungsprozeß nachgeht,
⎣ steigt über verlassene Stufen der Reflexion.

⎣→ Einer, der dem Auflösungsprozeß nachgeht, ...

Das indefinite w-Wort erscheint hier als Indefinitpronomen, das anaphorisch im Relativpronomen wieder aufgenommen wird. Ist das Bezugswort selbst Bezeichnung einer Proposition, so wird auch das entsprechende Relativpronomen *was* gewählt sein:

(22) Analytische Urteile sagen nichts als das,
      was im Begriffe des Subjekts schon wirklich ist.

In diesen Fällen stehen wir vor dem Übergang von eher referentiellen zu propositionalen Sätzen. Dieser Unterschied definiert auch die Grenze vieler w-Sätze zu den Inhaltssätzen, die ja klar propositional sind. Ist in einer Valenzstelle propositionale Füllung ausgeschlossen, dann wird der w-Satz referentiell gedeutet. Sonst kann er aber referentiell oder auch propositional zu verstehen sein. Selbstverständlich geht es dabei wegen des indefiniten w-Worts um offene Propositionen, die eben in dieser Stelle unbestimmt bleiben, und das kann bei Frageverben im Hauptsatz auch zu Anklängen an den entsprechenden Fragesatz führen, weshalb man hier auch von indirekten Fragesätzen gesprochen hat, wie vielleicht im Beispiel (19), oder in einer deutlicheren Abwandlung:

(19a) Ich frage mich, was ihr gegen die Kirche habt.

Unser Beispiel (21) zeigt aber, daß dies nicht auf solche Oberverben mit Fragebedeutung beschränkt ist.

Beachtenswert scheint jedenfalls, daß bei nuancierter Deutung sich hier Zweideutigkeiten ergeben können. Oberverben mit einer selektionalen Valenz, die sowohl für referentielle wie propositionale Komplemente offen ist, können beide Deutungen zulassen, wenn der w-Satz beides zuläßt. Dies ist häufig bei *was*-Sätzen:

(23) ⎡— Ich bemerkte, was sie suchten.
     ⎢— Ich bemerkte, was es war, das sie suchten.   (propositional)
     ⎣— Ich bemerkte das, was sie suchten.   (referierend)

(24) ⎡— Wer neu in die Mannschaft kommt, ist von dem
     ⎢   finanzkräftigen Sponsor abhängig.
     ⎢— Wer es ist, der neu in die Mannschaft kommt, ist von dem
     ⎢   finanzkräftigen Sponsor abhängig.   (propositional)
     ⎣— Derjenige, der neu in die Mannschaft kommt, ist von dem
         finanzkräftigen Sponsor abhängig.   (referierend)

Die Bedingungen für die jeweilige Deutung wollen wir nicht im einzelnen explizieren. Die referentielle Deutung setzt jedenfalls voraus, daß das w-Wort im Nebensatz die Funktion hat, die sein (erschlossenes) Bezugswort oder es selbst im Hauptsatz hätten (z.B. Akkusativkomplement oder Subjekt ist).

Ratschläge für Lerner

> Ein Nebensatz ist Komplement, wenn die Valenz des Trägerprädikats ihn verlangt. Du findest ihn oft an der Stelle des Komplements, manchmal weiter rechts. Du erkennst ihn an der Endstellung des finiten Verbs und einleitenden Subjunktionen *daß, ob* oder w-Wörtern. Vorsicht aber bei den Anführsätzen, die wie Hauptsätze aussehen!
> Also:
> Achte auf Form und Stellung des Nebensatzes!
> Beachte die Valenz des Trägerprädikats und passe den Nebensatz entsprechend ein!
> Nutze verdeutlichende Korrelate!

4.2 Subordination: Supplementsätze

Supplementsätze sind Nebensätze, die als Supplemente stehen. Wie alle Nebensätze sind Supplementsätze weitgehend gekennzeichnet durch bestimmte Unterordner, durch Endstellung des finiten Verbs und Einrahmung mit entsprechenden Satzzeichen. Nach ihrem Bau können wir – wie bei den Komplementsätzen – drei Arten unterscheiden: Mit Subjunktionen eingeleitete, solche ohne Einleitung und w-Sätze. Die subjunktionalen überwiegen aber bei weitem. Die grammatische Einbindung in den Hauptsatz ist noch loser als bei den Komplementsätzen. Da sie keine Valenzstelle besetzen, werden sie vom Kernsatz nicht gefordert oder nahegelegt. Inhaltlich stehen sie ihm eher als Ganzem gegenüber, ihre Beziehung zum Kernsatz ist – wie bei den Supplementen allgemein – vorrangig semantisch bestimmt. Die jeweilige Subjunktion bestimmt weitgehend die semantische Rolle.

Mailand, Oktober 1946
Man ist immer noch ein Nationalist! <u>Wenn</u> ich von einem Landsmann lese, daß er den Nobelpreis bekommen oder daß ihn der Kaiser von China empfangen habe, verbiete ich mir jeden Stolz, <u>weil</u> wir zur Genüge erfahren haben, wohin diese Art von Herdenstolz, <u>wenn</u> er sich nicht auf den Sportplätzen erledigt, in der Geschichte der Völker führen muß, und es gelingt mir auch einigermaßen. Aber das Gegenteil, das übrigens öfter vorkommt, wirft meine weltbürgerliche Pose jedesmal über den Haufen; <u>wenn</u> ich hier meine Landsleute sehe, wie sie mit ihrer Währung die italienischen Läden plündern, ärgere ich mich bleich –
Warum eigentlich?
Die offenbare Enttäuschung verrät unsere heimliche Annahme, daß das eigene Volk, <u>nur weil</u> wir ihm selber gerade angehören, schließlich doch ein Mustervolk sei, und somit würde es also genügen, <u>wenn</u> man sich über sich selber ärgerte.

subjunktionale Supplementsätze

(i) Unser Text enthält neben einigen Komplementsätzen die folgenden Supplementsätze:

(1) Wenn ich von einem Landsmann lese ...
(2) ... weil wir zur Genüge erfahren haben
(3) ... wenn er sich nicht auf den Sportplätzen erledigt
(4) Wenn ich hier meine Landsleute sehe ...
(5) ... nur weil wir ihm selber gerade angehören ...
(6) ... wenn man sich über sich selber ärgerte.

Damit haben wir die beiden Arten, die in der Wissenschaftssprache am häufigsten vorkommen: *weil*-Sätze und *wenn*-Sätze. Andere Subjunktionen, die Supplementsätze einleiten und an denen man sie leicht erkennt, sind *als, nachdem, obwohl, damit, während, bevor*. Die Einbindung in den Kernsatz ist semantisch begründet, insofern wir die Supplementsätze jeweils durch Nominalphrasen ersetzen können, deren Supplementrolle deutlich ist:

(2a) Aus diesem Grund verbiete ich mir jeden Stolz.
(4a) Bei dieser Gelegenheit ärgere ich mich bleich.

Die Subjunktionen sind nicht in die grammatische Organisation des Supplementsatzes eingebunden; sie sind reine Bindewörter, die neben der Unterordnung vor allem das semantische Verhältnis zum Kernsatz angeben: *Wenn* zeigt ein konditionales Verhältnis an, *weil* ein kausales Verhältnis (→ 4.32). Die ersetzenden Nominalphrasen können auch diese inhaltlichen Verhältnisse charakterisieren und verdeutlichen: *aus diesem Grund, bei dieser Gelegenheit, unter dieser Bedingung* usw.

Traditionell werden die Bedeutungsverhältnisse zwischen Kernsatz und Supplementsatz den einzelnen Subjunktionen wie folgt zugeschrieben:

als, bevor, bis, ehe, nachdem, seit, während	temporal
weil, da	kausal
obwohl, obgleich, wenngleich	konzessiv
falls, wenn, insofern	konditional
so daß	konsekutiv
damit	final

Diese allgemeinen Charakterisierungen sind nur Hinweise auf die Bedeutung. In der einzelnen Verwendung muß man den spezifischen Sinn erfassen. Dazu mehr bei der Deutung.

Um das inhaltliche Verhältnis zu verdeutlichen, finden sich öfter Vorreiter im Trägersatz:

Trägersatz	Nebensatz
immer	*wenn*
auch	*wenn*
selbst	*wenn*
so	*daß*
soviel	*daß*
soweit	*daß*
dadurch	*daß*
nur	*daß*
dermaßen	*daß*
dergestalt	*daß*
insofern	*als*
damals	*als*
solange	*bis*
deshalb	*weil*
aus dem Grund	*weil*

Durch häufige Kontaktstellung können sich die Vorreiter auch eng an die Subjunktionen binden wie in *als ob, als wenn, wie wenn, außer wenn, besonders wenn, ohne daß, anstatt daß* u.a. Umgekehrt gibt es auch den Fall, daß Supplementsätze verdeutlichend im Trägersatz wieder aufgenommen werden mit einer anaphorischen Proform:

Nebensatz	Trägersatz
wenn	*dann/so*
obwohl	*trotzdem/doch/dennoch*

(ii) Auch bei den Supplementsätzen sollte man formale Merkmale nicht überbewerten. Zwar sind Nebensätze fast alle durch Verb-Endstellung ausgezeichnet, aber die Hauptaufgabe des Rezipienten ist, sie in Satzverbindungen als unselbständige Sätze zu erkennen und sie semantisch in den ganzen Verband einzuordnen. Bei der Bestimmung der Nebensätze über Verb-Endstellung, die als Kriterium ja wirklich entscheidend ist, kann uns ein Sonderfall irreführen, der weder eine einleitende Subjunktion noch Verb-Endstellung aufweist. Dieser Irreführung erliegen wir, weil wir routinemäßig einen Hauptsatz erwarten, wenn wir keine gegenteiligen Hinweise bekommen (Clark/Clark 1977:68).

uneingeleitete Konditionalsätze

Der Harnleiterstein
<u>Besteht</u> eine günstige Beziehung zwischen Steingröße und Harnleiterlumen, <u>so</u> kann der in den Harnleiter getretene Stein unter weiteren Koliken tiefer treten, in die Blase gelangen und spontan durch die Harnröhre abgehen. <u>Sitzt</u> das Konkrement im proximalen Ureteranteil, <u>so</u> bestehen Koliken, die mehr auf die Lumbalgegend und den Oberbauch beschränkt bleiben. <u>Befindet</u> sich der Stein im mittleren oder unteren Drittel, <u>so</u> bestehen starke

Koliken mit Ausstrahlungen in den Oberschenkel und in die Leiste, während kurz vor der Blase sitzende, sog. juxtavesicale oder intramurale Steine eine Pollakisurie, Blasentenesmen und in den Hoden ausstrahlende Koliken hervorrufen.

Diese Supplementsätze drücken Bedingungsgefüge aus. Sie sind besonders in der Wissenschaftssprache üblich zum Ausdruck allgemeiner Gesetzmäßigkeiten aber auch in juristischen Texten. Sie sind gekennzeichnet durch Verb-Erststellung und dadurch, daß sie selbst dem Hauptsatz vorangehen. Zur Verdeutlichung wird der folgende Hauptsatz oft eingeleitet durch *dann* oder *so*:

(7)   <u>Finden</u> wir den Schlagschatten bei 23 Uhr Mondzeit, <u>dann</u> ergibt sich ein Zeitabstand von 47 Mondminuten.

(8)   <u>Wird</u> jemand wegen einer Straftat verurteilt, <u>so</u> kann ihm das Gericht verbieten ...

Aber diese Adverbien können auch entfallen, dann sind die Gefüge noch schwerer zu erkennen, weil sie als zwei parallele Sätze gedeutet werden können:

(9)   Besteht eine günstige Beziehung, kann ihm das Gericht verbieten ...

Allerdings führt diese Deutung in eine Sackgasse. Denn der Form nach müßten beide ja als Fragesätze gedeutet werden, was aber offenkundig keinen Sinn macht, und im übrigen auch nicht durch ein abschließendes Fragezeichen gesichert ist.

Zu erwähnen sind noch w-Sätze als Supplemente. Sie sind allerdings selten in dieser Funktion. Das nebensatzeinleitende w-Wort muß dabei im Nebensatz die gleiche grammatische Funktion erfüllen wie der ganze Nebensatz:

(10)   Es wurde eine Tradition verbindlicher Lehr- und Wissensstoffe begründet, wodurch die Wissenschaft in ein Stadium geistiger Erstarrung geriet.

Diese w-Sätze sind als indefinit referierend zu verstehen und eng verwandt mit entsprechenden Attributsätzen (→ 3.42) einerseits und den weiterführenden w-Sätzen andererseits (→ 4.33):

(11)   Hormone werden zu einem anderen Teil des Körpers befördert, <u>wo sie eine Wirkung erzielen</u>.

Stufung (iii) Die Einpassung einzelner Nebensätze in Hauptsätze ist oft nur ein erster Schritt bei der Entwicklung des Satzgeflechts. Oft gilt es, mehrere Nebensätze einzupassen, und dann ist natürlich wichtig zu entscheiden, ob gleichstufige Nebensätze vorliegen oder ob wir Nebensatztreppen ansetzen müssen. Für eine übersichtliche Darstellung können wir die Treppendarstellung (→ 3.42), aber auch grammatische Formulare benutzen, die die Unterordnungen und Satzverbindungen hervorheben. Hier zwei Beispiele:

(12) Jesse Roth und seine Mitarbeiter am National Institute of Health in den USA berichteten, daß sogar Bakterien gewisse Substanzen erzeugen, die wie Hormone aufgebaut sind und ähnlich wirken, obwohl sich ihre chemischen Strukturen von denen der menschlichen Hormone geringfügig unterscheiden könnten.

(12a) [... berichteten], [daß ... erzeugen], [die ... sind] und [... wirken],
 1   1 2   2 3   3   3
[obwohl ... könnten].
 4   4

Wir haben hier einen Hauptsatz mit einem untergeordneten Komplementsatz, der durch *daß* eingeleitet ist. Der Komplementsatz enthält seinerseits einen Relativsatz mit Bezug auf *Substanzen*. Der Relativsatz ist eine Koordination aus zwei Sätzen und hat selbst noch einen untergeordneten Supplementsatz. Der mit *obwohl* eingeleitete Satz ist also nicht dem Hauptsatz oder dem Komplementsatz untergeordnet, sondern dem tieferstufigen Relativsatz. Dies ist eine Wirkung einer grammatischen Routine, nach der wir serielle Unterordnung bevorzugen, und einer weiteren, nach der wir offenbar bei Nebensätzen Rechtsorientierung bevorzugen, wie das Beispiel schön zeigt.

Die Stufenindexe der Klammern zeigen, daß die Unterordnung in (12) über drei Stufen geht. Die Unterordnung ist im wesentlichen seriell. Etwas komplexer ist die Lage in folgendem Beispiel, das schon mit einem Nebensatz beginnt, was für das Verstehen etwas schwieriger ist als ein Hauptsatz am Beginn des Gefüges (Holmes 1973):

(13) Wenn ich von einem Landsmann lese, daß er den Nobelpreis bekommen oder daß ihn der Kaiser von China empfangen habe, verbiete ich mir jeden Stolz, weil wir zur Genüge erfahren haben, wohin diese Art von Herdenstolz führen muß, wenn er sich nicht auf den Sportplätzen erledigt.

(13a) [Wenn ich ... lese], [daß ... habe], [verbiete ich mir jeden Stolz], [weil
  2   2 3   3 1   1 2
wir ... erfahren haben], [wohin ... führen muß], [wenn er sich nicht
 2 3   3 4
... erledigt].
 4

Auch hier liegt ein Hauptsatz vor, er hat aber auf beiden Seiten direkt untergeordnete Nebensätze, die ihrerseits wieder Träger weiterer Nebensätze sind. Zwei direkt untergeordnete Nebensätze sind im allgemeinen das Maximum, so daß man kaum auf die Idee kommt, den letzten Nebensatz auch noch direkt dem Hauptsatz zu unterstellen, insbesondere wo ja schon ein andrer *wenn*-Satz vorangeht. Weil die Einpassung von mehr als zwei gleichberechtigten Nebensätzen prinzipiell schwierig ist – wohl auch wegen der räumlichen Entfernung – bevorzugen wir auch bei den Nebensätzen die serielle Unterordnung. So ziehen wir auch den letzten *wenn*-Satz nicht zu dem *weil*-Satz, sondern zum unmittelbar vorangehenden Nebensatz, zumal hier der Zusammenhang gesichert ist durch das anaphorisch wieder aufgenommene *Herdenstolz* in Form des *er*-Subjekts. Bemerkenswert ist außerdem, daß es je nach Funktion unterschiedlich enge Bindung eines Nebensatzes an seinen Trägersatz gibt. Die nächsten dürften Komplementsätze und Relativsätze sein, während Supplementsätze ihrem Trägersatz auch ferner stehen können. Insofern wäre es in (12) durchaus möglich, daß der *obwohl*-Satz zur zweiten Stufe gehörte.

Deutungsvarianten
(iv) Die Deutung der Supplementsätze besteht wesentlich darin, ihre semantische Rolle und ihr Verhältnis zum Trägersatz zu erfassen. Die traditionelle Einordnung der Subjunktionen erweckt den Eindruck, sie hätten jeweils klare Bedeutungen. Dieser Eindruck trügt, viele sind in ihrer Bedeutung vage und in unterschiedlichen Zusammenhängen unterschiedlich zu deuten.

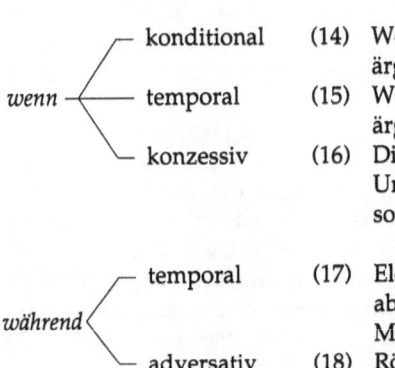

(14) Wenn ich hier meine Landsleute sehe, ärgere ich mich bleich.

(15) Wenn ich mich über mich selbst ärgerte, wurde ich bleich.

(16) Die Zahl der rein geschichtlichen Ursachen ist, wenn auch nicht unendlich, so doch groß genug ...

(17) Elektronenstrahlen werden stark absorbiert, während sie durch die Materie gehen.

(18) Röntgenuntersuchungen dienen der Aufklärung von Kristallstrukturen, während Beugungsuntersuchungen der Lösung von Detailfragen dienen.

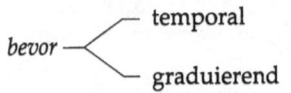

(19) Man sollte Proben am Ort nehmen, bevor die Ware in den Verkehr gelangt.

(20) Bevor man die Waren wegwirft, sollte man sie lieber verzehren.

Die einzelnen Deutungen gewinnen wir über das gemeinsame Wissen, insbesondere auch über den Kontext. Beim reinen Konditionalsatz etwa ist die Bedingung weder als wahr noch als falsch behauptet. Im Beispiel (14) scheint aber schon vorausgesetzt, daß der Schreiber natürlich diese Landsleute gesehen hat. Da haben wir schon den Übergang zu eher temporaler Bedeutung. Im Beispiel (15) stehen beide Teilsätze im Präteritum. Im Gegensatz zum atemporal deutbaren Präsens sind sie also nicht mehr offen in ihrem Wahrheitswert. Es ist vorausgesetzt, daß beide wahr sind. Das Verhältnis ist nicht mehr konditional. Bei *wenn* ist aber (im Gegensatz zu *als*) ausgedrückt, daß die Ereignisse mehrmals stattgefunden haben. Im Beispiel (16) schließlich bringt der nähere Kontext *auch nicht* die konzessive Bedeutung zustande.

Das temporale *während* drückt aus, daß die gemeinte Zeit des Nebensatzes vollständig die gemeinte Zeit des Hauptsatzes umfaßt. In generischen Sätzen wie (18) spielt aber die zeitliche Situierung kaum eine Rolle, so daß eine Betonung der Zeitverhältnisse weniger naheliegt. Wenn die beiden Teilsätze klar kontrastierende Teile enthalten, liegt die adversative Deutung nahe.

Die graduierende Bedeutung in (20) erscheint als Art Metapher, in der die zeitliche Reihenfolge, die *bevor* ausdrückt, umgesetzt wird auf eine Bewertungsskala. Diese Verwendung ist darum auch oft verbunden mit einem graduierenden Komparativ (*lieber, besser* usw.).

(v) Trotz dieser Nuancierungen kann man für viele Subjunktionen Kernbedeutungen feststellen. Diese Kernbedeutungen kann man über Folgerungen explizieren und damit schon einen besseren Eindruck geben als mit Etiketten wie „kausal", „temporal" usw.

Bedeutungsnetze

(21)
- Es ist ein Jammer mit den Deutschen, weil sie immer so gründlich sind.
- Die Deutschen sind immer so gründlich.
- Und das ist der Grund (die Ursache/das Motiv) für folgendes:
- Es ist ein Jammer mit den Deutschen.

Wir sehen, daß bei der kausalen Beziehung sowohl Hauptsatz wie Nebensatz behauptet sind, und zusätzlich, daß eines der Grund für das andere ist. Die Hauptsprechhandlung trägt dabei normalerweise der Hauptsatz, der auch ein Frage- oder Befehlssatz sein kann. Auch dann bleibt der Nebensatz behauptet.

Ähnlich ist das Bild beim sogenannten konzessiven Verhältnis, allerdings lautet der verbindende Mittelsatz hier anders:

(22)
- Obwohl er die Bezeichnung 'Positivismus' einführte, ist Comtes System von peripherer Bedeutung.
- Comte führte die Bezeichnung 'Positivismus' ein.
- Und da könnte man erwarten, daß sein System nicht von peripherer Bedeutung ist, aber:
- Comtes System ist von peripherer Bedeutung.

Man kann sogar Bedeutungszusammenhänge zwischen den verschiedenen Subjunktionen ermitteln. Am wichtigsten erscheint hier die große Gruppe der sogenannten konklusiven Subjunktionen *weil, obwohl, damit, so daß*, für deren Bedeutung das *wenn* in der ein oder andern Weise eine Rolle spielt. Wir können das über Folgerungsfiguren exemplifizieren:

(23)
- Weil der Mensch Schadstoffe mit der Nahrung aufnimmt, wird er gesundheitlich gefährdet.
- <u>Wenn</u> der Mensch Schadstoffe mit der Nahrung aufnimmt, wird er gesundheitlich gefährdet.
- Der Mensch nimmt Schadstoffe mit der Nahrung auf.
- Der Mensch wird gesundheitlich gefährdet.

(24)
- Obwohl der Mensch Schadstoffe mit der Nahrung aufnimmt, wird er gesundheitlich gefährdet.
- <u>Wenn</u> der Mensch Schadstoffe mit der Nahrung aufnimmt, <u>sollte man erwarten</u>, <u>daß</u> er <u>nicht</u> gesundheitlich gefährdet wird.
- Der Mensch nimmt Schadstoffe mit der Nahrung auf.
- Der Mensch wird gesundheitlich gefährdet.

(25) ┌ Der Mensch nimmt Schadstoffe mit der Nahrung auf,
     │   damit er gesundheitlich gefährdet wird.
     ├→ **Wenn** der Mensch Schadstoffe mit der Nahrung aufnimmt,
     │   wird er gesundheitlich gefährdet.
     ├→ Der Mensch nimmt Schadstoffe mit der Nahrung auf.
     └→ Es ist Ziel des Menschen, gesundheitlich gefährdet zu
         werden.

(26) ┌ Der Mensch nimmt Schadstoffe mit der Nahrung auf, so
     │   daß er gesundheitlich gefährdet wird.
     ├→ **Wenn** der Mensch Schadstoffe mit der Nahrung aufnimmt,
     │   wird er gesundheitlich gefährdet.
     ├→ Der Mensch nimmt Schadstoffe mit der Nahrung auf.
     └→ Der Mensch wird gesundheitlich gefährdet.

Die Figuren (23) und (26) zeigen, wie eng verwandt *weil*-Sätze und *so daß*-Sätze sind, obwohl das Haupt-Nebensatz-Verhältnis umgekehrt ist.

Solche Vorführungen zeigen auch, wieso uns Sätze wie (24) und (25) etwas komisch erscheinen: Bestimmte Folgerungen aus ihnen wollen wir nicht akzeptieren, oder sie scheinen uns unplausibel.

Selbstverständlich ergeben sich auch Zusammenhänge zwischen andern Subjunktionen, die wir aber nicht alle ausführen können. Statt dessen geben wir grobe Bedeutungshinweise für Subjunktionen in einer Gesamtübersicht (→ 4.32).

Ratschläge für Lerner

> Ein Nebensatz ist Supplement, wenn er frei im Trägersatz steht. Du erkennst ihn an der Endstellung des finiten Verbs und der einleitenden Subjunktion wie *wenn, weil, als, obwohl*. Vorsicht aber bei Konditionalsätzen ohne Einleitung: Sie sehen aus wie Fragesätze, Haupt- und Nebensatz beginnen mit dem finiten Verb.
> Also:
> Achte auf die Form der Nebensätze! Merk dir die Bedeutungsmöglichkeiten der Subjunktionen!
> Bei mehreren Nebensätzen schau, ob sie Treppen bilden!
> Beginnt der Satz mit einem finiten Verb ohne Fragezeichen am Schluß, wird er ein Konditionalsatz sein.

4.3 Satzverbindungen

Kant ist berühmt als Altmeister des komplexen Satzes. Seine komplexen Perioden – geschrieben in der latinisierenden Tradition – gelten als angemessener Ausdruck seiner komplexen philosophischen Gedankengefüge. Die tiefen Unterordnungen und vielfachen Schachtelungen in der Serialisierung machen seine Texte schwer verständlich. Aber für komplexe gedankliche Zusammenhänge taugt nicht nur die Subordination, auch in der Koordination kann man die Zusammenhänge und gedanklichen Brücken deutlich machen. Und so war es eine der Haupttaten von W. Stapel – als er zu Beginn dieses Jahrhunderts Kants Kritik der reinen Vernunft ins Gemeindeutsche übertrug –, eine seiner Hauptbestrebungen, „die dicken Quaderblöcke der hochgetürmten Kantschen Sätze in gangbare Pflastersteine" zu zerschlagen. Er hat daher „die langen, in ihrer Gedankenordnung oft wundervoll aufgebauten Perioden Kants rücksichtslos aufgelöst" und mußte „koordiniert aufnehmen, was Kant subordiniert darbietet".

Vom Ergebnisse hier eine Kostprobe in anschaulicher Gegenüberstellung.

Kant	Stapel
Der innere Sinn, vermittelst dessen das Gemüth sich selbst oder seinen inneren Zustand anschauet, giebt zwar keine Anschauung von der Seele selbst ...; allein es ist doch eine bestimmte Form, unter der die Anschauung ihres inneren Zustandes allein möglich ist, so daß alles, was zu den inneren Bestimmungen gehört, in Verhältnissen der Zeit vorgestellt wird. Äußerlich kann die Zeit nicht angeschaut werden, so wenig wie der Raum als etwas in uns.	Der innere Sinn, durch den die Seele sozusagen sich selbst und ihren inneren Zustand anschaut, gibt eigentlich keine „Anschauung" von der Seele selbst ... aber er macht uns unsres seelischen Zustandes „bewußt" ... Und auch dieses „Sich=bewußt=sein" hat eine bestimmte Form, in der uns etwas „Inneres" bewußt wird. Wie alles, was wir „außen" wahrnehmen, im „Raum" ist, so erscheint uns jeder innere Zustand der Seele als in der „Zeit" befindlich.

Gegenüber dem früheren Stilideal der komplexen Periode wird in heutiger Sachprosa mehr die Koordination bevorzugt. Aber auch Kant hat natürlich beide Möglichkeiten genutzt. Hier ein weiterer Kant-Text, er ist nicht normalisiert und enthält darum auch einige archaische Wendungen und Konstruktionen.

Analytische Urteile sagen im Prädikate nichts, als das, was im Begriffe des Subjekts schon wirklich, obgleich nicht so klar und mit gleichem Bewußtsein gedacht war. Wenn ich sage: alle Körper sind ausgedehnt, so habe ich meinen Begriff vom Körper nicht im mindesten erweitert, sondern ihn nur aufgelöset, indem die Ausdehnung von jenem Begriffe schon vor dem

Urteile, obgleich nicht ausdrücklich gesagt, dennoch wirklich gedacht war; das Urteil ist also analytisch. Dagegen enthält der Satz: einige Körper sind schwer, etwas im Prädikate, was in dem allgemeinen Begriffe vom Körper nicht wirklich gedacht wird, er vergrößert also meine Erkenntnis, indem er zu meinem Begriffe etwas hinzutut, und muß daher ein synthetisches Urteil heißen.

Alle analytische Urteile beruhen gänzlich auf dem Satze des Widerspruchs, und sind ihrer Natur nach Erkenntnisse a priori, die Begriffe, die ihnen zur Materie dienen, mögen empirisch sein, oder nicht. Denn, weil das Prädikat eines bejahenden analytischen Urteils schon vorher im Begriffe des Subjekts gedacht wird, so kann es von ihm ohne Widerspruch nicht verneinet werden, eben so wird sein Gegenteil, in einem analytischen, aber verneinenden Urteile, notwendig von dem Subjekt verneinet, und zwar auch zufolge dem Satze des Widerspruchs. So ist es mit denen Sätzen: Jeder Körper ist ausgedehnt und kein Körper ist unausgedehnt (einfach), beschaffen.

Eben darum sind auch alle analytischen Sätze Urteile a priori, wenn gleich ihre Begriffe empirisch sein, z.B. Gold ist ein gelbes Metall; denn um dieses zu wissen, brauche ich keiner weitern Erfahrung, außer meinem Begriffe vom Golde, der enthielte, daß dieser Körper gelb und Metall sei: denn dieses machte eben meinen Begriff aus, und ich durfte nichts tun, als diesen zergliedern, ohne mich außer demselben wornach anders umzusehen.

4.31 Koordination

Formen von Satzverbindungen

(i) Dieser Text enthält viele Subordinationen und Koordinationen. Während bei den Subordinationen die grammatische Einpassung das erste Problem ist und der semantische Zusammenhang hinzukommt, sind Koordinationen in diesem Sinne einfacher: Die Hauptsätze sind ja grammatisch einfach seriell hintereinander gestellt und eventuell mit Bindewörtern verbunden. Der inhaltliche Zusammenhang kann unterschiedlich realisiert, durch verschiedene sprachliche Mittel bezeichnet sein. In unserem Beispielblock sind diese Mittel angegeben. Sie sind aber für Subordination und Koordination prinzipiell analog.

Satzverbindungen

Subordinationen

... ich sage, alle Körper sind ausgedehnt, ...	Komplementsatz ohne Verbindung
... der enthielte, <u>daß</u> dieser Körper gelb und Metall sei.	Komplementsatz, Verbindung durch Subjunktion
... nur aufgelöst, <u>indem</u> die Ausdehnung von jenem Begriffe schon vor dem Urteile wirklich gedacht war.	Supplementsatz, Verbindung durch Subjunktion
... nichts als das, <u>was</u> im Begriffe des Subjekts schon wirklich ...	Relativsatz, Verbindung durch Verweismittel

Koordinationen

Sie sind ihrer Natur nach Erkenntnisse a priori, die Begriffe, die ihnen zur Materie dienen, mögen empirisch sein, oder nicht.	ohne Verbindung
Jeder Körper ist ausgedehnt, <u>und</u> kein Körper ist unausgedehnt.	Verbindung durch Konjunktion
Das Urteil ist <u>also</u> analytisch.	ohne Verbindung, Beziehung verdeutlicht durch Adverb
Gold ist ein gelbes Metall; denn um <u>dieses</u> zu wissen ...	Verweismittel

Während Verweismittel den Text zusammenhalten dadurch, daß sie sicherstellen, daß über bestimmte, oft identische Gegenstände gesprochen wird, ist in anderen Fällen das inhaltliche Verhältnis zwischen den Propositionen im Spiel: Der Rezipient muß das inhaltliche Verhältnis zwischen jeweils zwei benachbarten Sätzen erfassen. Dabei hilft ihm auch das Verständnis der jeweiligen Akte, die mit den Sätzen vollzogen werden (Fritz 1982:47–55). Geht es beispielsweise um eine Begründung oder Erklärung, um eine Aufzählung, eine Zusammenfassung? All dies geht einher mit dem Bau der richtigen gedanklichen Brücken, sei es nun, daß es konkrete Bindewörter gibt oder nicht.

(ii) Unverbundene Koordinationen sind gewissermaßen der Normalfall. Brücken
Denn alle selbständigen Sätze eines Textes können grammatisch als koordiniert angesehen werden. Den inhaltlichen Zusammenhang erfassen wir auf der Basis des gemeinsamen Wissens. Es sind die gedanklichen Brücken, die wir bauen.

(1) Endokrinologen sind überrascht, daß Hormone in allen möglichen Lebewesen auftauchen. Ursprünglich hat man gemeint, Hormone kommen nur in höheren Tieren vor.

In dieser Satzfolge ist es naheliegend anzunehmen, daß mit dem zweiten Satz die Überraschung der Endokrinologen erklärt werden soll. Der zweite Satz gibt den Grund der Überraschung. Wir deuten also das inhaltliche Verhältnis als Begründung. Expliziter könnten wir das so angeben:

(1a) [Endokrinologen sind überrascht, daß Hormone in allen möglichen Lebewesen auftauchen]. Denn [ursprünglich hat man gemeint, Hormone kommen nur in höheren Tieren vor].

Diese Deutungen sind natürlich nicht aus der Luft gegriffen. Sie können zwar prinzipiell stark variieren, insofern sind unverbundene Satzfolgen offener als verbundene, aber dennoch gibt es hier übliche und eingeschliffene Bahnen für die Deutung. Grundsätzlich muß es Hinweise in den Sätzen geben, und außerdem wählen wir stets die kürzeste, die nächstliegende Brücke (Clark 1977:420). Ein natürliches und ikonisches Prinzip für temporale Zusammenhänge ist etwa, daß so wie die Sätze aufeinander folgen auch die ausgedrückten Ereignisse aufeinander folgen:

(2) ┌─ Der kreative Mensch geht vom Vorhandenen aus, deckt
    │ auf, wählt aus, kombiniert um, fügt zusammen.
    └─▶ Der kreative Mensch geht vom Vorhandenen aus, dann
       [deckt er auf], dann [wählt er aus], dann [kombiniert er um],
       dann [fügt er zusammen].

So wird über die normale Abfolge berichtet, eine andere Reihenfolge der Sätze wäre komisch, sie würde wohl gleich als andere Ereignisfolge gedeutet werden. Die zeitliche Reihenfolge kann nun aber auch spezieller auszudeuten sein. So verstehen wir ein Vorher-Nachher leicht als Ausdruck von Ursache und Folge/Wirkung oder als Ausdruck des Motivs und der anschließenden Handlung:

(3) Der Mensch nimmt ständig unbestimmte Mengen arzneilich wirksamer Stoffe zu sich. Die Rückstände an pharmazeutisch wirksamen Stoffen können ihn gefährden.

(4) Strukturbeschreibung ist eine ganz wichtige Methode. Wir werfen zum Abschluß einen Blick auf dieses wichtige Verfahren.

Dies ist allerdings nicht notwendig so, wir haben auch Deutungsmuster, in denen die umgekehrte Reihenfolge Sinn macht. Meistens werden wir dann aber explizite Hinweise finden:

(2a) Der kreative Mensch fügt zusammen, aber vorher kombiniert er um.

Während unverbundene Satzfolgen vom sprachlichen Ausdruck her natürlich einfach und sparsam sind, sind sie oft für das Verständnis schwierig. Möglicherweise gibt es für ihre Deutung sogar entscheidende Alternativen, die das Verständnis des gesamten Textes ändern.

So kann eine gleichartige Abfolge unterschiedlich zu deuten sein, ja für das gleiche Satzpaar mag es verschiedene Deutungen geben:

Satzverbindungen

```
        ┌──── Folge ────┐
(5)    Er war überrascht. Er verlor die Übersicht.

        ┌──── Grund ────┐
(5a)   Er war überrascht. Er hatte die Übersicht verloren.
```

(iii) Weniger Deutungsarbeit ist zu leisten, wenn Konjunktionen das semantische Verhältnis zwischen den Sätzen ausdrücken. Kant befleißigt sich hier öfter gepflegter Explizitheit.

Konjunktionen: Reichweite

(6) [Dann sind auch alle analytischen Sätze Urteile a priori ...] denn [um dieses zu wissen, brauche ich keiner weiteren Erfahrung].

(7) [Dieses machte eben meinen Begriff aus], und [ich durfte nichts tun, als diesen zergliedern ...]

(8) [Ich habe meinen Begriff nicht erweitert], sondern [ihn nur aufgelöset].

Die Konjunktionen fügen die Sätze als Kettenglieder zusammen. In der Regel stehen sie zwischen den Sätzen außerhalb des Satzverbandes. Es gibt aber auch zweigeteilte, die jeden der Sätze einleiten und so schön korrespondierend den Zusammenhalt zeigen.

Konjunktionen verbinden nicht nur Hauptsätze, sondern können grundsätzlich alle gleichstufigen Sätze verbinden. Der Rezipient hat darum hier auch ein grammatisches Problem: Er muß die Reichweite der Konjunktionen erkennen, also ermitteln, welche Teile sie verbinden. Dazu braucht er erstens die Kenntnis, was die Konjunktionen in dieser Hinsicht leisten, und zweitens eine stimmige grammatische Analyse der Sätze. Die Leistung der einzelnen Konjunktionen ist in einer Beispieltafel vorgeführt.

Leistung der Konjunktionen

Konjunktion	Satzverbindung	Phrasenverbindung
und	[Er vergrößert meine Erkenntnis] und [er muß daher ein synthetisches Urteil heißen].	...daß dieser Körper [gelb] und [Metall] sei
aber	[Dies bedeutet, daß alkoholische Getränke kleine Mengen dieses Hormons enthalten], aber [Feldmann vermutet, daß die Menge, die Menschen mit ihrer Nahrung einnehmen, so klein ist, daß das Hormon nicht zur Entfaltung kommt].	Sein Gegenteil wird in einem [analytischen], aber [verneinenden] Urteile notwendig verneinet.
oder	Wenn ich von einem Landsmann lese, [daß er den Nobelpreis bekommen hat] oder [daß ihn der Kaiser von China empfangen habe] ...	... ob das Musikwerk [als Formverlauf] oder aber [als Formarchitektur] analysiert wird.

Konjunktion	Satzverbindung	Phrasenverbindung
weder ... noch	Ergebnisse der Naturwissenschaften durften weder ... [in Widerspruch zu ihnen stehen], noch [in Widerspruch zur Schöpfungsgeschichte kommen].	Die Verunreinigungen in Lebensmitteln dürfen weder [isoliert betrachtet werden] noch [in ihrer belastenden Gesamtheit].
sondern	[Ich habe meinen Begriff vom Körper nicht im mindesten erweitert], sondern [ich habe ihn nur aufgelöst].	Die Gefahr geht [nicht von der weiteren kurativen Anwendung], sondern [von ständigen Gaben als Mastmittel] aus.
denn	[Alle analytischen Urteile beruhen gänzlich auf dem Satze des Widerspruchs], denn [es kann von ihm nicht ohne Widerspruch verneinet werden].	
sowohl ... als auch		... Zunächst muß die Erfüllung der Sorgfaltspflicht sowohl [durch den Erzeuger] als auch [durch den Importeur] vorausgesetzt werden.
entweder ... oder	[Als mögliche gesundheitliche Beeinträchtigungen sind entweder Allergien und Resistenzbildungen zu befürchten], oder [es können Cyclusanomalien und Fertilitätsstörungen auftreten].	Der Streuvorgang kann ... entweder [elastisch] oder [unelastisch] erfolgen.
sowie		Im Mittelpunkt der Berufsbildung steht [der Ausbau eines flexiblen Systems der beruflichen Weiterbildung] sowie [die Verwirklichung der Gleichwertigkeit der beruflichen Bildung].

In der Deutung können Phrasenverbindungen öfter auf Satzverbindungen zurückgeführt werden:

(9) Des Bäckers und des Brauers Hefe produzieren menschliches Östrogen.

Des Bäckers Hefe produziert menschliches Östrogen, und des Brauers Hefe produziert menschliches Östrogen.

Diese Zurückführung geht aber nicht immer.

(iv) Die allgemeinste und offenste Konjunktion ist das *und*. Es kann aber durch Zusätze oder weitere Hinweise in seiner Bedeutung klarer spezifiziert sein: Konjunktionen: Bedeutung

(10) ... und [muß <u>daher</u> ein synthetisches Urteil heißen].

Solche Verdeutlichungen sind bei *und* häufig: *und zwar, und zudem, und ferner, und auch, und genauso, und sogar, und dann, und schließlich* usw.

Aber auch andere Konjunktionen zeichnen sich durch eine gewisse inhaltliche Offenheit aus. Je nach Kontext erhalten sie verschiedene Deutungen:

(11)

oder
- disjunktiv — *Gold ist gelb oder rot (oder weiß).*
- exklusiv — *Urteile sind analytisch oder synthetisch.*
  (tertium non datur)
- additiv — *Bei der Einwirkung des Medikaments auf die Nieren – oder auch auf andere Organe – entsteht die heilende Wirkung.*

4.32 Bindemittel

(i) Die Möglichkeiten, gedankliche Brücken auszudrücken oder auszudeuten, sind vielfältig. Für jede Brücke gibt es Ausdrucksvarianten. Sie erlauben dem Sprecherschreiber feine Nuancierungen, die der Hörerleser erfassen muß. Wir differenzieren nach den grammatischen Möglichkeiten: Grammatische Vielfalt
- Koordination,
- Subordination,
- Klauseln,
- Präpositionalphrasen.

Wir differenzieren nach der Kategorie der Bindemittel:
- Brückenverben,
- Brückenausdrücke,
- Konjunktionen,
- Subjunktionen,
- Partikeln und Adverbien,
- Proformen und w-Wörter,
- Präpositionen.

Wir exemplifizieren die verschiedenen Möglichkeiten an der Kausalverbindung.

Kausale Brücken

Daß dieser Satz meine Erkenntnis vergrößert, <u>begründet</u>, daß er ein synthetisches Urteil sein muß.	Brückenverb
Dieser Satz muß ein synthetisches Urteil sein. <u>Grund</u>: Er vergrößert meine Erkenntnis.	Brückenausdruck
Dieser Satz vergrößert meine Erkenntnis. Er muß ein synthetisches Urteil sein.	ohne Bindemittel
Dieser Satz muß ein synthetisches Urteil sein. <u>Denn</u> er vergrößert meine Erkenntnis.	Konjunktion
<u>Weil</u> dieser Satz meine Erkenntnis vergrößert, muß er ein synthetisches Urteil sein.	Subjunktion
Dieser Satz vergrößert meine Erkenntnis. Er muß <u>daher</u> ein synthetisches Urteil sein.	Proform
Dieser Satz vergrößert meine Erkenntnis, <u>weshalb</u> er ein synthetisches Urteil sein muß.	w-Wort
Dieser Satz muß ein synthetisches Urteil sein. Er vergrößert <u>nämlich</u> meine Erkenntnis.	Partikel
<u>Wegen</u> der Vergrößerung meiner Erkenntnis muß dieser Satz ein synthetisches Urteil sein.	Präposition

Die Aufstellung zeigt die verschiedenen grammatischen Möglichkeiten, wie das kausale Verhältnis ausgedrückt sein kann. Meistens haben wir es mit zwei verbundenen Sätzen zu tun. Die Verbindung muß aber dann nicht durch Bindewörter (Konjunktionen und Subjunktionen) hergestellt sein. Sehr häufig wird die inhaltliche Beziehung durch Adverbien und Partikeln ausgedrückt, die in einem der Sätze integriert sind. Unter den Adverbien finden sich auch viele Verweisformen, die global anaphorisch auf den vorangehenden Satz zielen wie *daher*. Aus der Rolle fällt gewissermaßen die präpositionale Ausdrucksweise, die eine Erscheinung des komprimierten Satzbaus ist und eine der beiden Propositionen als Präpositionalphrase bringt.

Die prototypische Satzverbindung sind Satzpaare, die durch Bindewörter verbunden sind. Den allgemeinsten Fall davon haben wir bei Brückenverben vor uns: Die Propositionen sind in Reinkultur als *daß*-Sätze formuliert, die Verbindung ist durch ein eigenes Prädikat explizit ausgedrückt, das seinen Stempel den neutralen Propositionen als Komplementsätzen aufdrückt. Brückenverben sind typische Formulierungsmöglichkeiten der modernen Wissenschaftssprache. Sie bewirken eine grammatische Komplizierung, aber sie spezifizieren die Brücke recht genau.

Unter Brückenausdrücken fassen wir unterschiedliche grammatische Ausdrücke zusammen (cf. Ortner 1983). Ihre Gemeinsamkeit besteht darin, daß sie außerhalb des Satzverbandes bleiben und grammatisch nicht integriert sind. Oft sind sie durch einen Doppelpunkt abgehoben.

Die übrigen Bindemittel haben schon traditionell ihre Beachtung gefunden.

(ii) Ein einzelnes Bindewort kann für sich genommen oft mehrfach deutbar sein, auch unterscheiden sich die jeweiligen Bindewörter einer semantischen Kategorie in Nuancen (cf. für kausale Brücken Thim-Mabrey 1982). Dennoch scheint es für den Rezipienten brauchbar, wenn er in einer Aufstellung sieht, welchen gedanklichen Brücken Bindewörter jeweils in ihrer prototypischen Kernbedeutung zuzuordnen sind, insbesondere dann, wenn die Aufzählung zugleich die ganze Bandbreite grammatischer Ausformungen der Brücke erfaßt.

Ausformungen der Brücken

Für die Ermittlung der Textbedeutung und die Entwicklung des Textgeflechts muß man auf die Satzverbindungsmittel besonders achten. Dazu gehört einmal ihre Identifizierung, zum andern aber auch die Kenntnis ihrer Bedeutung. Eine grobe Ordnung in semantische Gruppen gibt die folgende Aufstellung (cf. Halliday/Hasan 1976:242; Fritsche 1982).

Satzverbindungen

Brücke	Brücken-verb	Brücken-ausdruck	Konjunktion	Subjunktion	Partikel und Adverb	Proformen und w-Wörter	Präposition
kopulativ		beides:	und weder ... noch sowohl ... als auch	wobei wodurch	gleich-zeitig	dabei	unter mit
additiv	hinzu kommt	übrigens	und nicht nur ... sondern auch sowie noch ja	geschweige daß	auch ferner desweiteren last not least außerdem dazuhin zusätzlich	dazu	samt einschließ-lich nebst inklusive
exemplifi-kativ	exemplifi-ziert	konkret: also: z.B.			besonders sogar beispiels-weise insonder-heit		

Satzverbindungen

Brücke	Brücken-verb	Brücken-ausdruck	Konjunktion	Subjunktion	Partikel und Adverb	Proformen und w-Wörter	Präposition
explikativ	verdeutlicht erklärt	anders gesagt: einfacher: im Klartext: genauer: das heißt: i.e. viz.	und zwar beziehungs-weise oder auch		nämlich ja freilich doch mithin		
adversativ	kontra-stiert mit steht ent-gegen	aber: dennoch: im Gegen-teil:	aber sondern doch jedoch allein und doch	während ohne daß	indessen während-dessen doch jedoch einerseits... andererseits vielmehr	wogegen dagegen wohin-gegen wo ... doch	entgegen wider zuwider gegen
temporal	folgt auf	später:	und dann	als bevor/ehe nachdem sobald während kaum daß	früher damals endlich	zuvor darauf danach dabei während-dessen	seit zeit vor während binnen in, aus nach usw.

Brücke	Brückenverb	Brückenausdruck	Konjunktion	Subjunktion	Partikel und Adverb	Proformen und w-Wörter	Präposition
summativ		insgesamt: alles in allem: kurzum: kurz: überhaupt:			zusammenfassend		
konzessiv	verhindert nicht	ganz egal:	zwar... aber	obwohl obgleich wo doch wenngleich auch...wenn selbst... wenn obschon obzwar so sehr auch...	doch trotz allem dennoch gleichwohl immerhin sowieso aber freilich allerdings nichtsdestotrotz freilich	trotzdem desungeachtet	trotz ungeachtet
instrumental/ modal				indem dadurch, daß dergestalt, daß	so folgendermaßen	womit wodurch dadurch damit	mit durch mittels vermöge mit

Satzverbindungen

Brücke	Brücken-verb	Brücken-ausdruck	Konjunktion	Subjunktion	Partikel und Adverb	Proformen und w-Wörter	Präposition
komparativ	korrespon-diert	Vergleich:	und ebenso zum einen ... zum andern einerseits ... andererseits	(je) ... desto als ob wie ... wenn (so) ... wie wie ... so	genauso ähnlich ganz anders ebenso je nachdem	soweit soviel	wie als
alternativ	schließt aus	ausgenommen	oder entweder ... oder und ... nicht	ohne daß anstatt, daß ohne zu	ausschließlich	statt-dessen	statt ausschließlich exklusive ohne
restriktiv	schränkt ein	nur: außer: speziell:	nur bloß	nur daß sofern, als außer, wenn außer, daß nur, daß nur, um ... zu ohne daß	allerdings nur nicht einmal allein bloß		außer

Brücke	Brücken-verb	Brücken-ausdruck	Konjunktion	Subjunktion	Partikel und Adverb	Proformen und w-Wörter	Präposition
korrektiv		auf keinen Fall:	aber nicht aber vielmehr		allerdings		
konklusiv	x folgt aus y y impliziert x			wenn falls	dann (wenn)	sonst	bei
kausal	x verursacht y x bewirkt y x verdankt sich y		denn	weil da dadurch, daß	ja nämlich zumal	weshalb wesswegen deswegen deshalb dadurch daher darum	wegen mangels (=weil nicht) durch aus dank aufgrund vor anläßlich angesichts
final	zielt auf bewirkt	Motiv:		damit um...zu daß auf daß extra		deswegen wozu dazu deshalb dafür darum	zwecks für zu um...willen halber zuliebe

Satzverbindungen

Brücke	Brücken-verb	Brücken-ausdruck	Konjunktion	Subjunktion	Partikel und Adverb	Proformen und w-Wörter	Präposition
konditional	setzt voraus	angenommen: gesetzt: vorausgesetzt, daß es sei denn		wenn sofern sooft sobald ohne ...zu falls bevor nicht	sonst andernfalls so dann		bei ohne unter mit
argumentativ	rechtfertigt begründet erklärt	Begründung:		weil	ja eben doch also mithin logischerweise	deswegen deshalb demnach somit	kraft
konsekutiv	führt zu resultiert aus bedingt	also: ergo: folglich: mithin:		so daß (zu...) als daß dermaßen, daß	dann somit also so folglich	infolgedessen	infolge auf...hin

4.33 Parenthesen und Zusätze

Koordinationen und Subordinationen sind nicht die einzigen Möglichkeiten, wie Sätze verbunden sein können. Es gibt eine Mischform beider Verbindungen, die darin besteht, daß Sätze oder satzwertige Phrasen in einen Satz eingeschaltet sind – wie bei der Subordination –, daß aber diese Sätze oder Phrasen grammatisch unabhängig bleiben und nicht in ihren Trägersatz eingebunden sind. Paradefall dafür sind die satzförmigen Parenthesen:

(1) So erscheint uns – alle meine seelischen Zustände dauern ja – jeder innere Zustand der Seele als in der Zeit befindlich.

Eine solche Parenthese erscheint uns inhaltlich eher wie eine Koordination, sie kann aber koordinativ wie subordinativ umformuliert werden:

(1a) So erscheint uns jeder innere Zustand der Seele als in der Zeit befindlich. Denn alle meine seelischen Zustände dauern ja.

(1b) So erscheint uns jeder innere Zustand der Seele als in der Zeit befindlich, weil ja alle meine seelischen Zustände dauern.

In einigen Fällen scheint uns die subordinative Umformulierung naheliegender. Aber wie dem auch sei: Das parenthetische Einschiebsel selbst offenbart weder durchgängige Kennzeichen für Subordination noch für Koordination.

Wir können Parenthesen und Zusätze unterscheiden. Während Zusätze meist ihren festen Platz haben, sind Parenthesen auch inhaltlich wenig in den Trägersatz eingebunden. Sie können durch den Trägersatz wandern und sich in bestimmten Nischen festsetzen:

(1c) So – alle meine seelischen Zustände dauern ja – erscheint uns jeder innere Zustand der Seele als in der Zeit befindlich.

(1d) So erscheint uns jeder innere Zustand der Seele – alle meine seelischen Zustände dauern ja – als in der Zeit befindlich.

Für den Rezipienten ist dabei keine Frage, wie diese Nischen definiert sind; er findet ja die Parenthese am richtigen Platz vor. Und meistens stehen sie sowieso an Stellen, wo man im Geiste Luft holen kann. Nur muß der Hörerleser eventuell zurückgehen, um den Anschluß im Trägersatz wieder herzustellen. Zusätze haben – im Gegensatz zu den Parenthesen – einen festen Platz im Trägersatz, aber weniger aus grammatischen Gründen als vielmehr aus inhaltlichen Gründen: Sie haben meistens ein Bezugswort im Trägersatz oder sie stehen am Ende des Trägersatzes und führen diesen fort:

(2) Mit Hilfe der durch Russell (sein Schüler war Wittgenstein eine Zeitlang in Cambridge) ausgebildeten symbolischen Mittel läßt sich die Wahrheit eines jeden komplexen Satzes bestimmen.

Entsprechend kann man auch Grade der grammatischen Eigenständigkeit sehen. Es gibt ganz eigenständige wie in (1), es gibt satzförmige, die dennoch nicht eigenständig sind, und es gibt ganz verkürzte, die erst ihren Satzcharakter bei ausführlicher Umformulierung enthüllen. Sogar normal grammatisch eingefügte Satzerweiterungen können parenthetisiert sein.

(i) Alle Parenthesen sind durch Satzzeichen deutlich vom Trägersatz abgehoben, und zwar eingerahmt durch Gedankenstriche oder durch Kommas oder durch Klammern: *Kennzeichen und Form*

(3) Der innere Sinn macht uns unseres seelischen Zustandes – unserer Freudigkeit und unserer Trauer – bewußt.

(4) Die geschlossenste Machtorganisation des Dritten Reiches, die SS, zeigt das gleiche Bild.

(5) Der Rückgang auf das sinnlich Wahrnehmbare (die feststellbaren Tatsachen) kennzeichnet diese Bewegung.

Parenthesen und Zusätze sind definiert durch ihre funktionale Sonderstellung und nicht durch ihre äußere grammatische Form. Darum gibt es auch eine breite Palette unterschiedlicher Formen, die wir hier nicht alle aufführen können. Wir stellen die wichtigsten Formen nach abnehmender Ausführlichkeit vor:

1. Hauptsatzförmige Parenthesen

(6) Der innere Sinn – er zeigt die Seele ja nicht als äußeres Ding – gibt eigentlich keine Anschauung von der Seele selbst.

Hierbei sind alle Formen von Hauptsätzen möglich, etwa Fragesätze, Ausrufesätze, Kurzsätze usw.

(6a) Der innere Sinn – oder sollte es heißen die innere Anschauung? – gibt eigentlich keine Anschauung von der Seele selbst.

(6b) Der innere Sinn gibt eigentlich – wie könnte es anders sein – keine Anschauung von der Seele selbst.

Mit der Art des Trägersatzes hat das nichts zu tun (Bassarak 1985:372).

2. Nebensätze

(7) Diese Art von Herdenstolz – wenn er sich nicht auf dem Sportplatz erledigt – führt doch letzlich zu handgreiflichen Auseinandersetzungen zwischen den Völkern.

(8) Mit Hilfe der durch Russell (dessen Schüler Wittgenstein eine Zeitlang in Cambridge war) ausgebildeten symbolischen Mittel läßt sich die Wahrheit jedes komplexen Satzes bestimmen.

Solche parenthetischen Nebensätze erscheinen gegenüber normaler Subordination eher zurückgenommen. Sie werden vor allem dann gebraucht, wenn nach üblichen grammatischen Regeln eigentlich kein Satz an ihrer Position stehen kann wie etwa in der erweiterten Adjektivphrase in (8).

3. Weiterführende w-Sätze

(9) Das Prädikat eines analytischen Satzes ist schon im Begriff des Subjekts gedacht, weshalb alle analytischen Sätze Urteile a priori sind.

Sie sind charakterisiert durch einleitende w-Wörter (*wofür, worüber, wovor* usw.), die kein Bezugswort im Trägersatz haben, sondern eher global anaphorischen Bezug auf den Hauptsatz haben.

Es handelt sich immer um nachgestellte Zusätze, die den Gedankengang weiterführen. Wie hauptsatzförmige Parenthesen haben sie illokutionäre Kraft, bleiben aber aufs Behaupten beschränkt.

4. Freie Infinitivklauseln

(10) Der innere Sinn zeigt – um es anders zu sagen – die Seele nicht als äußeres Ding.

In diesen Funktionen kommen nur eingeleitete Infinitivklauseln vor (→ 4.42). Die Partikel *um* verliert dabei viel von ihrer finalen Grundbedeutung.

5. Partizipialklauseln

(11) Der innere Sinn zeigt – anders gesagt – die Seele nicht als äußeres Ding.

Da im Grund die Partizipialklauseln alle nicht grammatisch in ihrem Trägersatz verankert sind, kann man ihnen allen parenthetischen Charakter zuschreiben (→ 4.43).

6. Präpositionalphrasen

(12) Ohne Auftraggeber – mithin ohne Geldmittel, die ein Dritter zur Verfügung stellte – wurde ja in keiner historischen Epoche Kunst geschaffen.

Dieser Zusatz ist eine Art Wiederholung eines Satzglieds und expliziert dieses, indem er sozusagen eine alternative Version anbietet. Es handelt sich im Grund um eine Apposition.

7. Nominalphrasen als Apposition

(13) Der Rückgang auf das sinnlich Wahrnehmbare (die feststellbaren Tatsachen) ... kennzeichnet diese Bewegung.

In diesen Fällen können wir ein vorangehendes Bezugswort identifizieren, der Zusatz muß wegen der Anaphorik bei ihm bleiben. Meistens steht die Apposition im gleichen Kasus wie ihr Bezugswort. Das ist aber eher eine normative Forderung, die nicht immer eingehalten sein muß. Die Apposition kann grammatisch so frei gesehen werden, daß sie im Nominativ steht ohne Rücksicht auf den Kasus des Bezugsworts, manchmal auch im Dativ.

Funktionen von Parenthesen

(ii) Wenngleich viele Parenthesen inhaltlich als anschließbare Sätze zu verstehen sind, wäre eine solche Umformulierung doch selten äquivalent. Der parenthetische Satz erhielte als Hauptsatz zu viel Eigenwert, die anaphorische Struktur könnte zerstört werden, besondere kommunikative Effekte parenthetischer Formulierung könnten verlorengehen.

Parenthesen sind Notlösungen für die lineare Beschränktheit der Sprache. Was im Geiste als Kontrapunkt vorhanden ist, muß linear im Satz durch Einschub gebracht werden. Parenthesen sind darum besondere Stilmittel, die ausgezeichnet sind gegenüber der schlichten Abfolge der Sätze. Mit den Parenthesen werden sozusagen Nebenhandlungen zur Haupthandlung des Trägersatzes möglich. Sie zeigen den reflektierten Sprecherschreiber, der den dargestellten Sachverhalt noch überdenkt und kommentiert, der neben der bloßen Darstellung auch den Kontakt mit dem Hörerleser aufrecht erhält. Insgesamt vermitteln sie eine distanziert reflektierte Haltung. Satzförmige Parenthesen kommentieren oft die Haupthandlung, präzisieren, erläutern, ergänzen; sie führen Nebenthemen, Rückgriffe und Vorgriffe ein, oder sie ziehen ein Fazit oder Resümee.

Partizipialklauseln in kurzer Form sind typische Kommentare bezüglich der Sichtweise oder der Formulierung, etwa *inhaltlich gesehen, genauer gesagt* (→ 4.43). Ihre Stellung ist oft relevant, weil sie einen Skopus rechts von sich eröffnen. So sind etwa die folgenden Sätze nicht gleichbedeutend.

(14) So sind – übertrieben ausgedrückt – alle analytischen Sätze a priori.

(14a) So sind alle analytischen Sätze – übertrieben ausgedrückt – a priori.

Steht eine solche Partizipialklausel am Satzanfang, dann wird sie eine Art von Brückenausdruck.

Sowohl bei Infinitivklauseln wie bei Partizipialklauseln ist das latente Subjekt meistens der Sprecher – aufgrund der kommentierenden Funktion verständlich – oder es wird aus dem Kontext entnommen oder bleibt allgemein (*man*).

Appositionen sind sozusagen grammatische Doppelbesetzungen (so ähnlich wie bei den Korrelaten). Beide Nominalphrasen haben die gleiche grammatische Kennung, so daß man ohne weiteres je eine weglassen kann. Es hat sich eingebürgert, die Appositionen als verkürzte Kopulasätze anzusehen (cf. Motsch 1965), so daß man ihre Bedeutung auch wieder so explizieren könnte:

(15) ┌ Die geschlossenste Machtorganisation des Dritten
     │ Reiches, die SS, zeigt das gleiche Bild.
     └► ... – dies war die SS – ...

Diese Explikation bietet sich besonders an, wenn die Appositionen nicht ganz so rudimentär sind, wenn sozusagen noch etwas mehr vom parenthetischen Kopulasatz übrig geblieben ist:

(16) ┌ Die geschlossenste Machtorganisation des Dritten Reiches
     │ – ohne Zweifel die SS – zeigt das gleiche Bild.
     └► ... – dies war ohne Zweifel die SS – ...

Wie so häufig werden aber die verkürzten Konstruktionen hier etwas überzogen gedeutet. Grammatisch sind sie eben viel offener als die ausführlicheren Umformulierungen, und bei der Umformulierung werden deshalb interpretatorische Entscheidungen getroffen. Dies bezieht sich einmal auf das Tempus des ergänzten Verbs – das ja eigentlich erst mal offen ist – und auch auf die Wahl des Verbs selbst. Nicht immer genügt nämlich hier die Kopula *sein*:

(17) ┌ Der Rückgang auf das sinnlich Wahrnehmbare (die
     │ feststellbaren Tatsachen) kennzeichnet diese Bewegung.
     └► Der Rückgang auf das sinnlich Wahrnehmbare – das heißt die
        feststellbaren Tatsachen – kennzeichnet diese Bewegung.

Öfter sind die Appositionen als Explikationen anzusehen, die etwa den Sprachgebrauch betreffen. Dann wird eben gerade keine Identifizierung vorgenommen, wie sie der Kopulasatz nahelegt, sondern ein sprachreflexiver Kommentar wie *das heißt ..., darunter verstehen sie ..., das nennen wir ..., das nennt man ...* u.ä.

Außerdem dienen die Appositionen der Aufrechterhaltung des kommunikativen Kontakts. Sie rufen Hintergrundsätze in Erinnerung und sichern so die notwendige Gemeinsamkeit des Wissens, ja indem sie dies voraussetzen und betonen, zeigen sie eine merkwürdige Ambivalenz des Sprecherschreibers, der einerseits andeutet, daß er dem Partner dieses Wissen zuschreibt und zutraut, der aber andererseits als Skeptiker doch Absicherung für nötig hält.

Mit ähnlich gemischten Gefühlen kann man die weiterführenden w-Sätze sehen. Sie sind – im Gegensatz zu den w-Sätzen als Attribut oder als Supplement – grammatisch und inhaltlich frei, erwecken aber durch das suchende w-Wort und Verb-Endstellung den Eindruck grammatischen Anschlusses, vielleicht um die Kohärenz zu betonen. Tatsächlich treten sie aber dem Trägersatz unabhängig gegenüber. Man kann sie durch Hauptsätze mit anaphorischem Bezug umschreiben:

(18) ┌─ Die Vakzination bewirkt eine Hyposensibilisierung, womit ein Verschwinden oder Nachlassen der klinischen Erscheinungen erreicht wird.

└─► Die Vakzination bewirkt eine Hyposensibilisierung. Damit wird ein Verschwinden oder Nachlassen der klinischen Erscheinungen erreicht.

(19) ┌─ Es wurde eine Tradition von Lehrmeinungen entwickelt, wodurch die Wissenschaft in geistige Erstarrung geriet.

└─► Es wurde eine Tradition von Lehrmeinungen entwickelt. Dadurch geriet die Wissenschaft in geistige Erstarrung.

Sie fordern allerdings eine spezifische gedankliche Brücke bei der Deutung, die das w-Wort oft recht gut signalisiert: *weswegen/weshalb* – kausal, *wozu/wofür* – final, *wodurch* – modal; *wogegen/wohingegen* – adversativ; *worauf/woraufhin/wobei* – temporal (cf. Starke 1982).

Ratschläge für Lerner

> Ein Nebensatz ist Supplement, wenn er frei im Trägersatz steht. Du erkennst ihn an der Endstellung des finiten Verbs und der einleitenden Subjunktion wie *wenn, weil, als, obwohl*.
> Vorsicht aber bei Konditionalsätzen ohne Einleitung: Sie sehen aus wie Fragesätze, Haupt- und Nebensatz beginnen mit dem finiten Verb.
> Also:
> Achte auf die Form der Nebensätze!
> Merk dir die Bedeutungsmöglichkeiten der Subjunktionen!
> Bei mehreren Nebensätzen schau, ob sie Treppen bilden!
> Beginnt der Satz mit einem finiten Verb ohne Fragezeichen am Schluß, wird er ein Konditionalsatz sein.

4.4 Infinite Klauseln

Die kommunikative Funktion gegliederter Sätze zeigt verschiedene Komponenten. Zum einen ist charakteristisch, daß wir mit gegliederten Sätzen Aussagen machen, und hierzu gehört wiederum Referenz und Prädikation, also die Bezugnahme auf Gegenstände der Kommunikation und Aussagen über diese Gegenstände. Darüberhinaus sind aber normale Hauptsätze geeignet, bestimmte sprachliche Handlungen auszuführen wie Behaupten, Fragen, Bestreiten usw. Dies wird im allgemeinen als illokutionäre Komponente von der propositionalen unterschieden. Schließlich gibt es noch eine dritte Komponente, die mit zeitlicher Situierung und Sprechereinstellung zu tun hat. Sie ist grammatisch bestimmt durch Tempus und Modus und demgemäß eine Domäne des finiten Verbs.

Wir finden nun aber satzartige Konstruktionen – besonders in Nebensatzfunktion – die kein finites Verb enthalten, statt dessen eine infinite Verbform haben.

Solche Konstruktionen können qua Nebensatz keine illokutionäre Funktion erfüllen, und sie können ohne finites Verb nicht Tempus und Modus bezeichnen. Außerdem sind sie noch verkürzt, da sie kein Subjekt enthalten. Dennoch sind sie den Sätzen eng verwandt, insofern sie alle sonstigen Satzglieder und Erweiterungen haben können und sich auch sonst weitgehend wie Sätze verhalten (z.B. bei der Anaphorik, der Verbstellung, der Serialisierung).

Die üblichen grammatischen Bezeichnungen (Infinitivkonstruktion, satzwertiger Infinitiv usw.) erfassen diesen speziellen Charakter nicht. Wir sprechen deshalb von Klauseln (als Verkleinerung des in englischen Grammatiken üblichen *clause* für Teilsätze, das ja selbst auf die lateinische Grammatik-Tradition zurückgeht) und schaffen damit in der grammatischen Hierarchie (→ 5.) ein Zwischenglied zwischen Satz und Phrase.

Nach der Form des infiniten Prädikats unterscheiden wir Infinitivklauseln und Partizipialklauseln. Bei den Infinitivklauseln ist zu differenzieren in eingeleitete und uneingeleitete (Helbig 1973).

4.41 Infinitivklauseln ohne Einleitung

Infinitivklauseln sind häufiger als Partizipialklauseln. Sie haben unterschiedliche Rollen im Satz, variieren aber nicht ihre grammatische Form.

Die Zahl der rein geschichtlichen Ursachen, die man kennen müßte, um das So-und-nicht-anders-Sein eines Organismus restlos zu erklären, ist, wenn auch nicht unendlich, so doch groß genug, um es dem Menschen grundsätzlich unmöglich zu machen, sämtliche Ursachenketten zu verfolgen, selbst wenn sie ein Ende hätten. Es verbleibt also immer ein, wie Max Hartmann sagt, irrationaler oder nicht rationalisierbarer Rest. Daß die Evolution in der alten Welt Eichbäume und Menschen, in Australien aber Eukalyptusbäume und Känguruhs produziert hat, ist von eben diesen nicht mehr auffindbaren Verursachungen bedingt worden, die wir gemeinhin mit dem resignierenden Terminus „Zufall" zu bezeichnen pflegen.

Obwohl wir, wie immer wieder betont werden muß, als Naturforscher nicht an Wunder, das heißt an Durchbrechungen der allgegenwärtigen Naturgesetze glauben, sind wir uns doch völlig darüber im klaren, daß es uns nie gelingen kann, die Entstehung des höheren lebendigen Wesens aus seinen niedrigeren Vorfahren restlos zu erklären. Das höhere Lebewesen ist, wie vor allem Michael Polanyi betont hat, nicht auf seine einfacheren Vorfahren „reduzierbar", ...

Man darf annehmen, daß es Polanyi fernliegt, vitalistische Faktoren zu postulieren, um aber ein solches Mißverständnis ganz auszuschließen, ziehe ich es vor, zu sagen, das System höherer Integrationsebene sei aus dem niedrigeren nicht deduzierbar, so genau man dieses auch kennen möge.

Form (i) Infinitivklauseln sind charakterisiert durch folgende Eigenschaften:
1. Infinitivklauseln enthalten einen Infinitiv als Prädikat. Auch wenn das Prädikat mehrteilig ist, regiert stets ein Infinitiv.
2. Der Infinitiv ist immer eingeleitet durch die Partikel *zu*; bei Verben mit trennbarem Zusatz ist das *zu* in den Infinitiv eingebaut: *auszuschließen*.
Wenn man eine solche Infinitivpartikel *zu* identifiziert, hat man es gewiß mit einer Infinitivklausel zu tun. (Vorsicht aber: *zu* hat noch andere Funktionen, → Anhang 1).
3. Die Verbalphrase steht am Ende. Insbesondere steht der Infinitiv ganz am Ende, falls nicht Satzglieder ins Nachfeld gerückt sind.
4. Wie Nebensätze sind Infinitivklauseln normalerweise durch Kommas eingerahmt. Besonders das eröffnende Komma ist wichtig, weil es öfter anzeigt, daß Satzglieder in die Infinitivklausel gehören, die man fälschlich in den Obersatz einbauen könnte.

Die Verwandtschaft der Infinitivklauseln mit Nebensätzen ist groß. In ihrem inneren Aufbau haben sie – außer Subjekt und finitem Verb – genau die Form von Sätzen und wie die meisten Nebensätze Verb-Endstellung. Die Infinitivklauseln ohne Einleitung fungieren als Komplemente des Trägersatzes:

(1)   ... daß es uns nie gelingen kann,
[die Entstehung des höheren Wesens aus seinen niedrigen Vorfahren zu klären].
                    KOMPLEMENT

Sie können aber auch Attribut zu einem Bezugswort sein und sind dann meistens abgesunkene Komplemente (→ 3.42):

(2)   Nur der Mensch hat die Fähigkeit, denken zu können.

Wenn Infinitivklauseln dem Oberverb direkt vorangehen, sind sie öfter nicht durch Komma abgetrennt und so schwerer zu erkennen:

(3)   Diesen Weg wieder zu beschreiten, mag helfen, die vergessene Erfahrung der Reflexion zurückzubringen.

(4)   Nicht ohne Verfassernamen zu zitieren gehört sich einfach.

Infinite Klauseln

(5) ... die wir gemeinhin [mit dem resignierenden Terminus „Zufall" zu bezeichnen] pflegen.

Im letzten Beispiel haben wir auch den Übergang zu einigen Sonderfällen, wo das Oberverb eher eine Modifizierung bewirkt und recht eng mit dem Infinitiv inhaltlich verbunden ist. Man könnte sie schon als mehrteilige Prädikate ansehen. Als solche Sonderfälle sind vor allem die modalen Konstruktionen mit *haben* und *sein, bleiben, scheinen* zu erwähnen, die auch als modale Prädikate reformuliert werden:

(6) ─ Jetzt ist noch zu erklären, wieso Menschen einem Hund oder einem Schimpansen subjektives Erleben absprechen.

─ Jetzt muß noch erklärt werden,
wieso Menschen einem Hund ... Erleben absprechen.
 | SUBJEKT |

─ Jetzt müssen wir noch erklären, wieso Menschen einem Hund oder einem Schimpansen subjektives Erleben absprechen.

(7) ─ Wir werden nun eine Reihe von Steuerungsmechanismen zu besprechen haben.

─ Wir werden nun eine Reihe von Steuerungsmechanismen besprechen müssen.

(ii) Als Komplemente sind die Infinitivklauseln natürlich bestimmt durch die Verbvalenz. Valenzstellen können ja besetzt sein durch nominale Komplemente, durch Komplementsätze oder durch Infinitivklauseln. Alle drei Sorten sind im folgenden Beispiel versammelt: — Funktion

(8) Man begann, die Funktion des menschlichen Körpers zu verstehen,
 | INFINITIVKLAUSEL |

man lernte die einzelnen Organsysteme kennen,
 | NOMINALPHRASE. |

man erkannte,
daß Erkrankungen auf ... Veränderungen zurückzuführen sind.
 | KOMPLEMENTSATZ |

Für die Einpassung müssen wir prüfen, in welche Valenzstelle die Infinitivklausel gehört. Infinitivklauseln können in drei Arten von Valenzstellen eintreten und sind demgemäß zu erfragen: Subjekt = *was?*, akkusativisches Komplement = *was?* und präpositionales Komplement = *worin? worauf?* usw.

(9) [Sämtliche Ursachenketten zu verfolgen], ist unmöglich.
 | SUBJEKT |

(10) Ich ziehe es vor,
[zu sagen, das System höherer Integrationsebene sei aus dem niedrigeren nicht deduzierbar ...]

AKK KOMPLEMENT

(11) Die Wissenschaft ist gezwungen,
[das Unbekannte als ein noch Unbekanntes zu behandeln].

PRÄP KOMPLEMENT

Die jeweilige Funktion ist vom Hauptsatzprädikat bestimmt. Nach qualitativer und selektionaler Valenz haben einige Verben einen starken Hang zu Infinitivklauseln (Beneš 1979), ebenso eine Reihe von Adjektiven wie *fähig, bereit, möglich, notwendig, gefährlich, schwer* usw. und auch einige Substantive, besonders wenn sie aus entsprechenden Verben oder Adjektiven gebildet sind (→ 3.42).

Verben mit Infinitivklauseln als Subjekt

ärgert	gefällt
bedeutet	gehört sich
eilt	gelingt
empfiehlt sich	heißt
freut	liegt fern

Verben mit Infinitivklauseln als akkusativischem Komplement

anfangen	probieren
befehlen	suchen
bestreiten	sich trauen
beteuern	unternehmen
bitten	vergessen
drohen	vermögen
erlauben	versprechen
ermöglichen	versuchen
fordern	vornehmen
hoffen	wünschen

Verben mit Infinitivklauseln als präpositionalem Komplement

auffordern	sich entschließen
aufhören	fürchten
ausgehen	glauben
beginnen	helfen
bestimmen	trachten
bewegen	überreden
bitten	veranlassen
bringen	verleiten
drängen	zwingen
drohen	

Die Verwandtschaft der Infinitivklauseln mit Komplementsätzen erweist sich auch darin, daß beide im Hauptsatz oft verdeutlichende Korrelate haben, die eine Ausklammerung der Infinitivklausel zulassen. Korrelate machen so den Satz für uns übersichtlicher, weil die lange Infinitivklausel an ihrer Position eine große Unterbrechung des Trägersatzes bewirken würde:

(12) ... daß es Polanyi fernliegt, vitalistische Faktoren zu postulieren.
SUBJEKT

(13) ... ich ziehe es vor, zu sagen, das System höherer
AKK KOMPLEMENT
Integrationsebene sei aus dem niedrigeren nicht deduzierbar.

(14) Eine Wissenschaft geht darauf aus, die unbezweifelbare
PRÄP KOMPLEMENT
Objektivität der Erkenntnisse zu begründen.

Korrelate sind wie bei Komplementsätzen das Platzhalter-*es* oder präpositionale Verweisformen wie *dazu, damit, daran* usw. Bei einigen Verben steht immer ein *es*-Korrelat: *abwarten, aufgeben, einrichten, hassen,* bei andern steht das präpositionale Korrelat immer: *ausgehen darauf, neigen dazu, bestehen darauf, arbeiten daran, dienen dazu, gewöhnen daran* u.a. Das Korrelat verdeutlicht hier meistens den Unterschied zu einer andern Bedeutungsvariante des Verbs und ist deshalb für die Deutung zu beachten.

Verben mit Infinitivklauseln und präpositionalem Korrelat

ausgehen darauf	dienen dazu
beginnen damit	fragen danach
bestehen darauf	neigen dazu
bitten darum	verzichten darauf

Während die Korrelate eher Freundlichkeiten des Sprecherschreibers sind, bereitet eine andere Komplikation dem Hörerleser erhebliche Schwierigkeiten. Es ist die Möglichkeit der Verschränkung (Kvam 1983:90–114). Während normalerweise Infinitivklauseln als Komplemente seriell zusammenbleiben und die entsprechende Komplementstelle einnehmen bzw. nach dem Gesetz der wachsenden Glieder nach rechts wandern, finden sich auch Fälle, wo die Infinitivklausel aufgespalten und über den Trägersatz sozusagen verstreut ist. Bei mehrteiligen Trägersatzprädikaten können kreuzende Unterordnungen entstehen:

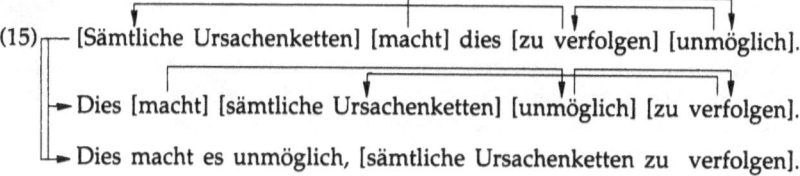

(15) — [Sämtliche Ursachenketten] [macht] dies [zu verfolgen] [unmöglich].

— Dies [macht] [sämtliche Ursachenketten] [unmöglich] [zu verfolgen].

— Dies macht es unmöglich, [sämtliche Ursachenketten zu verfolgen].

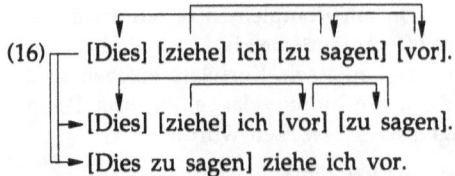

(16) — [Dies] [ziehe] ich [zu sagen] [vor].

→ [Dies] [ziehe] ich [vor] [zu sagen].

→ [Dies zu sagen] ziehe ich vor.

In schriftlichen Texten werden Sprecherschreiber solch starke Fokussierungen eher meiden (im Mündlichen sind sie ganz üblich). Aber bei relativem Anschluß mit dem fokussierten Relativpronomen sind sie doch häufig:

(16a) Wer weiß, was ich zu sagen vorziehe?
(15a) ... die Ursachenketten, die ich zu verfolgen ablehne.

Natürlich ist diese Verstreuung nicht regellos. Aber eine weitergehende Explikation erscheint zu aufwendig. Für den Lernenden genügt die Empfehlung, sich die passenden Teile nach dem Sinn zusammenzusuchen.

Deutung (iii) Bei der Deutung zeigt sich eine weitere inhaltliche Verwandtschaft von Infinitivklauseln und Komplementsätzen. Infinitivklauseln sind in der Regel in *daß*-Sätze umformulierbar:

(17) ┌─ Es gelingt uns nie, die Entstehung des höheren lebendigen Wesens aus seinen niedrigeren Vorfahren restlos zu erklären.

└▶ Es gelingt uns nie, daß wir die Entstehung des höheren lebendigen Wesens aus seinen niedrigeren Vorfahren restlos erklären.

(18) ┌─ Wir gehen darauf aus, die unbezweifelbare Objektivität der Erkenntnisse philosophisch zu ergründen.

└▶ Wir gehen darauf aus, daß wir die unbezweifelbare Objektivität der Erkenntnisse philosophisch ergründen.

(19) ┌─ Ich ziehe es vor, zu sagen, das System höherer Integrationsebene sei aus dem niedrigeren nicht deduzierbar.

└▶ Ich ziehe es vor, daß ich sage, das System höherer Integrationsebene sei aus dem niedrigeren nicht deduzierbar.

Solche Umformulierungen sind in gewissem Sinn Explikationen der Infinitivklausel. Die wichtigste Frage ist dabei, wie man auf das latente Subjekt kommt, das man ja zum vollständigen Verständnis braucht. Allgemein gilt: Das latente Subjekt wird aus dem Kontext entnommen oder es bleibt allgemein. Begründendes Kriterium für die richtige Deutung ist dabei, daß das Subjekt die selektionale Valenz des Infinitivs erfüllt und daß der gesamte rekonstruierte Satz wohlgeformt und wahrscheinlich erscheint. Bei den Infinitivklauseln als Komplementen ist das Verständnis weitgehend routinisiert: Das latente Subjekt wird aus Komplementen des Obersatzes entnommen. Die Hauptmöglichkeiten sind:

1. Latentes Subjekt aus Subjekt:

(20) ┌─ Ich ziehe es vor, zu sagen ...
     └► ... daß ich sage ...

2. Latentes Subjekt aus Akkusativkomplement:

(21) ┌─ Dies verpflichtet den Menschen, sich in Bescheidenheit zu üben.
     └► ... daß er sich in Bescheidenheit übt.

3. Latentes Subjekt aus Dativkomplement:

(22) ┌─ Es ist dem Menschen unmöglich, sämtliche Ursachenketten zu verfolgen.
     └► ... daß er sämtliche Ursachenketten verfolgt.

Selten wird das latente Subjekt aus dem präpositionalen Komplement entnommen:

(23) ┌─ Wir appellieren an die Menschen, sich in Bescheidenheit zu üben.
     └► ... daß sie sich in Bescheidenheit üben.

Entscheidender Wegweiser ist die Bedeutung des übergeordneten Prädikats, so daß wir verschiedene inhaltliche Gruppen von Oberverben unterscheiden können, die uns jeweils auf den gleichen Weg schicken.

Leitverben	Beispiel	latentes Subjekt aus
versprechen *unterlassen* *beabsichtigen* *anfangen*	┌─ Ich verspreche dir, das Beispiel zu erklären. └► Ich verspreche dir, daß ich das Beispiel erkläre.	Subjekt
befehlen *verbieten* *empfehlen* *erlauben*	┌─ Ich befehle dir, das Beispiel zu erklären. └► Ich befehle dir, daß du das Beispiel erklärst.	dat Komplement
bitten *veranlassen*	┌─ Ich bitte dich, das Beispiel zu erklären. └► Ich bitte dich, daß du das Beispiel erklärst.	akk Komplement

Den Leitverben ordnen sich etwa folgende Verben zu:

versprechen	*anbieten, vorschlagen, drohen, versichern, geloben, garantieren*
unterlassen	*ablehnen, vermeiden, versäumen, zögern*
beabsichtigen	*erwägen, gedenken, vorhaben, beschließen*
anfangen	*beginnen, fortfahren, aufhören*
befehlen	*auftragen, gebieten, zumuten*
verbieten	*untersagen, verwehren*
empfehlen	*anbieten, vorschlagen, raten, nahelegen, zureden*
erlauben	*zutrauen, gestatten, ermöglichen, ersparen*
bitten	*auffordern, erinnern, anweisen, beauftragen, ermutigen, ermahnen, drängen, beschwören, anflehen*
veranlassen	*bewegen, verleiten, anstiften, überreden, nötigen, zwingen, verpflichten, hindern*

Zu berücksichtigen ist, daß es hier sozusagen um die semantische Valenz des jeweiligen Oberverbs geht. Das heißt, wenn das eigentliche Subjekt beispielsweise im Passiv in einer *von*-Phrase erscheint, so ist eben sie die Adresse für das latente Subjekt:

(24) ┌─ Es wird von mir vorgezogen, zu sagen ...
     └─ ... daß ich sage ...

Außerdem können natürlich die leitenden Komplemente des Obersatzes selbst latent und aus dem Kontext zu erschließen sein (→ 2.4). Dann leiten uns eben die erschlossenen Komplemente bei der Suche nach dem latenten Subjekt der Infinitivklausel.

(25) ┌─ Dieses Repertoire ermöglicht es, den geplanten Weg zu beschreiben.
     └─ Dieses Repertoire ermöglicht es dem Wissenschaftler, daß er ...

(26) ┌─ Es gelingt, mir jeden Stolz zu verbieten.
     └─ Es gelingt mir, daß ich mir jeden Stolz verbiete.

Selbstverständlich würde je nach Kontext in (26) auch einem andern es gelingen, mir etwas zu verbieten. Das heißt, das latente Subjekt ist nicht von vornherein identisch mit dem Dativkomplement der Infinitivklausel.

Finden wir im Kontext kein passendes Komplement, so verstehen wir das latente Subjekt als allgemein:

(27) ┌─ Die Regelung sollte dazu beitragen, den Schülern finanzielle Chancen zu sichern.
     └─ ... daß den Schülern finanzielle Chancen gesichert werden.

(28) ┌─ Es ist unmöglich, sämtliche Ursachenketten zu verfolgen.
     └─► Es ist unmöglich, daß man sämtliche Ursachenketten verfolgt.

Ist die Infinitivklausel selbst Subjekt des Obersatzes, so gilt ebenfalls, daß ihr Subjekt aus dem Kontext entnommen wird oder allgemein bleibt. Kontextuell dominieren dabei auch die Komplemente des Obersatzes als erste Suchadressen.

(29) ┌─ Es fällt uns schwer, zu begreifen, daß die Erde nicht
     │ Zentrum des Weltalls ist.
     └─► ... uns ..., daß wir begreifen ...

Auch hier kann die Adresse im weiteren Kontext verborgen sein oder allgemein bleiben (besonders bei unpersönlichen Fügungen wie *es gehört sich* usw.):

(30) ┌─ Es empfiehlt sich (für den Arzt), Furosemid zu geben.
     └─► ..., daß der Arzt Furosemid gibt.

(31) ┌─ In jedem Fall lohnt es sich, gute Einkristalle zu besorgen.
     └─► ..., daß man gute Einkristalle besorgt.

Was Tempus und Modus betrifft, so ist die Infinitivklausel neutral. Bei der Umformulierung wirkt das Tempus des Obersatzes zusammen mit der Bedeutung seines Prädikats. Generell kann der *daß*-Satz im Präsens Indikativ formuliert werden, wenn nicht die Infinitivklausel selbst schon einen Infinitiv der Vorzeitigkeit enthält.

(32) ┌─ ... die man öfter bezichtigte, vitalistische Faktoren
     │ postuliert zu haben.
     └─► ... die man öfter bezichtigte, daß sie vitalistische Faktoren
         postuliert hätten.

Bei bestimmten Verben kann der Deutlichkeit halber ein Modalverb angebracht sein:

(33) ┌─ Man trug ihm auf, gute Einkristalle zu besorgen.
     └─► Man trug ihm auf, daß er gute Einkristalle besorgen solle.

Bei andern Verben mag die Infinitivklausel als relativ in der Zukunft liegend aufgefaßt werden, so daß überdeutlich ein Futur im *daß*-Satz gesetzt werden kann:

(34) ┌─ Dann bot er an, die Ursache zu verfolgen.
     └─► Dann bot er an, er werde die Ursache verfolgen.

4.42 Infinitivklauseln mit Einleitung

(i) Eingeleitete Infinitivklauseln sind formal identisch mit einfachen Infinitivklauseln, nur daß sie natürlich eingeleitet sind durch *um, ohne, (an)statt*:

    Form und Funktion

(1) Die Ursachen, die man kennen müßte, um das So-und-nicht-anders-Sein zu erklären.

(2) Ich durfte nichts tun, ohne mich wonach anders umzusehen.

(3) Statt an Wunder zu glauben, sollten wir uns darüber im klaren sein, daß ...

Die einleitenden Bindewörter sehen zwar aus wie Präpositionen und zeigen auch Bedeutungsverwandtschaften (→ 4.32), aber sie haben insgesamt doch eher die Funktion von Subjunktionen. Erkennungszeichen für die Subjunktion ist das abtrennende Komma, das ihr vorangeht, und die Tatsache, daß sie nicht den Kasus einer eventuell folgenden Nominalphrase bestimmt.

Im Gegensatz zu den einfachen Infinitivklauseln haben wir es hier mit Supplementen zu tun, wie durch die entsprechenden Fragen auch deutlich wird: Warum ziehen wir es vor? Um ... Eingeleitete Infinitivklauseln sind nicht valenzbestimmt, sondern grammatisch freie Erweiterungen des einfachen Satzes. Außerdem können die eingeleiteten Infinitivklauseln auch als abgesunkene Supplemente in Nominalphrasen (→ 3.42) auftreten und als Parenthese oder weiterführend (→ 4.33).

Deutung (ii) Wie bei den einfachen Infinitivklauseln sind auch die eingeleiteten durch Umformulierung explizierbar. Allerdings erscheinen sie dann nicht als *daß*-Sätze, sondern als konjunktionale Supplementsätze:

(4) ┌─ Man müßte die rein geschichtlichen Ursachen kennen, um das So-und-nicht-anders-Sein zu erklären.
     └─► Man müßte die rein geschichtlichen Ursachen kennen, damit man das So-und-nicht-anders-Sein erklären kann.

Dabei stehen zwei Fragen im Vordergrund: Woher gewinnen wir das latente Subjekt? Welche Subjunktion müssen wir einsetzen?

Gemäß ihrem Charakter als Supplement sind die eingeleiteten Infinitivklauseln freier als die einfachen. Das Oberverb kann uns hier auch nicht leiten bei der Suche nach dem latenten Subjekt. Wir suchen es vielmehr ohne feste Regelung oder Routinisierung aus dem Kontext. Bevorzugt wird dabei das Subjekt des Trägersatzes (Leys 1971:12). Aber auch die semantische Rolle wird wichtig; weil das latente Subjekt oft ein Agens sein sollte, bevorzugen wir ein Agens als kontextuellen Vorgänger (Leys 1971:11). Wir verschmähen dann oft sogar das Subjekt:

(5) Es erschien für jeden wichtig, um die Richtung der Bewegung zu beeinflussen.

(5a) Dies wurde errechnet, ohne die Richtung der Bewegung zu beeinflussen.

Ergäbe das Trägersatzsubjekt keinen guten Sinn, können wir auch andere Komplemente wählen oder aber Spuren von Komplementen wie etwa Possessivpronomen:

(6) ┌─ Uns ist zu wenig bekannt, um genaue Angaben machen zu können.
     └─► Uns ..., damit wir ...

(7) ┌─ Ihr Einsatz war so hoch, um zu gewinnen.
     └─► Ihr Einsatz war so hoch, damit sie gewinnt.

Gibt es keine Hinweise im Kontext, so wird das latente Subjekt als allgemein verstanden. Wir ergänzen ein *man*-Subjekt in der Umformulierung:

(8) ⎡— Um einen hinreichenden Bildkontrast zu erzielen, ist eine ausreichende Wechselwirkung notwendig.
⎣► Damit man einen hinreichenden Bildkontrast erzielt, ...

Also: Meistens bevorzugen wir das Subjekt oder ein Agens, weil wir nach Routinisierung streben, aber wir sind auch bereit zu interpretieren (was übrigens viele Normierungsversuche in diesem Bereich ignorieren).

Beim Einpassen der Umformulierungen müssen wir die gedanklichen Brücken deutlicher herausholen. Zwar bieten die Partikeln *um, ohne, (an)statt* hierfür gute Hinweise (wir haben sie auch als Subjunktionen in unserer Übersicht eingeordnet, → 4.32). Aber sie sind nicht differenziert genug und oft feiner auszudeuten. Für die häufigste Partikel *um* gibt es etwa folgende Deutungen:

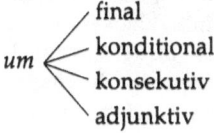

	final	Um dies zu wissen, brauche ich keine Erfahrung.
um	konditional	Man bräuchte mehr Erfahrung, um dies zu wissen.
	konsekutiv	Das war zu kompliziert, um es zu behalten.
	adjunktiv	Man sammelte viel Erfahrung, um letztlich die Versuche doch abzubrechen.

Die konditionale Deutung ist überwiegend gebunden an kontrafaktische Konjunktive. Die konsekutive Deutung ist meistens verbunden mit einem graduierenden Wort (wie *genug, viel/zu, nicht*) im Trägersatz, das wie ein kataphorisches Korrelat wirkt:

(9) Die Zahl der Ursachen ist groß genug/zu groß, um die Ursachenketten zu verfolgen.

Hier kann es übrigens zu feinen Nuancierungen kommen, wenn das graduierende Wort sich auf einen außenliegenden Standard beziehen kann:

(10) ⎡— Mancheiner ißt wirklich zu wenig, um abzunehmen.
⎢► ... zu wenig, damit er abnimmt.
⎣► ... zu wenig, als daß er abnimmt.

Die adjunktive Deutung gibt es nur bei weiterführenden Infinitivklauseln (→ 4.33), und wir wählen sie offenbar nur, wenn die finale Deutung (oder eine andere) keinen Sinn ergibt.

(iii) In komplexeren Sätzen kommen Infinitivklauseln natürlich in bunter Mischung mit allen möglichen Nebensätzen vor und auf verschiedener Stufe. Dazu noch zwei Beispiele, die zeigen, daß Infinitivklauseln selbst wieder untergeordnete satzwertige Konstruktionen haben, aber auch solchen untergeordnet sein können.

Stufung

(11) [Man darf annehmen], [daß es Polanyi fernliegt], [vitalistische
     1   1 2   2 3
Faktoren zu postulieren], aber [um ein solches Mißverständnis
           3
ganz auszuschließen], [ziehe ich es vor], [zu sagen], [das System
      2 1   1 2   2 3
höherer Integrationsebene sei aus dem niedrigeren nicht deduzier-
bar], [so genau man dieses auch kennen möge].
  3 4   4

Hier liegen zwei koordinierte Hauptsätze vor, die verbindende Konjunktion *aber* erscheint allerdings integriert in die vom zweiten Hauptsatz abhängige Infinitivklausel – wenigstens wird sie orthographisch nicht abgetrennt. Die erste Infinitivklausel ist Komplement zu *fernliegt*, und zwar Subjekt, das außerdem noch durch das Korrelat *-es* ausgedrückt ist; die Grenze der Infinitivklausel nach vorn wird durch das Komma markiert, so daß man erkennt, daß *vitalistische Faktoren* seinerseits Komplement in der Infinitivklausel ist. Die zweite Infinitivklausel ist das erwähnte Supplement und die dritte schließlich ist akkusativisches Komplement zu *ziehe ... vor*. Sie ist ebenfalls durch das Korrelat-*es* vorweggenommen. Alles in allem ist das ganze Satzgefüge weitgehend seriell, die Rechtsorientierungen überwiegen. Beim folgenden Satzgefüge haben wir es mit einem Satz zu tun, der nicht weniger als sechs untergeordnete Sätze hat. Die Unterordnung geht hier nicht einmal so tief wie im Beispiel (11), wo es bis zur vierten Stufe ging, während es hier nur bis zur dritten geht. Dennoch erscheint uns dieser Satz komplizierter, weil untergeordnete Sätze und Klauseln jeweils in die Trägersätze hineingepackt sind.

(12) [Die Zahl der rein geschichtlichen Ursachen, [die man kennen
      1   2
müßte, [um das So-und-nicht-anders-Sein eines Organismus restlos
        3
zu erklären]], ist, [wenn auch nicht unendlich], so doch groß
         3 2   2   2
genug, [um es dem Menschen grundsätzlich unmöglich zu
        2
machen, [sämtliche Ursachenketten zu verfolgen]], [selbst wenn
         3   3 2 2
sie ein Ende hätten]].
            2 1

4.43 Partizipialklauseln

Eine zweite Art infiniter, aber satzwertiger Konstruktionen sind die Partizipialklauseln, die wir nur kurz behandeln. Sie sind ungleich seltener als Infinitivklauseln. Man wird auch kaum einen Kurztext finden, der so viele enthält, daß er als Exempel taugen könnte. Wir geben deshalb einzelne Satzbeispiele (Rath 1971; Bungarten 1976):

(1) Die mittlere Abweichung – <u>genommen über den Gesamtbereich der Resonanz</u> – liegt für alle Temperaturen zwischen 0,3% und 0,6%.

(2) So glaube ich – <u>vorwegnehmend, was wir später sehen werden</u> –, daß die politischen Umwälzungen der letzten Jahre nichts anderes als ein Imperium der Massen bedeuten.

(3) Seine Reflexionen, <u>niedergelegt in den 'Fragmenten' und auf einigen Seiten des 'Ofterdingen'</u>, sind uns weit voraus.

(4) Attilas Mut war derart gesunken, daß er sich aus hölzernen Sätteln einen Scheiterhaufen errichten ließ, <u>entschlossen, sich lieber der Flamme als dem Gegner auszuliefern</u>.

(5) Eine Weinbergschnecke wird auf einen Gummiball gesetzt, der, <u>vom Wasser getragen</u>, reibungslos unter ihr weggleiten kann.

(6) Damit scheint nun allerdings doch das Stichwort für eine Einschaltung gefallen zu sein, in der diese Schrift sich über ihre eigene kulturkritische Intention auszusprechen hätte, <u>zugleich einige Fragen und Einwände vorwegdiskutierend</u>.

(7) Man könnte ihn als ... gesellschaftliches Organisationssystem, <u>angepaßt der Psychologie der Individuen</u>, bezeichnen.

(8) Die physiologischen Ursachen hierfür sind in einer Förderung von Hyphenseitenverzweigungen nach Hemmung des Ausbreitungswachstums der Hauphyphen, <u>verursacht etwa durch ein mechanisches Hindernis</u>, zu suchen.

(i) Man erkennt Partizipialklauseln daran, daß sie als Verbalphrase ein unflektiertes (!) Partizip enthalten, und zwar meistens ein Partizip Perfekt wie in (1), seltener ein Partizip Präsens wie in (2) und (6). Dieses Partizip steht – gemäß dem Nebensatz-Charakter der Partizipialklausel – oft am Ende, allerdings kann häufig auch das Nachfeld besetzt sein wie in (4) oder eine Art Ausklammerung vorliegen wie in (3). Dann eröffnet das Partizip die Partizipialklausel. Als Klausel ist die Partizipialklausel nicht nur durch eine infinite Verbalphrase bestimmt, ihre charakteristische Verkürzung besteht auch darin, daß sie kein Subjekt enthält (mit ganz seltenen Ausnahmen). Die anderen Glieder eines Satzes können aber realisiert sein, so akk, dat und präp Komplemente wie in (6), (7), (3) und Supplemente wie in (1). Außerdem können diese Satzglieder ihrerseits auch durch Nebensätze oder Infinitivklauseln realisiert sein wie etwa in (2) und (4), was schon eine gewisse Komplizierung bringt. Seltener ist die Verbalphrase selbst komplex.

Formen

Die Partizipialklausel wird orthographisch meistens wie ein verkürzter Satz behandelt. Sie ist also durch satzabtrennende Zeichen eingerahmt, in Kommas wie in (3) oder in Gedankenstrichen wie (2), manchmal durch Doppelpunkt abgetrennt wie in (2a):

(2a) Vorwegnehmend, was wir später sehen werden: Ich glaube, daß die politischen Umwälzungen der letzten Jahre nichts anderes als ein Imperium der Massen bedeuten.

Bei kürzeren können aber die Satzzeichen auch fehlen.

Als degenerierte Partizipialklausel kann man die sogenannten absoluten Akkusative ansehen, die an den Stellen der Partizipialklauseln stehen:

(9) ┌─ Die Grammatik in der Tasche, fühlte er sich ganz sicher.
　　└► Die Grammatik in der Tasche habend, fühlte er sich ganz sicher.

Sie sind auf Partizipialklauseln zurückzuführen mit einem allgemeinen Partizip wie *habend* u.ä.

Einpassung　(ii) Partizipialklauseln sind selbst satzwertig, aber Teile von Sätzen. Ihre grammatische Einpassung in den Trägersatz ist eher locker und nicht angezeigt. Sie haben insofern eine relative Selbständigkeit, und man kann sie schwer als bestimmtes Satzglied des Trägersatzes identifizieren, obwohl sie sich durch ihre Erststellenfähigkeit als Satzglied ausweisen:

(10) [Aber streng genommen] gibt es in jeder sozialen Klasse eine echte Masse und eine echte Elite.

(11) [Weit davon entfernt zu vermuten, daß ein Vorgehen der geschilderten Art den Konsumenten teuer zu stehen komme], haben wir eher Grund zu der Annahme, daß in der Praxis die gegenteilige Wirkung eintritt.

Allerdings haben auch viele eher parenthetischen Charakter (→ 4.33), und so ist ihr Platz nicht nur am Anfang oder am Ende eines Satzes, sondern genausogut in den Nischen innerhalb des Trägersatzes.

Entsprechend sind Partizipialklauseln auch grammatisch freier als Infinitivklauseln, insbesondere sind sie immer fakultativ und nie valenzbedingt (also nie Komplemente). Dennoch werden öfter in Bezug auf die grammatische Einpassung zwei Arten von Partizipialklauseln unterschieden: adverbiale und attributive. Adverbiale stehen dem Trägersatz eher wie Supplementsätze gegenüber:

(12) ┌─ In solcher Knappheit vorgetragen klingen die Lehren der hier genannten Forscher unlebendig und unüberzeugend, so große Wirkung sie auf die spätere Forschung ausgeübt haben.
　　└► Wenn sie in solcher Knappheit vorgetragen werden, ...

Attributive Partizipialklauseln haben hingegen im Trägersatz ein Bezugswort. Nur diese Tatsache könnte es rechtfertigen, sie als eine Art Attribut zu diesem Bezugswort anzusehen:

(13) ┌─ Man könnte ihn als ... gesellschaftliches Organisationssystem, angepaßt der Psychologie der Individuen, bezeichnen.
　　└► ... das der Psychologie der Individuen angepaßt ist, bezeichnen.

Die Unterscheidung von adverbialen und attributiven Partizipialklauseln ist inhaltlich begründet. Weder ist sie an der grammatischen Form der Partizipialklausel festzumachen, noch an der des Trägersatzes. Insofern liegt ihr eigentlich eine Verkennung der grammatischen Sachlage zugrunde, nach der die grammatische Unbestimmtheit gerade Charakteristikum der Partizipialklausel ist. Die offene grammatische Form und Stellung, die geringe grammatische Markierung führen gerade zur offenen Palette von Deutungsmöglichkeiten.

(iii) Partizipialklauseln sind im Zusammenhang des komprimierten Stils zu sehen. Außer dem Subjekt fehlen ihnen die finiten Verbalteile, insbesondere scheinen oft Formen von *sein* oder *werden* zu ergänzen. Bei dieser Betrachtung setzen wir allerdings eine explizitere Formulierung als Maßstab voraus, der uns in die Irre führen kann; der kommunikative Wert der Partizipialklausel beruht nämlich oft gerade auf ihrer diesbezüglichen Unbestimmtheit. Der erwähnte Beurteilungsmaßstab ist natürlich die Umformulierung, die wir zur Explikation der Deutungen verwenden. Zwei Möglichkeiten sind hier vorherrschend, die Umformulierung in einen Supplementsatz oder in einen Relativsatz: Deutung

(1a) — Die mittlere Abweichung – genommen über den Gesamtbereich der Resonanz – liegt für alle Temperaturen zwischen 0,3% und 0,6%.

— Die mittlere Abweichung – wird sie über den Gesamtbereich der Resonanz genommen – liegt für alle Temperaturen zwischen 0,3% und 0,6%.

— Die mittlere Abweichung – wenn man sie über den Gesamtbereich der Resonanz nimmt – liegt für alle Temperaturen zwischen 0,3% und 0,6%.

(3a) — Seine Reflexionen, niedergelegt in den 'Fragmenten' und auf einigen Seiten des 'Ofterdingen', sind uns weit voraus.

— Seine Reflexionen, die niedergelegt sind in den 'Fragmenten' und auf einigen Seiten des 'Ofterdingen', sind uns weit voraus.

In dieser Alternative ist auch die übliche grammatische Unterscheidung der Partizipialklauseln begründet in adverbiale, die durch subjunktionale Supplementsätze dargestellt werden, und attributive, die durch Relativsätze dargestellt werden. Wenngleich die Partizipialklausel überwiegend als Relativsatz rekonstruiert werden kann, sind faktisch auch die adverbialen nicht selten.

Bei den Umformulierungen sind besonders zwei Aspekte wichtig: Wie rekonstruiert man das latente Subjekt? Wie ist das inhaltliche Verhältnis der Partizipialklausel zum Trägersatz?

Für die Erschließung des Subjekts sind zwei Fälle zu unterscheiden: Im ersten Fall entnehmen wir das Subjekt aus dem Kontext des Satzes, im zweiten Fall ergänzen wir ein allgemeines Subjekt, es handelt sich meistens um ein *man* oder *wir*, das die Kommunikationspartner umfaßt. Ist das latente Subjekt aus dem Satzkontext zu entnehmen, so wählt man fast immer das Subjekt des Trägersatzes. Dies nicht nur, wenn der anaphorische Bezug eng ist, wie in (3a), wo die Partizipialklausel ihrem Bezugswort direkt folgt. Auch bei ferner stehenden und attributiv zu deutenden Partizipialklauseln geben wir dem Subjekt den Vorzug, selbst wenn es nachfolgt:

(14)   Allem Spracherwerb voraus – erblich vorgegeben und als
       Reaktionsmöglichkeit auch später stets bereitliegend – findet sich
       beim Menschen die Fähigkeit zum Schreien, Brummen, Quieken
       oder Schnalzen, d.h. zu sehr allgemeinen Äußerungen innerer
       Zustände.

Letztes Kriterium ist aber der Gesamtsinn, so daß wir entsprechend auch andere Bezugswörter wählen werden:

(8a)   Die physiologischen Ursachen hierfür sind in einer Förderung
       von Hyphenseitenverzweigungen nach Hemmung des
       Ausbreitungswachstums der Haupthyphen, verursacht etwa durch
       ein mechanisches Hindernis, zu suchen.

Es ist deutlich, daß es sich in (8a) um einen anaphorischen Bezug handelt, und außer Kongruenz liegen auch alle Merkmale der Anaphorik vor. Einmal steht die Partizipialklausel nahe beim Bezugswort, folgt ihm. Bei Distanzstellung entscheiden wir nach dem Gesamtsinn. So könnte in (8a) auch *Haupthyphen* Antezedens sein, aber sinnvoller ist *Hemmung*. Dann können bei engem anaphorischen Bezug die Partizipialklauseln glatt zu Relativsätzen umformuliert werden, wenn sie nahe beim Bezugswort stehen:

(15)   ┌─ Seine Reflexionen, niedergelegt in den Fragmenten ...
       └─ Seine Reflexionen, die niedergelegt sind in den Fragmenten

Subjekt ist dann natürlich das Bezugswort in Form des anaphorischen Pronomens, die Form des finiten Verbs ergänzen wir entsprechend.

Beim Erschließen des Subjekts ist darauf zu achten, ob die Partizipialklausel aktivisch oder passivisch zu verstehen ist. Allgemein sollte bei allen passivischen Partizipien Perfekt die satzförmige Umformulierung auch passivisch geschehen. Bei dem Partizip Präsens ist sie aktivisch (ebenso bei den seltenen aktivischen Partizipien Perfekt). Vorsicht allerdings bei einigen Partizipien wie *vorausgesetzt, angenommen* u.a., die wir aktivisch paraphrasieren, obwohl sie nach der Form der Partizipialklausel passivisch sind.

Ein zweiter Aspekt beim Verständnis der Partizipialklausel ist ihr inhaltliches Verhältnis zum ganzen Satz. Bei der Ergänzung durch ein allgemeines Subjekt ist die Partizipialklausel auch inhaltlich selbständig und eine Art Parenthese. Sie kann so in einem spezielleren inhaltlichen Verhältnis zum Hauptsatz zu deuten sein, das wir über Subjunktionen explizieren, die die gedankliche Brücke ausdrücken:

(16)   ┌─ Die Probendicke ist klein, verglichen mit der mittleren
       │ freien Weglänge für Einfachstreuung.
       └─ Die Probendicke ist klein, wenn man sie mit der mittleren
          freien Weglänge für Einfachstreuung vergleicht.

(17) ⎡— Konstantius, aufs genaueste unterrichtet, handelte mit
    ⎢   bewundernswerter Geschicklichkeit.
    ⎢→ Konstantius, weil er aufs genaueste unterrichtet war,
    ⎢   handelte mit bewundernswerter Geschicklichkeit.
    ⎣→ Nachdem Konstantius aufs genaueste unterrichtet war,
        handelte er mit bewundernswerter Geschicklichkeit.

In diesen Umformulierungen zeigt sich, daß meistens eine temporale oder kausale Subjunktion zu wählen ist, andere Brücken sind sehr selten:

(18) ⎡— Seine Reflexionen als Argumente benutzend, versuchte er
    ⎢   die andern zu überzeugen.
    ⎣→ Indem er seine Reflexionen als Argumente benutzte,
        versuchte er die andern zu überzeugen.

Selbstverständlich haben wir es hier nicht mit verschiedenen Arten von Partizipialklauseln zu tun, sondern mit unterschiedlichen Deutungen, die sich durch die grammatische Offenheit und das Kontextwissen ergeben. Die große Zahl der Möglichkeiten (Filipović 1977: temporal, kausal, modal, konditional, final, konsekutiv, exzeptiv, komparativ) beruht also auf Interpretation. So ist auch im Einzelfall durchaus strittig, welche Umformulierung die treffende ist und ob nicht gar mehrere zutreffen:

(5a) ⎡— Eine Weinbergschnecke wird auf einen Gummiball gesetzt,
    ⎢   der, vom Wasser getragen, reibungslos unter ihr
    ⎢   weggleiten kann.
    ⎢→ ... einen Gummiball, der vom Wasser getragen wird und
    ⎢   reibungslos unter ihr weggleiten kann.
    ⎣→ ... der reibungslos unter ihr weggleiten kann, weil er vom
        Wasser getragen wird.

All dies sind nicht grammatische Mehrdeutigkeiten, sondern Deutungsvielfalt einer kaum markierten grammatischen Konstruktion.

Die anaphorischen Partizipialklauseln können oft als eine Art Weiterführung verstanden werden, ein Zusatz der entweder als selbständiger Hauptsatz mit *und dabei* anschließbar ist oder aber als explikativer Relativsatz (→ 4.33):

(19) ⎡— Diese Schrift hätte sich über ihre eigenen kulturkritischen
    ⎢   Intentionen auszusprechen, zugleich einige Fragen und
    ⎢   Einwände vorwegdiskutierend.
    ⎣→ ... und hätte dabei einige Fragen und Einwände
        vorwegzudiskutieren.

(7a) ⎡— Man könnte ihn als ... gesellschaftliches
    ⎢   Organisationssystem, angepaßt der Psychologie der
    ⎢   Individuen, bezeichnen.
    ⎣→ ... das der Psychologie der Individuen angepaßt ist, ...

Bemerkenswert ist eine Art inhaltliche Verkehrung der Unterordnung, bei der die Partizipialklausel eher wie ein Brückenausdruck fungiert und eine Explikation einleitet:

(20)   ... oder anders gewendet: wir werden immer nur zum geringsten Teil das, was wir sein könnten.

Aufgrund ihres parenthetischen Charakters werden so die Partizipialklauseln genutzt für Kommentare, die entweder angeben, daß eine bestimmte Sichtweise vorausgesetzt werden kann, oder aber die Formulierungsweise betreffen. Häufige Partizipien für diese Zwecke sind:

Sichtweise: *gesehen von, verglichen mit, abgesehen von, angenommen daß, vorausgesetzt daß, bei Licht besehen, so betrachtet, inhaltlich gesehen*

Formulierungsweise: *genau gesagt, ... genannt, kurz formuliert, anders ausgedrückt, charakterisiert, ausgehend von, beginnend mit, wie allgemein bekannt, wie bereits dargestellt, offen gestanden, wie schon berichtet, grob geschätzt*

Solche Partizipien sollten also die Vermutung wecken, daß wir es mit einer Partizipialklausel zu tun haben.

Ratschläge für Lerner

> Infinite Klauseln haben als Kern infinite Verbformen: einen Infinitiv mit *zu* oder ein Partizip. Ihnen fehlt finites Verb, Tempus und Modus.
> Außerdem enthalten sie kein explizites Subjekt. Uneingeleitete Inifinitivklauseln stehen als Komplemente, eingeleitete und Partizipialklauseln stehen dem Trägersatz freier gegenüber.
> Also:
> Passe die Klauseln grammatisch und inhaltlich in ihren Trägersatz ein!
> Achte darauf, in welche Valenzstelle eine Infinitivklausel gehört!
> Erschließ das latente Subjekt, füg Tempus und Modus hinzu!

5. Der komprimierte Satz

Die menschliche Verständigung ist geprägt durch die Prinzipien der Relevanz und der Ökonomie: Wir bringen in der Regel nur das zum Ausdruck, was wir für notwendig halten, damit der Partner unsere Intentionen erfaßt, und wir sagen ihm nur etwas, wovon wir annehmen, daß er es nicht sowieso schon weiß. Andererseits braucht der Partner für das Verstehen stets bestimmte Teile seines stillen Wissens, und wir machen als Sprecherschreiber davon Gebrauch, wir verlassen uns darauf. So ist es nicht verwunderlich, daß ständig das Problem auftritt, was wir denn ausdrücken müssen, was wir uns ersparen können, welches gemeinsame Wissen wir voraussetzen dürfen, was wir aktivieren oder in Erinnerung bringen müssen.

Das Problem wurde durch die Jahrhunderte unter dem Stichwort „Ellipse" behandelt. Eine sprachliche Ellipse liegt grob gesprochen dann vor, wenn bestimmte Teile eines Satzes latent bleiben, weggelassen werden, die zum Verstehen der Äußerung notwendig sind. Allerdings hat man – aus guten Gründen – diese Definition immer eingeschränkt, da nicht alles, was im gemeinsamen Wissen aktiviert werden muß und in der Äußerung selbst implizit bleibt, als Ellipse angesehen wurde. Man hat vielmehr die Ellipse an einem Ideal orientiert, dem Ideal des vollständigen und expliziten Satzes, den übrigens auch der Hörerleser im Verstehen aktivieren oder rekonstruieren müsse. Die Ersparung von Teilen des vollständigen Ideals ist nur möglich, weil bestimmte Komponenten vorausgesetzt werden dürfen, besonders weil das laufende Wissen aus Kontext und Situation bereits ausreicht, um die latenten Teile zu rekonstruieren. Gutes Beispiel ist etwa ein Frage-Antwort-Kontext, wo regelhaft die identischen Teile weggelassen werden. Pure Wiederholung ist nicht ökonomisch:

(1) Was sagen analytische Urteile?
     Nichts (sagen analytische Urteile).

Das Ideal, an dem man eine Äußerung mißt und vielleicht als elliptisch brandmarkt, ist bisher nicht ausgewiesen. Insofern ist der grammatische Horror vor Ellipsen gerechtfertigt, den Mauthner schön begründet hat: „Sage ich 'Ein Bier', so nennt das der Grammatiker ... eine Ellipse; sein Ordnungssinn wäre erst befriedigt, wenn ich hübsch ausführlich gerufen hätte: 'Bringen Sie mir ein Glas Bier'. Der Grammatiker vergißt jedoch, daß diese gewählte Ausdrucksweise immer noch unvollständig wäre, immer noch eine logische Ellipse, daß ich durch meinen Ruf mit dem Kellner oder vielmehr mit seinem Herrn einen Vertrag schließe und daß mein Gedanke erst dann vollständig war, wenn ich ihn ausführte: 'Holen Sie mir in nicht zu langer Zeit in einem Glas vom Ausschank einen halben Liter des hier angezapften Faßbiers, stellen Sie es mir zu meinem Gebrauch bereit, und nehmen Sie zugleich meine Versicherung entgegen, daß ich mich verpflichte, nachher und heute noch den auf der Karte verzeichneten Preis Ihrem Herrn in Ihre Hand zu bezahlen!' Auch diese Bestellungsform, deren Ende der

Kellner wohl nicht abwarten würde, wäre aber immer noch eine Ellipse, weil zu der Vollständigkeit des Gedankens noch einige Umstände gehören würden: die Herstellungsart des Biers, seine Temperatur, die Schaumhöhe und das Versprechen eines Trinkgeldes wäre immer noch weggelassen." (Mauthner 1923:207).

So wird die Rede von Vollständigkeit und Unvollständigkeit kaum haltbar sein. Aber es ist für eine rezeptive Grammatik durchaus wichtig, die Wege offenzuhalten, auf denen man das Verständnis mehr oder weniger tief explizieren kann. Denn alles, was Mauthner anführt, mag ja tatsächlich zum Verstehen der simplen Äußerung gehören. Man sollte eher das Ideal aufgeben, nach dem ganz normale Äußerungen als defizitär oder makelhaft betrachtet werden. Es lohnt sich, sozusagen die Brille der Betrachtung umzudrehen und nicht zu sehr darauf zu starren, was fehlt, sondern zu ermitteln, was mitverstanden wird, also letztlich, wie die Äußerung verstanden wird. Und da könnte auch die Untersuchung des konkreten Verstehensprozesses ergeben, daß zum einigermaßen guten Verstehen jedenfalls die Aktivierung gewisser Teile gehört. Die Hauptfrage wird dann, was denn vorausgesetzt werden darf, wie hoch die kontextuelle Ladung einer Äußerung sein darf und welche Teile des gemeinsamen Wissens denn unter welchen Umständen aufgewärmt parat stehen. So wird sich auch erweisen, daß öfter der ausführliche Satz und nicht der elliptische Satz zu tadeln ist, daß nicht immer der elliptische Satz verkümmert, sondern oft der ausführliche hypertroph ist. Das erscheint auch deshalb plausibel, weil der sogenannte elliptische Satz sowohl phylogenetisch wie ontogenetisch primär ist. Die Entstehung der Kommunikation ist nur möglich unter Nutzung situationellen Wissens. Die ausführlichere Satzform ist entwicklungsgeschichtlich jünger.

Komprimierte Sätze sind partiell geprägt durch Latenzen. Aber eigentlich sind sie Kreuzungen aus elliptischen Sätzen und komplexen Sätzen. Wie ein Satzgefüge ist ein komprimierter Satz ein Satz mit mehreren Aussagen, die in die Grundaussage eingebettet sind. Aber die eingebetteten Aussagen erscheinen nicht in Satzform (etwa als Nebensätze), sondern elliptisch und in grammatischer Verkleidung. So ist ein komprimierter Satz also ein komplexer Satz in der unschuldigen Form eines einfachen Satzes. Ein Satz ist umso komprimierter

– je größer die relative Anzahl von Latenzen,
– je höher die propositionale Dichte.

Für Latenzen des komprimierten Satzes kommen typische Komponenten des ausgeführten Satzes in Frage: illokutionäre Kraft, Tempus und Modus, Prädikation, Komplemente. Man kann entsprechend die grammatischen Formen der Komprimierung einordnen in eine propositionale Hierarchie. Wir zeigen diese Hierarchie in einer Matrix, in der die Latenzen angegeben sind: + kennzeichnet, was stehen muß, ±, was stehen kann, und –, was nicht stehen kann. Selbstverständlich können latente Teile im Kontext realisiert sein, allerdings nicht immer in der grammatikalisierten Standardform.

Konstruktion	illokutionäre Kraft	Subjekt	Tempus/Modus	andere Komplemente	Prädikation
Hauptsatz	+	+	+	+	+
Nebensatz	-	+	+	+	+
Klausel	-	-	±	+	+
Adjektivphrase	-	-	±	+	+
Nominalisierung	-	-	-	±	±
Attribut in Nominalphrase	-	-	-	-	-
Kompositum	-	-	-	-	-

Komprimierte Sätze – wie komplexe Sätze – mögen in manchem Rezipienten die Sehnsucht wecken nach einer fernen Sprachzeit, wo das Prinzip galt: eine Proposition pro Satz. Aber hat es diese Zeit je gegeben? Heute jedenfalls ist sie lange vorbei. Beim komprimierten Satz muß der Hörerleser nicht nur die komplexe Unterordnung der Propositionen realisieren und deren inhaltliches Verhältnis, er muß vorher Propositionen rekonstruieren und dazu die unterdrückten grammatischen Teile und Kennzeichen wieder ans Licht holen. Er muß die Komprimierungen – wenigstens im Geiste – in vollständige Sätze reformulieren. Dies ist die Arbeit, die veranschaulicht, inwiefern komprimierte Sätze schwer verständlich sind.

Allerdings müssen komprimierte Sätze nicht schwerer verständlich sein als komplexe Sätze. Darauf deutet schon das Verstehensparadox: Je komplexer der Satz (also je expliziter), umso schwerer ist er zu verstehen. Je einfacher der Satz (also je impliziter), umso schwerer ist er zu verstehen. Die komprimierten Sätze sind aber grammatisch einfacher als die komplexen Sätze, sie realisieren einfachere Satzstrukturen und Satzmodelle, und sind so oft leichter zu deuten. Nur wenn die Latenzen schwer zu ergänzen sind oder wenn ihre Anzahl zu hoch ist, machen sie besondere Verstehensprobleme.

Während bis ins letzte Jahrhundert die kunstvolle Satzverbindung das Ideal der Sachprosa war, ist in der neueren Sach- und Fachprosa die Komprimierung die typische Erscheinung (Beneš 1971; Weber 1976:41; Droop 1977:230; v. Polenz 1985:24). Sie wird erklärt als Begleiterscheinung oder als Hauptindiz einer ökonomischen und rationellen Kommunikation. Dies ist sie aber bestenfalls autorbezogen. Für den Rezipienten bedeutet Komprimierung oft eine erhebliche Erschwerung des Verstehens. Und für die Kommunikation allgemein bedeutet sie nicht nur Rationalisierung, sie bedeutet auch,
- daß oft die Kommunikation schlechter wird, weil die Verkürzungen Vagheiten ergeben,

- daß die Kommunikation mißverständlicher wird, weil der Rezipient sehr viel Eigenleistung zu erbringen hat,
- daß die Kommunikation manipulativer wird, weil der Autor sich die Schwächen der Komprimierung zunutze machen kann, etwa absichtlich vage und mißverständlich spricht.

Vorformen der Komprimierung sind Erweiterungen und infinite Sätze. Harte Komprimierung liegt vor, wenn die Verbalteile, die hier noch verkürzte Sätze organisieren, in Nominalphrasen integriert werden. Diese Erscheinung ist im Rahmen der Wortbildung, insbesondere der Substantivkomposition (→ 3.41), behandelt. Zwei weitere Formen sind hier zu behandeln: die Nominalisierung und das erweiterte Adjektiv-Attribut.

Das Problem des Rezipienten ist, erstens die komprimierte Konstruktion zu identifizieren, ihren Umfang und ihre - oft undeutliche - Struktur zu bestimmen, und zweitens - am besten durch Umformulierung - eine Deutung zu finden, in der die vollständige Aussage ausgebracht ist, Vagheiten offengelegt und latente Teile hervorgeholt sind.

5.1 Nominalisierungen

Nominalisierung ist ein Paradebeispiel des komprimierten Stils. Nominalphrasen, die äußerlich keine Prädikate enthalten, drücken ganze Aussagen aus, die in den Satz eingebettet sind:

(1)
- Straftaten können die Ungeeignetheit zum Führen von Kfz. erweisen.
- Straftaten können erweisen, daß jemand ungeeignet ist zum Führen von Kfz.
- Straftaten können erweisen, daß jemand nicht geeignet ist, Kfz. zu führen.
- Straftaten können erweisen, daß jemand nicht dazu geeignet ist, daß er ein Kfz. führt.

Die Nominalisierung ist die Realisierung des Ideals der Kürze, das die wissenschaftliche Sprache bestimmt. Aber realisiert sie auch immer das Ideal der Präzision und Vollständigkeit? Der Fachmann kann vieles dem Kontext entnehmen oder seinem Fachwissen. Aber auch ihm macht's der sparsame Autor nicht immer leicht.

Oft wird Nominalisierung im Rahmen des sogenannten Substantivstils allgemein gesehen. Dabei werden zwei gegenläufige Erscheinungen in einen Topf geworfen. Zum Substantivstil gehören auch die Funktionsverbgefüge, die allerdings nicht komprimieren, sondern eher Formen der Streckung sind, da sie - natürlich nicht ohne inhaltliche Wirkung - Verben in komplexere Fügungen aufspalten, ansonsten aber die Satzglieder erhalten. Auch zeigen die Nominalisierungen keine grammatische Beschränktheit.

Bundesministerium für Bildung und Wissenschaft
Der Bund hat die Möglichkeit, mit den Ländern in der gemeinsamen Bildungsplanung und der Neugestaltung des Bildungswesens zusammenzuwirken. Seine Zuständigkeit umfaßt Fragen der einzelnen Bildungsbereiche einschließlich der beruflichen Bildung, der Hochschulen und der Weiterbildung, die Förderung von Wissenschaft und Forschung in den Hochschulen sowie die Ausbildungsförderung. Besondere Bedeutung kommt der Grundsatz- und Koordinierungszuständigkeit des Ministeriums für die berufliche Bildung zu. Im Mittelpunkt der Weiterentwicklung der Berufsbildung stehen die Erhaltung und Schaffung einer qualifizierten und krisenfesten Ausbildung, die Sicherung und der Ausbau von Ausbildungsplätzen, der Ausbau eines flexiblen Systems der beruflichen Weiterbildung sowie die Verwirklichung der Gleichwertigkeit der beruflichen Bildung in unserem Bildungssystem.
Ein weiterer Schwerpunkt der Tätigkeit des Ministeriums ist die Ausbildungsförderung. Sie soll dazu beitragen, Schülern und Studenten auch finanziell die Chance zu sichern, eine ihren Fähigkeiten und Neigungen entsprechende Ausbildung zu bekommen.
Durch seine Mitwirkung in der Bildungsplanung und eine gezielte Förderung der Bildungsforschung erarbeitet das Ministerium allgemeine Grundsätze für die Reform und weitere Entwicklung des Bildungswesens, das allen Bürgern von der Vorschulerziehung bis zur Weiterbildung offenstehen soll. Dabei gewinnt die Gewährleistung einheitlicher Lebensverhältnisse auch im Bildungswesen zunehmend an Bedeutung.

5.11 Form und Bestimmung der Nominalisierung

(i) Für eine Aussage braucht es Referenz und Prädikation. Soll eine Nominalphrase eine Aussage enthalten, so braucht sie einen prädizierenden Teil. Genuin prädizierend sind aber Verben und Adjektive. Darum sind die Kernsubstantive der Nominalisierungen Ableitungen aus Verben und Adjektiven (→ 2.22):

Verbalsubstantive

Beispiele	Form
Neugestaltung, Förderung, Weiterentwicklung, Verwirklichung, Mitwirkung, Gewährleistung	VERB + *ung*
das Auftreten, das Entfernen, das Vorgehen, das Verschwinden, das Führen	VERB + *en* (= Infinitiv)
Ausbau, Wechsel, Analyse, Kampf, Einfluß, Verlauf, Versuch, Absicht, Aufnahme, Diskussion, Widerspruch	VERBAL-ABLEITUNG
Zugehörigkeit, Tätigkeit, Möglichkeit, Zuständigkeit, Trunkenheit	ADJEKTIV-ABLEITUNG

Sie bezeichnen Handlungen, Vorgänge, Eigenschaften und Dispositionen, wobei Infinitive mehr den Verlauf betonen (durativ), *ung*-Abstrakta mehr den Abschluß. Stoßen wir im Text auf solche Substantive, so müssen wir auf Nominalisierungen gefaßt sein. Während der Produzent wissen muß, ob eine usuelle Bildung zu einem Verb existiert, weil dann die andern Bildungsmöglichkeiten meistens blockiert sind, ist es für den Rezipienten gleich, ob das jeweilige Substantiv usuell ist oder eine okkasionelle Bildung. Für die Identifikation und die Deutung der Nominalisierung macht das keinen Unterschied. Einen Unterschied macht es allerdings, ob das Substantiv lexikalisiert ist oder nicht, weil nur die nicht-lexikalisierten auflösbare Komprimierungen darstellen (cf. Sandberg 1979:16). Sie stehen übrigens sehr selten im Plural.

Für einzelne Textsorten gibt es typische und frequente Verbalsubstantive. So sind in der Wissenschaftssprache etwa häufig die Bezeichnungen einschlägiger Tätigkeiten: *Darstellung, Versuch, Übereinstimmung, Analyse, Einführung, Einfluß, Entscheidung, Messung, Entwicklung, Wirkung, Wahl, Anwendung, Prüfung, Aufgabe, Behandlung, Aufnahme, Verwendung, Betrachtung, Wirksamkeit, Abhängigkeit.*

Solche Substantive bilden also den Kern der Nominalisierung. Zusammen mit ihrem Artikel, den sie ja notwendig brauchen, bilden sie einen Rahmen, in den wie bei jeder Nominalphrase Links- und Rechtsattribute eintreten können:

(1) Unsere gemeinsame Planung des Bildungswesens für die nächste Zukunft.
    | Artikel .... Verbal-Sub |

Diese Attribute sind zuständig für die Referenz und eventuelle Modifikationen der Aussage. Der prädizierende Kern bringt dabei seinen Valenzrahmen mit, in den er die Attribute als Argumente ordnet, so daß eine sinnvolle Aussage entsteht. So wird das gen Attribut in (1) als akk Komplement des Verbs *planen* verstanden. Inhaltlich ist also die Nominalisierung geprägt durch die Valenz des Verbs oder Adjektivs und durch deren Fähigkeit, Aussagen zu strukturieren. Ein dreiwertiges Verb wird als Verbalsubstantiv inhaltlich weiter dreiwertig bleiben, wenngleich seine Valenzstellen in der Nominalisierung nicht unbedingt gefüllt sein müssen.

Wenn also das Verb seine inhaltliche Valenz vererbt, so sollte man auch erwarten, daß die Nominalisierung minimale Markierungen dafür aufweisen muß, wie ihre Teile als Satzglieder zu rekonstruieren sind. Satzgliedfunktionen übernehmen prinzipiell die Rechtsattribute: Gen Attribut und präp Attribut, dann poss Artikel, attributives Adjektiv und Bestimmungswörter in Substantivkomposita.

(2) die Neugestaltung des Bildungswesens
         [GEN ATTRIBUT]

(3) der Ausbau von Ausbildungsplätzen
         [PRÄP ATTRIBUT]

(4) seine Mitwirkung
    [POSS ART]

(5) die gemeinsame Planung
         [ADJEKTIV]

(6) die Bildungsplanung
        [SUBSTANTIV]

(ii) Offenkundig stellt sich damit die Frage, wie weit die Anschlüsse, also die qualitative Valenz des Verbs, in der Nominalisierung erhalten sind und wie weit andere Regelungen bestehen als im ausgeführten Satz. Grob gesprochen sind die Anschlüsse nur vererbt, wenn sie grammatisch nicht spezifisch sind, sondern eher semantisch orientiert. Diese semantische Orientierung gilt für Inhaltssätze, Infinitivklauseln und präpositionale Anschlüsse, die ohne weiteres in die Form des präpositionalen Attributs übernommen sein können: *Valenzvererbung*

(7) ┌─ die Annahme, daß ...
    └─ Jemand nimmt an, daß ...

(8) ┌─ die Möglichkeit, mit den Ländern zusammenzuwirken
    └─ Es ist möglich, mit den Ländern zusammenzuwirken.

(9) ┌─ die Zuständigkeit für die Planung
    └─ Jemand ist zuständig für die Planung.

In allen andern Fällen gehört es zur Deutungsarbeit des Rezipienten, die grammatische Form der Nominalisierung zu übertragen auf die Form eines ausgeführten Satzes. Tips und Hinweise hierfür gibt der nächste Abschnitt.

Die Nominalisierung selbst kann natürlich grammatisch fast alle Funktionen von Nominalphrasen haben. Sie kann Komplement, Supplement und Attribut sein:

(10) Die Förderung der beruflichen Bildung ist Aufgabe des Ministeriums.
     [NOM KOMPLEMENT]

(11) Bei der Förderung der beruflichen Bildung wirken mehrere
         [SUPPLEMENT]   Ministerien mit.

(12) Die Neugestaltung
     [der Förderung der beruflichen Bildung] ist Aufgabe des Ministeriums.
              [ATTRIBUT]

Ist die Nominalisierung Subjekt, so enthält das Prädikat oft ein abstraktes Verb (aus dem existieren-Modell) wie *stattfinden, geschehen, sich vollziehen, erfolgen* usw.

(13) Die Förderung der beruflichen Bildung erfolgt im Rahmen der allgemeinen Planung.

5.12 Deutung von Nominalisierungen

Reverbalisierung (i) Die Deutung von Nominalisierungen kann man vorführen durch Umformulierungen in Sätze, die die inhaltlichen Verhältnisse in grammatischer Standardform ausstellen. Bei diesen Umformulierungen erscheinen verschiedene Aspekte wichtig:

1. Gemäß der Valenzvererbung werden sich dem Rezipienten verschiedene Fragen stellen, wenn er eine Nominalisierung liest:

(1) ┌─ eine gezielte Förderung der Bildungsforschung
   ├─► Wer fördert?
   ├─► Was wird gefördert?
   ├─► Wer forscht?
   └─► Was wird erforscht?

Auf diese Fragen muß er eine Antwort finden, er muß besonders auch die latenten Komplemente wiedergewinnen. Wie er das kann, werden wir ausführlich darstellen.

2. In der Umformulierung braucht es ein finites Prädikat, das in der Nominalisierung nicht enthalten ist. Das bedeutet, daß es für die Deutung ergänzt werden muß. Dafür gibt es erst einmal die einfache Regelung, daß das Verb aus dem Verbalsubstantiv zum Prädikat wird und daß das Adjektiv ergänzt wird durch eine Form der Kopula:

(2) ┌─ die Schaffung einer krisenfesten Ausbildung
   └─► Jemand schafft eine krisenfeste Ausbildung.

(3) ┌─ die Zuständigkeit des Ministeriums
   └─► Das Ministerium ist zuständig.

Die Möglichkeit der Reverbalisierung ist geradezu Kriterium für das Vorliegen einer Nominalisierung (Sandberg 1979:16). Im Gegensatz zur Umformulierung von Attributen allgemein muß man hier also das Prädikat nicht nach Wissen und Kontext ergänzen (→ 3.42).

Was die Frage betrifft, ob das jeweilige Prädikat aktivisch oder passivisch sein sollte, braucht man keine Grundsatzentscheidung. Wenn möglich sollte man es aktivisch formulieren; wenn allerdings der Agens unbekannt bleibt, kann auch eine passivische Formulierung angebracht sein.

(4) ┌─ die Förderung von Wissenschaft und Forschung
   └─► Der Bund fördert Wissenschaft und Forschung.

(5) ┌─ die Gewährleistung einheitlicher Lebensverhältnisse
    └─ Einheitliche Lebensverhältnisse werden gewährleistet.

Wichtiger ist allerdings, daß die richtige Einordnung in die Valenzstellen gewahrt bleibt, also (4) nicht etwa wie folgt umformuliert wird:

(4a)   Wissenschaft und Forschung fördern (etwas).

Das jeweilige Tempus stimmt überein mit dem Tempus des ganzen Satzes oder aber es wird den ausgedrückten zeitlichen Verhältnissen entnommen:

(6) ┌─ beim Führen eines Kfz.
    └─ wenn man ein Kfz. führt ...

(7) ┌─ nach dem Führen eines Kfz.
    └─ wenn man ein Kfz. geführt hat ...

Der Numerus ergibt sich aus dem – eventuell zu erschließenden – Subjekt.

3. Je nach der grammatischen Rolle der Nominalisierung ist auch die Umformulierung in den Satz zu integrieren. Besonders relevant ist, ob die Nominalisierung als Komplement oder als Supplement steht. Dementsprechend wird auch die Umformulierung ein Komplementsatz oder ein Supplementsatz sein:

(8) ┌─ Im Mittelpunkt steht die Erhaltung einer krisenfesten Ausbildung.
    └─ Im Mittelpunkt steht, daß eine krisenfeste Ausbildung erhalten wird.

SUBJEKT

Hier muß bei Umformulierungen öfter der Anschluß leicht verändert werden:

(9) ┌─ Das Ministerium erarbeitet allgemeine Grundsätze durch
    │ seine Mitwirkung in der Bildungsplanung.
    └─ Das Ministerium erarbeitet allgemeine Grundsätze, indem
       es in der Bildungsplanung mitwirkt.

(10) ┌─ bei Einhaltung der strengen rechtlichen Regelungen ...
     └─ wenn man die strengen rechtlichen Regelungen einhält ...

Genauere Hinweise geben wir in einem eigenen Abschnitt.

(ii) Zentrale Frage der Deutung von Nominalisierungen bleibt die Einordnung ihrer Teile in die Valenzstellen. Grundsätzlich gibt es für die Füllung des Valenzrahmens drei Möglichkeiten: *Valenzrahmen*

1. Das Komplement bleibt allgemein oder unbestimmt.
2. Das Komplement ist aus dem Kontext zu entnehmen.
3. Das Komplement ist in der Nominalphrase – meistens als Attribut – realisiert.

Hier Beispiele für die Realisierung und Entnahme des Subjekts:

(11) ┌─ Das Ministerium erarbeitet Grundsätze für die Entwicklung
     │ des Bildungswesens.
     ├─ Das Bildungswesen wird entwickelt.
     └─ <u>Man</u> entwickelt das Bildungswesen.

In (11) bleibt das Subjekt im engeren Kontext erst einmal allgemein, insbesondere ist nicht gesagt, daß nur das Ministerium die weitere Entwicklung betreibt.

(12) ┌─ Der Bund hat die Möglichkeit der Neugestaltung des
     │ Bildungswesens.
     └▸ Der Bund gestaltet das Bildungswesen neu.

Hier entnehmen wir das Subjekt aus dem unmittelbaren Kontext, nämlich dem ganzen Satz. Kriterium ist in erster Linie der Sinn, aber auch räumliche Nähe. So muß manchmal gar nicht entschieden werden, ob das Subjekt allgemein bleibt oder genau aus dem Kontext zu entnehmen ist.

(13) ┌─ Durch seine Mitwirkung in der Bildungsplanung und eine
     │ gezielte Förderung der Bildungsforschung erarbeitet das Ministe-
     │ rium allgemeine Grundsätze für die Reform und weitere Entwick-
     │ lung des Bildungswesens, das allen Bürgern von der Vorschuler-
     │ ziehung bis zur Weiterbildung offenstehen soll.
     └▸ Es (das Ministerium) wirkt mit ...

Aus dem Blickwinkel des Rezipienten stellt sich dieses Problem teilweise so, daß er – wenn er nicht sowieso aus Kontext- und Weltwissen seine Schlüsse ziehen muß – aus den vorliegenden grammatischen Indizien seine Deutung gewinnen muß. Hier gibt es zwar keine eindeutigen Zuordnungen zu den Umformulierungen, aber doch brauchbare Faustregeln, die wir kommentiert aufführen.

Präpositionale Anschlüsse können dabei semantisch auszudeuten sein entsprechend den semantischen Rollen, z.B. *an*-Phrasen als Adressat, *über*-Phrasen als Thema (→ 3.41). Verwickelter liegt die Sache bei den grammatikalisierten Anschlüssen.

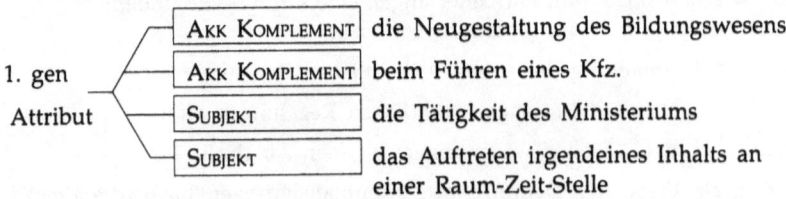

Die Genitivattribute realisieren meistens das akk Komplement, wenn das Verb mit seiner Valenz ein solches verlangt. Bei einwertigen Verben und bei höherwertigen ohne akk Komplement realisiert das gen Attribut das Subjekt, und zwar besonders bei Infinitiven, aber auch sonst.

Bei zweiwertigen Verben mit akk Komplement verdrängt das akk Komplement das Subjekt aus der Position des gen Attributs. Das Subjekt muß dann ausweichen in eine *durch*-Nominalphrase oder *von*-Nominalphrase:

(14) die curative Anwendung der Tierarzneimittel durch den Tierarzt
     └──── AKK KOMPLEMENT ────┘ └──── SUBJEKT ────┘

Möglicherweise steht das Subjekt aber auch im vorangestellten Genitivattribut:

(14a) Dr. Meiers Anwendung der Tierarzneimittel

Hat das Verb allerdings mehrere Valenzen, so wird die Nominalisierung mehrdeutig:

(7) ┌ beim Wechsel des Lieferanten
    ├▶ Der Lieferant wechselt.
    └▶ Jemand wechselt den Lieferanten.

    ┌ die Beugung von Röntgenstrahlen
    ├▶ Die Röntgenstrahlen beugen sich.
    └▶ Jemand beugt die Röntgenstrahlen.

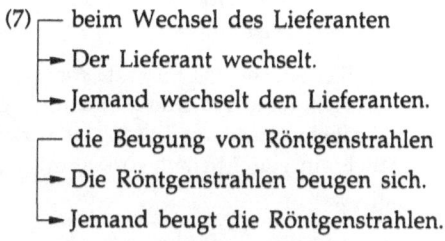

2. *durch*-NP
- Subjekt — Fertilitätsstörungen durch Hormone
- Präp Komplement — der Durchgang durch die Materie

Die *durch*-Phrasen sind inhaltlich typische Ursache- oder Agensphrasen. Sie dienen deshalb auch oft der Verdeutlichung dessen, daß ein Attribut das Subjekt realisiert. Dies besonders dann, wenn zwei konkurrierende Komplemente wie Subjekt und akk Komplement realisiert werden sollen, die beide als gen Attribut realisiert werden könnten. Außerdem kann die *durch*-Phrase das abgesunkene präpositionale Komplement sein. So wird bei direktionalen Verben die *durch*-Phrase auch direktional zu deuten sein.

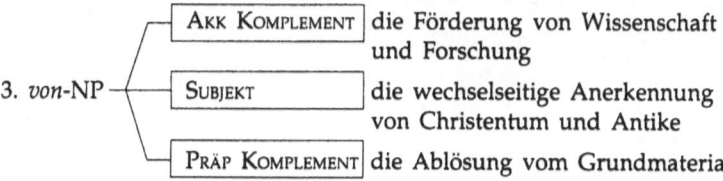

3. *von*-NP
- Akk Komplement — die Förderung von Wissenschaft und Forschung
- Subjekt — die wechselseitige Anerkennung von Christentum und Antike
- Präp Komplement — die Ablösung vom Grundmaterial

Die *von*-Phrase wird gewöhnlich als Genitiversatz gewertet. Sie ist dann auch so zu bewerten, daß sie meistens – aber natürlich nur bei entsprechender Valenz – das akk Komplement realisiert. Sie kann aber auch das Subjekt realisieren und bei entsprechendem Anschluß ein präp Komplement.

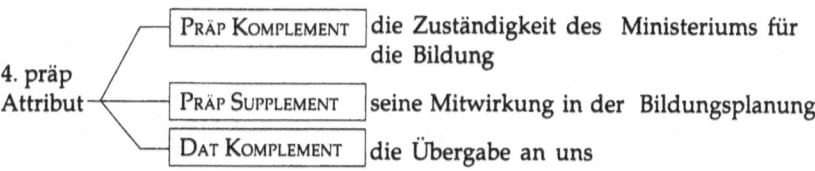

4. präp Attribut
- Präp Komplement — die Zuständigkeit des Ministeriums für die Bildung
- Präp Supplement — seine Mitwirkung in der Bildungsplanung
- Dat Komplement — die Übergabe an uns

Bei zweiwertigen Verben und Adjektiven bleibt das Subjekt als gen Attribut, wenn das zweite Komplement präpositional angeschlossen ist.

Präpositionale Attribute sind natürlich oft nach der semantischen Rolle zu verstehen, die die Präposition anzeigt (→ 3.41).

5. poss
Artikel
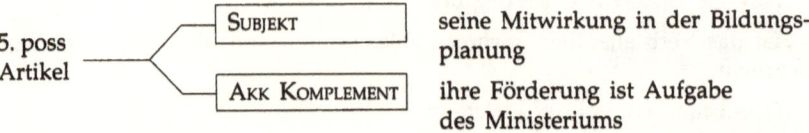
SUBJEKT — seine Mitwirkung in der Bildungsplanung
AKK KOMPLEMENT — ihre Förderung ist Aufgabe des Ministeriums

Bei Infinitiven realisiert der Possessiv-Artikel immer das Subjekt, ebenso bei einwertigen Verben und mehrwertigen Verben ohne akk Komplement. Allgemein ist sehr selten, daß der Possessiv-Artikel ein anderes Komplement realisiert; nie ist dies der Fall, wenn zusätzlich ein gen Attribut vorkommt:

(15) Seine Analyse des Zusammenhangs.

Dann ist der Possessiv-Artikel immer Subjekt. Bei *-ung*-Abstrakta ohne genitivisches Attribut ist der Possessiv-Artikel fast immer das akkusativische Komplement (allerdings gerade nicht, wenn das Abstraktum lexikalisiert ist).

6. attr
Adjektiv
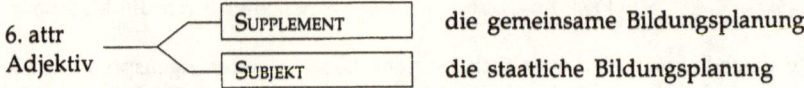
SUPPLEMENT — die gemeinsame Bildungsplanung
SUBJEKT — die staatliche Bildungsplanung

Das attr. Adjektiv ist meistens als ein adverbiales Supplement zu verstehen:

(16) ┌ die gemeinsame Bildungsplanung
    └▶ Man plant die Bildung gemeinsam.

Es kann in seltenen Fällen aber auch als Subjekt wiedererscheinen:

(17) ┌ die staatliche Bildungsplanung
    └▶ Der Staat plant die Bildung.

Die determinierenden Substantive in Komposita sind meistens als akk Komplement zu rekonstruieren, sie können aber auch das Subjekt und andere Satzglieder vertreten (→ 3.32).

Grundlage für die Deutung von Nominalisierungen ist die Unterordnungsstruktur der gesamten Nominalphrase. Gemäß der Vererbung der selektionalen Valenz muß man erkennen, welche Teile der Nominalphrase tatsächlich in Valenzstellen eintreten und welche etwa noch tiefer untergeordnet sind.

(18) Die Förderung der Ausscheidung von Natrium und Chlor über die Nieren

Diese Stufung ist oft nicht eindeutig, Alternativen bewirken auch Nuancierungen der Gesamtbedeutung:

(19) die Förderung [von Wissenschaft und Forschung] [in den Hochschulen]
    $_2$ $_{2\;3}$ $_3$

(19a) die Förderung [von Wissenschaft und Forschung] [in den Hochschulen]
    $_2$ $_{2\;2}$ $_2$

(20)   die Verwirklichung [der Gleichwertigkeit] [der beruflichen Bildung]
              2   2 3   3

       [in unserem Bildungssystem]
        3   3

(20a) die Verwirklichung [der Gleichwertigkeit] [der beruflichen Bildung]
              2   2 3   3

       [in unserem Bildungssystem]
        2   2

Nach der allgemeinen Struktur von Nominalphrasen können durch die tiefe, serielle Unterordnung wahre Monster entstehen, die kaum noch zu entschlüsseln sind:

(21)   Wir verlesen die Entscheidung [des Verfassungsgerichts] [für das
                                 2   2 3

       Land Nordrheinwestfalen] [über die Vereinbarkeit] [der
                  3 2   2 3

       Verordnung] [zur Neuordnung] [der Kreissparkasse Düsseldorf] [mit
           3 4   4 5   5 3

       den gesetzlichen Regelungen].
                             3

Für die Verständlichkeit muß bei solch tiefen Unterordnungen die Komprimierung nicht einmal ein Nachteil sein. Die ausführliche Entsprechung mit untergeordneten Nebensätzen dürfte eher noch schwerer zu verstehen sein, wie schon eine milde Umformulierung zeigt:

(21a) Wir verlesen, was das Verfassungsgericht für Nordrheinwestfalen entschieden hat darüber, ob die Verordnung, die die Kreissparkasse Düsseldorf neu ordnen sollte, vereinbar ist mit den gesetzlichen Regelungen.

(iii) Bei der Explizierung von Nominalisierungen ist ein wichtiger Gesichtspunkt, welche Funktion sie im Satz haben. Entsprechend muß die satzförmige Explikation eingepaßt werden, und vor allem muß sich die Form der Umformulierung entsprechend ändern. Nominalisierungen als Komplemente sind in *daß*-Sätze oder in Infinitivklauseln umzuformulieren: — Brücken

(22)   ┌─ Im Mittelpunkt steht die Schaffung einer krisenfesten Ausbildung.
       ├─ ... daß man eine krisenfeste Ausbildung schafft.
       └─ ... eine krisenfeste Ausbildung zu schaffen.

Dabei muß man – insbesondere bei Infinitivklauseln – oft Korrelate verwenden:

(23)   ┌─ Seine Zuständigkeit umfaßt die Ausbildungsförderung.
       └─ ... umfaßt es, die Ausbildung zu fördern.

(24)   ┌─ Das Ministerium bemüht sich um die Ausbildungsförderung.
       └─ Das Ministerium bemüht sich darum, die Ausbildung zu fördern.

Nominalisierungen als Supplemente sind natürlich in Präpositionalphrasen realisiert. Bei der Umformulierung erscheinen sie als Supplementsätze. Die semantische Rolle des Supplements, die in der Präposition zum Ausdruck kommt, wird jetzt durch die jeweilige Subjunktion übernommen. Dabei bewegt man sich weitgehend innerhalb der Brücken (→ 4.33), etwa *zu, für, zwecks – um zu/damit; trotz – obwohl; wegen – weil; durch – indem; bei – wenn; seit – seit(dem)*. Aber die prototypische Bedeutung der Präpositionen reicht hier nicht aus, die Lage ist insgesamt viel differenzierter. Einige wichtige Auflösungen der Präpositionen wollen wir deshalb vorführen.

Einerseits ist zu berücksichtigen, daß die semantische Differenziertheit bei den Präpositionen wesentlich höher ist als bei den Subjunktionen. Beispielsweise können folgende Präpositionen kausale Verhältnisse bezeichnen: *wegen, aus, durch, aufgrund, infolge, dank*:

(25) ⎡ Wegen der Neugestaltung
    ⎣→ Weil man neu gestaltet hat/neu gestalten will ...

(26) ⎡ Durch die Neugestaltung hat sich die Lage verbessert.
    ⎣→ Weil man neu gestaltet hat, ...

(27) ⎡ Aufgrund der Neugestaltung
    ⎣→ Weil man neu gestaltet hat, ...

(28) ⎡ Infolge der Neugestaltung
    ⎣→ Weil man neu gestaltet hat, ...

(29) ⎡ Dank der Neugestaltung
    ⎣→ Weil man neu gestaltet hat, ...

Allerdings sind diese Varianten kein purer Luxus, sie nuancieren jeweils: *dank* enthält eine positive Wertung, *aus* ist bezogen auf Handlungen und eher bewußt motivational, *vor* ist auch bezogen auf Handlungen, bezeichnet aber eher unbewußte Ursachen, *durch* bringt die Ursache, *infolge* verweist auf den konsekutiven, aber nicht intentionalen Charakter (cf. Pusch 1976:62).

Andererseits sind die Präpositionen nicht eindeutig bestimmten Brücken zugeordnet, je nach Kontext können sie deshalb auch unterschiedlichen Subjunktionen entsprechen. So kann *wegen* nicht nur kausal, sondern durchaus auch final zu verstehen sein:

(30) ⎡ Wegen der Neugestaltung müssen größere Mittel bereitgestellt werden.
    ⎣→ Um neu zu gestalten, ...

Ähnlich kann die Präposition *bei* unterschiedlich aufgelöst werden:

(31) ⎡ Bei der Neugestaltung der Bildung sind große Mittel nötig.
    ⎣→ Wenn man die Bildung neu gestalten will, ...

(32) ⎡ Bei jener Neugestaltung der Bildung waren große Mittel nötig.
    ⎣→ Als man damals die Bildung neu gestaltet hat, ...

Generische Nominalphrasen (mit indefinitem Artikel oder ohne Artikel) und atemporales Präsens im Satz stützen die konditionale Deutung, hingegen definite Nominalphrasen und Präteritum die temporale Deutung.

Gängige Korrespondenzen von Präpositionen und Subjunktionen sind in einer Übersicht gegeben.

Satzwertige Präpositionalphrasen

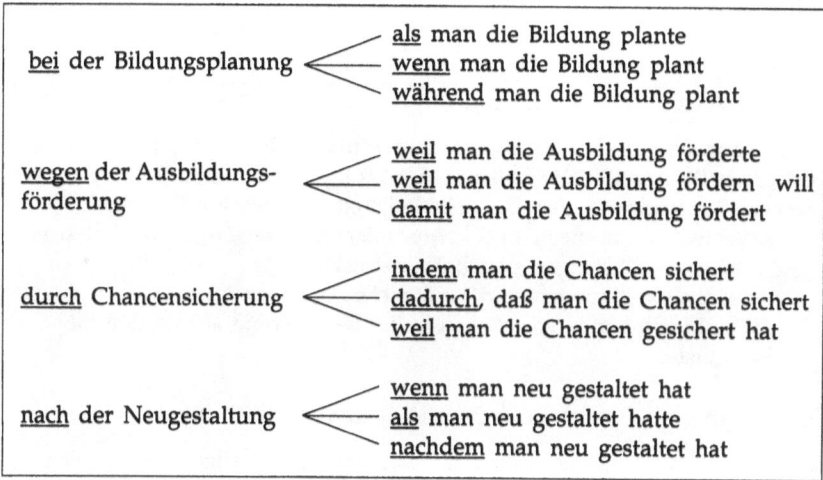

Ratschläge für Lerner

Verbalsubstantive zeigen oft Nominalisierungen an, das sind Sätze, die zu Nominalphrasen verdichtet sind. Um sie zu verstehen, mußt du sie in Sätze zurückverwandeln. Dabei gewinnst du die Satzglieder aus den Attributen, oder du erschließt sie aus dem Kontext.
Also:
Verwandle im Geist das Verb in ein Prädikat! Such die nominalen Attribute und beachte ihre Stufung!
Merk dir Regeln dafür, wie die Attribute in Komplemente zu verwandeln sind!
Merk dir die Regeln, wie Präpositionen zu Subjunktionen werden!

5.2 Satzwertige Adjektivphrasen

In dem Rahmen zwischen Artikel und Substantiv können flektierte Adjektive stehen. Neben genuinen und wortgebildeten Adjektiven nehmen diese Stelle besonders Partizipien ein, die dann wie Adjektive flektiert werden (→ 3.31). Die einfache Form, diese Adjektive zu erweitern, ist die Modifikation durch Adverbien (→ 3.31): *sehr hoch, nahezu grün*. Diese Struktur wirft keine größeren Probleme auf. Äußerst schwierig hingegen sind Sätze, wo die Linkserweiterung inhaltlich die Form einer Aussage annimmt, allerdings im komprimierten Gewand. Das Adjektiv oder Partizip ist hier als Teil eines abgesunkenen Prädikats anzusehen, dem alle möglichen Satzglieder des einfachen Satzes untergeordnet sein können. Die Deutung solcher Konstruktionen ist erschwert durch ihre Linksorientierung: Die untergeordneten Satzglieder stehen links vom Adjektiv oder Partizip, so daß man die Phrase sozusagen rückwärts strukturieren muß:

(1)   Die   [[durch Russell] [um 1900] ausgebildeten]   Mittel
       ARTIKEL .... ADJEKTIV | SUBSTANTIV

Diese satzwertigen Erweiterungen sind typisch für die moderne deutsche Sachprosa (Weber 1971:115; Weber 1976:42) und stellen eine ihrer Hauptverstehensschwierigkeiten dar. Die Schwierigkeit hat mehrere Ursachen:
- Adjektiverweiterungen sind komprimiert und zeigen einige Latenzen;
- Adjektiverweiterungen sind linksorientiert;
- Adjektiverweiterungen sind zusätzliche Aussagen im Satz;
- Adjektiverweiterungen weichen in der Realisierung ab von den üblichen Satzmustern.

5.21 Form und Bestimmung von Adjektiverweiterungen

Erweiterte Adjektivphrasen sind in Nominalphrasen allgemein möglich, sie kommen damit überall vor, wo Nominalphrasen vorkommen können.

Das Bild des [planmäßig errichteten], [von einheitlichen ideologischen und politischen Zielsetzungen geprägten] monolithischen SS-Staates hält jedoch genauerer historischer Analyse nicht stand. Das ist das Ergebnis der Darstellung Heinz Höhnes, der sich auf eine Reihe neuerer Monographien stützen kann und eine Fülle bislang nur unzureichend ausgewerteter Quellen herangezogen hat.
In Höhnes Darstellung zerfließt die [dem Begriff der totalitären Diktatur entsprechende] Vorstellung vom monolithischen Führerstaat, der nach verbreiteter Auffassung seine eigentliche Ausprägung in der Herrschaft des SS-Apparats fand, in ein [nahezu unentwirrbar erscheinendes] Knäuel von rivalisierenden Organisationen [einander befehdender] Führungscliquen, von Macht- und Positionskämpfen der NS-„Hoheitsträger" auf allen Ebenen des Partei- und Staatsapparats. Auch die angebliche ideologische Geschlossenheit erweist sich als Fiktion; unter der Leerformel der „nationalsozialistischen Weltanschauung" vollzog sich ein verdeckter Kampf heterogener ideologischer Konzeptionen, die nur im Negativen übereinstimmten. Dieses Bild ergibt sich auch für die [angeblich weltanschaulich und politisch geschlossenste] Machtorganisation des Dritten Reiches – die SS. Die SS war ein Sammelbecken der verschiedenartigsten politischen Strömungen, zugleich ein loses Bündel von [im wesentlichen nur durch das Mittel der Personalunion verknüpften] Organisationen, Dienststellen und Verbänden ...

Bei äußerlicher Gleichschaltung umschloß der NS-Staat von Anfang an eine Fülle unausgetragener institutioneller und politischer Antagonismen, die infolge der notorischen Unentschlossenheit Hitlers ungelöst blieben und den Nährboden für das institutionelle Gestrüpp von [sich parasitär bildenden], [staatliche Funktionen usurpierenden] NS-Dienststellen abgaben. Die Zersplitterung der Verantwortlichkeit machte vor der SS nicht halt ...Höhnes Beobachtung, daß die SS in die Rolle einer Organisation unter vielen zurückfiel, die unterhalb der Führerebene um Einfluß rangen, deutet auf eine mögliche Lösung dieses Problems hin. In dem parasitären Zersetzungsprozeß eines modernen Großstaates, der binnen weniger Jahre die [in jahrhundertelanger geschichtlicher Entwicklung angesammelte] rechtsstaatliche und staatliche Substanz überhaupt verschleuderte und nach parasitärer Ausnützung des überkommenen Verwaltungsapparats folgerichtig in atavistische Formen der Feudalität und des Satrapentums zurückfiel, war keine der rivalisierenden Gruppen imstande, Autorität neu zu bilden und damit auch nur einigermaßen legitimen Anspruch auf die politische Führung zu erheben.

Hitlers tief eingewurzelte Feindschaft gegen [ihrem Wesen nach rechtsförmige] staatliche Ordnung, die in seiner Ablehnung der Juristen und der Propagierung eines politischen Führertyps, einer Mischung von Gefolgsmann und Condottiere, zum Ausdruck kam, war zugleich entscheidende innere Triebkraft der NS-Bewegung.

(i) Da diese Erweiterungen als komprimierte Aussagen anzusehen sind, in denen das Adjektiv oder das Partizip Prädikatfunktion hat, werden sie durch deren Valenz und durch mögliche Satzformen allgemein strukturiert. Die untergeordneten Erweiterungen haben natürlich keine Satzgliedfunktion, sie stehen ja in der Stufung wesentlich tiefer. Dennoch entsprechen sie in Form und Reihenfolge genau den Satzgliedern des einfachen Satzes: Kennzeichen

(1) ─ Der [planmäßig] errichtete Staat
           | ADV SUPPLEMENT |
   ↳ Der Staat wurde planmäßig errichtet.

(2) ─ Die [dem Begriff der totalitären Diktatur] entsprechende Vorstellung
           | DAT KOMPLEMENT |
   ↳ Die Vorstellung entspricht dem Begriff der totalitären Diktatur.

(3) ─ Die [im wesentlichen] [durch Personalunion] verknüpften
       | ADV SUPPLEMENT | | PRÄP KOMPLEMENT | Organisationen
   ↳ Die Organisationen sind im wesentlichen durch Personalunion verknüpft.

(4) ┌─ Indiz einer   bis dahin   nicht   gekannten Freiheit.
   │   Präp Supplement Negation
   └─ Die Freiheit kannte man bis dahin nicht.

Die Erweiterungen in (1) und (3) entsprechen Supplementen, die in (2) einem Komplement, in (4) kommt sogar die Satznegation vor, die allerdings einen engen Skopus hat und nur die Aussage negiert, die in der Adjektivphrase ausgedrückt ist, nicht etwa den gesamten Satz. Im Grundsatz können in diesen Erweiterungen alle möglichen Positionen des einfachen Satzes besetzt sein. Allerdings können sie kaum satzförmig realisiert sein, das würde dann doch unsere geistige Kapazität überfordern.

Hauptproblem bei der Strukturierung erweiterter Adjektivphrasen ist die Tatsache, daß hier Nominalphrasen ineinandergeschachtelt sind. So treffen am Anfang der Gesamtphrase zwei Nominalphrasen-Anfänge aufeinander, und damit entstehen – auch als typische Kennzeichen für erweiterte Linkserweiterungen – bestimmte Abfolgen von Wortarten, die sonst kaum vorkommen:

(5) In Höhnes Darstellung zerfließt die [dem Begriff der
                                         Art Art

totalitären Diktatur entsprechende] Vorstellung ...

(6) Aus einer [auf den Ausgangspunkt zurückgehenden] Perspektive
              Art Präp Art

(7) In dem [in dieser Enzyklopädie enthaltenen] Artikel
    Präp Art Präp

Häufig hat allerdings eine der Nominalphrasen keinen Artikel – wohl aus stilistischen Gründen, um die als holprig empfundene Anhäufung der Artikel zu vermeiden:

(8) Ein loses Bündel von [im wesentlichen nur durch das Mittel der
                          Präp Präp

Personalunion verknüpften] Organisationen ...

In solchen Fällen treffen dann häufig zwei Präpositionen aufeinander, was auch als typisches Kennzeichen dieser Konstruktion gelten kann.

Analyse   (ii) Hat man Indizien für eine satzwertige Adjektivphrase entdeckt, so muß man ihren Umfang und Aufbau genauer bestimmen. Man beginnt die Analyse, indem man den Rahmen feststellt, in dem das Adjektiv mit seinen Erweiterungen steht. Dazu ermittelt man das Kernsubstantiv, in unserem Beispiel (5) etwa *Vorstellung* und den zugehörigen Artikel, der links vom Substantiv – mehr oder weniger entfernt – steht. Geht man vom Substantiv nach links und es kommt kein neues Substantiv, so handelt es sich immer um das nächstfolgende Artikelwort. Der Artikel muß natürlich mit dem Substantiv in Genus, Numerus und Kasus kongruieren. Gehen wir etwa in (5) von *Vorstellung* nach links so treffen wir auf drei Artikelwörter. Das vorderste *die* kann wie *Vorstellung* nom/akk f sg sein. Es paßt also zu diesem Substantiv.

Satzwertige Adjektivphrasen   315

Hat eine Nominalphrase keinen Artikel, so kann der verbleibende Artikel an der Nahtstelle zur inneren oder zur äußeren Nominalphrase gezogen werden. Dadurch entstehen manchmal Zuordnungsprobleme, die durch eine genauere Analyse der Kongruenzverhältnisse zu lösen sind:

(9)   Auf der Grundlage eines [Teile seiner Politik betreffenden] Konsensus
                         └──────── m sg gen ────────┘

(10)   Hitlers Feindschaft gegen
       [ihrem Wesen nach rechtsförmige] staatliche Ordnung
        └ n sg dat ┘   nom/akk f

In (9) kann *eines* nicht der Artikel zu *Teile* sein: *eines* ist sg m/n gen, *Teile* hingegen pl; *Politik* hat bereits seinen Artikel, also ist der Rahmen *eines ... Konsensus*. Und hier stimmt auch die Kongruenz.

In (10) regiert die Präposition *gegen* einen Akkusativ; *ihrem* kann aber nur dat sein, also gehört es nicht zum direkt regierten Substantiv. Ein weiterer Artikel kommt nicht vor, also ist das Kernsubstantiv *Ordnung* artikellos. Dies kann man im allgemeinen an der Deklination des Adjektivs überprüfen, die dann ja stark sein muß. In unserem Beispiel im Akkusativ erkennt man da keinen Unterschied. Läge allerdings dat oder gen vor, so wäre an der Adjektiv-Endung zu erkennen, ob man einen Artikel suchen muß oder nicht:

(11)   ... mit ihrer rechtsförmig<u>en</u> Ordnung ...

       ... mit rechtsförmig<u>er</u> Ordnung ...

Zuordnungsprobleme können auch für Präpositionen entstehen:

(12)   Das Gestrüpp von [sich parasitär bildenden, staatliche Funktionen usurpierenden] NS-Dienststellen ...

Auf den ersten Blick könnte *von sich* eine präpositionale Nominalphrase bilden. Bei dieser Deutung gelingt es aber nicht, den Rest der Nominalphrase grammatisch einzuordnen. Trotzdem ist dies natürlich ein gefährlicher Holzweg. Denn entsprechend der grammatischen Routine wird der Rezipient ja das ankommende *sich* der begonnenen Präpositionalphrase inkorporieren, und das gelingt auch vorläufig. Erst später wird er den Irrtum bemerken und muß sich revidieren.

Die Bestimmung des Adjektivs oder Partizips innerhalb des Rahmens bereitet meistens keine Schwierigkeiten. Es muß flektiert sein, und zwar entsprechend den Kongruenzregeln stark oder schwach. Eine gewisse Komplikation kann darin liegen, daß mehrere (evtl. koordinierte) Adjektive dem Substantiv untergeordnet sind wie etwa in (12). Grundregel ist, daß die Erweiterung nicht von ihrem Adjektiv wegwandert: Sie steht direkt links von ihrem Adjektiv. Aber auch hier ist die Beachtung der Adjektivdeklination wichtig. Man könnte versucht sein, in *Funktionen* das Substantiv zu sehen, das durch *von* regiert wird. *Bildenden* und *staatliche* müßten dann koordinierte Adjektive sein. Dies verbietet sich aber, weil beide unterschiedlich dekliniert sind: eines schwach, das andere stark. Koordiniert sind *bildenden* und *usurpierenden*, und *staatliche Funktionen* ist Linkserweiterung zu *usurpierenden*.

Wichtiges Kriterium für die Zuordnung der Erweiterungen ist natürlich ihr grammatischer Einbau in eine komprimierte Satzstruktur. Erstes Kriterium dafür ist die Valenz des Adjektivs oder Verbs im Partizip, die sich voll auf diese Konstruktionen vererbt (→ 2.4). Im Grunde lassen die Linkserweiterungen genau die Struktur von Sätzen zu, in die auch andere Satzglieder eintreten. Die Anschlüsse der abgesunkenen Satzglieder entsprechen (außer dem Subjekt) genau den Anschlüssen im ausgeführten Satzmuster. Die Reihenfolge der Satzglieder entspricht wegen ihrer tiefen Unterordnung exakt der Grundfolge (→ 3.12). Einzelheiten behandeln wir im Zusammenhang der Deutung. Hier zusammenfassend ein Überblick über die Bestimmung von erweiterten Linkserweiterungen (cf. Rall/Rall 1983).

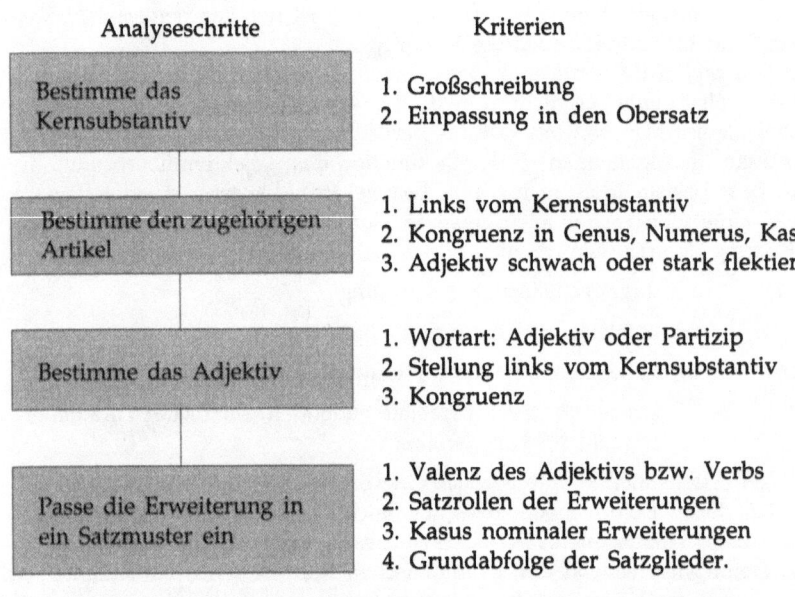

Komplikationen

(iii) Wie zum Hohn des Rezipienten nutzen manche Autoren auch noch die grammatischen Möglichkeiten, diese Adjektivphrasen zu komplizieren. Wir unterscheiden fünf mögliche Komplikationen:

1. Überfüllung des Rahmens. Man kann in der Erweiterung wie im Hauptsatz alle Komplemente und reichhaltig Supplemente realisieren, die die Adjektivphrase aufblähen:

(13) ... die [zu jener Zeit] [aufgrund äußeren Drucks] [stark] [in Auflösung] begriffenen Machtorganisationen

2. Koordination der Erweiterungen. Jede Erweiterung kann ihrerseits durch Koordination verlängert sein:

(14) ... die [zu jener Zeit und schon früher] [in Auflösung und Verfall] begriffenen Machtorganisationen

3. Koordination der Adjektivphrase. Erweiterte Adjektivphrasen können mehrfach koordiniert sein, wie einfache Adjektive ohne Konjunktion oder mit *und, oder, aber, zwar*:

(15) ... von [sich parasitär bildenden], [staatliche Funktionen usurpierenden] NS-Dienststellen

4. Erweiterung der Erweiterungen. Die erweiternden Phrasen können natürlich alle möglichen Attribute (sehr selten aber Nebensätze) haben:

(16) ... die [dem Begriff [der totalitären Diktatur]] entsprechende Vorstellung

5. Schachtelung der Adjektivphrasen. Zur Krönung kann die erweiternde Nominalphrase selbst wieder eine erweiterte Adjektivphrase enthalten:

(17) ... für das [der [von dem Beklagten] unterzeichneten Urkunde] zugrundeliegende Rechtsgeschäft

Solche Komplikationen erscheinen zwar ungeheuerlich. Es sind aber keine erfundenen Beispiele, sie gehören der harten Realität des modernen Rezipienten an.

5.22 Deutung der Adjektiverweiterungen

(i) Erweiterte Linkserweiterungen sind komprimierte Zusätze. Die Aussagen, die sie in den Satz hineinquetschen, können zwar in selteneren Fällen Mittel der genaueren Referenz sein, meistens rufen sie aber etwas Gesagtes in Erinnerung oder bringen neue weiterführende Informationen, die der Sprecher noch so nebenbei in seinen Satz hineinpackt.

Umformulierung

Die Deutung der erweiterten Linkserweiterung erklärt man am besten durch Umformulierung in Relativsätze, und zwar in restriktive oder explikative je nach Zusammenhang. Diese Umformulierung ist immer möglich:

(1) ... die in jahrhundertelanger geschichtlicher Entwicklung angesammelte rechtsstaatliche und staatliche Substanz ...

die rechtsstaatliche und staatliche Substanz, die in jahrhundertelanger geschichtlicher Entwicklung angesammelt wurde,

Das einleitende Relativpronomen ist dabei stets das Subjekt des Relativsatzes und nimmt anaphorisch das Kernsubstantiv auf, so daß man auch grob sagen kann, daß das Kernsubstantiv das Subjekt der erweiterten Linkserweiterung ist. Dies ist auch der Grund dafür, daß in der Erweiterung kein Nominativkomplement vorkommen kann. Der Relativsatz muß natürlich – im Gegensatz zu der erweiterten Linkserweiterung – ein finites Verb enthalten. Hierzu wird bei Adjektiv eine Kopulaform ergänzt, bei Partizip Perfekt eine Form von *werden* oder *sein* und bei Partizip Präsens das entsprechende Verb selbst genommen:

(2) ⎡ ... gegen die ihrem Wesen nach rechtsförmige staatliche Ordnung ...
⎣ ... gegen die staatliche Ordnung, die ihrem Wesen nach rechtsförmig ist, ...

(3) ⎡ die in jahrhundertelanger geschichtlicher Entwicklung angesammelte Substanz ...
⎣ die Substanz, die in jahrhundertelanger geschichtlicher Entwicklung angesammelt wurde, ...

(4) ⎡ die hieraus folgende Einsicht, ...
⎣ die Einsicht, die hieraus folgt, ...

Beim Partizip Perfekt kann auch ein Zustandspassiv angebracht sein:

(5) ⎡ die damit angesprochene staatliche Ordnung ...
⎣ die staatliche Ordnung, die damit angesprochen ist, ...

Für die Form des jeweiligen Verbs gilt zu beachten: Sein Genus (Aktiv oder Passiv) ergibt sich aus dem Partizip; sein Tempus ergibt sich aus dem Partizip und dem Tempus des Obersatzes (Weber 1971).

Partizip Präsens (ii) Jedes Partizip Präsens ergibt ein aktivisches Verb im Relativsatz. Das Partizip Präsens drückt Gleichzeitigkeit aus, allerdings eine relative Gleichzeitigkeit. Bezugszeit kann erstens die Textzeit sein, wie sie etwa im Obersatztempus und in Zeitadverbien ausgedrückt ist:

(6) ⎡ Es gibt ein Knäuel einander befehdender Führungscliquen.
⎣ Es gibt ein Knäuel von Führungscliquen, die einander befehden.

(7) ⎡ Es gab ein Knäuel einander befehdender Führungscliquen.
⎣ Es gab ein Knäuel von Führungscliquen, die einander befehdeten.

Zeitadverbien in der Adjektivphrase sind natürlich besonders willkommen zur zeitlichen Situuierung:

(8) ⎡ Es gibt ein Knäuel damals einander befehdender Führungscliquen.
⎣ Es gibt ein Knäuel von Führungscliquen, die damals einander befehdeten.

Bezugszeit kann zweitens die Sprechzeit sein, so daß das Tempus im Relativsatz sich nicht mit dem Tempus des Hauptverbs ändern muß:

(9) ⎡ Wir kennen die hieraus folgende Einsicht ...
⎣ Wir kennen die Einsicht, die hieraus folgt ...

(10) ⎡ Wir kannten die hieraus folgende Einsicht ...
⎣ Wir kannten die Einsicht, die hieraus folgt ...

Zu erwähnen ist allerdings eine Ausnahme. Ist das Partizip Präsens erweitert mit *zu*, so ergibt sich eine passivische Bedeutung:

(11) ⎡ Die zu untersuchenden Festkörper ...
    ⎢ ► Die Festkörper, die zu untersuchen sind, ...
    ⎣ ► Die Festkörper, die untersucht werden sollen, ...

Hier liegt übrigens auch eine modale Bedeutung vor, die in der Umformulierung durch Modalverben wie *können, sollen, müssen* zum Ausdruck kommt.

(iii) Beim Partizip Perfekt ist die Situation etwas komplexer: Ein aktivisches Partizip Perfekt, also eines von einem Verb, das die zusammengesetzten Tempora mit *sein* bildet, ergibt ein aktivisches finites Verb. Diese Fälle sind recht selten:

Partizip Perfekt

(13) ⎡ Das Bild des planmäßig errichteten NS-Staates ist falsch.
     ⎣ ► Das Bild des NS-Staates, der planmäßig errichtet wurde, ist falsch.

(14) ⎡ ... das vorwiegend biographisch ausgerichtete Buch von J.C. Fest ...
     ⎣ ► ... das Buch von J.C. Fest, das vorwiegend biographisch ausgerichtet ist ...

Selbstverständlich ist der Relativsatz öfter auch aktivisch zu formulieren:

(13a) Das Bild des NS-Staates, den man planmäßig errichtet hat,

Dies ist aber sekundär und setzt die Möglichkeit voraus, ein Agens zu erschließen. Didaktisch primär ist die Passiv-Formulierung.

Während beim aktivischen Partizip Perfekt das Relativsatz-Subjekt (also das Kernsubstantiv) auch das primäre Subjekt ist, bleibt dieses beim passivischen Partizip Perfekt oft allgemein oder irrelevant, manchmal auch aus dem Kontext entnehmbar:

(15) ⎡ ... unzureichend ausgewertete Quellen, ...
     ⎣ ► Wer hat die Quellen ausgewertet?

Am deutlichsten liegt der Fall, wenn die Adjektivphrase selbst eine Agensphrase enthält:

(15a) ... von/durch Historiker(n) unzureichend ausgewertete Quellen ...

Das Partizip Perfekt drückt Vorzeitigkeit aus, allerdings eine relative Vorzeitigkeit. Bezugszeit kann auch hier entweder die Textzeit oder die Sprechzeit sein:

(16) ⎡ Die SS war ein loses Bündel von durch Personalunion
     ⎢   verknüpften Organisationen.
     ⎣ ► Die SS <u>war</u> ein loses Bündel von Organisationen, die durch
         Personalunion verknüpft <u>waren</u>.

(17) ⎡ Die SS ist ein loses Bündel von durch Personalunion
     ⎢   verknüpften Organisationen.
     ⎣ ► Die SS <u>ist</u> ein loses Bündel von Organisationen, die durch
         Personalunion verknüpft <u>sind</u>.

In (13) hingegen ändert sich das Tempus im Relativsatz nicht, wenn man das Hauptsatztempus ändert:

(13a) ┌─Das Bild des planmäßig errichteten NS-Staates war falsch.
      └▶Das Bild des NS-Staates, der planmäßig errichtet wurde, war falsch.

Die relative Vorzeitigkeit ist hier festgemacht an der Sprechzeit.

Ratschläge für Lerner

> Adjektiverweiterungen sind verdichtete Sätze, eingepackt in Nominalphrasen. Du erkennst ihren Anfang an typischen Abfolgen wie Artikel nach Artikel, Präposition nach Artikel oder Präposition.
> Formuliere sie in Relativsätze um!
> Das Adjektiv oder Partizip wird zum Prädikat.
> Subjekt ist der nominale Kern, die andern Erweiterungen mache zu Satzgliedern!

Anhang

Anhang 1: Polyfunktionale Strukturwörter

als
- SUBJUNKTION: Warum wandte man die Mittel dafür auf, **als** die Zeit des „Goldenen Augsburg" zur Neige ging?
- VERGLEICHSPARTIKEL: In diesem Jahrhundert wurden mehr mathematische Entdeckungen gemacht **als** in der gesamten übrigen Geschichte.
- PRÄPOSITION: **Als** deren Kennzeichen ist eine geradezu ungeheuerliche Stoffausweitung anzusprechen.

am
- PRÄPOSITION MIT ARTIKELREST: Die Methoden, die mit der Beugung von Röntgenstrahlen arbeiten, stehen **am** Anfang.
- VERGLEICHSPARTIKEL: **Am** besten fahren Sie mit Abstand.

bis
- SUBJUNKTION: Ist es nur eine Frage der Zeit, **bis** die letzte Festung des Menschen fällt?
- PRÄPOSITION: **Bis** heute ist nichts passiert.
- MODIFIKATOR: Man erzielte Werte **bis** zu 300 Grad Celsius.

da
- SUBJUNKTION: Die Verwendung kleiner Einkristallkugeln hat sich bewährt, **da** dann die Absorption für jeden Reflex exakt berücksichtigt werden kann.
- LOKALADVERB: Die Mittel waren einfach nicht **da**.
- TEMPORALADVERB: **Da** erschien sein erstes größeres Werk.

Polyfunktionale Strukturwörter

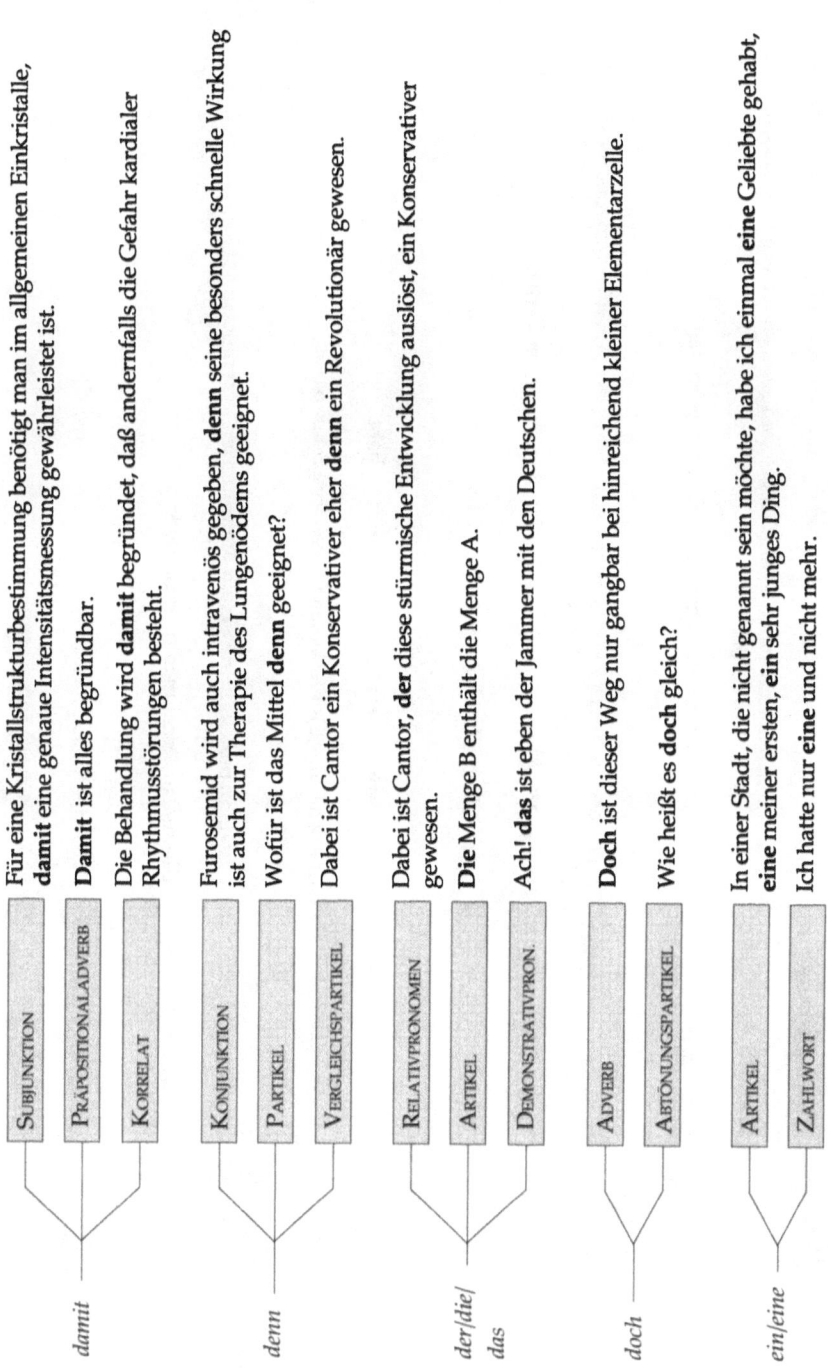

damit
- SUBJUNKTION: Für eine Kristallstrukturbestimmung benötigt man im allgemeinen Einkristalle, **damit** eine genaue Intensitätsmessung gewährleistet ist.
- PRÄPOSITIONALADVERB: **Damit** ist alles begründbar.
- KORRELAT: Die Behandlung wird **damit** begründet, daß andernfalls die Gefahr kardialer Rhythmusstörungen besteht.

denn
- KONJUNKTION: Furosemid wird auch intravenös gegeben, **denn** seine besonders schnelle Wirkung ist auch zur Therapie des Lungenödems geeignet.
- PARTIKEL: Wofür ist das Mittel **denn** geeignet?
- VERGLEICHSPARTIKEL: Dabei ist Cantor ein Konservativer eher **denn** ein Revolutionär gewesen.

der/die/das
- RELATIVPRONOMEN: Dabei ist Cantor, **der** diese stürmische Entwicklung auslöst, ein Konservativer gewesen.
- ARTIKEL: Die Menge B enthält die Menge A.
- DEMONSTRATIVPRON.: Ach! **das** ist eben der Jammer mit den Deutschen.

doch
- ADVERB: **Doch** ist dieser Weg nur gangbar bei hinreichend kleiner Elementarzelle.
- ABTÖNUNGSPARTIKEL: Wie heißt es **doch** gleich?

ein/eine
- ARTIKEL: In einer Stadt, die nicht genannt sein möchte, habe ich einmal **eine** Geliebte gehabt, **eine** meiner ersten, ein sehr junges Ding.
- ZAHLWORT: Ich hatte nur **eine** und nicht mehr.

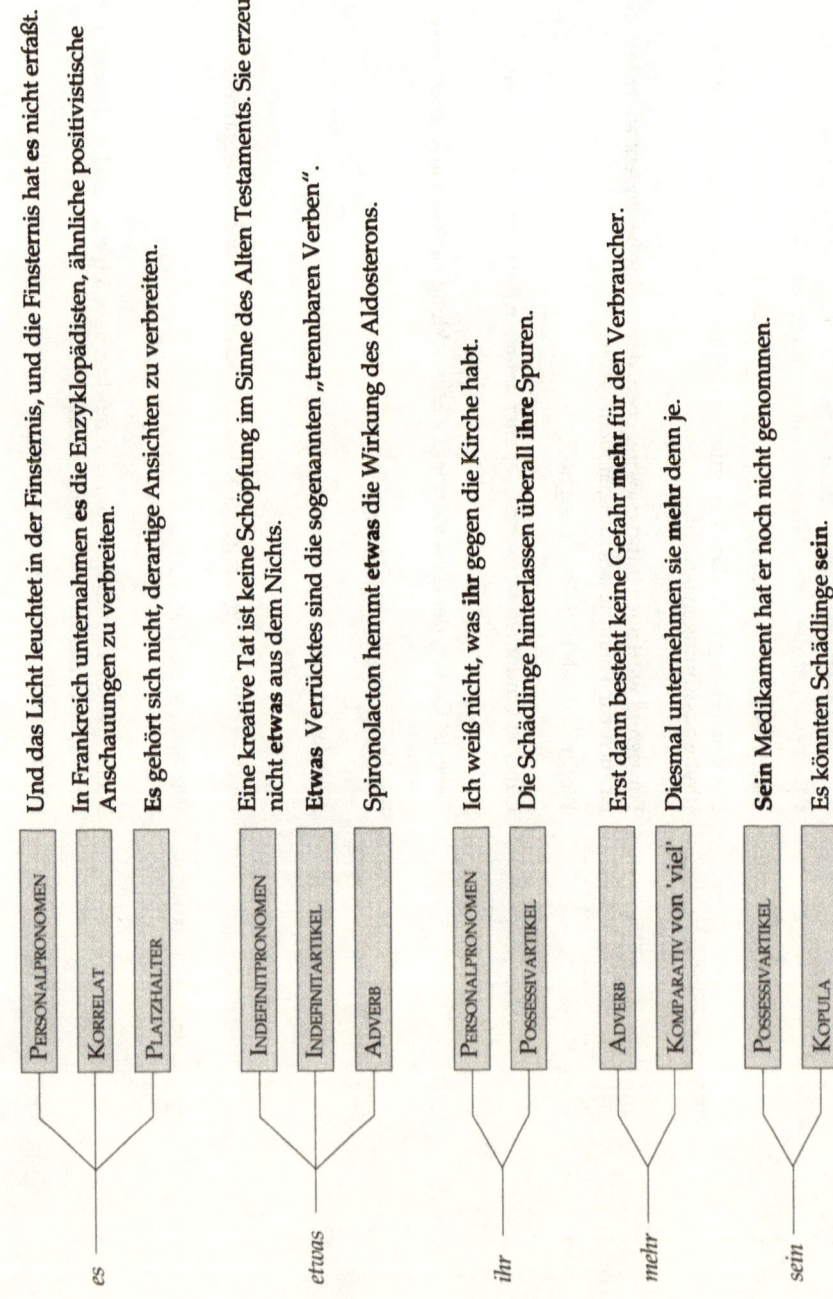

Polyfunktionale Strukturwörter

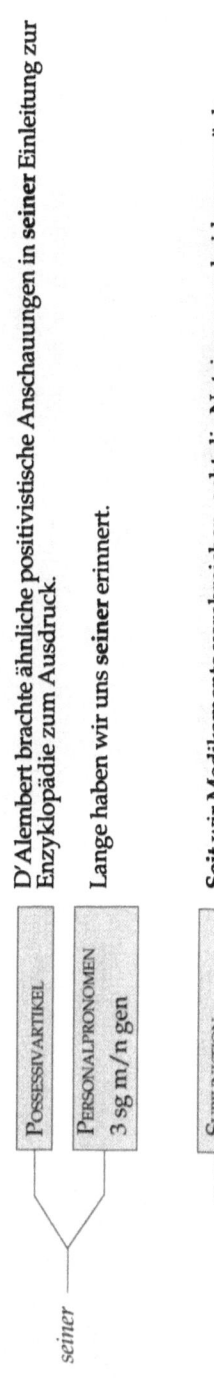

seiner
- POSSESSIVARTIKEL: D'Alembert brachte ähnliche positivistische Anschauungen in **seiner** Einleitung zur Enzyklopädie zum Ausdruck.
- PERSONALPRONOMEN 3 sg m/n gen: Lange haben wir uns **seiner** erinnert.

seit
- SUBJUNKTION: **Seit** wir Medikamente verabreichen, geht die Natriumausscheidung zurück.
- PRÄPOSITION: **Seit** der Verabreichung von Medikamenten konnte eine Natriumausscheidung festgestellt werden.

seitdem
- ADVERB: In den **seitdem** verflossenen zwei Jahrzehnten sind diese Auffassungen manchen Wandlungen unterworfen gewesen.
- SUBJUNKTION: **Seitdem** das Buch von A. erschienen ist, sind zwei Jahrzehnte verflossen.

sich
- ECHTES REFLEXIVPRON.: Diese Teilchen zerstören **sich** selbst.
- FESTES REFLEXIVPRON.: Es gehört **sich** nicht, derartige Ansichten weiterzugeben.

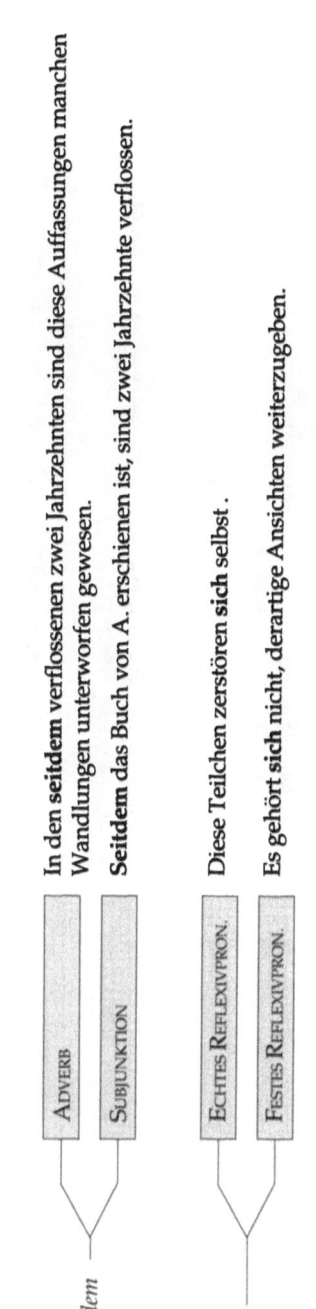

über
- PRÄPOSITION: **Über** Rückstände an pharmakologisch wirksamen Stoffen und deren Metaboliten in Lebensmitteln tierischer Herkunft wird seit langem diskutiert.
- VERBZUSATZ: Die Töpfe liefen jetzt **über**.
- MODIFIKATOR: Es gab Rückstände von **über** 3 mg.

um	SUBJUNKTION	**Um** einen hinreichenden Bildkontrast zu erzielen, ist eine ausreichende Wechselwirkung notwendig.
	PRÄPOSITION	**Um** die Jahrhundertwende erreichte diese Bewegung in Auguste Comte einen Höhepunkt.
	VERBZUSATZ	Sie geht von vorhandenen Fakten aus, deckt auf, wählt aus, gruppiert **um**, kombiniert und fügt zusammen.
vielleicht	ADVERB	**Vielleicht** sind gesundheitliche Beeinträchtigungen insbesondere Allergien und Resistenzbildungen zu fürchten.
	ABTÖNUNGSPARTIKEL	Das war **vielleicht** ein Glück!
während	SUBJUNKTION	Die Inklusion ist reflexiv, **während** mit Sicherheit nicht für irgendeine vernünftige Menge gilt $A \in A$.
	PRÄPOSITION	**Während** der Durchführung zeitraubender Untersuchungen wurde über die Beugung von Neutronen- und Elektronenstrahlen diskutiert.
was	INTERROGATIVPRON.	**Was** war die eigentliche Entdeckung des 19. Jahrhunderts?
	RELATIVPRONOMEN	Weil sie alles, **was** sie tun, mit dem Anfange anfangen.
welcher/ welche/ welches	INTERROGATIVARTIKEL	**Welche** Eigenschaften der Atome sind bis heute bekannt?
	RELATIVPRONOMEN	Die Eigenschaften der Atome sind aus Wirkungen bekannt, **welche** durch das Verhalten der äußeren Elektronen bestimmt sind.

Polyfunktionale Strukturwörter

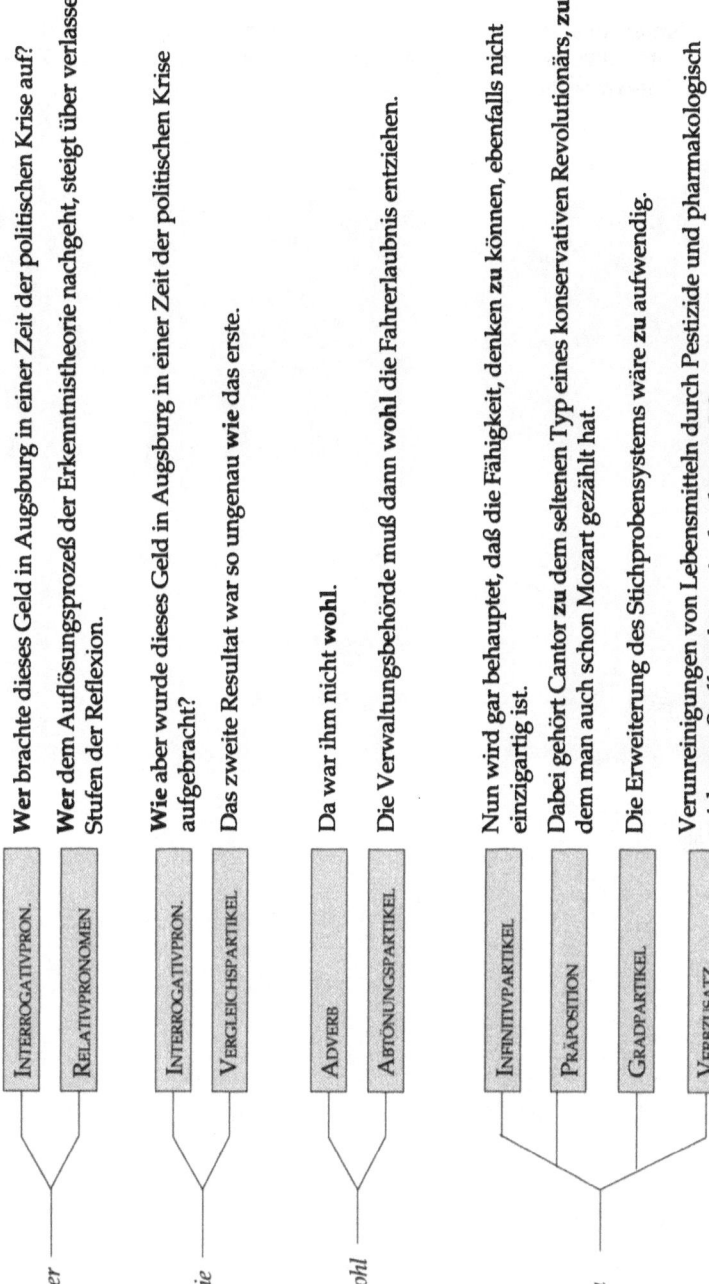

wer
- INTERROGATIVPRON. — **Wer** brachte dieses Geld in Augsburg in einer Zeit der politischen Krise auf?
- RELATIVPRONOMEN — **Wer** dem Auflösungsprozeß der Erkenntnistheorie nachgeht, steigt über verlassene Stufen der Reflexion.

wie
- INTERROGATIVPRON. — **Wie** aber wurde dieses Geld in Augsburg in einer Zeit der politischen Krise aufgebracht?
- VERGLEICHSPARTIKEL — Das zweite Resultat war so ungenau **wie** das erste.

wohl
- ADVERB — Da war ihm nicht **wohl**.
- ABTÖNUNGSPARTIKEL — Die Verwaltungsbehörde muß dann **wohl** die Fahrerlaubnis entziehen.

zu
- INFINITIVPARTIKEL — Nun wird gar behauptet, daß die Fähigkeit, denken **zu** können, ebenfalls nicht einzigartig ist.
- PRÄPOSITION — Dabei gehört Cantor **zu** dem seltenen Typ eines konservativen Revolutionärs, **zu** dem man auch schon Mozart gezählt hat.
- GRADPARTIKEL — Die Erweiterung des Stichprobensystems wäre **zu** aufwendig.
- VERBZUSATZ — Verunreinigungen von Lebensmitteln durch Pestizide und pharmakologisch wirksame Stoffe nahmen in den letzten Jahren **zu**.

Anhang 2: Häufigste Satzmuster des Deutschen

Satzmuster können uns als Rezipienten leiten. Verben liefern uns mit ihrer Valenz Schemata, die uns bestimmte Satzglieder erwarten lassen. Diese Satzmuster sind also morphologisch orientiert.

Häufigste Satzmuster des Deutschen

NOM KOMPLEMENT		AKK KOMPLEMENT
Eine Vakzination	bewirkt	eine Desensibilisierung.
Die moderne Forschung	verändert	das therapeutische Vorgehen.

NOM KOMPLEMENT		PRÄP KOMPLEMENT
Alle analytischen Urteile	beruhen	auf dem Satz des Widerspruchs.
Die geringe Intensität	führt	zu zeitraubenden Experimenten.

NOM KOMPLEMENT		DAT KOMPLEMENT
Der Wissenschaftler	ordnet	jedem Element
Einige Institute	liefern	dem Forscher

		AKK KOMPLEMENT
		eine Kernladungszahl zu.
		gute Einkristalle.

NOM KOMPLEMENT	
Die Untersuchungen	existieren.
Das erwähnte Urteil	ist analytisch.

NOM KOMPLEMENT		DAT KOMPLEMENT
Die genaue Erklärung	gelingt	keinem Forscher.
Diese Erklärung	genügt	uns.

NOM KOMPLEMENT		AKK KOMPLEMENT	PRÄP KOMPLEMENT
Wenige Schichten	liefern	einen echten Beitrag	zum Beugungsdiagramm.
Röntgenuntersuchungen	eignen	sich	zur Aufklärung von Kristallstrukturen.

Anhang 3: Tafeln zur Formenbestimmung der Verben

Die Analyse von Verbformen gibt rezeptiv ein ganz anderes Bild als die üblichen Verbalparadigmen. Hier sind die Verbformen aufgelöst nach der Person, weil sie für das Erkennen der Satzstruktur entscheidend ist. Die Tableaus zeigen, daß die inhaltliche Struktur der Verbformen ziemlich gleich ist für die verschiedenen Konjugationsklassen; Unterschiede gibt es vor allem im Modusbereich. Außerdem ist die Lage bei den Hilfsverben spezifisch. Ganz grob zeigen die Tableaus übrigens, daß die 2. Person recht eindeutig markiert ist, während es oft Doppelausgänge für 1. und 3. Person gibt. Diese Doppelausgänge führen aber im Text kaum zu Komplikationen, weil die 1. Person am pronominalen Subjekt (*ich, wir*) gut zu erkennen ist.

Regelmäßige Verben

Form	Funktion	Tempus	Modus	Numerus	Person

- *machen* — Infinitiv / fin. Verb — präs — ind / konj / imp — pl / sg / pl — 1 / 3
- *gemacht* — Partizip — perf
- *machend* — Partizip — präs
- *mach* — fin. Verb — präs — imp — sg — 2
- *macht* — fin. Verb — präs — ind / konj / imp — sg / pl / pl — 3 / 2
- *machte* — fin. Verb — prät — ind / konj — sg — 1 / 3
- *machten* — fin. Verb — prät — ind / konj — pl — 1 / 3
- *mache* — fin. Verb — präs — ind / konj — sg / sg — 1 / 3
- *machst* — fin. Verb — präs — ind / konj — sg — 2
- *machtest* — fin. Verb — prät — ind / konj — sg — 2
- *machtet* — fin. Verb — prät — ind / konj — pl — 2

Unregelmäßige Verben

Form	Funktion	Tempus	Modus	Numerus	Person
gehen	Infinitiv				
	fin. Verb	präs	ind / konj / imp	pl / sg / pl	1 / 3
gegangen	Partizip	perf			
gehend	Partizip	präs			
geh	fin. Verb	präs	imp	sg	2
geht	fin. Verb	präs	ind / konj / imp	sg / pl / pl	3 / 2
ging	fin. Verb	prät	ind / konj	sg	1 / 3
ginge	fin. Verb	prät	konj	sg	1 / 3
gingen	fin. Verb	prät	ind / konj	pl	1 / 3
gehe	fin. Verb	präs	ind / konj	sg / sg	1 / 3
gehst	fin. Verb	präs	ind / konj	sg	2
gingst	fin. Verb	prät	ind / konj	sg	2
ging(e)t	fin. Verb	prät	ind / konj	pl	2

Hilfsverben

Form	Funktion	Tempus	Modus	Numerus	Person
haben	Infinitiv / fin. Verb	präs	ind / konj / imp	pl / sg / pl	1 / 3
gehabt	Partizip	perf			
habend	Partizip	präs			
hab	fin. Verb	präs	imp	sg	2
habe	fin. Verb	präs	ind / konj	sg / sg	1 / 3
hast	fin. Verb	präs	ind	sg	2
hat	fin. Verb	präs	ind	sg	3
habt	fin. Verb	präs	ind / konj / imp	pl	2
habest	fin. Verb	präs	konj	sg	2
hatte	fin. Verb	prät	ind	sg	1 / 3
hattest	fin. Verb	prät	ind	sg	2
hatten	fin. Verb	prät	ind	pl	1 / 3
hattet	fin. Verb	prät	ind	pl	2
hätte	fin. Verb	prät	konj	sg	1 / 3
hättest	fin. Verb	prät	konj	sg	2
hätten	fin. Verb	prät	konj	pl	1 / 3
hättet	fin. Verb	prät	konj	pl	2

Hilfsverben

Form	Funktion	Tempus	Modus	Numerus	Person
sein	Infinitiv	präs			
gewesen	Partizip	perf			
seiend	Partizip	präs			
seien	fin. Verb	präs	konj	pl	1, 3
			imp	sg	
				pl	
seid	fin. Verb	präs	ind, imp	pl	2
sei	fin. Verb	präs	konj	sg	1, 3
			imp	sg	2
bin	fin. Verb	präs	ind	sg	1
bist	fin. Verb	präs	ind	sg	2
ist	fin. Verb	präs	ind	sg	3
sind	fin. Verb	präs	ind	pl	1, 3
seist	fin. Verb	präs	konj	sg	2
seiet	fin. Verb	präs	konj	pl	2
war	fin. Verb	prät	ind	sg	1, 3
warst	fin. Verb	prät	ind	sg	2
wärt	fin. Verb	prät	konj	pl	2
wart	fin. Verb	prät	ind	pl	2
waren	fin. Verb	prät	ind	pl	1, 3
wäre	fin. Verb	prät	konj	sg	1, 3
wärest	fin. Verb	prät	konj	sg	2
wären	fin. Verb	prät	konj	pl	1, 3

Hilfsverben

Form	Funktion	Tempus	Modus	Numerus	Person
werden	Infinitiv				
werden	fin. Verb	präs	ind / konj / imp	pl / sg / pl	1 / 3
geworden	Partizip	perf			
worden	Partizip	perf pass			
werdend	Partizip	präs			
werde	fin. Verb	präs	ind / konj / imp	sg / sg / sg	1 / 3 / 2
werdet	fin. Verb	präs	ind / konj / imp	pl	2
wirst	fin. Verb	präs	ind	sg	2
wird	fin. Verb	präs	ind	sg	3
werdest	fin. Verb	präs	konj	sg	2
wurde	fin. Verb	prät	ind	sg	1 / 3
wurdest	fin. Verb	prät	ind	sg	2
wurdet	fin. Verb	prät	ind	pl	2
wurden	fin. Verb	prät	ind	pl	1 / 3
würde	fin. Verb	prät	konj	sg	1 / 3
würdest	fin. Verb	prät	konj	sg	2
würdet	fin. Verb	prät	konj	pl	2
würden	fin. Verb	prät	konj	pl	1 / 3

Modalverben

Form	Funktion	Tempus	Modus	Numerus	Person
können	Infinitiv / fin. Verb	präs	ind / konj	pl	1 / 3
gekonnt	Partizip	perf			
könnend	Partizip	präs			
kann	fin. Verb	präs	ind	sg	1 / 3
			(imp)	sg	2
kannst	fin. Verb	präs	ind	sg	2
könnt	fin. Verb	präs	ind	pl	2
könne	fin. Verb	präs	konj	sg	1 / 3
könnest	fin. Verb	präs	konj	sg	2
könnet	fin. Verb	präs	konj	pl	2
konnte	fin. Verb	prät	ind	sg	1 / 3
konntest	fin. Verb	prät	ind	sg	2
konnten	fin. Verb	prät	ind	pl	1 / 3
konntet	fin. Verb	prät	ind	pl	2
könnte	fin. Verb	prät	konj	sg	1 / 3
könntest	fin. Verb	prät	konj	sg	2
könnten	fin. Verb	prät	konj	pl	1 / 3
könntet	fin. Verb	prät	konj	pl	2

Modalverben

Form	Funktion	Tempus	Modus	Numerus	Person
müssen	Infinitiv / fin. Verb	präs	ind / konj	pl	1 / 3
gemußt	Partizip	perf			
müssend	Partizip	präs			
muß	fin. Verb	präs	ind	sg	1 / 3
mußt	fin. Verb	präs	ind	sg	2
müßt	fin. Verb	präs	ind	pl	2
müsse	fin. Verb	präs	konj	sg	1 / 3
müssest	fin. Verb	präs	konj	sg	2
müsset	fin. Verb	präs	konj	pl	2
mußte	fin. Verb	prät	ind	sg	1 / 3
mußtest	fin. Verb	prät	ind	sg	2
mußten	fin. Verb	prät	ind	pl	1 / 3
mußtet	fin. Verb	prät	ind	pl	2
müßte	fin. Verb	prät	konj	sg	1 / 3
müßtest	fin. Verb	prät	konj	sg	2
müßten	fin. Verb	prät	konj	pl	1 / 3
müßtet	fin. Verb	prät	konj	pl	2

Modalverben

Form	Funktion	Tempus	Modus	Numerus	Person
sollen	Infinitiv / fin. Verb	präs	ind / konj	pl	1 / 3
gesollt	Partizip	perf			
sollend	Partizip	präs			
soll	fin. Verb	präs	ind	sg	1 / 3
sollst	fin. Verb	präs	ind	sg	2
sollt	fin. Verb	präs	ind	pl	2
solle	fin. Verb	präs	konj	sg	1 / 3
sollest	fin. Verb	präs	konj	sg	2
sollet	fin. Verb	präs	konj	pl	2
sollte	fin. Verb	prät	ind / konj	sg	1 / 3
solltest	fin. Verb	prät	ind / konj	sg	2
sollten	fin. Verb	prät	ind / konj	pl	1 / 3
solltet	fin. Verb	prät	ind / konj	pl	2

Modalverben

Form	Funktion	Tempus	Modus	Numerus	Person
wollen	Infinitiv / fin. Verb	präs	ind / konj	pl	1 / 3
gewollt	Partizip	perf			
wollend	Partizip	präs			
will	fin. Verb	präs	ind	sg	1 / 3
willst	fin. Verb	präs	ind	sg	2
wollt	fin. Verb	präs	ind / imp	pl	2
wolle	fin. Verb	präs	konj / imp	sg / sg	1/3 / 2
wollest	fin. Verb	präs	konj	sg	2
wollet	fin. Verb	präs	konj	pl	2
wollte	fin. Verb	prät	ind / konj	sg	1 / 3
wolltest	fin. Verb	prät	ind / konj	sg	2
wollten	fin. Verb	prät	ind / konj	pl	1 / 3
wolltet	fin. Verb	prät	ind / konj	pl	2

Modalverben

Form	Funktion	Tempus	Modus	Numerus	Person
dürfen	Infinitiv / fin. Verb	präs	ind / konj	pl	1, 3
gedurft	Partizip	perf			
dürfend	Partizip	präs			
darf	fin. Verb	präs	ind	sg	1, 3
darfst	fin. Verb	präs	ind	sg	2
dürft	fin. Verb	präs	ind	pl	2
dürfe	fin. Verb	präs	konj	sg	1, 3
dürfest	fin. Verb	präs	konj	sg	2
dürfet	fin. Verb	präs	konj	pl	2
durfte	fin. Verb	prät	ind	sg	1, 3
durftest	fin. Verb	prät	ind	sg	2
durften	fin. Verb	prät	ind	pl	1, 3
durftet	fin. Verb	prät	ind	pl	2
dürfte	fin. Verb	prät	konj	sg	1, 3
dürftest	fin. Verb	prät	konj	sg	2
dürften	fin. Verb	prät	konj	pl	1, 3
dürftet	fin. Verb	prät	konj	pl	2

Modalverben

Form	Funktion	Tempus	Modus	Numerus	Person
mögen	Infinitiv / fin. Verb	präs	ind / konj	pl	1 / 3
gemocht	Partizip	perf			
mögend	Partizip	präs			
mag	fin. Verb	präs	ind	sg	1 / 3
magst	fin. Verb	präs	ind	sg	2
mögt	fin. Verb	präs	ind	pl	2
möge	fin. Verb	präs	konj	sg	1 / 3
mögest	fin. Verb	präs	konj	sg	2
möget	fin. Verb	präs	konj	pl	2
mochte	fin. Verb	prät	ind	sg	1 / 3
mochtest	fin. Verb	prät	ind	sg	2
mochten	fin. Verb	prät	ind	pl	1 / 3
mochtet	fin. Verb	prät	ind	pl	2
möchte	fin. Verb	prät	konj	sg	1 / 3
möchtest	fin. Verb	prät	konj	sg	2
möchten	fin. Verb	prät	konj	pl	1 / 3
möchtet	fin. Verb	prät	konj	pl	2

Anhang 4: Ablautreihen ausgehend von Stammformen

Stammform	Präteritum	Partizip	Verbzahl	Beispiel		
-ei-	-i-	-i-	23	reiten	ritt	geritten
	-ie-	-ie-	16	bleiben	blieb	geblieben
	-ie-	-ei-	1	heißen	hieß	geheißen
-i-	-a-	-u-	19	binden	band	gebunden
	-a-	-o-	6	spinnen	spann	gesponnen
	-o-	-o-	2	glimmen	glomm	geglommen
	-a-	-e-	2	sitzen	saß	gesessen
	-u-	-u-	1	schinden	schund	geschunden
-ie-	-o-	-o-	22	fließen	floß	geflossen
	-a-	-e-	1	liegen	lag	gelegen
-e-	-a-	-o-	17	bergen	barg	geborgen
	-o-	-o-	12	heben	hob	gehoben
	-a-	-e-	11	geben	gab	gegeben
	-i-	-a-	1	gehen	ging	gegangen
	-u-	-o-	1	werden	wurde	geworden

Ablautreihen

-a-	-u-	-a-	10	fahren — fuhr — gefahren
	-ie-	-a-	7	fallen — fiel — gefallen
	-i-	-a-	2	fangen — fing — gefangen
	-o-	-o-	1	(er-)schallen — scholl — geschollen
-ä-	-o-	-o-	3	gären — gor — gegoren
	-a-	-o-	1	gebären — gebar — geboren
	-i-	-a-	1	hängen — hing — gehangen
-ü-	-o-	-o-	3	lügen — log — gelogen
-au-	-ie-	-au-	2	laufen — lief — gelaufen
	-o-	-o-	3	saufen — soff — gesoffen
-o-	-a-	-o-	1	kommen — kam — gekommen
	-ie-	-o-	1	stoßen — stieß — gestoßen
-ö-	-o-	-o-	2	schwören — schwor — geschworen
-u-	-ie-	-u-	1	rufen — rief — gerufen

Anhang 5: Tafeln zur Formenbestimmung der Artikelwörter

1. Definitartikel

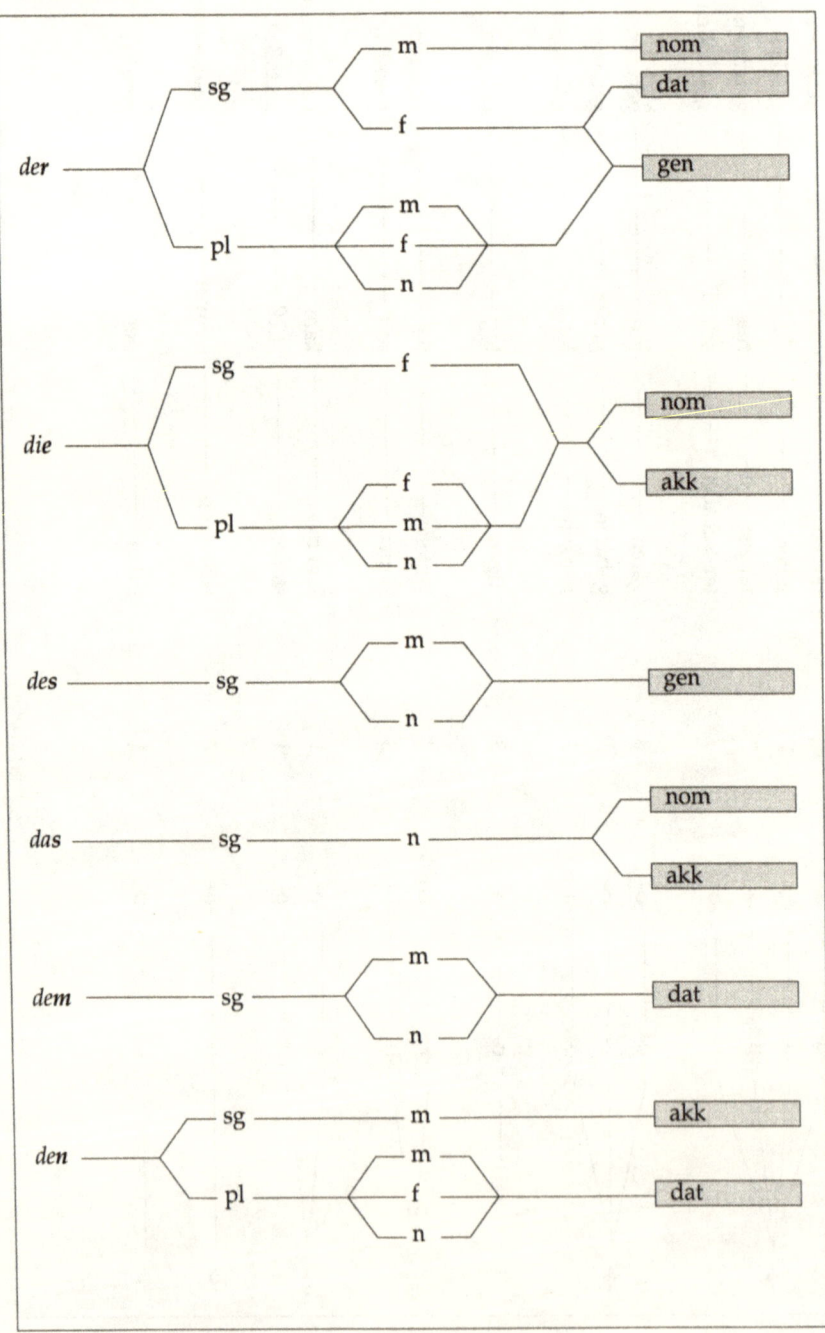

2. Demonstrativartikel

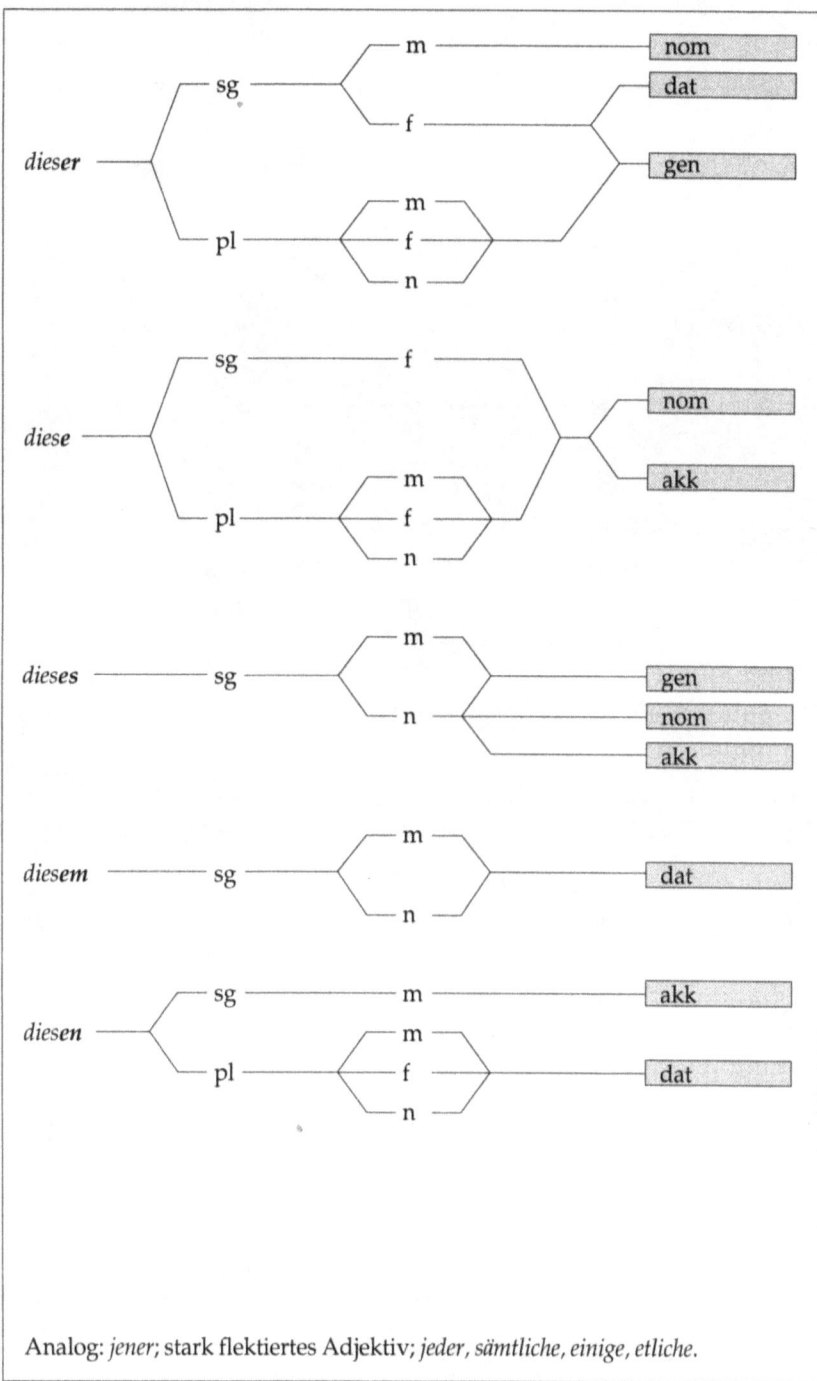

Analog: *jener*; stark flektiertes Adjektiv; *jeder, sämtliche, einige, etliche.*

3. Indefinitartikel

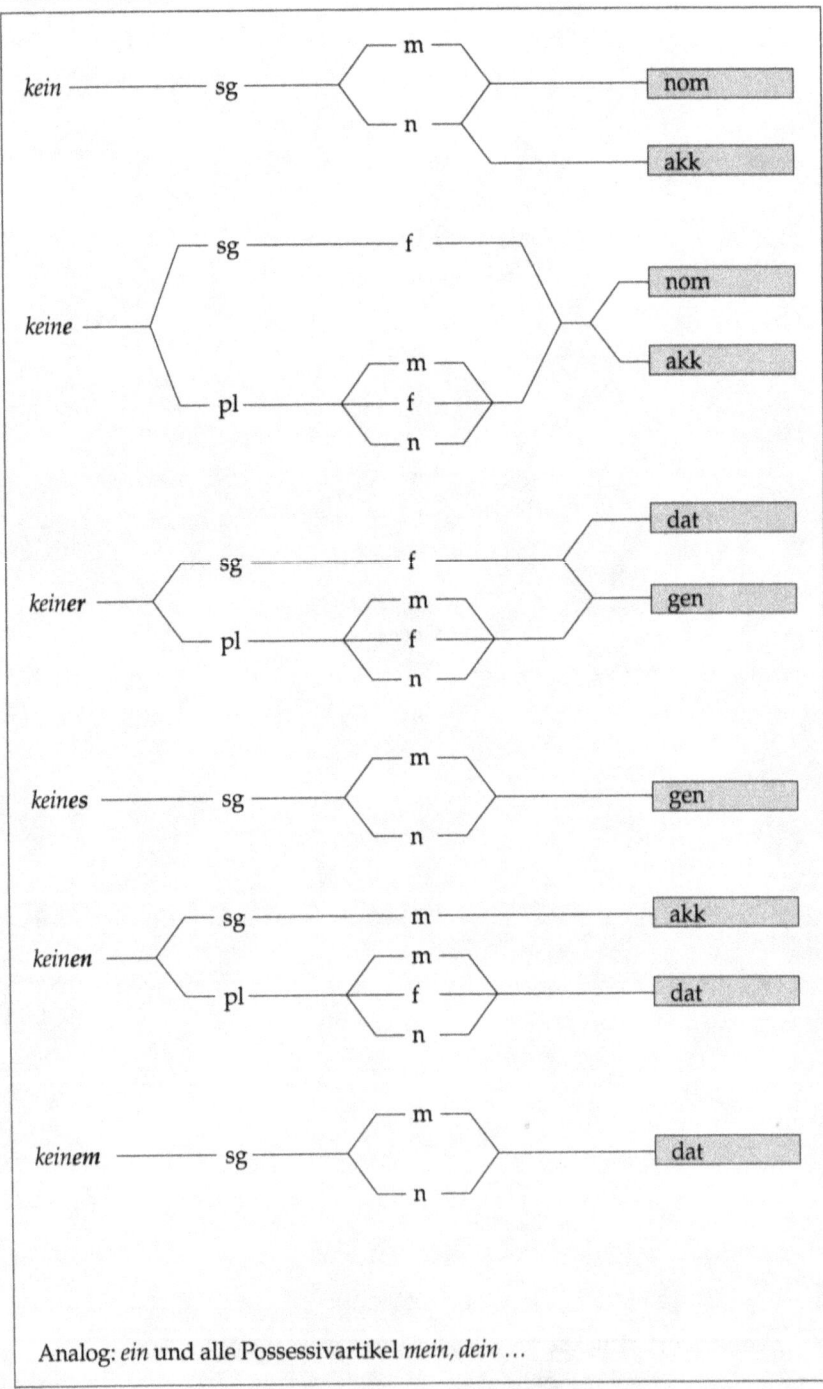

Analog: *ein* und alle Possessivartikel *mein, dein* ...

4. Zusammengesetzte Artikelwörter

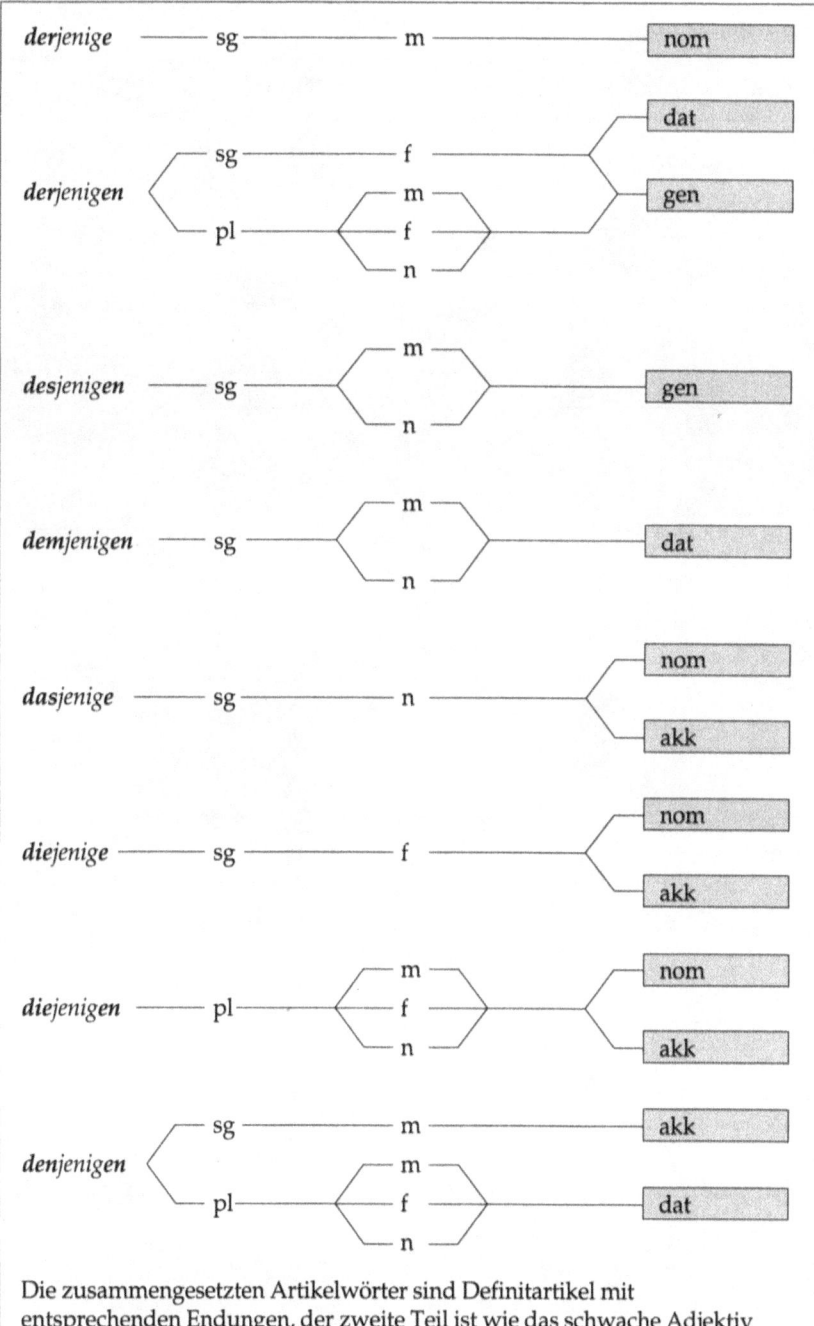

Die zusammengesetzten Artikelwörter sind Definitartikel mit entsprechenden Endungen, der zweite Teil ist wie das schwache Adjektiv flektiert. Analog: *derselbe* ...

Anhang 6: Tafeln zur Formenbestimmung

Personalpronomen

Form	Person	Numerus	Genus	Kasus
ich	1	sg		nom
du	2	sg		nom
er	3	sg	m	nom
sie	3	sg / pl	sg→f / pl→m,f,n	nom / akk
es	3	sg	n	nom / akk
meiner	1	sg		gen
deiner	2	sg		gen
ihrer	3	sg / pl	sg→f / pl→m,f,n	gen
seiner	3	sg	m / n	gen
mir	1	sg		dat
dir	2	sg		dat
ihnen	3	pl	m, f, n	dat

Personalpronomen

Form	Person	Numerus	Genus	Kasus
mich	1	sg		akk
ihm	3	sg	m / n	dat
dich	2	sg		akk
ihn	3	sg	m	akk
wir	1	pl		nom
ihr	3	sg	f	dat
ihr	2	pl		nom
unser	1	pl		gen
euer	2	pl		gen
uns	1	pl		dat / akk
euch	2	pl		dat / akk

Sie, Ihnen kommen als Anrede auch im Singular vor.

Interrogativpronomen

Form	Numerus	Genus	Kasus
wer	sg	m	nom
was	sg	n	nom / akk
wessen	sg	m / n	gen
wen	sg	m	akk
wem	sg	m	dat

Indefinitpronomen

Form	Numerus	Genus	Kasus
einer	sg	m	nom
		f	dat
			gen
eine	sg	f	nom
			akk
eines	sg	n	nom
			akk
		m	gen
einem	sg	m / n	dat
einen	sg	m	akk

Tafeln zur Formenbestimmung: Demonstrativpronomen

Form	Numerus	Genus	Kasus
der	sg	m	nom
		f	dat
die	sg	f	nom
	pl	m	akk
		f	
		n	
dessen	sg	m	gen
		n	
deren	sg	f	gen
	pl	m	
		f	
		n	
dem	sg	m	dat
		n	
denen	pl	m	dat
		f	
		n	
den	sg	m	akk
das	sg	n	nom
			akk

Tafeln zur Formenbestimmung 353

Anhang 7: Adjektivflexion

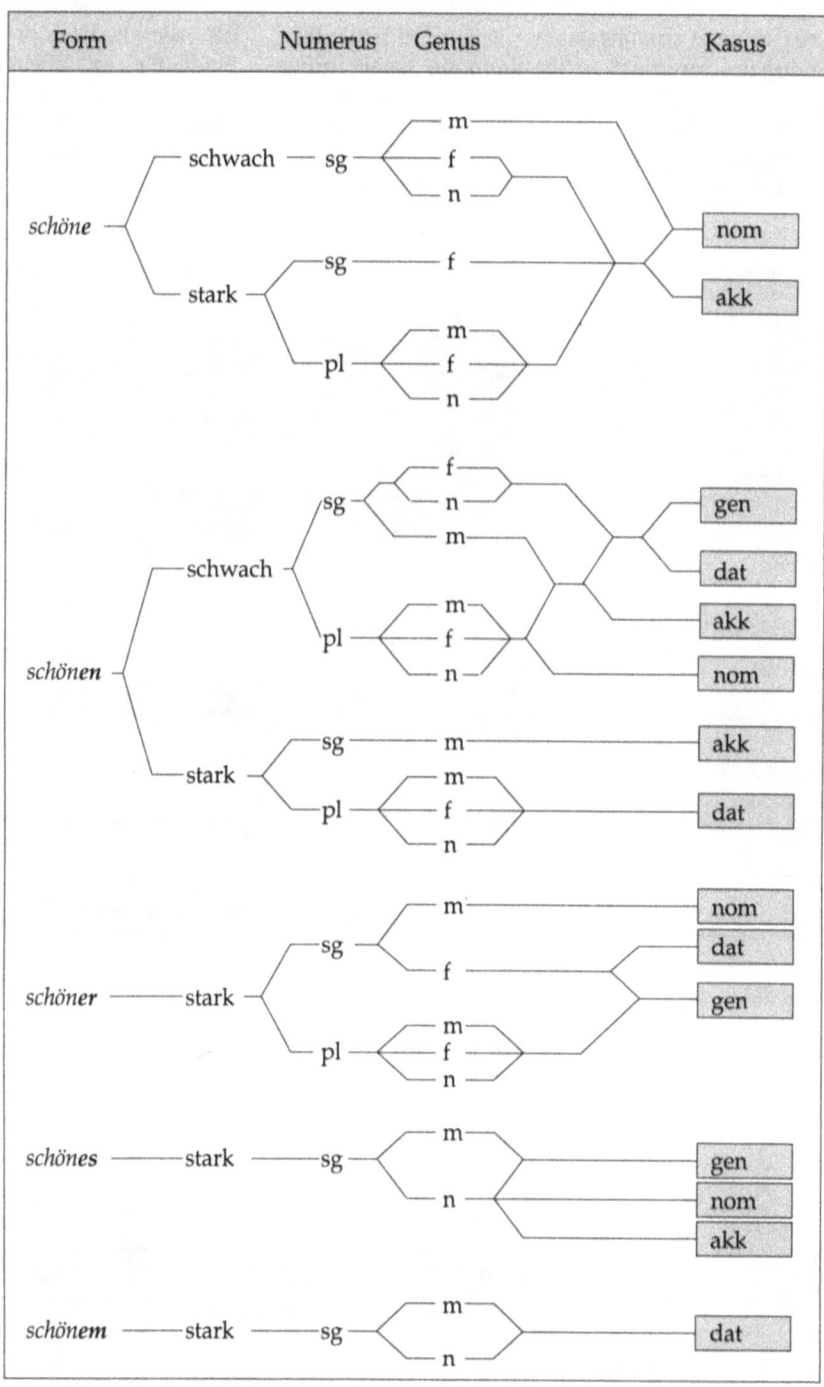

Anhang 8: Tafeln zur Substantivdeklination

Die reinen Endungstafeln zeigen überdeutlich, daß die Substantiv-Endungen für die Kasusbestimmung wenig bringen. Eindeutig sind allein *-ern* und *-es*. Allerdings erscheint dieses *-es* oft gekürzt als *-s*, das seinerseits wieder alle Kasus-Ausgänge zeigt. Berücksichtigt man den Deklinationstyp, so bessert sich die Lage leicht. Aber ein einigermaßen zufriedenstellendes Ergebnis bringt erst die gesamte Nominalphrase.

Die zehn Deklinationstypen

Typ 1 f

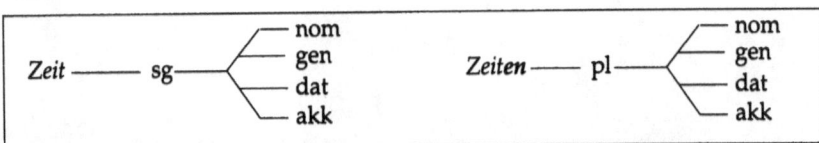

Typ 2 f

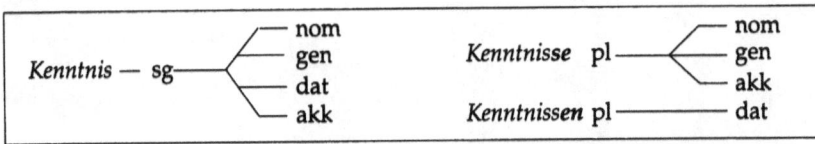

Typ 3 f

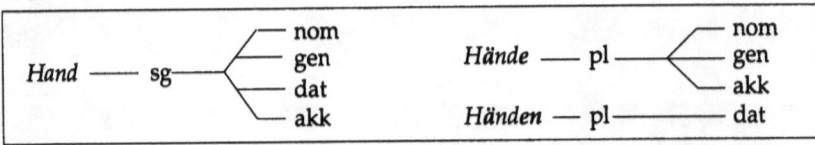

Typ 4 f

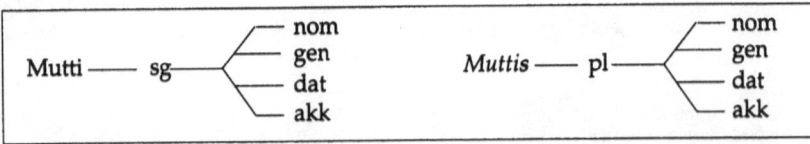

Typ 5 m,n

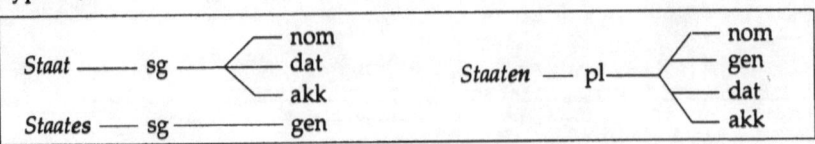

Tafeln zur Substantivdeklination

Typ 6 m,n

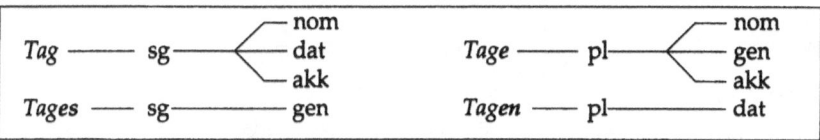

Typ 7 m

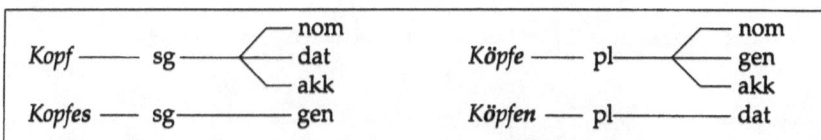

Typ 8 m,n

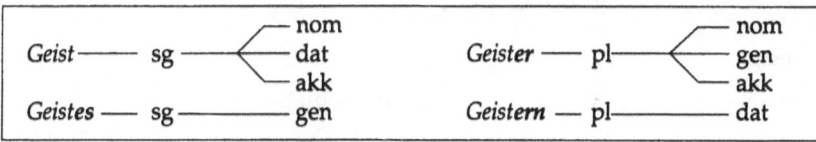

Typ 9 n,m

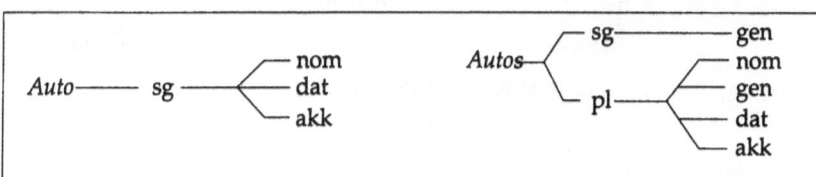

Typ 10 m

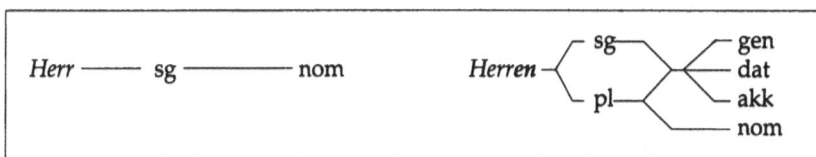

Anhang 9: Präpositionale Anschlüsse von Verben und Adjektiven

Wertigkeit	Verb	Synonyme/Verwandte	Präposition
zweiwertig	denken	glauben, zweifeln	an
zweiwertig	leiden	sterben, es liegt	an
dreiwertig	appellieren	sich wenden, adressieren	an
dreiwertig	erinnern	sich entsinnen, sich freuen	an
dreiwertig	erkennen	sehen, bemerken	an
dreiwertig	gewöhnen	anpassen, sich halten	an
zweiwertig	vertrauen	bauen, zählen	auf
zweiwertig	antworten	reagieren, zurückkommen	auf
zweiwertig	hoffen	spekulieren, abzielen	auf
zweiwertig	achten	aufpassen, es kommt an	auf
dreiwertig	vorbereiten	ausrichten, vertrösten	auf
dreiwertig	konzentrieren	beschränken, spezialisieren	auf
dreiwertig	prüfen	untersuchen, kontrollieren	auf
zweiwertig	werden	entstehen, resultieren	aus
zweiwertig	bestehen		aus
dreiwertig	machen	herstellen, schließen	aus
zweiwertig	sorgen	eintreten, arbeiten	für
zweiwertig	haften	bezahlen, büßen	für
dreiwertig	s. interessieren	sich entscheiden, sich einsetzen	für
dreiwertig	loben	belohnen, sich bedanken	für
zweiwertig	bestehen	zerfallen	in
zweiwertig	übereinstimmen		in
dreiwertig	teilen	verwandeln, überführen	in
dreiwertig	sich fügen	sich schicken	in

Präpositionale Anschlüsse

zweiwertig	anfangen	aufhören, zögern	
zweiwertig	angeben	prahlen, reinfallen	
dreiwertig	beschäftigen	befassen, sich abmühen	mit
dreiwertig	trösten	beruhigen, sich begnügen	
dreiwertig	verbinden	kombinieren, sich einigen	
dreiwertig	vergleichen	verwechseln, identifizieren	

zweiwertig	streben	verlangen, hungern, rufen	
zweiwertig	sehen	schauen, suchen, forschen	nach
zweiwertig	schmecken	stinken, riechen, duften	

zweiwertig	sprechen	reden, schreiben	
zweiwertig	lachen	klagen, spotten	
zweiwertig	s. hinwegsetzen	sich aufschwingen	
zweiwertig	nachdenken	staunen, grübeln	über
zweiwertig	herrschen	gebieten, verfügen	
dreiwertig	sich freuen	sich wundern, sich aufregen	
dreiwertig	informieren	sich unterhalten, sich beklagen, wissen	

zweiwertig	es geht	wetten, kämpfen	
zweiwertig	flehen	betteln, nachsuchen	
zweiwertig	trauern	zittern, wissen	um
dreiwertig	bitten	angehen	
dreiwertig	es handelt sich	sich streiten, sich schlagen	
dreiwertig	sich sorgen	sich bemühen, sich kümmern	

zweiwertig	reden	schreiben, träumen	
zweiwertig	absehen	ablassen, abstrahieren	
zweiwertig	abhängen		von
dreiwertig	erzählen	benachrichtigen, überzeugen	
dreiwertig	befreien	trennen, sich lossagen	
dreiwertig	abbringen	ablenken, abraten	

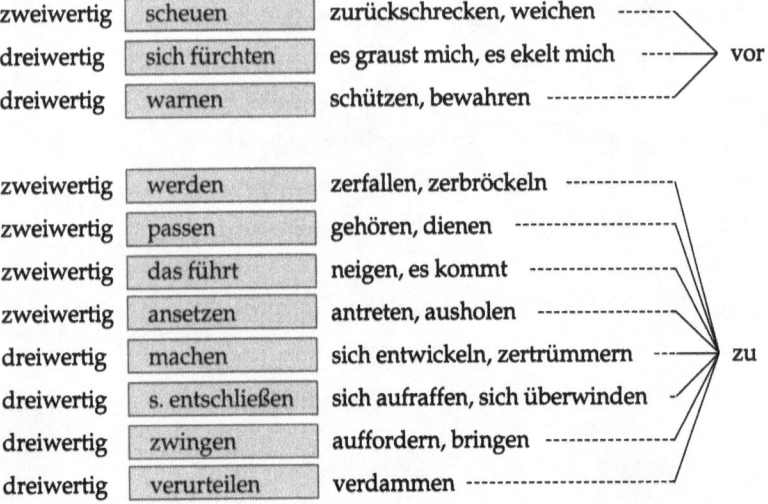

Wie Verben haben auch Adjektive eine qualitative Valenz. Normalerweise sind sie einwertig. Sie bilden also als prädikatives Adjektiv mit einer Kopula auch einwertige Prädikate. Es gibt aber eine Reihe von zweiwertigen Adjektiven, deren Anschluß es zu beachten gilt. Wir geben eine Aufstellung nach ihrem Anschluß und teilweise nach semantischen Unterkategorien. Soweit Adjektive von Verben abgeleitet sind, haben sie meistens die Präposition des Verbs.

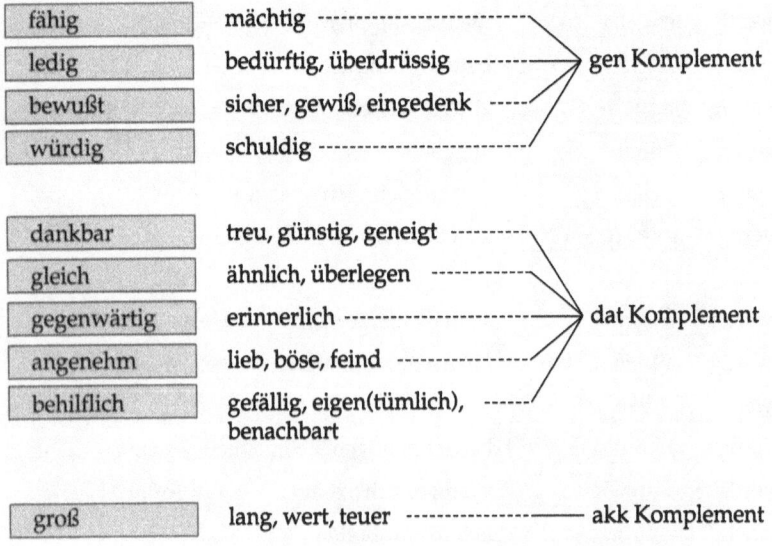

Präpositionale Anschlüsse

| interessiert | reich, schuld — an |

begierig	hungrig, scharf
gespannt	ärgerlich, gefaßt, neugierig → auf
böse	stolz, eifersüchtig

| typisch | geeignet, empfänglich → für |
| gut | schädlich, schlecht, günstig |

| einig | einverstanden, zufrieden → mit |
| gemeinsam | vertraut, identisch |

| gierig | — nach/auf |

| zornig | aufgebracht, glücklich → über |
| froh | erstaunt, ärgerlich, traurig |

verschieden	entfernt, fern
abhängig	frei → von
entzückt	angetan

| bereit | fähig, berechtigt — zu |

Abkürzungen

akk	Akkusativ
dat	Dativ
gen	Genitiv
nom	Nominativ
akk Komplement	akkusativisches Komplement
dat Komplement	dativisches Komplement
gen Komplement	genitivisches Komplement
nom Komplement	nominativisches Komplement
präp Komplement	präpositionales Komplement
sg	Singular
pl	Plural
f	Femininum
m	Maskulinum
n	Neutrum
ADV	Adverb
AK	Akkusativkomplement
ART	Artikel
DIR	direktionales Supplement/Komplement
DK	Dativkomplement
fin Verb	finites Verb
GK	Genitivkomplement
LOK	lokales Supplement
NP	Nominalphrase
NS	Nebensatz
Part Perf	Partizip Perfekt
PK	präpositionales Komplement
PP	Präpositionalphrase
PRÄP	Präposition
SUB	Subjekt
TEMP	temporales Supplement
VP	Verbalphrase
1	1. Person
2	2. Person
3	3. Person
präs	Präsens
prät	Präteritum
imp	Imperativ
ind	Indikativ
konj	Konjunktiv

Literatur

V.G. Admoni, Der deutsche Sprachbau, 4. Auflage, München 1982.
R.L. Allen, English Grammars and English Grammar, New York 1972.
H. Altmann, Die Gradpartikeln im Deutschen: Untersuchungen zu ihrer Syntax, Semantik und Pragmatik, Tübingen 1976.
J.O. Askedal, Grammatikalisierung und Auxiliarisierung im sogenannten „bekommen/kriegen/erhalten-Passiv" des Deutschen, in: Kopenhagener Beiträge zur Germanistischen Linguistik 22, 1984, 1–47.
J.O. Askedal, Zur kontrastiven Analyse der deutschen Pronominal-Form „es" und ihrer Entsprechung „det" im Norwegischen, in: Deutsche Sprache 2, 1985, 107–136.
K. Baldinger, Sémasiologie et Onomasiologie, in: Revue de linguistique romane 28, 1964, 249–272.
Th. Ballmer/W. Brennenstuhl, Deutsche Verben. Eine sprachanalytische Untersuchung des deutschen Verbwortschatzes, Tübingen 1986.
A. Bassarak, Zu den Beziehungen zwischen Parenthesen und ihren Trägersätzen, in: Zeitschrift für Phonetik, Sprachwissenschaft und Kommunikationsforschung 38, 1985, 368–375.
E. Bates/S. McNew/B. Mac Whinney, Functional Constraints on Sentence Processing: A Cross-Linguistic Study, in: Cognition 11, 1982, 245–300.
R. Baudusch, Prinzipien der deutschen Interpunktion, in: Zeitschrift für Germanistik 2, 1981, 206–218.
O. Behaghel, Deutsche Syntax, Bd.IV, Heidelberg 1932.
E. Beneš, Fachtext, Fachstil und Fachsprache, in: Sprache und Gesellschaft, Düsseldorf 1971, 118–132.
E. Beneš, The Syntax of Scientific German in Foreign Language Teaching, In: V. Fried, The Prague School of Linguistics and Language Teaching, London 1972, 142–159.
E. Beneš, Thema-Rhema-Gliederung und Textlinguistik, in: H. Sitta (Hg.), Studien zur Texttheorie und zur Deutschen Grammatik, Düsseldorf 1973, 42–62.
E. Beneš, Zur Konkurrenz von Infinitivfügungen und daß-Sätzen, in: Wirkendes Wort 29, 1979, 374–384.
W.Z. Bernstein, Deutsche Verstehensgrammatik, Manuskript, Tel Aviv 1975.
W.Z. Bernstein, Klassifizierung der Lernschwierigkeiten im Leseverständnis und einige Hinweise zu deren Überwindung, in: Zielsprache Deutsch 2, 1984, 10–20.
T.G. Bever, The Cognitive Basis for Linguistic Structures, in: J.R. Hayes (ed.), Cognition and the Development of Language, New York 1970, 279–362.
T.G. Bever/M.F. Garrett/R. Hurtig, The Interaction of Perceptual Processes and Ambiguous Sentences, in: Memory and Cognition 3, 1973, 277–286.
M. Bierwisch, Psychologische Aspekte der Sprache, Berlin 1978.
M. Bierwisch, How On-Line is Language Processing?, in: G.B. Flores D'Arcais/R.J. Jarvella (eds.), The Process of Language Understanding, New York 1983, 113–168.
M. Brandt, Das Zustandspassiv aus kontrastiver Sicht, in: Deutsch als Fremdsprache 19, 1982, 28–34.
K. Brinker, Das Passiv im heutigen Deutsch. Form und Funktion, München 1971.
Th. Bungarten, Präsentische Partizipialkonstruktionen in der deutschen Gegenwartssprache, Düsseldorf 1976.
P.A. Carpenter/M.A. Just, Integrative Processes in Comprehension, in: D. LaBerge/J. Samuels (eds.), Perception and Comprehension, Hillsdale 1977.
P.A. Carpenter/M.A. Just (eds.), Cognitive Processes in Comprehension, Hillsdale 1977.
W. Chafe, Meaning and the Structure of English, Chicago 1970.

N. Chomsky, Syntactic Structures, The Hague 1957.
N. Chomsky, Aspects of the Theory of Syntax, Cambridge, Mass. 1965.
H.H. Clark, Bridging, in: P.N. Johnson-Laird/P.C. Wason (eds.), Thinking. Readings in Cognitive Science, Cambridge 1977, 411–420.
H.H. Clark/E.V. Clark, Psychology and Language, New York 1977.
A.M. Collins/M.R. Quillian, Experiments on Semantic Memory and Language Comprehension, in: L.W. Gregg (ed.), Cognition in Learning and Memory, New York 1972, 117–137.
F. Daneš, Zur linguistischen Analyse der Textstruktur, in: Folia Linguistica 4, 1970, 72–78.
K. Daniels, Substantivierungstendenzen in der deutschen Gegenwartsprache, Düsseldorf 1963.
J. Deese, Categorization and Meaning, in: E.C. Carterette/M.P. Friedmann (eds.), Handbook of Perception, Vol. VII, New York 1976, 265–297.
K. Dieling, Das Hilfsverb „werden" als Zeit- und als Hypothesenfunktor, in: Zeitschrift für Germanistik 3, 1982, 325–331.
T.A. van Dijk, Connectives in Text Grammar and Text Logic, in: T.A. van Dijk/J.S. Petöfi, Grammars and Descriptions, New York 1977, 11–63.
A. Dittmer, Verb (Zustandspartizip/Vorgangspartizip) oder Adjektiv?, in: M. Dyhr/K. Hyldgaard-Jensen/J. Olsen (Hg.), Kopenhagener Beiträge zur Germanistischen Linguistik 19, 1982, 48–84.
E. Drach, Grundgedanken der deutschen Satzlehre, Frankfurt/M. 1937.
H.G. Droop, Das präpositionale Attribut: Grammatische Darstellung und Korpusanalyse, Tübingen 1977.
M. Durrell, Zur morphologischen Struktur der deutschen Nominalgruppe, in: Deutsch als Fremdsprache 14, 1977, 44–52.
M. Dyhr, Die Satzspaltung im Dänischen und Deutschen, Tübingen 1978.
M. Dyhr, Zwei Beiträge zur Untersuchung der Valenzklassen und Satzbaupläne im Dänischen und Deutschen. KONTRA, Arbeitsbericht Nr. 6, Kopenhagen 1983.
U. Engel, Syntax der deutschen Gegenwartssprache, Berlin 1977.
B. Engelen, Untersuchungen zu Satzbauplan und Wortfeld in der geschriebenen deutschen Sprache der Gegenwart, München 1975.
H.W. Eroms, Zur Konversion der Dativphrasen, in: Sprachwissenschaft 3, 1978, 357–404.
R.V. Evans, The Effect of Transformational Simplification on the Reading Comprehension of Selected High School Students, in: Journal of Reading Behavior 5, 1973, 273–281.
C. Fabricius-Hansen/B. Ahlgren, A lese tysk sakprosa. En innføring i grammatisk leseteknikk, Oslo 1986.
L. Falster Jakobsen/J. Olsen, Über die attributiven Relativsätze im Dänischen und Deutschen, KONTRA, Arbeitsbericht Nr. 3, Kopenhagen 1979.
E.G. Fichtner, The Position of Modal Adverbs in German, in: Word 31, 1980, 73–90.
N. Filipović, Die Partizipialkonstruktion in der deutschen dichterischen Prosa von heute, Tübingen 1977.
A. Findreng, Zur Kongruenz in Person und Numerus zwischen Subjekt und finitem Verb im modernen Deutsch, Oslo 1976.
J. Firbas, Some Aspects of the Czechoslovak Approach to Problems of Functional Sentence Perspective, in: F. Daneš, Papers of Functional Sentence Perspective, The Hague 1974, 11–37.
W. Fleischer, Wortbildung der deutschen Gegenwartssprache, Tübingen 1975.
J.A. Fodor, Current Approaches to Syntax Recognition, in: D.L. Horton/J.J. Jenkins (eds.), The Perception of Language, Columbus 1971, 120–139.
J.A. Fodor/T.G. Bever, The Psychological Reality of Linguistic Segments, in: Journal of Verbal Learning and Verbal Behavior 4, 1965, 414–420.
J.A. Fodor/M.F. Garrett, Some Syntactic Determinants of Sentential Complexity, in: Perception and Psychophysics 2, 1967, 289–296.

K.I. Forster, Left-to-Right Processes in the Construction of Sentences, in: Journal of Verbal Learning and Verbal Behavior 5, 1966, 285–291.
Ch.C. Fries, The Structure of English, London 1952.
Ch.C. Fries, Linguistics and Reading, New York 1962.
J. Fritsche, Zum Gegenstandsbereich einer Untersuchung deutscher Konnektive, in: J. Fritsche (Hg.), Konnektivausdrücke, Konnektiveinheiten, Grundelemente der semantischen Struktur von Texten I, Hamburg 1981, 25–99.
G. Fritz, Kohärenz: Grundfragen der linguistischen Kommunikationsanalyse, Tübingen 1982.
H. Gadler, Zur Serialisierung nominaler Satzglieder im Mittelfeld und zur Topikalisierung, in: W. Abraham (Hg.), Satzglieder im Deutschen, Tübingen 1982, 155–169.
S. Garrod/A.J. Sanford, Interpreting Anaphoric Relations: the Integration of Semantic Information while Reading, in: Journal of Verbal Learning and Verbal Behavior 16, 1977, 77–90.
T. Givón, On Understanding Grammar, New York 1979.
L. Götze, Valenzstrukturen deutscher Verben und Adjektive. Eine didaktische Darstellung für das Fach Deutsch als Fremdsprache, München 1979.
R. Graf/J.W. Torrey, Perception of Phrase Structure in Written Language, in: American Psychological Association Proceedings 1966, 83–84.
H.P. Grice, Utterer's Meaning, Sentence Meaning, and Word-Meaning, in: Foundations of Language 4, 1968, 225–242.
H.P. Grice, Utterer's Meaning and Intentions, in: The Philosophical Review 78, 1969, 147–177.
H.P. Grice, Logic and Conversation, in: P. Cole/J.L. Morgan (eds.), Speech Acts, Syntax and Semantics, Vol. 12, New York 1975, 41–58.
E. Gülich/W. Raible, Linguistische Textmodelle: Grundlagen und Möglichkeiten, München 1977.
H. Günther, Studien zur visuellen Worterkennung, München 1983.
G. Gutterer/B. Latour, Grammatik in wissenschaftlichen Texten, Dortmund 1980.
B. Haftka, Thesen zu Prinzipien der deutschen Wortstellung, in: Deutsch als Fremdsprache 19, 1982, 193–202.
D.T. Hakes, Effects of Reducing Complement Constructions on Sentence Comprehension, in: Journal of Verbal Learning and Verbal Behavior 11, 1972, 278–286.
R. Hallet, Esquisse d'une méthodologie de la compréhension, in: Revue des Langues Vivantes 41, 1975, 297–317.
M.A.K. Halliday, Notes on Transitivity and Theme in English, in: Journal of Linguistics 3, 1967, 37–81.
M.A.K. Halliday/R. Hasan, Cohesion in English, London 1976.
H.W. Hamilton/J. Deese, Comprehensibility and Subject-Verb-Relation in Complex Sentences, in: Journal of Verbal Learning and Verbal Behavior 10, 1971, 163–170.
A.J. Harris, How to Increase Reading Ability, New York 1972.
G. Helbig, Zur Verwendung der Infinitiv- und Partizipialkonstruktion in der deutschen Gegenwartssprache, in: Deutsch als Fremdsprache 10, 1973, 281–292.
G. Helbig/W. Schenkel, Wörterbuch zur Valenz und Distribution deutscher Verben, Leipzig 1973.
H. Henkel, Zur Konjugation im Deutschen, in: Linguistische Studien III, Festgabe für Paul Grebe, Düsseldorf 1973.
H.J. Heringer, Die Opposition von „kommen" und „bringen" als Funktionsverben, Düsseldorf 1968.
H.J. Heringer, Theorie der deutschen Syntax, 2. Auflage, München 1973.
H.J. Heringer, Practical Semantics: A Study in the Rules of Speech and Action, The Hague 1978a.
H.J. Heringer, Wort für Wort: Interpretation und Grammatik, Stuttgart 1978b.

H.J. Heringer, Neues von der Verbszene, in: G. Stickel (Hg.), Pragmatik in der Grammatik, Düsseldorf 1984a, 34–64.

H.J. Heringer, Textverständlichkeit. Leitsätze und Leitfragen, in: Zeitschrift für Literaturwissenschaft und Linguistik 55, 1984b, 57–70.

W. Herrlitz, Funktionsverbgefüge vom Typ 'in Erfahrung bringen', Tübingen 1973.

J. Hinds, Organizational Patterns in Discourse, in: T. Givón (ed.), Discourse and Syntax, Syntax and Semantics, Vol.12, New York 1979, 135–159.

U. Hoberg, Die Wortstellung in der geschriebenen deutschen Gegenwartssprache, München 1981.

Ch.F. Hockett, Grammar for the Hearer, in: R. Jakobson (ed.), Structure of Language and Its Mathematical Aspects, Providence 1961, 220–236.

H. Hörmann, Meinen und Verstehen, Frankfurt/M. 1976.

H. Hörmann, Der Vorgang des Verstehens, in: W. Kühlwein/A. Raasch (Hg.), Sprache und Verstehen, Bd. 1, Tübingen 1980, 17–29.

V.M. Holmes, Order of Main and Subordinate Clauses in Sentence Perception, in: Journal of Verbal Learning and Verbal Behavior 12, 1973, 285–293.

R. Hurtig, The Validity of Clausal Processing Strategies at the Discourse Level, in: Discourse Processes 1, 1978, 195–202.

I. Hyvärinen, Zu den semantischen Selektionsbeschränkungen des Mitspielers Sn(Subjekt) im „Wörterbuch zur Valenz und Distribution deutscher Verben" von Helbig/Schenkel (1975) in: Linguistische Studien Reihe A, Arbeitsberichte 107 II, Berlin 1983, 1–22.

R. Ingarden, Das literarische Kunstwerk, 4. Auflage, Tübingen 1972.

J. Jacobs, Syntax und Semantik der Negation im Deutschen, München 1982.

J. Jacobs, Fokus und Skalen: Zur Syntax und Semantik der Gradpartikeln im Deutschen, Tübingen 1983.

R.J. Jarvella, Syntactic Processing of Connected Speech, in: Journal of Verbal Learning and Verbal Behavior 10, 1971, 409–416.

M.A. Just/P.A. Carpenter, Reading Comprehension as Eyes See it, in: P.A. Carpenter/M.A. Just (eds.), Cognitive Processes in Comprehension, Hillsdale 1977, 109–139.

M.A. Just/P.A. Carpenter, A Theory of Reading: From Eye Fixations to Comprehension, in: Psychological Review 87, 1980, 329–354.

L. Karttunnen/D.R. Dowty/A.M. Zwicky (eds.), Natural Language Parsing, Cambridge 1985.

J.J. Katz/J.A. Fodor, The Structure of a Semantic Theory, in: Language 39, 1963, 170–210.

E.L. Keenan, Towards a Universal Definition of „Subject", in: Ch.N. Li (ed.), Subject and Topic, New York 1976, 303–333.

J. Kimball, Seven Principles of Surface Structure Parsing in Natural Language, in: Cognition 2, 1973, 15–47.

W. Kintsch/D. Vipond, Reading Comprehension and Readability in Educational Practice, in: L.G. Nilsson (ed.), Memory: Process and Problems, Hillsdale 1979.

R.S. Kirsner, On the Subjectless „Pseudo-Passive" in Standard Dutch and the Semantic Background of Agents, in: Ch.N. Li (ed.), Subject and Topic, New York 1976, 385–415.

U. Knoop, Mündlichkeit – Schriftlichkeit: Vorläufige Überlegungen zu ihrem Status, in: S. Grosse (Hg.), Schriftsprachlichkeit, Düsseldorf 1983, 24–36.

G. Kolde, Zur transformationellen Erklärung der „Nomina actionis" im Deutschen, in: Wirkendes Wort 22, 1972, 174–198.

S. Kuno, Subject, Theme and the Speaker's Empathy – A Reexamination of Relativization Phenomena, in: Ch.N. Li (ed.), Subject and Topic, New York 1976, 417–444.

S. Kvam, Linksverschachtelung im Deutschen und Norwegischen, Tübingen 1983.

K.-P. Lange, „Subjekt-Inversion" im Mittelfeld des deutschen Satzes, in: Deutsche Sprache 6, 1978, 193–202.

S. Latzel, Die deutschen Tempora Perfekt und Präteritum: Eine Darstellung mit Bezug auf Erfordernisse des Faches „Deutsch als Fremdsprache", München 1977.

U. Lehmus, Attribut oder Satzglied?: Untersuchungen zum postnominalen Präpositionalausdruck unter syntaktischem, semantischem und kommunikativ-pragmatischem Aspekt, Helsinki 1983.
J. Lenerz, Zur Abfolge nominaler Satzglieder im Deutschen, Tübingen 1977.
W. van Lessen Kloeke, Deutsche Phonologie und Morphologie, Tübingen 1982.
W.J.M. Levelt, Formal Grammars in Linguistics and Psycho-Linguistics, The Hague 1974.
O. Leys, Die Präpositionalinfinitive im Deutschen, in: Leuvense Bijdragen 60, 1971, 1–56.
R.E. Longacre, The Grammar of Discourse, New York 1983.
J. Lyons, Introduction to Theoretical Linguistics, Cambridge 1968.
D.G. MacKay, Mental Diplopia: Towards a Model of Speech Perception at the Semantic Level, in: G.B. Flores d'Arcais/ W.J.M. Levelt (eds.), Advances in Psycholinguistics, Amsterdam 1970, 76–98.
F. Maier, Die Version aus dem Lateinischen, Bamberg 1981.
F. Mauthner, Beiträge zu einer Kritik der Sprache, Bd. 3, 3. Auflage, Leipzig 1923.
P.G. Meyer, Satzverknüpfungsrelationen, Tübingen 1975.
C. Milan, Das Passiv im Deutschen und Italienischen, Heidelberg 1985.
W. Motsch, Untersuchungen zur Apposition im Deutschen, in: Studia Grammatica 5, 1965, 87–132.
G. Öhlschläger, Zur Syntax und Semantik der Modalverben des Deutschen, Tübingen 1986.
W.D. Orthmann, Minimalpaare im Deutschen: Typen, Häufigkeiten, Lösungsbeispiele, München 1981.
H. Ortner, Syntaktisch hervorgehobene Konnektoren im Deutschen, in: Deutsche Sprache 11, 1983, 97–121.
S. Pape-Müller, Textfunktionen des Passivs, Tübingen 1980.
R. Pasch, Die Kausalkonjunktionen „da", „denn" und „weil": Drei Konjunktionen – drei lexikalische Klassen, in: Deutsch als Fremdsprache 20, 1983, 332–337.
H. Paul, Prinzipien der Sprachgeschichte, 5.Auflage, Halle a.d.S. 1920.
P.E. Pause, Das Kumulationsprinzip – eine Grundlage für die Rekonstruktion von Textverstehen und Textverständlichkeit, in: Zeitschrift für Literaturwissenschaft und Linguistik 55, 1984, 38–56.
J.K. Phillips, Second Language Reading: Teaching Decoding Skills, in: Foreign Language Annals 8, 1975, 227–232.
P. von Polenz, Ableitungsstrukturen deutscher Verben, in: Zeitschrift für deutsche Sprache 24, 1968, 129–160.
P. von Polenz, Deutsche Satzsemantik, Grundbegriffe des Zwischen-den-Zeilen-Lesens, Berlin 1985.
G. Presch, Syntaktische Diskontinuität. Linearität als grammatisches Prinzip und als Problem sprachlicher Rezeption, Hildesheim 1977.
H. Pütz, Über die Syntax der Pronominalform „es" im modernen Deutsch, Tübingen 1975.
H. Pütz, Objektprädikate, in: W. Abraham (Hg.), Satzglieder im Deutschen, Tübingen 1982, 331–367.
L.F. Pusch, Nominalisierungen in der deutschen Sprache der Gegenwart, in: D. Rall/H. Schepping/W. Schleyer (Hg.), Didaktik der Fachsprache, Bad Godesberg 1974, 57–68.
L.F. Pusch, Nominalisierungen in der deutschen Sprache der Gegenwart, in: Jahrbuch Deutsch als Fremdsprache 2, 1976, 14–55.
M. Rall/U. Engel/D. Rall, DVG für DaF, Heidelberg 1977.
D. Rall/M. Rall, Gegen den Strich lesen: Das erweiterte Partizipialattribut als Lernschwierigkeit für Hispanophone, in: A. Wierlacher u.a. (Hg.), Jahrbuch Deutsch als Fremdsprache, München 1983, 132–146.
R. Rath, Die Partizipialgruppe in der deutschen Gegenwartssprache, Düsseldorf 1971.
F. Raynaud, „Werden": Auxiliaire du futur et verbe modalisateur, in: Cahiers d'allemand 8, 1975, 46–54.

F. Raynaud, Noch einmal Modalverben, in: Deutsche Sprache 5, 1977, 1–30.
K. Rayner, Visual Attention in Reading: Eye Movements Reflect Cognitive Processes, in: Memory and Cognition 5, 1977, 1–30.
H. Richter, Zur Systematik der Personendungen des deutschen Verbs, in: K. Detering/J. Schmidt-Radefeldt (Hg.), Sprache beschreiben und erklären, Bd. 1, Tübingen 1982, 179–188.
J. vanRoey, A Contrastive Description of English and Dutch Noun Phrases, Brussels 1974.
D.E. Rumelhart, Towards an Interactive Model of Reading, in: S. Dornic (ed.), Attention and Performance, Vol. IV, Hillsdale 1977.
B. Sandberg, Zur Repräsentation, Besetzung und Funktion einiger zentraler Leerstellen bei Substantiven, Göteborg 1979.
B. Sandberg, Zur Valenz der Substantive, in: Deutsch als Fremdsprache 19, 1982, 272–279.
F. de Saussure, Cours de Linguistique Générale, édition critique par T. de Mauro, Paris 1984.
C. Schatte, Zu semantischen Problemen des deutschen Passivs, in: Kwartalnik Neofilologiczny 29, 1982, 61–72.
I.M. Schlesinger, Sentence Structure and the Reading Process, The Hague 1968.
I.M. Schlesinger, Grammatical Development: The First Steps. in: E. Lenneberg/E. Lenneberg (eds.), Foundations of Language Development, Bd. 1, New York 1975, 203–233.
I.M. Schlesinger, Production and Comprehension of Utterances, Hillsdale 1977.
J. Schröder, Präpositionen in Kausaladverbialien, in: Deutsch als Fremdsprache 20, 1983, 78–86.
K.O. Seidel, Zur Morphologie der Substantive im Deutschen. System – Tendenzen – Behandlung im Unterricht „Deutsch als Fremdsprache", in: Bielefelder Beiträge zur Sprachlehrforschung 1, 1980, 166–181.
A. Sheldon, On Strategies for Processing Relative Clauses: A Comparison of Children and Adults, in: Journal of Psycholinguistic Research 4, 1977, 305–318.
D.I. Slobin, Cognitive Prerequisites for the Development of Grammar, in: C.A. Ferguson/D.I. Slobin (eds.), Studies of Child Language Development, New York 1973, 175–208.
D.I. Slobin, The Origin of Grammatical Encoding of Events, in: W. Deutsch (ed.), The Child's Construction of Language, London 1981, 185–200.
D.I. Slobin/T. Bever, Children Use Canonical Schemas: A Crosslinguistic Study of Word Order and Inflections, in: Cognition 12, 1982, 229–265.
K.E. Sommerfeldt/H. Schreiber, Wörterbuch zur Valenz und Distribution deutscher Adjektive, Tübingen 1977.
W. Stapel, Kants Kritik der reinen Vernunft ins Gemeindeutsche übersetzt, Bd. 1/2, Hamburg 1921.
G. Starke, Weiterführende Nebensätze, eingeleitet mit Pronominaladverbien, in: Deutsch als Fremdsprache 19, 1982, 215–220.
H.St. Straight, Comprehension Versus Production in Linguistic Theory, in: Foundations of Language 14, 1976, 525–540.
H. Strohner/K.E. Nelson, The Young Development of Sentence Comprehension: Influence of Event Probability, Nonverbal Context, Syntactic Form and Strategies, in: Child Development 45, 1974, 567–576.
P. Teigeler, Satzstruktur und Lernverhalten, Bern 1972.
L. Tesnière, Eléments de syntaxe structurale, Paris 1959.
Ch. Thim-Mabrey, Zur Syntax der kausalen Konjunktionen weil, da und denn, in: Sprachwissenschaft 7, 1982, 197–219.
B. Ulvestad/H. Bergenholtz, 'Es' als „Vorgreifer" eines Objektsatzes, in: Deutsche Sprache 11, 1983, 1–26.
H. Vater, Modalverben und Sprechakte, in: M. Dyhr/K. Hyldgaard-Jensen/J. Olsen (Hg.), Festschrift für Gunnar Bech, Kopenhagen 1980, 291–308.
J.G. deVilliers/P.A. deVilliers, Development of the Use of Word Order in Comprehension, in: Journal of Psycho-Linguistic Research 2, 1973, 331–341.

H. Weber, Das erweiterte Adjektiv- und Partizipialattribut im Deutschen, München 1971.
H. Weber, Das erweiterte Attribut in der deutschen Sprache der Gegenwart, in: D. Rall/H. Schepping/W. Schleyer (Hg.), Didaktik der Fachsprache, Bad Godesberg 1976, 39–56.
K. Welke, Untersuchungen zum System der Modalverben in der deutschen Sprache der Gegenwart, Berlin 1965.
H. Weydt/E. Hentschel, Kleines Abtönungswörterbuch, in: H. Weydt (Hg.), Partikeln und Interaktion, Tübingen 1983, 3–24.
J. Zeman, Zur semantischen Geltung der Relativsätze, in: Sbornik Praci Filozoficke Fakulty Brnenske Univerzity, Brünner Beiträge zur Germanistik und Nordistik IV, 1984, 75–83.
E. Zierer, Ein Modell zur Darstellung diskontinuierlicher Konstituenten, in: Beiträge zur Sprachkunde und Informationsverarbeitung 4, 1964, 33–37.
K. Zimmermann, Einige Hypothesen bezüglich Leseverstehen im L2-Erwerb, in: Info Deutsch als Fremdsprache 1, 1984, 3–30.
D.A. Zubin, Discourse Function of Morphology: The Focus System in German, in: T. Givón (ed.), Discourse and Syntax, Syntax and Semantics, Vol. 12, New York 1979, 469–504.

Verzeichnis der Texte

Seiten 19, 20	J. Schmidt (Hg.), Mengenlehre I, Mannheim 1966, 17.
Seite 21	L. Carroll, Alice hinter den Spiegeln, Ulm 1974, 27.
Seite 32	L. Börne, Sämtliche Schriften, Bd. 1, Düsseldorf 1964, 509.
Seite 40	Die Bibel, Einheitsübersetzung der Heiligen Schrift, Altes und Neues Testament, Stuttgart 1980.
	nach: A. Weiss/H. Witte, Kristallstruktur und chemische Bindung, Weinheim 1983, 64.
Seite 56	H. Bucka, Atomkerne und Elementarteilchen, Berlin 1973, 4.
Seite 35	J. Habermas, Erkenntnis und Interesse, Frankfurt/M. 1973, 9.
Seite 56	H. Bucka, Atomkerne und Elementarteilchen, Berlin 1973, 4.
Seite 72	F. Vogel, Lehrbuch der Allgemeinen Humangenetik, Berlin 1961, 2.
Seite 87	nach: G. Eigler, Ohren-, Nasen-, Rachen- und Kehlkopfkrankheiten, Berlin 1966, 122f.
Seite 114	A. Weiss/H. Witte, Kristallstruktur und chemische Bindung, Weinheim 1983, 59.
Seite 150	E. Schettler, Innere Medizin I, Stuttgart 1972, 51.
Seite 160	B. Roeck, Wirtschaftliche und soziale Voraussetzungen der Augsburger Baukunst zur Zeit des Elias Holl, in: architectura 2 (1984), 119.
Seite 138	A. Diemer/I. Frenzel (Hg.), Philosophie, Frankfurt/M. 1958, 273f.
Seite 165	A. Diemer/I. Frenzel (Hg.), Philosophie, Frankfurt/M. 1958, 280f.
Seite 185	nach: T. Devendran, Der Computer als Fachberater, in: bild der wissenschaft 12 (1984), 116.
Seite 188	nach: Entziehung der Fahrerlaubnis, in: O. Model/C. Creifelds (Hg.), Staatsbürgertaschenbuch, München 1978, 537.
Seite 194	nach: J. Heydenreich/W. Neumann, Konventionelle Elektronenmikroskopie, in: H. Bethge/J. Heydenreich (Hg.), Elektronenmikroskopie in der Festkörperphysik, Berlin 1982, 41.
	M. Twain, Bummel durch Europa, München 1967, 239.
Seite 211	H. W. Berg/J. F. Diehl/H. Frank, Rückstände und Verunreinigungen in Lebensmitteln, Darmstadt 1978, 126.
Seite 211	H. W. Berg/J. F. Diehl/H. Frank, Rückstände und Verunreinigungen in Lebensmitteln, Darmstadt 1978, 126.
Seite 225	M. Frisch, Tagebuch 1946-1949, Frankfurt/Main 1973, 325.
Seite 240	W. Burde, Voraussetzung musikalischer Analyse, in: Studien zu Mozarts Klaviersonaten, Giebing 1969, 5.
Seite 243	Hefe erzeugt Östrogen, in: bild der wissenschaft 12 (1984), 6.
Seite 251	M. Frisch, Tagebuch 1946–1949, Frankfurt/Main 1973, 124.
Seite 253	N. Becker, Fachdeutsch Medizin, München 1981, 97.
Seite 259	W. Weischedel (Hg.), Kant, Werke, Bd. V, Frankfurt/Main 1958, 125–126.
Seite 259	W. Stapel, Kants Kritik der reinen Vernunft ins Gemeindeutsche übersetzt, Bd. 1/2, Hamburg 1921.
Seite 279	K. Lorenz, Die Rückseite des Spiegels, München 1973, 54f.
Seite 301	Bundesministerium für Bildung und Wissenschaft, in: O. Model/C. Creifelds (Hg.), Staatsbürgertaschenbuch, München 1978, 172.
Seite 312	H. Mommsen, Entteufelung des Dritten Reiches, in: Der Spiegel Nr. 11/1967, 71/74.

Register

Ablautreihen 67, 94, 342
Abtönungspartikel 184
Abwandlung
  – der Grundfolge 30, 175
Achsenstellung 73
Adjektiv 122, 152, 195, 203
  attributives – 11, 195, 308
  Deklination des – 195, 353
  koordiniertes – 202, 316
  prädikatives – 102, 122
Adjektivableitungen 197
Adjektiverweiterung 312
Adjektivhäufungen 201, 316
Adjektivkomposition 199
Adjektivphrasen 169
  erweiterte – 314
  satzwertige – 314
  – als Supplement 169
Adjektivsubstantive 221, 301
Agens 155, 178, 307
Analyse 4, 12, 54, 316
  grammatische – 8, 11
Anapher 41, 227, 241
Anaphorik 41
anaphorisch 41, 84, 247
Anführrsatz 235, 244, 247
Anschlüsse 122, 137, 356
Antezedens 41, 227
Apposition 276
Artikel 76, 143, 193, 213, 308, 314, 344
  Possessiv- 308
Artikelwort 76, 344
Attribut 193, 206, 211, 280, 302, 306
  explikatives – 193
  Genitiv- 213, 224, 306
  präpositionales – 212, 223, 233, 307
Attributkonstruktion 221, 224
Attributsatz 243

Bedeutung 5, 50
Bedeutungszüge 161
Bedingungsgefüge 253
  modale – 161
Bekanntheit 179
Bezugsnorm 102, 218
Bezugswort 227, 274, 276, 280, 292
Bindemittel 46, 265

Bindewort 46, 241, 267, 288
Brücken 44, 256, 261, 295
  adjunktive – 48
  disjunktive – 49
  gedankliche – 233, 261, 289, 294
  kausale – 266, 295
  konklusive – 49
  Typologie der – 47
Brückenausdruck 267, 296
Brückenverben 47, 267

datengeleitet 10, 54
Deklination
  – des Adjektivs 195, 353
  – des Artikels 344
  – der Pronomen 141, 348
  – des Substantivs 11, 140, 354
Deutung 5, 50
Deutungsmuster 210
Dichte
  propositionale – 298
direktional 145, 234
Dreifelderlehre 72
Drittstellung 72
Dubletten 123

Eckklammern 19
Eigennamen 144
Ellipse 297
Emphatie 177
Endstellung 57, 242, 247
Erststellung 58, 72
  Verb- 254
Erweiterung 163
  Adjektiv- 312
  Links- 193
  Rechts- 193, 211 225
es
  anaphorisches – 84, 155
  expletives – 84, 155
  Korrelat- 84, 246, 283

Fokuswort 189
Folgerungen 51
Fugenzeichen 207
Funktionsverbgefüge 109, 160
Futur 95

Genitivattribut 212
Gliederungspartikel 184
Gliederungssignale 16
Gradpartikel 184, 188
Grammatik
   Lernziele einer rezeptiven – 7
   rezeptive – 2
Grundfolge 30, 175
   Abwandlung der – 175
Grundwort 206

Halbpräfix 69, 89, 104
Hauptsatz 255
Hervorhebung 75, 176, 232
Holzwege 13, 90, 108, 207, 228

ikonisch 47, 179, 262
Illokution 100, 239
Independenzthese 10
Indikativ 65, 331
Infinitive 98
   Subjekte der – 98
Infinitivklausel 137, 235, 279
Inhaltssatz 235, 244
Inhaltsstrukturen 34

Kasus 32, 76, 140, 172
Kasusrektion 146
Katapher 41
Kausalverbindung 265
Kausativ 113, 121
Kernwörter 54
Klammern 19
Kohärenz 45
Kompetenz 1
   aktive – 1
   passive – 1
Komplement 115, 121, 127, 137, 163, 216, 281, 303, 329, 358
   Auslassung von – 127, 157
   präpositionales – 144
Komplementsatz 234, 243
   abgesunkener – 234
   Einpassung des – 245
Komponente
   illokutionäre – 70
   propositionale – 70
Kompositionsfuge 206
Komprimierung 299, 313
Kongruenz 31, 33, 195, 227
   Dimensionen der – 31
   Personen- 81
   – zwischen Subjekt und Prädikat 80

Konjunktion 241, 263
Konjunktiv 65, 248, 331
Konjunktiv II 65
Konjunktivzeichen 65
Kontrastbereich 189
Kontrastnegation 191
Koordination 239, 259, 274
Kopula 152, 277
Korrelat 84, 246, 283
Korrespondenzthese 9

Latenz 285, 298, 312
Lernziele einer rezeptiven Grammatik 7
Linearität 26
Linkserweiterung 193
   erweiterte – 317
Linksorientierung 37, 312
Linksversetzung 39, 217

mehrdeutig 53
Mehrfachbezug 230
metaphorischer Gebrauch 129
Modalverb 91, 97, 336
Modifikation 203
Module
   kognitive – 8
Modus 65, 95, 287

Nachbarschaft 29
Natürlichkeit 180
Nebensatz 225, 239, 254, 255, 280
   Einpassung eines – 242
   -Treppe 242, 254
Negation 191
   Kontrast- 191
Netze
   assoziative – 7, 51
Netzwerke 50, 52
Nominalisierung 300
Nominalphrase 76, 139, 143, 193, 220
   Kasus der – 76
   Polyfunktionalität der – 138

Onomasiologie 2

Paraphrasen 51
Parenthesen 274, 294
Partikel 181
   Abtönungs- 184
   Gliederungs- 184
   Grad- 184, 188, 191
   Satz- 186, 191

Partizip 92, 103, 152, 196, 291, 318
Partizipialklausel 277, 290
Passiv 96, 150
Passivprädikate 151
Passivsätze
   Deutung von – 155
Passivvarianten 161
Perfekt 92
Personenkongruenz 81
Phrase 13, 20
Phraseneinschnitte 17
Polyfunktionalität 138, 321
   – der Nominalphrase 138
positional 145
Possessiv-Artikel 308
Prädikat 87, 110
   Kongruenz zwischen Subjekt und – 80
   mehrteiliges – 89, 101, 280
   modales – 97, 280
Prädikativ 83, 102
Präposition 107, 144, 147, 166, 221, 243, 310, 315, 356
   Deutung der – 147
Präpositionalphrase 139, 144, 158, 168, 171, 216, 307, 311
Präsens 60, 64
Präteritum 60, 64, 94
Prinzip
   grammatisches – 22
   semantisches – 22
Prominenz des Subjekts 71
Pronomen 141, 348
Proposition 71, 298
Prowörter 168, 265

Realität 9
   psychische 9
Rechtserweiterung 193, 206, 225
Rechtsorientierung 37
Rechtsverlagerung 176
Rechtsversetzung 39
Referenz 41, 71, 232, 239
Rektion 36, 121
Relativpronomen 227
Relativsatz 225, 317
   explikativer – 232
   restriktiver – 232
   -Treppe 231
   weiterführender – 233
Rolle 130, 214
   semantische – 130, 167, 234
Rollenträgheit 228

Routinen 13
Rückverweise 40

Satz 54
   einfacher – 54
   komplexer – 259
   komprimierter – 298
   propositionaler – 250
   referentieller – 250
   w- 233, 250, 254, 278
Satzanalyse 54
Satzklammer 29, 88, 98
Satzmodell 132
Satzmuster 115, 121, 329
Satzpartikel 186, 191
Satzzeichen 16
Schema 17, 114, 122
schemageleitet 12, 54
Selektion 128
Semasiologie 2
Serialisierung 26, 72, 129, 174, 240
   Grundprinzip der – 29
Serialisierungstendenz 227
Sichtwechsel 2
Sinnrelationen 51
Sinnwörter 21
Skopus 190
Spaltsatz 218, 232
Standardabfolge 174
Stellung
   Achsen- 73
   Dritt- 72
   End- 57, 242
   Erst- 57
   Verb- 254
   Wort- 30
   Zweit- 57
Stil
   komprimierter – 293
Streckformen 106
Struktur 21
   grammatische – 21
   inhaltliche – 37
Strukturzeichen 13, 21, 322
Subjekt 70
   – der Infinitive 98
   Kongruenz zwischen – und Prädikat 80
   latentes – 284, 288
   Prominenz des – 71
   Stellungsvarianten des – 73

Subjunktion 241, 244, 248, 251, 256, 287, 294, 310
    konklusive – 257
Subordination 239, 259, 274
Substantiv 78, 143, 354
Substantivableitungen 80
Substantivkomposita 204
Sukzedens 41
Supplement 127, 163, 170, 216, 218, 291, 303
    abgesunkenes – 236
    Adjektivphrasen als – 169
Supplementsatz 225, 251, 256

Tempus 62, 92, 287, 305
Tendenzen
    kommunikative – 30, 176
Text 5, 15, 50
    schriftlicher – 15
Thema 72, 179
    -verknüpfung 43
Treppe 220, 309
    Nebensatz- 242, 254
    Relativsatz- 231

Überbrückungen 46
    Verstehen von – 46
Übungsanalyse 54
Umformulierung 309
Unterordner 242
Unterordnung 35, 220
    geschachtelte – 37
    kreuzende – 38, 283
    linksorientierte – 37
    serielle – 255, 309
    umspringende – 38
Unterordnungsbilder 37

Valenz 109, 115, 316, 356
    qualitative – 115, 121
    quantitative – 115
    selektionale – 115, 128
Valenzdubletten 116
Valenzrahmen 305
Valenzschema 137
Valenzumkehrung 150, 160

Valenzvarianten 122
Valenzvererbung 304
Varianten 122
Verb 56, 330
    -Erststellung 59, 254
    -Endstellung 57, 97, 280
    ablautendes – 67
    faktives – 249
    finites – 56
    neutrales – 249
Verbalableitung 68, 104, 235, 301
Verbalform 60, 331
    analytische – 61, 91
Verbalmorpheme 58
Verbalphrasen 56, 70, 87, 231
Verbalsubstantive 221, 302
Verbflexion 58, 330
Verbform 58
Verblexem 66
Verschränkung 39, 248, 283
Versetzung 29, 217
    Links- 39, 217
Verstehen 4, 6, 22, 50
    grammatisches – 9, 11
    – von Überbrückungen 46
Verstehensprozeß 3, 10, 298
Verstehensschema 130
Verweisketten 41
Vorerwartung 12
Vorfeld 74, 217
Vorgangspassiv 156

W-Satz 233, 249, 254, 278
W-Wort 233, 234
Wissen 6, 35, 63
    gemeinsames – 6, 35, 45, 50
    Organisation des – 7
Wortstellung 26, 72, 174, 187, 216, 228, 245, 280
    freie – 30
    gebundene – 30
Wortstellungstheorie 28

Zustandspassiv 156
Zusätze 274
Zweitstellung 57, 59, 97

www.ingramcontent.com/pod-product-compliance
Lightning Source LLC
Chambersburg PA
CBHW030431300426
44112CB00009B/947